फणीश्वरनाथ रेणु एवं ताराशंकर बन्द्योपाध्याय

वंचितों के कथाकार

फणीश्वरनाथ रेणु एवं ताराशंकर बन्द्योपाध्याय

वंचितों के कथाकार

सोमा बन्द्योपाध्याय

राजकमल प्रकाशन
नयी दिल्ली पटना इलाहाबाद कोलकाता

ISBN : 978-81-267-2592-2

मूल्य : ₹ 450

पहला संस्करण : 2014

प्रकाशक : राजकमल प्रकाशन प्रा. लि.
1-बी, नेताजी सुभाष मार्ग, दरियागंज
नई दिल्ली-110 002

शाखाएँ : अशोक राजपथ, साइंस कॉलेज के सामने, पटना-800 006
पहली मंज़िल, दरबारी बिल्डिंग, महात्मा गांधी मार्ग, इलाहाबाद-211 001
36 ए, शेक्सपियर सरणी, कोलकाता-700 017

वेबसाइट : www.rajkamalprakashan.com
ई-मेल : info@rajkamalprakashan.com

मुद्रक : बी.के. ऑफसेट
नवीन शाहदरा, दिल्ली-110 032

PHANISHWAR NATH RENU EVAM TARASHANKAR BANDYOPADHYAY
Vanchiton Ke Kathakar
by Soma Bandyopadhyay

भूमिका

भारतवर्ष में अन्त:प्रादेशिक साहित्य के लेनदेन का इतिहास अत्यन्त कुतूहल जगाने वाला है। कोई भी प्रादेशिक साहित्य केवल एक विशेष प्रदेश व विशेष काल का ही साहित्य नहीं होता, अपितु स्थान, काल व पात्रों के विभेद को भूलकर ही हम उस साहित्य के साथ एकात्म हो जाते हैं। विश्व के जितने भी श्रेष्ठ साहित्य हैं, उनमें विश्व के विभिन्न प्रदेशों के साहित्य के तत्त्वों की उपस्थिति पाई जाती है, या फिर ऐसा कह सकते हैं कि विश्व के विभिन्न साहित्य में उसकी अन्तिम रागिनी का अलाप सुनाई देता है। अत: किसी एक प्रदेश के साहित्य को जानने के लिए यह आवश्यक है कि उससे जुड़ी हुई किसी दूसरे प्रदेश व भाषा के साहित्य का भी अध्ययन किया जाए। उदाहरणस्वरूप, उपनिषद्, संस्कृत काव्य-साहित्य, बौद्ध पालि साहित्य, हिन्दी साहित्य और बांग्ला का बाउल संगीत, वैष्णव-पदावली व पश्चिमी रोमांटिक काव्य साहित्य के साथ परिचित न होने पर जिस प्रकार बांग्ला के रवीन्द्र-साहित्य को समझा नहीं जा सकता उसी प्रकार, बांग्ला साहित्य से परिचित न होने पर आधुनिक हिन्दी साहित्य के गति-पथ को समझ पाना भी एक प्रकार से असम्भव है।

यद्यपि, आधुनिक हिन्दी साहित्य के जनक भारतेन्दु हरिश्चन्द्र के समय से ही बांग्ला साहित्य का हिन्दी में व स्वातन्त्र्योत्तर हिन्दी साहित्य का बांग्ला में अनुवाद कार्य तो होता आ रहा है परन्तु यह एक निराशाजनक बात है कि अनुवाद कार्य के समान तुलनात्मक साहित्य अध्ययन पर विशेष उत्साह नहीं दिखाया जाता है। केवल कुछ प्रमुख बांग्ला व हिन्दी साहित्यकार जैसे शरतचन्द्र-प्रेमचन्द्र, बंकिमचन्द्र-भारतेन्दु के साहित्य का ही तुलनात्मक अध्ययन हुआ है, जबकि इन दो भाषाओं के अभी बहुत से ऐसे विशिष्ट साहित्यकार हैं जिनके साहित्य का तुलनात्मक अध्ययन दोनों भाषाओं के साहित्य समाज के आग्रही पाठकों के कुतूहल को मिटा सकेगा। प्रस्तुत शोध-प्रबन्ध में इसी अभाव को पूर्ण करने का प्रयास है। इसके अतिरिक्त, इस विशाल और वैचित्र्यपूर्ण भारतीय कथा-साहित्य को जानने के लिए विपुल साहित्य पढ़ना आवश्यक है, क्योंकि विभिन्न प्रादेशिक साहित्य की उन्मुक्त

खिड़कियों से ही भारतीय साहित्य की विशुद्ध निर्मल वायु का आना-जाना सम्भव हो सकता है। उस निर्मल वायु का स्पर्श पाना केवल तुलनात्मक अध्ययन के द्वारा ही सम्भव हो सकता है।

हमें यह बात अच्छी तरह से ज्ञात है कि आधुनिक हिन्दी साहित्य पर सबसे अधिक प्रभाव बांग्ला साहित्य का ही है, ठीक उसी प्रकार जिस प्रकार बांग्ला साहित्य में हिन्दी की मर्यादा पहले से ही स्वीकृत है। भारत में, तुर्कों के आक्रमण से पूर्व अर्थात दसवीं सदी से ही बांग्ला देश ने हिन्दी का प्राचीन रूप शौरसैनी अपभ्रंश के बोली को स्वीकार कर बांग्ला के साथ-साथ पश्चिमी अपभ्रंश में भी कविताओं की रचना की है (हिस्ट्री ऑफ बैंगाल : प्रथम खंड : पृ. 382)। इसी प्रकार बांग्ला के ब्रजबुलि साहित्य में भी हिन्दी प्रीति का विशेष चिह्न मिलता है। अत: इन दोनों भाषाओं के साहित्य में भावात्मक एकता प्राचीन काल से ही लक्षित होती है। इस प्रकार, हिन्दी व बांग्ला साहित्य की पाठिका होने के नाते मैं यह कहना चाहूँगी कि आधुनिक हिन्दी साहित्य का पाठ करने वाला व्यक्ति बांग्ला साहित्य के विषय में उदासीनता का प्रदर्शन कर नि:सन्देह रूप से हिन्दी साहित्य के विषय में भी पूर्ण रूप से ज्ञान नहीं प्राप्त कर सकता। स्वयं भारतेन्दु हरिश्चन्द्र जी की पहली रचना भी बांग्ला से अनुदित एक नाटक थी। उन्होंने हिन्दी नाट्य-साहित्य की उन्नति के लिए बांग्ला साहित्य को अपनाया था। इस सन्दर्भ में, उनका यह कथन द्रष्टव्य है–"आशा है कि...अपनी सम्पतिशालिनी ज्ञानवृद्धा बड़ी बहन बंगभाषा के अक्षय रत्नभण्डार की सहायता से हिन्दी भाषा बड़ी उन्नति करेगी।" (भारतेन्दु की 'हिन्दी नाट्यकला' ग्रन्थ के 'प्राचीन हिन्दी नाटक' प्रबन्ध से उद्धृत)। इस प्रकार परवर्ती काल में समय-समय पर जितने भी ग्रन्थ बांग्ला से अनुवाद हुए हैं अथवा बांग्ला का प्रभाव हिन्दी में परिलक्षित होता है, वह हिन्दी के साहित्यकारों का बांग्ला साहित्य के प्रति अनुराग का ही विशेष चिह्न है।

हिन्दी एवं बांग्ला के दो प्रमुख कथा-साहित्यकार फणीश्वरनाथ रेणु एवं ताराशंकर बंद्योपाध्याय जो आंचलिक उपन्यासकार के रूप में भी ख्याति प्राप्त कर चुके हैं, इनके साहित्य का तुलनात्मक अध्ययन कर हिन्दी व बांग्ला के पाठकों को प्रोत्साहित करना ही मेरा मुख्य ध्येय है। मैं यह भी आशा करती हूँ कि यह तुलनात्मक अध्ययन अन्त:प्रान्तीय भाषाओं के सम्पर्क को और अधिक दृढ़ बनाएगा एवं देश के दो प्रान्तों के पाठकवर्ग के बीच एक भावात्मक एकता स्थापित करने में सफल होगा। साथ ही साहित्य के प्रति उनके मन की अनन्त जिज्ञासा को भी मिटा सकेगा। केवल यही नहीं, राष्ट्रीय अखंडता के लिए भी आवश्यक है कि दो भाषाओं के पारस्परिक सम्बन्ध पर विचार किया जाए।

बीसवीं शताब्दी में विश्व साहित्य, विशेषकर भारत में बांग्ला साहित्य के औपन्यासिक जगत् में आशातीत वृद्धि हुई। हिन्दी उपन्यास भी इस ओर प्रगतिगामी रहा। विगत कुछ दशकों में पहले बांग्ला व साथ-साथ हिन्दी साहित्य के अन्तर्गत आंचलिक उपन्यास की दिधा का प्रादुर्भाव व प्रचुर विकास हुआ। सम्प्रति यह विधा समसामयिक बांग्ला व हिन्दी साहित्य की अमूल्य निधि बन गई है। बांग्ला के ताराशंकर बन्द्योपाध्याय द्वारा लिखित 'गणदेवता' व 'हाँसुली बाँकेर उपकथा' एवं हिन्दी के सर्वश्रेष्ठ आंचलिक उपन्यासकार श्री फणीश्वरनाथ रेणु के उपन्यास 'मैला आँचल' एवं 'परती परिकथा' बांग्ला व हिन्दी साहित्य की दुर्लभ सम्पदा बन गए हैं। यह पुस्तक, जो कि मेरे शोध-कार्य का परिवर्धित और संशोधित रूप है, इसमें मैंने इन दो अनुभवी कथा-साहित्यकारों के ग्रामकेन्द्रित कथा-साहित्य का तुलनात्मक अध्ययन करने का प्रयास किया है।

समकालीन कथा-साहित्य के इतिहास में ताराशंकर बन्द्योपाध्याय (1898-1972) का आसन शीर्ष पर है। अपने 'कालिन्दी', 'गणदेवता', 'पंचग्राम', 'हाँसुली बाँकेर उपकथा' आदि उपन्यासों में महाकाव्यात्मक रचना की एक अतुलनीय धारा का प्रवर्तन कर बांग्ला साहित्य के पाठक समाज में एक अविस्मरणीय कार्य किया है। उपन्यास की सृजन-भूमि पर ताराशंकर ने अपनी मातृभूमि दक्षिण-पूर्व वीरभूम के साधारण ग्रामीण जीवन से लेकर ज़मींदारों की कथा तक को रखा है। ताराशंकर द्वारा रचित 'गणदेवता' व 'हाँसुली बाँकेर उपकथा' बंगाल के अनभिजात जीवन परिवेश से गठित जीवन्त शिल्परूप है।

हिन्दी के प्रख्यात आंचलिक उपन्यासकार व कहानीकार फणीश्वरनाथ रेणु व्यक्ति व कृतिकार दोनों ही रूपों में अप्रतिम थे। बिहार के जिला पूर्णिया के अन्तर्गत गाँव 'औराही हिंगना' में 4 मई, 1921 ईसवी को रेणु का जन्म हुआ। वे हिन्दी कथा-साहित्य के अत्यधिक महत्त्वपूर्ण रचनाकार हैं। दमन और शोषण के विरुद्ध वे आजीवन संघर्षरत रहे। सन् 1954 में उनका पहला बहुचर्चित उपन्यास 'मैला आँचल' प्रकाशित हुआ जिसके साथ-साथ हिन्दी कथा-साहित्य में एक युगान्तकारी परिवर्तन हुआ और वह था हिन्दी साहित्य में आंचलिक कथा-युग का उदय। सन् 1957 में इनका दूसरा वृहद् उपन्यास 'परती परिकथा', सन् 1959 में कहानी संग्रह 'ठुमरी' और फिर 'दीर्घतपा' का प्रकाशन हुआ। सन् 1978 में दो रिपोर्ताज संग्रह 'ऋणजल-धनजल' और 'नेपाली क्रान्तिकथा' प्रकाशित हुए।

ताराशंकर के उपन्यास तथा रेणु के उपन्यासों का पाठ करने के पश्चात मैंने पाया कि इनके उपन्यासों में समता अधिक है। रेणु के उपन्यास 'मैला आँचल' में वर्णित 'मेरीगंज' की कहानी केवल बिहार की ही नहीं बल्कि बंगाल के वीरभूमि

जिला स्थित किसी गाँव की ही कहानी लगती है, जहाँ स्वतंत्रता प्राप्ति से पूर्व व उसके पश्चात होनेवाले आमूल परिवर्तनों को दिखाया गया है।

प्रस्तुत प्रबन्ध के विभिन्न अध्यायों के अन्तर्गत चर्चित उपन्यासकारों के उपन्यासों का सामाजिक, राजनीतिक, आर्थिक, शैक्षणिक, धार्मिक एवं सांस्कृतिक सन्दर्भों एवं बनते-मिटते जीवन मूल्यों एवं आदर्शों की पृष्ठभूमि में तुलनात्मक ढंग से विश्लेषण किया गया है। इस प्रकार, नौ अध्यायों में विभक्त इस पुस्तक में मैंने तुलनात्मक शोध-पद्धति के आधार पर, इन दोनों उपन्यासकारों के ग्रामकेन्द्रित-कथा-साहित्य के अन्तःसम्बन्धों को खोजने का प्रयास किया है।

युग-सचेतन, ज्ञानवान और संवेदनशील लेखकद्वय ने एक ओर जहाँ, नये समाज में विकसित हुए पिछड़े वर्ग का चरित्र उद्घाटित किया है, वहीं दूसरी ओर अपनी अभिव्यक्ति को बिलकुल यथार्थ की भूमिका पर प्रस्तुत करते हुए उसके द्वारा नए-नए आयामों की खोज भी की है। सामाजिक प्रतिबद्धता से युक्त इन दो महान उपन्यासकारों की कथा-साहित्य के अनेक पक्षों का अन्वेषण अभी बाकी है। इस दिशा में मेरा प्रयास अत्यल्प ही कहा जा सकता है।

इस शोध-प्रबन्ध के अन्तर्गत अनेक स्थानों पर उद्धृत पंक्तियों की पुनरावृत्ति प्रतीत हो सकती है, परन्तु अपने विचारों को प्रासंगिक एवं स्पष्ट बनाने के प्रयास से ही मैंने ऐसा किया है। साथ ही बांग्ला उपन्यासों एवं सन्दर्भ ग्रंथों से बांग्ला उद्धरणों को वैसे ही रखकर उनका अनुवाद भी दिया है। ऐसे में मैंने अनुवाद-ग्रन्थों का सहारा नहीं लिया है। प्रस्तुत उद्धरणों का अनुवाद मैंने स्वयं किया है। अतः इसमें हिन्दी की बँधी-बँधाई गठन से हटकर यदि कुछ विचित्र-सा लगे तो उसे मूल की भंगिमा को व्यक्त करने का प्रयोग माना जाए। मेरे निष्कर्ष के आधार मूल ग्रन्थ हैं।

—सोमा बन्द्योपाध्याय

आभार

कथा-साहित्य के प्रति रुचि बाल्यावस्था से ही रही है, जब 'नन्दन', 'चन्दामामा' आदि पढ़ती थी। फिर तो यही रुचि उत्तरोत्तर उचित परिवेश पाकर निरन्तर विकसित होती गई। परिणामस्वरूप मेरा शोध-विषय भी कथा-साहित्य से जुड़ गया। यूँ तो बाल्यकाल से ही मेरा गहरा लगाव ग्रामीण जीवन से रहा है, क्योंकि मैंने स्वयं बंगाल के वीरभूम अंचल अर्थात् 'राढ़ अंचल' की लाल मिट्टी में ही जन्म लिया है। यही कारण है कि महानगर में रहते हुए भी ग्रामीण-संस्कृति, आंचलिक परिवेश आदि ने मुझे सदैव आकर्षित किया। अतः कथा-साहित्य विशेषकर ग्रामकेन्द्रित साहित्य के प्रति मेरा आकर्षण सहज और स्वाभाविक रूप से रहा है।

मेरी मातृभाषा बांग्ला होने के कारण बांग्ला साहित्य के प्रायः सभी प्रमुख कथाकारों की रचनाओं की मैं नियमित रूप से पाठिका रही हूँ। इनमें विशेषतः बंगाल के श्रेष्ठतम आंचलिक उपन्यासकार, ग्रामीण बंगाल में नवजागरण काल के चित्रकार, ख्यातिलब्ध नाट्यकार ताराशंकर बन्द्योपाध्याय के कथा-साहित्य ने मुझे अत्यन्त प्रभावित किया। हिन्दी मेरे अध्ययन का विषय होने के कारण मैं हिन्दी के भी सभी प्रतिष्ठित लेखकों की कृतियों की एकनिष्ठ भक्त रही हूँ। परन्तु हिन्दी के अभूतपूर्व कथाशिल्पी, आंचलिक उपन्यासों के प्रवर्तक, मैथिल अंचल के कुशल चित्रकार फणीश्वरनाथ 'रेणु' के कथा-साहित्य ने जितना मुझे प्रभावित किया है, उतना सम्भवतः और किसी के साहित्य ने नहीं।

इन दो महान रचनाकारों की रचनाओं का प्रमुख उपादान रहा है, 'गाँव की मिट्टी' और 'गाँव के लोग'। रचनाकार रेणु के प्रति कुछ कहना अपने आपमें चुनौती है। अपने अंचल विशेष के ये सफल कथावाचक हैं। 'कथावाचक' शब्द का प्रयोग इस अर्थ में कि रेणु कथा 'लिखते' नहीं थे बल्कि 'कहते' थे। ताराशंकर जी भी, जो कि बहुमुखी प्रतिभा के धनी थे, अपने अंचल-विशेष के कुशल चितेरे, बेजोड़ कलाकार व सफलतम रचनाकार थे।

इन दोनों के उपन्यासों का पाठ करते हुए मुझे इनके कथावस्तु के उपादानों एवं वस्तु-संयोजन-शिल्प में अद्‌भुत सादृश्य दिखाई दिए। सिर्फ यही नहीं लेखकद्वय के विचार भी काफी मिलते थे। दोनों ही यथार्थवादी लेखक थे एवं 'मानवता' के

पुजारी थे। 'सबार ऊपरे मानुष सत्य, ताहार ऊपर नाई' (सबसे बड़ा सत्य मनुष्य स्वयं है, उससे बढ़कर कोई सत्य नहीं) ही इनके साहित्य का मूल स्वर रहा है। सम्भवत: विश्व के सभी श्रेष्ठ साहित्यकार मानव धर्म को ही सबसे अधिक महत्त्व देते हैं और इसलिए उनके साहित्य में एक सी रागिनी बजती है।

एतदर्थ, इन्हीं कारणों ने मुझे बाध्य किया कि मैं अपने शोध-प्रबन्ध के रूप में इन दो महान स्रष्टाओं की अमर सृष्टि, विशेष रूप से ग्रामकेन्द्रित उपन्यासों का समग्र रूप से अध्ययन कर एक तुलनात्मक विवेचन प्रस्तुत करूँ। मेरे शोध का विषय दो उपन्यासकारों के समग्र ग्रामकेन्द्रित उपन्यासों को समेटने के कारण और अधिक विस्तृत है गया था, जिससे मेरा कार्य अत्यन्त श्रमसाध्य और दुष्कर लगने लगा था। परन्तु समय के साथ-साथ यह कार्य भी सम्पन्न हुआ और सार्थकता के साथ। आज वही शोध-प्रबन्ध पुस्तक के आकार में प्रकाशित हो रहा है और यह सम्भव हो पा रहा है राजकमल प्रकाशन के प्रबन्ध निदेशक माननीय श्री अशोक महेश्वरी जी के सहयोग के कारण। महज औपचारिकता के लिए नहीं, वरन् अपने हृदय की सच्ची एवं ईमानदार भावनाओं के वशीभूत होकर उनके प्रति अपना आभार व्यक्त करना चाहती हूँ। उनकी उदारता को शब्दों के दायरे में नहीं बाँध सकती।

हृदय से धन्यवाद देना चाहती हूँ मेरी शोध निर्देशक को एवं उन सभी विद्वज्जनों को जिनके विद्वत्तापूर्ण परामर्श से मुझे आगे बढ़ने का यथेष्ट प्रोत्साहन मिला। यादवपुर विश्वविद्यालय के डॉ. हिमाद्री बन्द्योपाध्याय (ताराशंकर बन्द्योपाध्याय के पौत्र) एवं बांग्ला के प्रतिष्ठित आंचलिक उपन्यासकार व इतिहासकार डॉ. महीतोष विश्वास के प्रति भी अपनी कृतज्ञता व्यक्त करती हूँ जिन्होंने महत्त्वपूर्ण सामग्री एवं अपना अमूल्य सुझाव देकर मेरे कार्य को दिशा दी। साहित्य अकादमी (कलकत्ता) के पूर्वांचल के सचिव डॉ. रामकुमार मुखोपाध्याय ने इस विषय पर जो परामर्श दिए, उसके लिए मैं उनकी विशेष रूप से आभारी हूँ। लाभपुर (ताराशंकर के गाँव) के निवासी डॉ. सुकुमार चन्द्र ('बिशु डाक्तार', ताराशंकर के उपन्यास के जीवित पात्र) ने जिस प्रकार निजी-संग्रह से मुझे सामग्रियाँ प्रदान कीं, उसके लिए मैं सदैव उनकी ऋणी रहूँगी। राजकमल प्रकाशन के पूर्वांचल के प्रभारी श्री उत्तम बनर्जी के प्रति भी विशेष आभार व्यक्त करती हूँ। उनके सहयोग के बिना यह कार्य पूरा नहीं हो पाता।

मेरे अपने, जिनके आत्मीय परामर्श का यथेष्ट सम्बल मुझे सदा मिलता रहा है और जिन्होंने सभी प्रकार से मुझे लौकिक सहयोग दिया है, उनसे तो औपचारिकता ही क्या!

अन्तत: यदि हिन्दी साहित्य के तुलनात्मक अध्ययन की दिशा में मेरी यह पुस्तक थोड़ा भी योगदान कर पाई तो मैं अपना श्रम और प्रयास सार्थक समझूँगी।

शुभम्!

—सोमा बन्द्योपाध्याय

अनुक्रम

प्रथम अध्याय

लेखकद्वय के व्यक्तित्व एवं कृतित्व के निर्माण का सांस्कृतिक परिदृश्य

एक साहित्यकार की कृतियों पर उसके जीवन तथा परिवेश का प्रभाव अवश्य रहता है। अत: साहित्यकार किसी स्थिति का दर्शक मात्र नहीं हो सकता। वह स्थितियों को जीता है, भोगता है, प्रतिक्रिया करता है। इसलिए उसकी रचनाओं में जीवन के कुछ-न-कुछ अंश अवश्य साकार हो उठते हैं, जी उठते हैं। प्राचीन शास्त्रों में उल्लिखित तीन ऋण—मातृऋण, पितृऋण एवं गुरुऋण के अतिरिक्त वह अपने जन्मस्थान के ऋण को भी यथेष्ट मान्यता देता है। ताराशंकर बन्द्योपाध्याय एवं फणीश्वरनाथ रेणु ऐसे ही महान कथाकार थे जिन्होंने हर क्षण अपने जन्मस्थान और अंचल के इस ऋण को अनुभव किया। उनका सम्पूर्ण जीवन एवं समस्त साहित्य इसी का प्रमाण है।

ताराशंकर एवं रेणु एक ही युग की देन हैं। ताराशंकर रेणु के वरीय समसामयिक हैं। उनका रचनाकाल रेणु से पहले आरम्भ होता है और उनके साथ-साथ अन्त तक चलता रहता है। बंगभूमि एवं हिन्दी प्रदेश की अपनी विशेषताओं के साथ ही जहाँ दोनों में एक और उस युग की एक सी प्रवृत्तियाँ उपस्थित हैं, वहीं दूसरी ओर पारिवारिक एवं वैयक्तिक साम्य-वैषम्य भी है, परन्तु मैंने पाया है कि इन दोनों कालजयी उपन्यासकारों की रचनाओं में समता अधिक है।

ताराशंकर बन्द्योपाध्याय : व्यक्ति एवं कृतित्व

ताराशंकर का आविर्भाव उस समय हुआ जब भारतवर्ष के इतिहास में, जन-जीवन की चिन्ताधारा में, स्वाधीनता प्राप्ति की तीव्र इच्छा के कारण एक गम्भीर परिवर्तन का सुर ध्वनित हो रहा था। उन्नीसवीं सदी का अन्तिम काल एवं बीसवीं सदी का प्रारम्भिक काल भारतवर्ष के इतिहास में सर्वाधिक महत्त्वपूर्ण काल है, क्योंकि उस समय भारत की राजनीति नए मतवाद एवं नए आदर्शों से प्रेरित हो रही थी। धीरे-

धीरे सामन्तवादी क्षमता का नवयुगीन विचारधारा के कारण पतन हो रहा था। ऐसे समय में, बंगाल के वीरभूम जिला स्थित लाभपुर गाँव में 24 जुलाई, 1898 में, एक पतनशील ज़मींदार परिवार में ताराशंकर बन्द्योपाध्याय का जन्म सूर्योदय से कुछ क्षण पहले अर्थात् उषाकाल में हुआ। उनका कृतित्व और व्यक्तित्व अंचल-विशेष में व्यक्ति और समाज के अन्तःसम्बन्धों का मूर्तिमान रूपाकार है।

ताराशंकर का परिवार

ताराशंकर के पिता श्री हरिदास बन्द्योपाध्याय लाभपुर गाँव के ज़मींदार थे। ताराशंकर की माता का नाम प्रभावती देवी था। उनके दादाजी (पितामह) श्री दीनदयाल बन्द्योपाध्याय एवं प्रपितामह रामचन्द्र बन्द्योपाध्याय थे। विद्यावत्ता, साहित्य के प्रति गहन अनुराग, प्राचीन भारत की सांस्कृतिक चेतना, सत्य एवं न्याय के प्रति निष्ठा, नवीन युग-चेतना आदि विभिन्न चारित्रिक गुण उन्होंने अपने पिता से उत्तराधिकार के रूप में प्राप्त की थी और जीवन भर उन्होंने इन आदर्शों का पालन करने की चेष्टा की। परवर्ती काल में इसका प्रभाव उनकी साहित्यिक कृतियों पर भी पड़ा। 'पंचग्राम' और 'गणदेवता' का नायक देबू घोष एक आदर्शवादी युवा के रूप में ही पाठकों के सामने आता है। ताराशंकर जब मात्र आठ वर्ष के एक छोटे से बालक थे, तभी उनके पिता का स्वर्गवास हो गया था। उनके जीवन के प्रारम्भिक संघर्षपूर्ण दिनों में उनके पिता की प्रेरणा एवं आशीर्वाद ही अन्धकार रात्रि में भी ध्रुवतारा के समान उन्हें पथ-निर्देश देते रहे। उनके पिता के पास अपना एक पुस्तकालय था। पिताजी के इसी पुस्तकालय में ही छुपी हुई थी ताराशंकर की साहित्यिक चेतना।[1] इस पुस्तकालय में देश-विदेश के अनगिनत लेखकों की पुस्तकों के अलावा कई प्रकार की मासिक व पाक्षिक पत्र-पत्रिकाएँ एवं समाचार पत्र भी रखे जाते थे। ताराशंकर इनके माध्यम से अपने मन के अनन्त कुतूहल एवं जिज्ञासा को मिटाते। उनके पिताजी नियमित रूप से डायरी भी लिखते थे। ताराशंकर ने भी इस अभ्यास को अपना लिया था। अपने संस्मरण 'आमार छेलेबेला' अर्थात् 'मेरा बचपन' मे वे लिखते हैं–"वास्तव में...बहुत कम उम्र में उनकी मृत्यु हुई थी। मैं उस समय (1906) आठ वर्ष का था, परन्तु उनकी स्मृति मेरे मन की गहराई में क़ैद थी। उनकी डायरी के हरेक पन्ने में मेरा नाम लिखा हुआ था। मुझे सम्बोधन कर कुछ-न-कुछ लिख कर गए थे। चौदह-पन्द्रह वर्ष की उम्र से ही मैं वह डायरी पढ़ता चला आ रहा हूँ। आज आधुनिक दृष्टिकोण से उस युग को समझने में, मेरी सहायता सबसे अधिक इस डायरी ने की है। इस डायरी से एक और महत्त्वपूर्ण तथ्य का पता चलता है। वह है उस युग के भारतवासियों पर यूरोपीय सभ्यता का प्रभाव।"[2]

उच्च मर्यादाबोध, रुचिशीलता, शालीनता, आभिजात्य बोध, कठोर संयम एवं त्याग स्वीकारने का साहस आदि दुर्लभ मानवीय गुण उन्होंने अपनी माता श्रीमती प्रभावती देवी से ही प्राप्त की थी। ताराशंकर के एक भाई एवं छोटी बहनें भी थीं। इनके अतिरिक्त ज़मींदार होने के कारण कई और लोग भी उनके यहाँ आश्रित के रूप में रहते थे। ऐसे वृहद् परिवार को सँभालने की क्षमता एवं गुण उनमें विद्यमान थे। सन् 1906 में पिता की मृत्यु के उपरान्त, प्रभावती देवी ने ही पूर्ण आत्मविश्वास के साथ पूरे परिवार को सँभाला था। उनके परिवार में उनकी एक विधवा बुआजी भी उनके साथ ही रहा करती थीं, जिनके प्रति ताराशंकर की अटूट श्रद्धा थी।

सन् 1914 में, ताराशंकर जब केवल सोलह वर्ष के किशोर थे, उनका विवाह लाभपुर के विख्यात धनी परिवार के यादवलाल बन्द्योपाध्याय की पोती उमाशशी देवी से कर दिया गया। उमाशशी उस समय दस वर्ष की बालिका थी। परवर्ती काल में ताराशंकर के संघर्ष के दिनों में उमाशशी उनकी सच्ची जीवनसंगिनी बनी। वैसे सामाजिक व आर्थिक दृष्टि से इस विवाह को अनमेल विवाह कहा जा सकता था,[3] क्योंकि ताराशंकर एक पतनशील ज़मींदार परिवार की सन्तान थे जिनकी आर्थिक स्थिति बहुत अच्छी नहीं थी, परन्तु उमाशशी देवी एक ऐसे सम्पन्न परिवार से आई थीं, जिनकी आर्थिक स्थिति क्रमशः उन्नत हो रही थी। इस अन्तर को मिटाना सहज न था। उमाशशी के परिवारवालों की यह इच्छा थी कि ताराशंकर उनकी सहायता से अपनी आर्थिक स्थिति को सुधारें, परन्तु स्वाभिमानी ताराशंकर स्वनिर्भर बनने के प्रयास में जुटे रहे।[4] उनकी पत्नी ने ऐसे समय पर सदैव उनका साथ दिया। उनके दो पुत्र एवं दो कन्याएँ थीं।

ताराशंकर की शिक्षा एवं नौकरी

ताराशंकर की विधिवत शिक्षा-दीक्षा बहुत कम समय के लिए हो पाई। अपनी मैट्रिक तक की शिक्षा उन्होंने अपने गाँव के यादवलाल इंगलिश स्कूल से ही पूरी की थी। सन् 1916 में मैट्रिक की परीक्षा प्रथम श्रेणी में उत्तीर्ण होने के पश्चात् उन्हें कलकत्ते के सेंट जेवियर्स कॉलेज में पढ़ने भेजा गया, परन्तु कुछ ही दिनों में स्वाधीनता आन्दोलन में भाग लेने के लिए एवं क्रान्तिकारियों की सूची में उनका नाम रहने के कारण, उन्हें वह कॉलेज बाध्य होकर छोड़ना पड़ा। तब उन्होंने साउथ सुबॉर्बन कॉलेज जो अब आशुतोष कॉलेज के नाम से प्रसिद्ध है, में दाखिला लिया। वहाँ भी गम्भीर रूप से बीमार पड़ने के कारण, उनकी पढ़ाई बीच में ही छूट गई, परन्तु स्वाध्याय का क्रम चलता रहा। ताराशंकर एक मेधावी छात्र था। अंग्रेज़ी एवं बांग्ला भाषा में वे अत्यन्त कुशल थे।

नौकरी को पेशे के रूप में अपनाने की कोई इच्छा कभी उनके मन में जाग्रत नहीं हुई। एक तो वह ज़मींदार परिवार से थे, दूसरा उन्होंने यह निश्चय कर लिया था कि साहितय-सृजन के माध्यम से ही वे देश एवं जनता की सेवा करेंगे।[5]

प्रभाव

बचपन से ही, ताराशंकर पर जिन व्यक्तियों का सर्वाधिक प्रभाव परिलक्षित होता है, वे थे उनके पिता, माता एवं बुआजी। साहित्य के प्रति आकर्षण तो उनमें पिता के कारण ही पैदा हुआ। अपनी माता को वे 'धरित्री' या धरती-स्वरूपा मानते थे जो सबके सुख-दुःख, पाप-पुण्य का बोझ अपने ऊपर धारण कर लेती है। उनकी माता पटना की एक शिक्षित एवं देशभक्त परिवार की बेटी थीं। उस युग में भी उन्हें अंग्रेज़ी की शिक्षा दी गई थी। वे कहानी सुनाने की कला में दक्ष थीं। ताराशंकर की साहित्यिक प्रतिभा को विकसित करने में उनकी माँ का बहुत बड़ा योगदान था। ताराशंकर अपनी माता की कहानी कहने की कला से इतने प्रभावित हुए थे कि परवर्ती काल में अपने 'गणदेवता' उपन्याय में 'न्यायरत्न' नामक चरित्र को एक कुशल कहानी कहने वाले अर्थात् किस्सागो के रूप में चित्रित किया। वे अपनी बुआजी से भी प्रभावित हुए बिना नहीं रह पाए थे। इस बुआजी ने अपने पति एवं दो बच्चों को काल के हाथों खोने के बावजूद वास्तविक ज़िन्दगी की लड़ाई में हार स्वीकार नहीं की थी। वे एक तेजस्विनी, स्वाभिमानी एवं स्पष्ट वक्ता नारी थीं। उनकी अनन्त जीवन शक्ति एवं तीक्ष्ण दूरदृष्टि ने ताराशंकर पर व्यापक रूप से प्रभाव डाला था। ताराशंकर अपने बुआ के सम्बन्ध में 'आमार कालेर कथा' नामक संस्मरण में लिखते हैं–"जिन व्यक्तियों का प्रभाव मेरी पूरी ज़िन्दगी में, मेरे चिन्तन-मनन आदि सब कुछ पर गम्भीर रूप से पड़ा है, उनमें प्रथम तीन व्यक्ति हैं–मेरे माता, पिता एवं बुआजी।"[6]

इनके अतिरिक्त जिन तीन व्यक्तित्व ने उनके किशोर जीवन को सर्वाधिक प्रभावित किया, वे थे स्वामी विवेकानन्द, साहित्य-सम्राट बंकिमचन्द्र चट्टोपाध्याय एवं बंगाल के वीर-विप्लवी (क्रान्तिकारी) शहीद खुदीराम बसु।[7] इनसे उन्होंने सेवा एवं त्याग की भावना तथा बलिदान की शिक्षा ली थी। साहित्यकारों में बंकिमचन्द्र चट्टोपाध्याय, शरतचन्द्र चट्टोपाध्याय एवं रवीन्द्रनाथ ने उन्हें अत्यधिक प्रभावित किया था।[8] समसामयिक रचनाकारों में प्रेमेन्द्र मित्र, शैलजानन्द मुखोपाध्याय, कवि मोहितलाल मजुमदार, अचिन्त्यकुमार सेनगुप्ता आदि को अत्यन्त श्रद्धापूर्ण दृष्टि से देखते थे।[9]

छात्रावास में जिन शिक्षकों ने उन्हें बहुत स्नेह दिया, उनमें उनके विद्यालय के तृतीय शिक्षक (Third Master) श्री द्विजेन्द्रनाथ मुखोपाध्याय, गणित के शिक्षक कान्ति बाबू, अन्य दो शिक्षक सतीशचन्द्र मिश्रा (सत्येन पण्डित) एवं हरिचरण राय

प्रमुख थे। शिक्षकों में जिनका प्रभाव सर्वाधिक उनके जीवन पर पड़ा था, वे थे नीलरतन बाबू।[10] 'धात्री देवता' जिसे आलोचक ताराशंकर की 'जीवनी' कहते हैं, इसमें यही नीलरतन बाबू 'रामरतन बाबू' के रूप में चित्रित हुए हैं। नीलरतन बाबू ताराशंकर के गृह शिक्षक थे। उनका वर्णन करते हुए ताराशंकर लिखते हैं–"दाढ़ी-मूँछ से लगभग ढँका हुआ चेहरा, विशालाकार पुरुष सदानन्द व्यक्ति, देवता के जैसा चरित्र–कई सौ लोगों में एक ऐसा मनुष्य मिलता है। निर्लोभ, निर्भीक, विचित्र। वैसा ही कोमल और मधुर स्वभाव। लोग उन्हें पागल कहते थे।"[11] उनके द्वारा रचित कविता 'देवासुर संग्रामेर एई तो समय' किशोर ताराशंकर के देशप्रेम को जाग्रत करने में सहायक सिद्ध हुई थी।

उनके कई मित्र भी थे जिन्होंने ताराशंकर के साहित्य में अपनी जगह बना ली थी। इनमें अधिकतर पिछड़े वर्ग के थे। उनके सबसे अन्तरंग मित्र थे–सतीश मण्डल, विभूति मिश्रा, वैद्यनाथ एवं द्विजपद जिन्होंने उनकी साहित्यिक चेतना को प्रभावित किया था। 'कवि' उपन्यास का 'कवि' यही द्विजपद था जिसे 'विप्रपद' के नाम से अभिहित किया गया था।[12]

इन लोगों के अतिरिक्त, ताराशंकर अपने अंचल और प्रकृति से भी अत्यधिक प्रभावित थे। ताराशंकर का जन्म राढ़भूमि की मिट्‌टी में हुआ। अतः उन्होंने उस मिट्‌टी की गन्ध एवं स्वाद तथा उसके बारह महीने में होने वाले परिवर्तनशील प्राकृतिक वैचित्र्य को, अपने साहित्यिक दृष्टि से, अपने तन एवं मन से आस्वादन किया। यहाँ की भूमि को उन्होंने अपनी अनुभव की सच्चाई से, उस पर रहनेवालों की आशा-आकांक्षा, रीति-रिवाज़, उत्सव-विश्वास एवं रोज़ की जीवनगाथाओं के साथ आविष्कार किया, इसीलिए उन्होंने स्वयं इस बात का स्पष्टीकरण इस प्रकार किया है–"मेरी किताबें कहिए या और कुछ, मेरा सब कुछ तो मेरा यह राढ़ देश ही है। इसके भीतर से ही मैंने सब कुछ संग्रह किया है। यहाँ के लोग, यहाँ की ज़िन्दगी को ही मैंने अपनी रचनाओं में स्थान दिया है। इसके सिवा मेरे पास और कुछ भी नहीं है।"[13]

इसका कारण सम्भवतः उनके अपने गाँव का परिवेश है। राढ़भूमि के अन्तर्गत 'वीरभूम', 'नृतत्व' (anthropology) की दृष्टि से एक अद्‌भुत मिलन क्षेत्र है। 'वीर' शब्द का अर्थ मुण्डारी भाषा में 'अरण्य' या 'वन' होता है। वन से घिरे हुए प्राचीन भूखंड में अनार्य आदिवासी प्राचीन काल से ही निवास करते आए हैं। इसके उपरान्त धीरे-धीरे आर्यों के साथ कई युगों तक सांस्कृतिक लेन-देन व जैविक मिलन के फलस्वरूप हिन्दू समाज की वर्णाश्रम व्यवस्था द्वारा पारिभाषित निम्नजाति के लोग इस अंचल में स्थित हुए। उनके धार्मिक एवं सामाजिक आचरण में अनार्य रीति-पद्धति और आर्य विचारधाराओं से प्रभावित हिन्दू धर्म के रीति-रिवाज़ों का

मिश्रण हुआ। यहाँ के आदिवासियों में जैसे संथाल (मुण्डारी) जाति के लोग हैं, वैसे ही यहाँ-वहाँ भटकने वाले बनजारों की टोली भी है। इस प्रकार के मिश्रित वर्णों के समुदाय व गोष्ठियों की संख्या भी अनेक हैं। बाग्दी, डोम, बाऊरी, हाड़ी, राजवंशी, सद्गोप, जुगी (चूड़ियाँ बेचनेवाले) आदि जीविकाओं के द्वारा चित्रित समुदाय भी इन्हीं में गिने जाते हैं। जुलाहा, मोची, चमार, सफ़ाईवाला, लुहार, कहार, बाज़ीगर, पटुआ (मूर्ति बनानेवाले) आदि भी बड़ी संख्या में मिलते हैं। हिन्दू व मुसलमान दोनों सम्प्रदाय के लोग मन्दिर व दरगाह दोनों जगह जाते हैं। 'सत्यपीर' एवं 'सत्यनारायण' दोनों एक ही देवता माने जाते हैं। सभी को 'ग्राम देवता' का भक्त बनना पड़ता है, चाहे वे किसी भी धर्म के माननेवाले क्यों न हों। 'लोकायत' धर्माचार में तो कई बार उच्चवर्ग के पूजा, उत्सव आदि के समय डोम और बाग्दी जैसे भिन्न जाति के माने जानेवाले लोग भी पुरोहित का कार्य करते हैं।[14]

ताराशंकर स्वयं ब्राह्मण-सन्तान होते हुए भी इसी प्रदेश में, इसी परिवेश में, एवं इन्हीं लोगों के बीच पलकर बड़े हुए। परवर्तीकाल में इस अंचल से दूर जाकर भी इसके प्रभाव से वे मुक्त न हो सके। उनकी रचनाओं में इसका प्रभाव बहुत अधिक है। इस प्रकार वे उस आंचलिक जीवन के न केवल द्रष्टा थे वरन् भोक्ता भी थे। इसीलिए उनकी रचनाओं में जब हम किसी जनजाति और गोष्ठी का चित्रण पाते हैं, तो उनके धर्म-कर्म, ईश्वर में विश्वास, सभी कुछ का विस्तृत वर्णन मिलता है और कहीं भी किसी सम्प्रदाय या जाति के प्रति, किसी व्यक्ति के प्रति किसी प्रकार की हीन भावना या घृणा की कोई छवि नहीं मिलती। हिन्दू-मुसलमान के बीच साम्प्रदायिक सद्भाव का तो कई स्थानों पर वर्णन मिलता है। सम्भवतः इसी तरह वे अपने मानव धर्म की ऊँचाई तक पहुँचे थे। उन्होंने अपने जीवनानुभव को ही साहित्य-सृष्टि के लिए प्रयोग किया था।

इस प्रकार व्यक्ति के अंचल दोनों का व्यापक प्रभाव उनके साहित्य में परिलक्षित होता है।

ताराशंकर का बचपन

ताराशंकर का बचपन एवं किशोरावस्था कई कारणों से महत्त्वपूर्ण है। जैसा कि हमने देखा, उनका मानसिक और चारित्रिक गठन इसी समय हुआ। कुछ अपने परिवार के कारण तो कुछ विशिष्ट व्यक्तियों विशेषतः शिक्षकों के सान्निध्य के कारण। साहित्य के प्रति अनुराग के भाव, उन्होंने अपने माता-पिता के उत्तराधिकार के रूप में प्राप्त किया था। किशोरावस्था में अपनी माता को उन्होंने 'कपालकुंडला' का पाठ करते हुए सुना था। तभी से उनके मन में साहित्य-साधना की सुप्त इच्छा जाग्रत हो उठी। सुप्त इसलिए कह रही हूँ, क्योंकि उनके काव्य-प्रतिभा का परिचय

उनके आठ वर्ष की उम्र (सन् 1906) में ही मिल चुका था, जब उन्होंने एक पक्षी की मृत्यु पर दुख प्रकट करते हुए अपनी पहली कविता 'पाखिर छानार मृत्यु' लिख डाला। उसी वर्ष दुर्गापूजा के अवसर पर 'शारदीया पूजा' नामक एक दूसरी कविता भी लिखी।[15] परवर्तीकाल में अपनी माता से बंकिमचन्द्र के 'कपालकुंडला' की कहानी सुनने के पश्चात् जब उन्होंने स्वयं उस उपन्यास को पढ़ा तो अन्तिम परिच्छेद में जहाँ 'नवकुमार' एवं मोती बीवी का एकान्त में मिलन होता है, वहाँ दीप बुझा देने की बात कही गई है। उधर 'कपालकुंडला' में दीप बुझता है और इधर ताराशंकर के मन में साहित्य-साधना का दीपक जल उठता है, अपनी 'आमार चोखे कपालकुंडला' नामक निबन्ध में (ताराशंकर रचनावली, चतुर्थ खण्ड) इस घटना का उल्लेख करते हुए ताराशंकर लिखते हैं–"सम्भवतः, यह दीया बुझने से पहले ही मेरे मन की दीप-शिखा को प्रज्वलित कर चुकी थी।"[16]

केवल साहित्य-सेवा ही नहीं अपितु सेवा, त्याग, परोपकार जैसे महान मानवीय गुण उनमें बचपन से ही कूट-कूटकर भरे हुए थे। सन् 1912 से लेकर सन् 1928 तक कई प्रकार से वे समाज की उन्नति के लिए विशेषकर पिछड़े वर्ग के हित के लिए विविध प्रकार से कार्य करते रहे। मात्र 14 वर्ष की उम्र में ही वे लाभपुर में 'समाज सेवक समिति' की स्थापना कर चुके थे।[17] उनकी आँखों में, स्वामी विवेकानन्द की समाज सेवा एवं शहीद खुदीराम बोस के आत्मबलिदान का उज्ज्वल सपना था। अतः गाँधीजी के ग्रामोन्नति के आदर्श से उद्‌बुद्ध होकर सेवा करने का संकल्प लेकर वीरभूम के गाँवों में (जहाँ उन दिनों महामारी फैल चुकी थी) घूमने लगे। उन्हीं दिनों समाज के पिछड़े वर्ग की जीवन एवं समस्याओं से पहली बार उनका साक्षात्कार हुआ।[18] उन्होंने मनुष्य के दुःख-दारिद्र्य, आशा-निराशा आदि की पृष्ठभूमि में असहाय, अवहेलित जाति को एक नए दृष्टिकोण से देखा। नर के भीतर ही नारायण है, असहाय, निपीड़ित मानव जाति के हृदय में ही छिपी है जो मानवता, श्रद्धा, प्रेम और विश्वास के बदले उन्होंने उसका आशीर्वाद प्राप्त किया। हिन्दी साहित्य के रेणु की तरह बांग्ला में ताराशंकर ही वह अकेले व्यक्ति हैं जिन्होंने कर्मयोगी के रूप में सारे कटु और विषम अनुभवों को झेला है और ज़िन्दगी के कटुतम अनुभवों को आशीर्वाद स्वरूप अपने माथे पर धारण किया है। यही कारण है कि जगत् का हलाहल पीकर अमृत लुटाने वाले कथाकार हैं ताराशंकर। वीरभूम के रूखे, कठोर धरती पर दिन-पर-दिन घूमते फिरे हैं, अपने सृष्ट चरित्रों के साथ गहरी आत्मीयता का सम्बन्ध स्थापित किया है एवं उनके सुख-दुःख को अपना सुख-दुःख माना है। इन्हीं अनुभवों की फ़सल है उनका साहित्य।

किशोर ताराशंकर केवल साहित्य-प्रेमी या समाजसेवी ही नहीं थे, बल्कि खेल-प्रेमी भी थे।[19] बचपन से ही उनकी इच्छा एक महान फुटबॉल खिलाड़ी बनने

की थी, परन्तु शैशव में तो कई इच्छाएँ जन्म लेती हैं जिनमें से अधिकांश की मृत्यु हो जाती है। उसी तरह ताराशंकर की यह इच्छा भी पूरी न हो पाई। यद्यपि अपने गाँव के फुटबॉल क्लब 'द फुल्लरा एथलेटिक क्लब' के वे कप्तान थे। सेण्ट जेवियर्स कॉलेज में पढ़ते समय भी कई बार उन्होंने फुटबॉल मैचों में भाग लिया था।

ताराशंकर आरम्भ से ही देशप्रेमी थे। देशप्रेम की प्रेरणा उन्होंने अपने माता-पिता तथा समसामयिक घटनाओं से प्राप्त की थी। पिताजी की डायरी, पुस्तक एवं पत्रिकाओं तथा माता से सुनी हुई कहानियों से उन्होंने देशप्रेम का पहला पाठ सिखा था। स्वदेश प्रेम का जागरण सही रूप में उनके मन में तब हुआ जब सन् 1905 में बंगभंग जैसी महत्त्वपूर्ण ऐतिहासिक घटना घटी। उस समय पवित्र रक्षा बन्धन के माध्यम से रवीन्द्रनाथ ठाकुर ने समग्र जाति को एक सूत्र में बाँधना चाहा। उस वर्ष ताराशंकर की माँ ने स्वयं उनके हाथ में राखी बाँधकर उन्हें स्वदेश की दीक्षा दी थी। उस उत्सव की स्मृति उनके मन में सदा के लिए बस गई थी। उन्होंने अपने संस्मरण 'आमार कालेर कथा' में स्वयं इस घटना का उल्लेख करते हुए लिखा है–

'ऐलो झड़, एलो नतुन
काल। एलो आमार
कालेर नूतन काल।'

"जैसे एक तूफ़ान-सा आया, आया एक नया काल। आया मेरे काल (समय) का एक नूतन काल।

सन् 1905 का 30 आश्विन।

बंगालियों के जीवन में–भारतवर्ष के जीवन में वह एक महिमामय दिन था।

ऐसा दिन राष्ट्र के जीवन में, देश के इतिहास में कई शत् वर्षों में केवल एक बार आता है।"[20]

लाभपुर विद्यालय में अध्ययन काल के दौरान एक घटना घटी जिससे उनके स्वदेश प्रेम का एक उदाहरण प्रस्तुत किया जा सकता है। विद्यालय के प्रधान शिक्षक शशिभूषण नियोगी विदेशी शासकों के प्रति अत्यधिक श्रद्धा का प्रदर्शन करते थे जिससे कुछ देशभक्त छात्रों के मन में आक्रोश पैदा होने लगा। ये छात्र प्रधान शिक्षक के क्षोभ और द्वेष के शिकार बनने लगे। इन्हीं छात्रों में ताराशंकर भी थे, जिन्होंने साहस के साथ उनके अत्याचार का प्रतिवाद किया। इसके लिए उन्हें तिरस्कृत किया गया एवं दण्ड भी दिया गया था।[21]

ऐसे समय में एक और दुखद घटना ने उनके सुकुमार कोमल मन को अत्यधिक आन्दोलित किया और वह था खुदीराम बोस की फाँसी। बंगभंग आन्दोलन एवं खुदीराम बोस की फाँसी से अत्यधिक प्रभावित ताराशंकर जब कलकत्ता आए उच्चशिक्षा प्राप्त करने, तब भारतवर्ष एवं विश्व राजनीति में व्यापक

परिवर्तन हो चुका था। कलकत्ता की राजनीतिक परिस्थितियाँ गर्म हो चुकी थीं। पहला विश्वयुद्ध विश्व राजनीति पर अपना प्रभाव डाल चुका था। बांग्लादेश में क्रान्तिकारी आन्दोलन ने अपना भीषण रूप धारण कर लिया था। 1905 का बंगभंग आन्दोलन, मानिकतल्ला का बम-विस्फोट कांड, विदेशी वस्त्रों में आग लगाना आदि के माध्यम से स्वाधीनता आन्दोलन अपने चरम सीमा पर था। ऐसे गहमा-गहमी के बीच ताराशंकर कलकत्ता पढ़ने आए। यहाँ जेवियर्स कॉलेज में पढ़ते समय उनकी मुलाकात क्रान्तिकारी नलिनी बागची से हुई तो उनका स्वदेश प्रेम एक बार फिर से प्रज्वलित हो उठा।[22] कुछ ही दिनों में स्वाधीनता आन्दोलन में भाग लेने एवं क्रान्तिकारियों की सूची में उनका नाम रहने के कारण, उन्हें वह कॉलेज छोड़ना पड़ा एवं पुलिस की नज़रों से बचने के लिए कुछ दिन गाँव में रहना पड़ा, परन्तु गाँव में रहते हुए भी उन्होंने आन्दोलन से अपना सम्पर्क नहीं तोड़ा। 1921 में गांधीजी के असहयोग आन्दोलन ने उनके मन को बहुत आन्दोलित किया। अपने 'कैशोर स्मृति' नामक संस्मरण में वे लिखते हैं–"हठात् जालियाँवाला बाग की आवाज़ सुनाई पड़ी, मैंने सुना–अहिंसा के पथ पर चलने के लिए, गांधीजी का आह्वान। उसी पथ पर मेरी यात्रा आरम्भ हुई।"[23]

ताराशंकर का राजनीतिक जीवन

उनके उपन्यासों का पाठ करने के पश्चात् मैंने पाया है कि देश की सेवा ही उनके लिए सर्वाधिक महत्त्व रखती है। किसी राजनीतिक दल या पार्टी अथवा किसी क्रान्तिकारी दल का होना उतना महत्त्वपूर्ण नहीं है, ताराशंकर के लिए। किसी एक मतवाद को लेकर वे चले नहीं हैं, यद्यपि गांधीवादी आदर्शों का प्रभाव उनकी रचनाओं पर पड़ा है। वैसे ही एक समय वे कम्युनिस्ट मतवाद से भी प्रभावित हुए। 1921 से 1930 तक वीरभूम के गाँवों की उन्नति के लिए कई प्रकार के सेवामूलक कार्यों में व्यस्त रहे। इसका उल्लेख मैंने पहले भी किया है। सन् 1924-25 में वीरभूम के दुर्भिक्ष-पीड़ित गाँवों में जनता की सेवा में उन्होंने अपना सारा समय व्यतीत किया। सन् 1927-29 तक गाँव के यूनियन बोर्ड के अध्यक्ष के रूप में गाँव की उन्नति के लिए संघर्ष करते रहे। सन् 1930 उनके जीवन का संकट काल था। इसी वर्ष, गांधीजी 'डाण्डी मार्च' के समय पुलिस द्वारा गिरफ़्तार किए गए एवं कांग्रेस को ग़ैर-कानूनी करार दिया गया। इस घटना के दस महीने के भीतर नब्बे लोगों को अंग्रेज़ों के ख़िलाफ़ आवाज़ उठाने के कारण कलकत्ते में क़ैद कर लिया गया। ताराशंकर भी उनमें से एक थे। अपने कारावास के दौरान उन्होंने यह महसूस किया कि राजनीति धीरे-धीरे क्षमता या 'पॉवर' हथियाने का खेल बनती जा रही थी। जेल में रहकर ही उन्होंने अपने अनुभवों के आधार पर 'चैताली घूर्णी' एवं

'पाषाण–पूरी' (The Prison) नामक दो उपन्यासों की रचना की। जेल से रिहा होने के पश्चात् पहली बार वे सुभाष चन्द्र बोस से मिले एवं उनसे कहा कि वे कांग्रेस के साथ मिलकर देश की सेवा करना चाहते थे पर किसी व्यक्ति–विशेष की नहीं। सुभाष चन्द्र बोस उनके इस बात से अत्यन्त प्रभावित हुए।[24] इस घटना के पश्चात् ताराशंकर अपने गाँव लौटकर अपने परिवार में, जिसके पास जो भी स्वर्ण–आभूषण थे, उन्हें बेचकर बोलपुर में एक प्रेस ख़रीदा। इस कार्य में उनकी पत्नी ने उनका पूरा सहयोग दिया। वे इस प्रेस से 'उपासना' एवं 'अभ्युदय' नामक दो पत्रिकाएँ निकालने लगे।[25] इस प्रकार साहित्य के माध्यम से जनसेवा एवं देशसेवा दोनों करने लगे। सन् 1941 में, वे पुनः कलकत्ता चले आए। इसी वर्ष वे एक नए विचारधारा से परिचित हुए। Antifiascist writers and artists association के माध्यम से कम्युनिस्ट आन्दोलन के बारे में जानकारी प्राप्त की। सन् 1943 में वे इस संघ के अध्यक्ष के रूप में चुने गए। यह उनके जीवन में एक महत्त्वपूर्ण घटना थी।

उस समय विश्व राजनीति के आँगन में दूसरे महायुद्ध का सूत्रपात हो चुका था। 1942 का 'भारत छोड़ो' आन्दोलन, सुभाष चन्द्र बोस का देश से बाहर चले जाना, आदि घटनाओं ने भारतवासियों की राजनैतिक चेतना को अत्यधिक प्रभावित किया। इसके अतिरिक्त दो और उल्लेखनीय घटनाओं ने भारतवर्ष के जनमानस को झकझोर कर रख दिया—सन् 1942 का भयावह दुर्भिक्ष एवं सन् 1946 के हिन्दू–मुसलमानों के बीच हृदयविदारक साम्प्रदायिक दंगे। अन्त में 1947 में स्वतंत्रता प्राप्ति, परन्तु फिर स्वतंत्रता प्राप्ति के कुछ ही महीनों पश्चात् 30 जनवरी, 1948, को महात्मा गांधी की हत्या कर दी गई। इन घटनाओं ने सामूहिक रूप से ताराशंकर के हृदय को गम्भीर रूप से विचलित कर दिया। उनके विभिन्न कहानियों, निबन्धों एवं उपन्यासों में इसी राजनीतिक चेतना एवं मतादर्श की छवि मिलती है। परन्तु, फिर यह कहना आवश्यक हो जाता है कि वे किसी एक मतवाद को लेकर नहीं चलते थे। हरेक मतवाद या विचारधारा में जो अच्छाइयाँ हैं, वे उनसे प्रभावित होते थे। इसीलिए जिस प्रकार 'धात्रीदेवता' उपन्यास उनके गांधीवादी आदर्शों में विश्वास को उजागर करता है, उसी प्रकार सन् 1942 से 1944 तक के बीच ताराशंकर की जो दो रचनाएँ 'गणदेवता' एवं 'मन्वन्तर' (दोनों उपन्यास हैं) धारावाहिक रूप से 'भारतवर्ष' एवं 'परिचय' पत्रिकाओं में प्रकाशित हुईं, इन दोनों उपन्यासों में कम्युनिस्ट विचारधारा का प्रभाव परिलक्षित होता है। सन् 1946 में आनन्द बाज़ार पार्टी में इसकी अत्यधिक प्रशंसा भी की थी, यद्यपि परवर्तीकाल में इन्हीं प्रशंसकों में से कुछ एक ने इस उपन्यास की कठोर भाषा में आलोचना की।[26] कम्युनिस्ट समाज के सम्बन्ध में उनके विचार उनके एक पत्र से स्पष्ट होता है। यह पत्र उन्होंने तत्कालीन कम्युनिस्ट पार्टी के सचिव (सेक्रेटरी) श्री पी.सी. जोशी के

15 दिसम्बर, 1945 में लिखे गए पत्र के जवाब में लिखा था। इस पत्र में उन्होंने अपने मत को इस प्रकार स्पष्ट किया था–

"In spite of my best regards for you, I differ in my outlook from that of yours in some points. As regards your party policy I disagree with you in my points. But I admire the sincerety of the workers of your party and your boldness. I sincerely believe that everybody has the right of doing what he thinks just and right. You have done and are doing what you think right and just. My creed is Ahinsa and Truth. Not to accuse anybody and to love all is my motto. I try always to remain true to my creed and motto of my life."[27]

उपर्युक्त पत्र से ही ताराशंकर की चारित्रिक दृढ़ता का परिचय मिल जाता है। उनकी निर्भीकता एवं स्पष्टवादिता का प्रमाण है यह पत्र।

सन् 1931 के पश्चात्, सक्रिय राजनीति से संन्यास लेने के बाद भी स्वतंत्र भारतवर्ष को एक नए उन्नत भारतवर्ष के रूप में देखने की इच्छा से उन्होंने फिर राजनीति में योगदान किया। सन् 1952 में इन्हें राज्यसभा का सदस्य पद मिला। सन् 1960 तक वे इसके सदस्य रहे। सन् 1960 में उन्हें राष्ट्रपति के द्वारा लोकसभा का सदस्य पद प्रदान किया गया। इसके पश्चात् पुनः वे राजनीति से मुक्त होकर साहित्य-साधना में ही अपने अन्तिम दिन तक मग्न रहे।

ताराशंकर की साहित्य-साधना

मैंने पहले ही उल्लेख किया है कि ताराशंकर ने अपने शैशवास्था में ही अपनी प्रतिभा का परिचय दे दिया था। सन् 1906 में जब वे केवल आठ ही वर्ष के थे तो खेल-ही-खेल में, बाग में आम के पेड़ से गिरी हुई एक चिड़िया के बच्चे को कौओं से उद्धार करने के बावजूद उसकी मृत्यु हो जाने पर करुण रस से आप्लवित होकर उन्होंने एक कविता लिख डाली। यद्यपि इसमें कुछ तुकबन्दियाँ ही की गई थीं फिर भी इसमें उनकी कवि-प्रतिभा का विकास अवश्य देखा जा सकता है। यह कविता कुछ इस प्रकार थी–

पाखीर छाना मोरे गियेछे
माँ डेके फिरे गियेछे
माहिर तोलाय दिलाम शमाधि
आमराओ शबाई मिलिया काँदि।

अर्थात् *''चिड़िया का बच्चा मर चुका है*
माँ भी रोकर वापस जा चुकी है
मिट्टी के नीचे देकर समाधि
आओ मिलकर अब हम भी रोएँ।''[28]

दूसरी कविता की रचना उस वर्ष दुर्गापूजा के 'आगमन-वार्ता' के रूप में हुई। उनकी यह कविता 'शारदीया पूजा' कलकत्ते के 'कैलिडोनियन प्रेस' से मुद्रित होने के पश्चात् 'आमार पद्य पोड़े देखुन' कहकर गाँव के लोगों में बाँटा गया था। ताराशंकर ने स्वयं इस बात का उल्लेख अपने 'आमार साहित्य जीवन' नामक संस्मरण में किया है। उस कविता की दो पंक्तियाँ जो उन्हें संस्मरण लिखते समय याद थीं, इस प्रकार हैं–

शारोदीया पूजा जतो निकटे आईल
ततो शैब लोकेर आनं-दो बाड़िल।

अर्थात् *''शारदीया पूजा जितनी क़रीब आती गई,*
लोगों की खुशियाँ उतनी ही बढ़ती गईं।।''[29]

इस प्रकार बचपन में जो साहित्य-साधना कविता-लेखन से आरम्भ हुई, छात्रावस्था में वह निरन्तर विकसित होती रही, यद्यपि उल्लेखनीय कोई रचना उस समय उन्होंने नहीं रची। परवर्तीकाल में वे नाट्य विधा की ओर आकर्षित हुए। इस प्रकार नाटक और कविता लेखन की प्रक्रिया साथ-साथ चलती रही। सन् 1925 में 'वीरभूम बंगीय साहित्य सम्मेलन' उत्सव में उन्होंने नाटक में भाग लिया। उसी वर्ष, तत्कालीन विख्यात साहित्यिक पत्रिका 'भारतवर्ष' में (वि.सं. 1330, आषाढ़ संख्या में) उनकी 'नान्नुर पथे' कविता प्रकाशित हुई।[30] ताराशंकर का पहला प्रकाशित काव्य-संकलन 'त्रिपत्र' था जो सन् 1926 में प्रकाशित हुआ। उसी वर्ष उन्होंने Grand Daff द्वारा रचित 'माराठागणेर इतिहास' (तीन खंडों में प्रकाशित) के आधार पर 'माराठा तर्पण' नाटक लिखा, परन्तु यह अप्रकाशित रहा।[31] स्थानीय मंच पर इस नाटक का सफल मंचन भी हुआ, जिससे आशान्वित होकर ताराशंकर कलक़त्ता के रंगमंच पर इस नाटक के मंचन के लिए प्रयास करने लगे, परन्तु उनकी यह आशा पूरी न हो सकी। भावावेग में उन्होंने इस नाटक की मूल पाण्डुलिपि को अग्नि में झोंक दिया था।[32] इस घटना के कई वर्षों बाद, नाटककार के रूप में ताराशंकर ने अत्यधिक ख्याति प्राप्त की। सिर्फ़ यही नहीं उनके कई विख्यात नाटक कलकत्ते से कई नामी रंगमंच पर सफलता के साथ मंचित किए गए। ताराशंकर स्वयं भी एक अच्छे कलाकार थे। उन्होंने लाभपुर में कई नाटकों का निर्देशन किया एवं स्वयं उन नाटकों में पुरुष एवं स्त्री दोनों प्रकार के चरित्रों का अभिनय किया। 'बंगलक्ष्मी', 'चाँदबीवी', 'प्रफुल्ल', 'सीता', 'प्रतापादित्य', 'गृहलक्ष्मी' आदि नाटकों में नारी पात्रों के रूप में एवं 'कर्णार्जुन', 'शेषरक्षण', 'चिरकुमार सभा', 'बंगनारी', 'मराठा तर्पण', 'वैकुण्ठेर खाता', 'वशीकरण' आदि में पुरुष पात्रों के रूप में उनके अभिनय को सभी ने सराहा था।[33] इस प्रकार ताराशंकर का साहित्यिक जीवन कविता एवं नाटक के साथ आरम्भ हुआ।

इसके पश्चात् 1926 में ही उन्होंने अपना पहला उपन्यास 'दीनार दान' लिखा पर यह उपन्यास भी कहीं प्रकाशित न हो सका।

इस घटना से वे इतने निराश हुए कि कुछ समय के लिए साहित्य-सर्जन स्थगित रखकर देश सेवा व समाज में अधिक समय व्यतीत करने लगे। उन्हीं दिनों, एक उल्लेखनीय घटना घटी जिसके कारण ताराशंकर की लेखनी में अद्‌भुत परिवर्तन आया। कांग्रेस के ही किसी कार्य से वीरभूम के 'सिउड़ी' जिला शहर में जाना पड़ा। ऐसे में निद्राविहीन रात बिताते समय एक बिना जिल्द की पत्रिका 'काली-क़लम' (वि.सं. 1334) उनके हाथ लगी। इस पत्रिका में प्रकाशित दो कहानियाँ, प्रेमेन्द्र मित्र की 'पोनाघाट पेरिए' एवं शैलजानन्द मुखोपाध्याय की 'जॉनी ओ टॉनी' पढ़ने के पश्चात् अपने साहित्य-क्षेत्र में दिशा परिवर्तन की बात उन्होंने पहली बार सोची–

"इच्छा हुई ऐसी ही एक कहानी लिखूँगा जिसमें असली रक्त और मांस से बनी हुई जीवदेह में भूख और प्यास–अपनी कामनाओं के साथ मिलकर प्रवाहित हो रही हैं। ज़िन्दगी एक स्वतंत्र गति से बह रही है। कहीं उसकी जीत हो रही है तो कहीं हार।"[34] शैलजानन्द की कहानी के सम्बन्ध में उन्होंने लिखा–

"आश्चर्य होता है! वीरभूम को क्या इस तरह से, क़लम के माध्यम से, अक्षर-अक्षरों में सजाकर चित्रित किया जा सकता है?"[35] उसी इच्छा को रूपायित करने के लिए उन्होंने 'रसकली' कहानी की रचना की और उसे तत्कालीन सर्वाधिक विख्यात पत्रिका 'प्रवासी' में भेजा परन्तु वहाँ भी उन्हें निराशा ही मिली, परन्तु इस आघात से वे विचलित न होकर ग्राम-सेवा में अपने-आपको न्योछावर कर दिए। इसी दौरान 'रसकली' कहानी को फिर एकबार 'कल्लोल' पत्रिका के दफ़्तर में भेज दिया। उस समय 'कल्लोल' के सम्पादक पवित्र गंगोपाध्याय थे जिन्होंने न केवल इस कहानी को छापा अपितु हर प्रकार से इस नवीन साहित्यकार को प्रोत्साहन भी दिया एवं उनका साहस बढ़ाया। इस प्रसंग में परवर्तीकाल में पवित्र गंगोपाध्याय की यह उक्ति ध्यातव्य है–

"रसकली के बाद 'कल्लोल' एवं सम्भवत: 'कल्लोल' की ओर से मैंने ताराशंकर के लिए बांग्ला साहित्य के आँगन में प्रवेश करने का बन्द दरवाज़ा खोल दिया था, परन्तु उसके बाद तो ताराशंकर ने सम्पूर्ण रूप से स्वयं अपनी योग्यता के द्वारा ही बांग्ला साहित्य के राजसिंहासन पर अपना अधिकार जमा लिया।[36] सन् 1928 में ताराशंकर 'कल्लोल' पत्रिका के ग्राहक बने, वैसे इससे पहले सन् 1927 में लाभपुर से प्रकाशित 'पूर्णिमा' पत्रिका में उनकी एक छोटी कहानी 'स्त्रोतेर कुटो' प्रकाशित हो चुकी थी, परन्तु 'रसकली' के प्रकाशित होने के पश्चात् ही उनकी साहित्यिक प्रतिभा को स्वीकृति मिली। उनकी कहानियाँ, 'उपासना', 'उत्तरा',

'कालिकलम' आदि सम-सामयिक पत्र-पत्रिकाओं में छपने लगीं। कई प्रबुद्ध साहित्यकारों से उनका परिचय हुआ। सरोज राय चौधुरी, शैलजानन्द, प्रेमेन्द मित्र आदि ख्यातिलब्ध उपन्यासकारों से उनकी मित्रता बढ़ी। परवर्तीकाल में, उस युग के बुद्धिजीवियों की पत्रिका के रूप में चिह्नित विख्यात 'शनिबारेर चिठी' पत्रिका के सम्पादक सजनीकान्त दाश उनके परम मित्र बने एवं उनके बीच आत्मीयता अन्तिम काल तक बनी रही। इसके उपरान्त तीस के दशक के बांग्ला साहित्य के जाने-माने कवि एवं कट्टरपन्थी आलोचक मोहितलाल मजुमदार ने भी ताराशंकर की प्रतिभा से मुग्ध होकर उनकी प्रशंसा की। परवर्तीकाल में यही मोहितलाल मजुमदार जिन्हें ताराशंकर अत्यधिक श्रद्धा किया करते थे, ताराशंकर के साथ सभी प्रकार से सम्बन्ध तोड़ डाले जब ताराशंकर ने राष्ट्रभाषा के रूप में हिन्दी का समर्थन किया।[37] जो भी हो, 'कल्लोल', 'काली कलम', 'शनिबारेर चिट्ठी' आदि के माध्यम से उनकी साहित्यिक प्रतिभा को गति मिली। सन् 1930 में जब उन्हें कारादण्ड मिला तो जेल में ही इन्होंने दो कालजयी उपन्यास 'चैताली घूर्णी' (सन् 1934 में प्रकाशित) एवं 'पाषाणपूरी' (सन् 1936 में प्रकाशित) की रचना की। 'पाषाणपूरी' (The prison) बांग्ला भाषा की पहली कारा-कथा साहित्य है। जेल से मुक्ति पाने के पश्चात् ताराशंकर अविराम साहित्य लेखन में व्यस्त रहने लगे। मूलत: लेखन को पर्याप्त समय देने के लिए एवं प्रतिष्ठित होने के लिए ही वे सन् 1931 में कलकत्ता चले आए। कलकत्ता में उनकी मुलाकात सुभाष चन्द्र बोस से हुई, जो उनके लिए एक स्मरणीय घटना थी। उन्होंने अपना पहला प्रकाशित उपन्यास 'चैताली घूर्णी' सुभाष चन्द्र को समर्पित किया।[38] उन दिनों भवानीपुर के प्रियनाथ मल्लिक रोड में एक रिश्तेदार के घर में उन्हें अपने परिवार सहित रहना पड़ा जहाँ आर्थिक, मानसिक हर तरह के कष्टों को झेलना पड़ा। सन् 1932 में उनकी कन्या बुलू की पैसों के अभाव में एवं समय पर दवा न मिलने के कारण मृत्यु हो गई।[39] इस घटना से उन्हें बहुत गहरा मानसिक आघात पहुँचा।''

सन् 1933 में वे मनोहर पुकुर रोड के एक ही कमरे में किराए पर रहने लगे। आर्थिक संकट के कारण उनके पास एक चारपाई तक न थी। ज़मीन पर ही बिस्तर बिछाकर उस पर बैठ, अपने टीन के सूटकेस को मेज के रूप में इस्तेमाल करते थे। यह समय साहित्य जगत् में प्रतिष्ठा पाने के लिए उनका संघर्ष-काल था। यद्यपि कई सफल कहानियों एवं दो महत्त्वपूर्ण उपन्यासों की रचना हो चुकी थी परन्तु वे इससे सन्तुष्ट नहीं थे। इस प्रकार कष्टों को सहते हुए भी उनका साहित्य-सर्जन चलता रहा। अधिक मात्रा में धूम्रपान एवं चाय पीने की लत भी उन्हें इसी समय पड़ी, जिसे बाद में बड़ी मुश्किल से ही छुड़ा पाए थे। इसी वर्ष (सन् 1933) एक और महत्त्वपूर्ण घटना घटी। शान्तिनिकेतन के 'पल्ली कर्मी सम्मेलन' में भाग लेने

ताराशंकर बोलपुर गए जहाँ उनका परिचय रवीन्द्रनाथ ठाकुर से पहली बार हुआ।[40] परवर्तीकाल में तो कई बार वे दोनों एक दूसरे से मिले एवं साहित्य सम्बन्धी अपने दृष्टिकोणों की आलोचना की। इस दौरान मनोहर पुकुर रोड के उस छोटे से कमरे में बैठकर जिन छोटी कहानियों को उनकी क़लम ने जन्म दिया, बांग्ला साहित्य जगत् में उनकी महत्ता अपरिसीम है। इन कहानियों को पढ़कर रवीन्द्रनाथ भी अत्यन्त प्रभावित हुए थे। उदाहरणस्वरूप जलसाघर, रायबाड़ी, तारिणी माझी, श्मशान वैराग्य, छलनामयी, घासेर फूल, व्याधि, प्रतीक्षा, रंगीन चश्मा आदि। 'आगुन' (उपन्यास) 'राई कमल' (उपन्यास), 'नुटूमोक्तारेर सवाल' जिसके आधार पर परवर्तीकाल में 'दुई पुरुष' नाम से विख्यात नाटक की रचना की गई, आदि का सृजन भी इसी कमरे में बैठकर हुआ था। राईकमल (1934) के सम्बन्ध में अपना अभिमत व्यक्त करते हुए रवीन्द्रनाथ ठाकुर ने ताराशंकर को एक पत्र में लिखा था–

"मेरे सहकारी वर्ग मेरे आस-पास न रहने के कारण तुम्हारी दोनों पुस्तकें मेरे हाथों आ पहुँची हैं। परन्तु इसमें दुखी होने की कोई बात नहीं है, तुम्हारे 'राईकमल' ने मेरे मन को हर लिया है, (अर्थात् जीत लिया है)।"[41] सन् 1939 में उन्हें बम्बई (आज का मुम्बई) के 'बॉम्बे टाकीज' की ओर से चलचित्र के लिए कहानी लेखन का अनुरोध किया गया। इस कार्य के लिए बहुत अच्छा पारिश्रमिक देने की बात की गई थी। ताराशंकर ने इस प्रस्ताव को स्वीकार नहीं किया और दृढ़ संकल्प, निर्लोभ, एवं स्वाभिमान का परिचय देते हुए कहा–

"मुझे अपना मनोबल वापस मिल गया। मैंने निश्चय किया कि मैं नहीं जाऊँगा। इस पथ की साधना को त्यागकर मैं कहीं भी नहीं जाऊँगा। इससे चाहे जो भी हो जाए।"[42]

कहानीकार के रूप में ख्यातिलब्ध होने के बाद भी उपन्यासकार के रूप में, बांग्ला साहित्य जगत् में प्रतिष्ठा पाने के लिए उन्हें 'चैताली घूर्णी' से 'धात्री देवता' 1942 तक की लम्बी यात्रा तय करनी पड़ी। इसके पश्चात् तो अपनी अलौकिक प्रतिभा द्वारा कालिन्दी, गणदेवता, पंचग्राम, हाँसुली बाँकेर उपकथा जैसी रचनाएँ जो प्रस्तुत की, वे वास्तव में अनुपम एवं अद्वितीय हैं, बांग्ला साहित्य की अनूठी निधियाँ हैं एवं बांग्ला साहित्य के ऐतिहासिक विकास में उनका महत्त्वपूर्ण स्थान है।

ताराशंकर अपनी ही लेखन शैली के कट्टर आचोलक थे। जो भी लिखते, उसमें बार-बार संशोधन करते, परिवर्तन एवं परिमार्जन करते। परिणामस्वरूप, कभी-कभी तो उनका पूरा उपन्यास ही बदल जाता। उनके जीवन के अनुभवों को देखकर एवं उनके साहित्य को पढ़कर ऐसा लगता है जैसे उनका समूचा जीवन संघर्षों के बीच 'अँधेरे में जलती मशाल' के समान है।

सन् 1941 से उनका जीवन सम्पूर्ण रूप में बदल गया। अब तक तो वे न केवल कलकत्ते में बल्कि पूरे भारतवर्ष में अनगिनत पाठकों के श्रद्धा के पात्र बन चुके थे। दिल्ली का पाठक समाज उन्हें आदर से 'ताराजी' कहकर सम्बोधन करते।[43]

सन् 1942 में Anti-fascist writers and Artists Association के वे अध्यक्ष चुने गए। सन् 1951 में सोवियत यूनियन जाने का आमन्त्रण मिला पर उन्होंने उसे अस्वीकार कर दिया। उनका लेखन-कार्य लेकिन इस दौरान चलता ही रहा। सन् 1952 में उन्हें राज्यसभा का सदस्य पद मिला। सन् 1956 में आरोग्य निकेतन के लिए उन्हें साहित्य अकादमी का पुरस्कार मिला। सन् 1957-58 में वे चीन, सोवियत यूनियन, ताशकन्द आदि विभिन्न स्थानों पर आयोजित 'अफ्रो-एशियन लेखक सम्मेलन' में भाग लेने गए। सन् 1960 में उन्हें राष्ट्रपति द्वारा लोकसभा का सदस्यपद प्रदान किया गया। सन् 1967 में 'गणदेवता' उपन्यास के लिए उन्हें ज्ञानपीठ पुरस्कार प्रदान किया गया। सन् 1969 में वे साहित्य अकादमी के 'ऑनरायरी फेलो' निर्वाचित हुए। अब तक वे अनेक उपन्यास एवं अनगिनत कहानियाँ, नाटंक, संस्मरण आदि की रचना कर चुके थे।

सन् 1971, जुलाई के महीने में हठात् उन्हें साइनस का दर्द होने लगा। 13 अगस्त, 1971 को वे बेहोश हो गए पर फिर जल्दी ही ठीक भी हो गए। पर 14 सितम्बर, उषाकाल में बांग्ला साहित्य का यह अमर स्रष्टा चुपके से इस लोक को त्यागकर सदा के लिए चला गया। ताराशंकर बन्द्योपाध्याय की मृत्यु के साथ एक युग का जैसे अन्त हो गया। अपने पूरे जीवन में ताराशंकर ने जिस जीवन-सत्य की उपलब्धि की थी वह आज भी उनके साहित्य के माध्यम से ध्वनित होता है-

''मैं जिनमें (आदर्शों) विश्वास करता हूँ उसी को आजीवन अपने जीवनचर्या में परिणत करना चाहा है एवं साहित्य में भी मैंने उसे ही स्थापित करना चाहा है।''[44]

ताराशंकर के प्रकाशित रचनाओं की एक तालिका यहाँ प्रस्तुत है।

कहानी-संग्रह

1. छलनामयी – 1340 बंगाब्द – सन् 1933-34
2. जलसाघर – 1344 बंगाब्द – सन् 1937-38
3. प्रतिध्वनि – 1340 बंगाब्द – सन् 1933-34
4. तीन शून्य – 1343 बंगाब्द – सन् 1934-35
5. दिल्ली का लड्डू – 1343 बंगाब्द – सन् 1936-37
6. रसकली – 1345 बंगाब्द – सन् 1938-39
7. बेदेनी – 1350 बंगाब्द – सन् 1943-44
8. जादूकरी – 1350 बंगाब्द – सन् 1943-44
9. स्थलपद्मम – 1350 बंगाब्द – सन् 1943-44

10. प्रसादमाला – 1352 बंगाब्द – सन् 1945-46
11. हारानो सूर – 1352 बंगाब्द – सन् 1945-46
12. ईमारत – 1353 बंगाब्द – सन् 1946-47
13. रामधनू – 1354 बंगाब्द – सन् 1947-48
14. श्री पंचमी – 1354 बंगाब्द – सन् 1947-48
15. माटी – 1357 बंगाब्द – सन् 1950-51
16. शिलासन – 1358 बंगाब्द – सन् 1951-52
17. कामधेनू – 1353 बंगाब्द – सन् 1946-47
18. गल्प-संचयन – 1354 बंगाब्द – सन् 1947-48
19. विस्फोरण – 1368 बंगाब्द – सन् 1961-62
20. कालान्तर – 1363 बंगाब्द – सन् 1956-57
21. माटी – 1364 बंगाब्द – सन् 1957-58
22. मानुषेर मन – 1365 बंगाब्द – सन् 1958-59
23. रविबारेर आसोर – 1365 बंगाब्द – सन् 1958-59
24. पौषलक्ष्मी – 1367 बंगाब्द – सन् 1960-61
25. प्रेमेर गल्प – 1367 बंगाब्द – सन् 1960-61
26. आलोकाभिसार – 1367 बंगाब्द – सन् 1960-61
27. चिरन्तनी – 1368 बंगाब्द – सन् 1961-62
28. एक्सिटेन्ट – 1369 बंगाब्द – सन् 1962-63
29. तमसा – 1370 बंगाब्द – सन् 1963-64
30. आईना – 1370 बंगाब्द – सन् 1963-64
31. चिन्मयी – 1371 बंगाब्द – सन् 1964-65
32. एकटी प्रेमेर गल्प – 1370 बंगाब्द – सन् 1963-64
33. तपोभंग – 1373 बंगाब्द – सन् 1966-67
34. दीपार प्रेम – 1373 बंगाब्द – सन् 1966-67
35. नारी रहस्यमयी – 1374 बंगाब्द – सन् 1967-68
36. जाया – 1374 बंगाब्द – सन् 1967-68
37. पंचकन्या – 1374 बंगाब्द – सन् 1967-68
38. शिखानीर अदृष्ट – 1374 बंगाब्द – सन् 1967-68
39. गोबिन सिंहेर घोड़ा – 1374 बंगाब्द – सन् 1967-68
40. एक पशला वृष्टि – 1375 बंगाब्द – सन् 1968-69
41. मिछिल – 1376 बंगाब्द – सन् 1969-70
42. रूपसी विहंगिनी – 1377 बंगाब्द – सन् 1970-71

नाटक

1. कालिन्दी – 1348 बंगाब्द – सन् 1941–42
2. दुई-पुरुष – 1349 बंगाब्द – सन् 1942–43
3. पथेर-डाक – 1349 बंगाब्द – सन् 1942–43
4. विंश शताब्दी – 1351 बंगाब्द – सन् 1944–45
5. चकमकी (प्रहसन) – 1352 बंगाब्द – सन् 1945–56
6. द्वीपान्तर – 1352 बंगाब्द – सन् 1945–56
7. युग-विप्लव – 1358 बंगाब्द – सन् 1951–52
8. छलनामयी-बंगाब्द – सन् 1964
9. संघात – 1369 बंगाब्द – सन् 1962–63
10. आरोग्य निकेतन-बंगाब्द – सन् 1956
11. कवि-बंगाब्द – सन् 1957

काव्य-संकलन

1. त्रिपत्र-बंगाब्द – सन् 1926

संस्मरण

1. आमार कालेर कथा – 1358 बंगाब्द – सन् 1951–52
2. आमार साहित्य जीवन – 1360 बंगाब्द – सन् 1953–54
3. किशोर स्मृति – 1363 बंगाब्द – सन् 1956–1957

भ्रमण-वृत्तान्त

1. मस्कोते कयेक दिन – 1365 बंगाब्द – सन् 1958–59

निबन्ध-संग्रह

1. साहित्येर सत्य – 1367 बंगाब्द – सन् 1960–61
2. भारतवर्ष ओ चीन – 1377 बंगाब्द – सन् 1970–71
3. रवीन्द्रनाथ ओ बांग्लार – 1378 बंगाब्द – सन् 1971–72

उपन्यास

1. पाषाण-पूरी – 1333 बंगाब्द – सन् 1926–27
2. चैताली घूर्णी – 1338 बंगाब्द – सन् 1931–32
3. नीलकण्ठ – 1340 बंगाब्द – सन् 1933–34
4. राइकमल – 1341 बंगाब्द – सन् 1934–35

5. प्रेम ओ प्रयोजन – 1342 बंगाब्द – सन् 1935-36
6. आगुन – 1344 बंगाब्द – सन् 1937-38
7. धात्रीदेवता – 1344 बंगाब्द – सन् 1937-38
8. गणदेवता – 1349 बंगाब्द – सन् 1942-43
9. मन्वन्तर – 1350 बंगाब्द – सन् 1943-44
10. पंचग्राम – 1350 बंगाब्द – सन् 1943-44
11. कवि – 1350 बंगाब्द – सन् 1943-44
12. सन्दीपन पाठशाला – 1352 बंगाब्द – सन् 1945-46
13. झड़ ओ झड़ापाता – 1353 बंगाब्द – सन् 1946-47
14. अभियान – 1353 बंगाब्द – सन् 1946-47
15. पद्मचिह्न – 1357 बंगाब्द – सन् 1950-51
16. उत्तरायण – 1357 बंगाब्द – सन् 1950-51
17. हाँसुली बाँकेर उपकथा – 1358 बंगाब्द – सन् 1951-52
18. तामस तपस्या – 1358 बंगाब्द – सन् 1951-52
19. नागिनी कन्यार काहिनी – 1359 बंगाब्द – सन् 1952-53
20. विचित्र – 1359 बंगाब्द – सन् 1952-53
21. आरोग्य निकेतन – 1359 बंगाब्द – सन् 1952-53
22. स्वर्गमर्त – 1361 बंगाब्द – सन् 1954-55
23. चाँपा-डाँगार बौ – 1361 बंगाब्द – सन् 1954-55
24. पंचपुत्तली – 1363 बंगाब्द – सन् 1956-57
25. विचारक – 1364 बंगाब्द – सन् 1957-58
26. सप्तपदी – 1364 बंगाब्द – सन् 1957-58
27. विपाशा – 1364 बंगाब्द – सन् 1957-58
28. राधा – 1364 बंगाब्द – सन् 1957-58
29. डाकहरकरा – 1365 बंगाब्द – सन् 1958-59
30. महाश्वेता – 1367 बंगाब्द – सन् 1960-61
31. योगभ्रष्ट – 1367 बंगाब्द – सन् 1960-61
32. ना – 1367 बंगाब्द – सन् 1960-61
33. नागरिक – 1367 बंगाब्द – सन् 1960-61
34. निशिपद्म – 1368 बंगाब्द – सन् 1961-62
35. यतिभंग – 1369 बंगाब्द – सन् 1962-63
36. कान्ना – 1369 बंगाब्द – सन् 1962-63
37. कालवैशाखी – 1370 बंगाब्द – सन् 1963-64

38. एकटि चड़ूई पाखी ओ कालो मेयेर काहिनी – 1369 बंगाब्द – सन् 1962-63
39. जंगलगड़ – 1370 बंगाब्द – सन् 1963-64
40. संकेत – 1371 बंगाब्द – सन् 1964-65
41. भुवनपुरेर हाट – 1371 बंगाब्द – सन् 1964-65
42. मंजरी अपेरा – 1371 बंगाब्द – सन् 1964-65
43. बसन्तराग – 1371 बंगाब्द – सन् 1964-65
44. गन्नाबेगम – 1372 बंगाब्द – सन् 1965-66
45. अरण्यबह्नि – 1372 बंगाब्द – सन् 1965-66
46. गुरुदक्षिणा – 1372 बंगाब्द – सन् 1964-65
47. हीरा-पन्ना – 1373 बंगाब्द – सन् 1966-67
48. महानगरी – 1373 बंगाब्द – सन् 1966-67
49. मणि-बौदी – 1374 बंगाब्द – सन् 1967-68
50. शंकर बाई – 1374 बंगाब्द – सन् 1967-68
51. शूक-सारी कथा – 1374 बंगाब्द – सन् 1967-68
52. छायापथ – 1376 बंगाब्द – सन् 1968-69
53. कालरात्रि – 1377 बंगाब्द – सन् 1970-71
54. अभिनेत्री – 1377 बंगाब्द – सन् 1970-71
55. फरियाद – 1378 बंगाब्द – सन् 1971-72

फणीश्वरनाथ रेणु : व्यक्तित्व एवं कृतित्व

हिन्दी साहित्य को 'आंचलिक उपन्यास' विशेषण देने वाले, स्वातन्त्र्योत्तर भारतीय ग्रामीण जीवन के सफल कथाकार फणीश्वरनाथ रेणु का जन्म 4 मार्च सन् 1921 को पूर्णिया जिला स्थित 'औराही हिंगना' नामक एक अत्यन्त पिछड़े गाँव में एक मध्यमवर्गीय किसान परिवार में हुआ। 'औराही हिंगना' उत्तर पूर्व-सीमान्त के रेलवे मार्ग पर स्थित सिमराहा स्टेशन के पास 'फारबिसगंज' से 10 कि.मी. दक्षिण में स्थित है। मिथिला का यह छोर नेपाल और बंगाल को भली-भाँति छूता है। सम्भवत: यही कारण है कि रेणु के जीवन पर बंगाल एवं मिथिला की संस्कृति का गहरा प्रभाव दिखाई देता है।

हर्बर्ट रीड के अनुसार प्रत्येक रचना के पीछे उसका रचनाकार या लेखक बैठा होता है।[45] अपने सारे उपन्यासों एवं कहानियों में रेणु बार-बार झाँक उठते हैं। आंचलिक उपन्यासों में जिस प्रकार अंचल के जीवन का, वहाँ के लोगों के संघर्षों का चित्र होता है, ठीक वैसे ही रेणु का जीवन भी संघर्षमय रहा है। उनके सारे उपन्यासों तथा कहानियों में यह संघर्षमय जीवन साकार हो उठा है।

महापुरुषों एवं महान लेखकों से सम्बन्धित अनेक किस्से-कहानियाँ बड़ी सहजता से प्रचलित हो जाते हैं। इनमें महापुरुषों के जीवनीकार कुछ घटनाओं का उल्लेख इतनी गम्भीरता के साथ करते हैं कि उन घटनाओं की सत्यता पर विश्वास-अविश्वास का प्रश्न किनारे कर उनका उल्लेख करने पर बाध्य होना पड़ता है। फणीश्वरनाथ रेणु भी इसके अपवाद नहीं हैं। रेणु के जन्म से सम्बन्धित एक घटना का उल्लेख (एक सपने के रूप में) उनकी माँ कुछ इस प्रकार करती हैं कि एक रात उन्हें ऐसा महसूस हुआ जैसे कहीं दूर से उन्हें कोई बुला रहा है। वातावरण में हल्की-हल्की सुगन्ध बिखरी हुई थी, शीतल बयार बह रही थी और धरती पर मानो स्वयं स्वर्ग उतर आया था। एक आवाज़ के पीछे-पीछे माँ चली जा रही थी, एक स्थान पर पहुँचकर वहाँ ठिठकी। यह स्थान एक गुरुकुल था, जिसमें कई शिष्य विद्याध्ययन कर रहे थे। एक तेजस्वी गुरु उन शिष्यों को शिक्षा दे रहे थे। माँ को देखते ही गुरु श्रद्धापूर्वक उठ खड़े हुए–"आओ देवी! तुम्हारा ही इन्तजार कर रहा था। इधर देखो, यह बालक तुम्हारा ही पुत्र है" गुरु ने एक तेज प्रतिभा सम्पन्न ओजस्वी बालक की ओर इशारा करते हुए कहा, "मैंने इसे सम्पूर्ण शिक्षा दे दी है, मेरा काम पूरा हो गया है, अब तुम इसे अपने साथ ले जाओ। माँ की एक पुत्री पहले ही हो चुकी थी इसलिए अब वह किसी बच्चे की माँ नहीं बनना चाहती थी, परन्तु गुरु का आदेश था–"तुम्हें इस बालक को ले जाना पड़ेगा, अपने साथ। अब मैं पल भर के लिए भी इसे अपने साथ नहीं रख सकता।" माँ सपने में ही पलटकर घर की ओर दौड़ने लगी। गुरु की वाणी और टन-टन की घंटी की आवाज़ दोनों उनका पीछा कर रहे थे, उसी क्षण स्वप्न भंग हुआ।[46] कहते हैं कि फणीश्वरनाथ 'रेणु' ने उसी समय माँ के गर्भ में प्रवेश किया और दसवें माह में, औराही हिंगना में 4 मार्च, 1921 को उनका जन्म हुआ।[47]

'रेणु' नाम की व्युत्पत्ति भी पूर्णतः गाँवठी है। 'रेणु' शब्द के सम्बन्ध में रेणु का कहना है कि "जब मैं पैदा हुआ तो घरवालों पर कुछ कर्ज़ हो गया, दादी बोली–अरे यह तो रिणुआ है, घर पर ऋण हो गया है। बाद में उसी रिणुआ से रिणु और फिर रुणु हो गया। बड़ा हुआ तो पिताजी के एक मित्र ने कहा–इसे रेणु कहो, रेणु और मैं 'रेणु' हो गया।"[48] यही रेणु एक कवि, उपन्यासकार, व्यंग्यकार और कहानीकार के सिवा एक सम्पादक भी रहे हैं। 'रेणु' मिट्टी के कण को कहते हैं–मिट्टी का बहुत छोटा-सा नगण्य-सा कण। प्रत्येक कण में आकाश को छूने की शक्ति सन्निहित होती है तथा उसका अपनी धरती के प्रति भी कुछ दायित्व होता है, अपने अंचल के प्रति कुछ ऋण होता है। इस ऋण को रेणु सदैव महसूस करते थे।

रेणु का परिवार

धरती माँ से ऋणमुक्त होने का प्रयत्न जिस प्रकार 'रेणु' ने अपने साहित्य के द्वारा किया है, उसी प्रकार माँ के संस्कारों को सर्वथा स्मरण रखते हुए उससे भी उऋण होने का निरन्तर प्रयत्न किया है। उनकी माँ अत्यन्त स्वाभिमानी थीं। सरकार द्वारा प्राप्त धन, सम्मान तथा 'पद्मश्री' की उपाधि रेणु द्वारा लौटाने का कारण माँ के द्वारा दिए हुए इन्हीं संस्कारों का फल है। सरकार से यह कहकर उन्होंने यह उपाधि लौटा दी थी–"मेरी गिरफ़्तारी ग़लत ढंग से हुई है, सरकार को चाहिए कि वह अपनी गलती के लिए क्षमा माँगे और बाइज्ज़त रिहा करे।"[49] यह निर्भीकता माँ से ही अमानत के रूप में उन्हें प्राप्त हुई थी। रेणु के विद्रोही एवं क्रान्तिकारी व्यक्तित्व को बनाने में उनके पिता का भी योगदान कम नहीं था। रेणु के पिताजी श्री शीलानाथ कूर्म क्षत्रिय वंश के सहृदय किसान थे। खेती के साथ-साथ राष्ट्रीय और सामाजिक कार्यों में भी उनकी अत्यधिक रुचि थी। रेणु के पिताजी स्वयं कभी जेल नहीं गए, किन्तु भूमिगत नेताओं और कार्यकर्ताओं को अपने यहाँ आतिथ्य देकर वे अपने आप को कृत मानते थे।[50] शासन द्वारा वर्जित साहित्य को पढ़ते तथा आगे का कार्यक्रम बनाने के लिए कई बड़े-बड़े नेता, समाजवादी युवक शीलानाथजी के घर हमेशा आया करते थे, जिनसे रेणु का परिचय बचपन में ही हो चुका था। पिताजी ग्रामांचल के मध्यम-वर्गीय किसान परिवार के होने के नाते, ज़मीन-जायदाद के मामले-मुक़दमें में हमेशा लगे रहते थे।[51] इसीलिए बहुत कम उम्र में रेणु सभी भद्रजनों के नामों तथा कार्यों से अच्छी तरह परिचित थे। जाने-अनजाने में जो क्रान्ति के बीज बचपन में रेणु के मन में बोए गए थे, वही परवर्तीकाल में कोइराला परिवार के सम्पर्क और काशी विश्वविद्यालय में अंकुरित एवं पल्लवित हुए।

रेणु के पिताजी अपने मन की, देश-सेवा करने की सुषुप्त इच्छा की पूर्ति अपने बेटे के द्वारा करना चाहते थे। सिर्फ़ इतना ही नहीं, रेणु के पिताजी स्वयं भी विद्याप्रेमी एवं साहित्यिक व्यक्ति थे। उनके घर में एक अच्छा-खासा पुस्तकालय था। यह समाचार-पत्र पढ़ने के इतने व्यसनी थे कि नित्य अपने घर से लगभग डेढ़ मील सिमराहा स्टेशन, ट्रेन के समय पर समाचार-पत्र के लिए पैदल पहुँच जाते थे। रेणु के शिक्षक श्री गणेश प्रसाद विश्वास के अनुसार, रेणु के जीवन पर पिता का संस्कार उभर आया था, जिसके फलस्वरूप वे एक महान कहानीकार एवं लेखक बन सके। विश्वासजी के सामने ही एक दिन रेणु के पिताजी ने रेणु से कहा था, "रेणु हम लोग भी बहुत-सी चीज़ों और घटनाओं को देखते हैं, पर तुम जिस दृष्टिकोण से उन्हें देखते हो, वह हम लोगों से कहाँ सम्भव हो सकता है।"[52] इस घटना से यह प्रमाणित होता है कि रेणु के पिताजी का रेणु की योग्यता एवं प्रतिभा पर गहरा विश्वास था। खेती की ज़िम्मेदारी बेटे पर न डालकर उन्होंने रेणु को शिक्षा

के लिए नेपाल व बनारस भेजा। रेणु ने भी अपने पिताजी की इस इच्छा को अन्त तक सँजोया और उसका उपयोग राष्ट्रहित के लिए करते हुए अपने जीवन को सार्थक बनाया। रेणु का समूचा जीवन निश्चय ही संघर्षमय रहा है, लेकिन उनके बचपन का काल आनन्दपूर्वक व्यतीत हुआ। मलेरिया के कारण बचपन में उनको अनेक कष्ट झेलने पड़े, लेकिन इसी कष्ट पीड़ा के कारण उन्हें 'मैला आँचल' में डॉक्टर की आवश्यकता तथा मलेरिया और कालाजार के अनुसन्धान की प्रेरणा मिली। रेणु की पाँच बहनें और तीन भाई थे। एक बड़ी बहन के अतिरिक्त सभी भाई-बहन उनसे छोटे थे।[53] इस पारिवारिक स्थिति के कारण ही पिताजी की मृत्यु के पश्चात् उनके ऊपर परिवार का दायित्व आ गया।

1939-40 में रेणु जब पहली बार राजनीति में कूदे तो इनका पहला विवाह हो चुका था, लेकिन कुछ दिनों के बाद पत्नी को लकवा मार गया और फिर रेणु ने एक विधवा से, पद्माजी से, विवाह किया जो उनके गाँव की तथा घर की लक्ष्मी है। वे शहर में रहते तो वही उनका सारा कारोबार देखा करती थीं। कुछ विद्वानों का मानना है कि 'मैला आँचल' में 'कमली' का जो चरित्र-चित्रण है वह वास्तव में 'पद्माजी' का ही है। 1942 में जब असाध्य बीमारी के कारण रेणु पटना अस्पताल में रहने लगे तो वहाँ उनकी मुलाकात लतिकाजी, जो वहाँ नर्स का काम करती थीं, उनसे हुई। बाद में उनकी घनिष्ठता इतनी बढ़ गई कि 6 फरवरी, 1962 को वे विवाह-बन्धन में बँध गए। रेणु विश्वास करते थे कि लतिकाजी के कारण ही उन्हें 5-6 साल की असाध्य बीमारी से नया जीवन मिला। वस्तुतः पद्मा अगर रेणु जी की लक्ष्मी है तो लतिका सरस्वती। पद्माजी की सहृदयता तथा स्नेहशीलता एवं लतिकाजी की ममता तथा बौद्धिकता की स्नेहसरिता के बीच की सेतु हैं रेणु। एक तरफ़ पद्माजी हैं और दूसरी तरफ़ लतिकाजी। इन्हीं दो छोरों को जोड़कर जो सेतु बनता है उसकी ही कथा-यात्रा रेणुजी ने अपने साहित्य में कही है। रेणु के दो पुत्र और तीन बेटियाँ हैं।[54]

रेणु की शिक्षा तथा नौकरी

रेणु का बचपन औराही-हिंगना में ही, अपने माता-पिता तथा दादी माँ की स्नेहभरी छत्रछाया एवं प्रकृति की गोद में बीता। बचपन में रेणु मलेरिया से बहुत परेशान रहते थे, परन्तु दादी माँ की दुआ और दवा इन्हें हर साल बचा लेती थी। पिताजी का इन पर काफ़ी प्रभाव रहा। उनसे रेणु ने राजनीति के थोड़े-बहुत पाठ अपने बालपन में ही याद कर लिए थे। रेणु की बाल्यावस्था के कुछ दिन नेपाल के विराट नगर के कोइराला परिवार के साथ भी बीते। वे कोइराला परिवार के सदस्य थे, इसीलिए आपातकालीन स्थिति में जब भूमिगत होने का सवाल आया तो रेणु को सर्वप्रथम

नेपाल की ही याद आयी, क्योंकि नेपाल उनके लिए 'सानो आमा' (छोटी माँ) का घर है। कोइराला परिवार द्वारा स्थापित स्कूल में ही रेणु ने अपनी प्रारम्भिक शिक्षा प्राप्त की। पिता के द्वारा देशभक्ति के बीज जो अनजाने में ही रेणु के मन में डाले गए थे, उनका अंकुरण एवं पल्लवन कोइराला परिवार के साथ रहकर ही सम्भव हो सका।[55]

रेणु ने अपनी हाईस्कूल तक की शिक्षा अररिया हाईस्कूल से प्राप्त की। यहाँ ऐसी कई घटनाएँ घटीं जिनका रेणु के जीवन पर बहुत प्रभाव पड़ा; विशेष रूप से जतीन्द्रनाथ की फाँसी, गांधीजी के असहयोग आन्दोलन आदि का। फिर उच्चशिक्षा प्राप्ति के लिए वे काशी विश्वविद्यालय गए और वहाँ आचार्य नरेन्द्र देव, युसुफ मेहर अली, राममनोहर लोहिया, जय प्रकाश नारायण, कृष्ण प्रसाद कोइराला तथा भगत सिंह, चन्द्रशेखर आजाद, रामप्रसाद बिस्मिल जैसे प्रकट-अप्रकट व्यक्तियों से केवल परिचित ही नहीं, प्रभावित और प्रेरित भी हुए।[56] ऐसे ही ऐतिहासिक माहौल में रेणु ने इण्टर पास किया। उन्होंने भी अंग्रेज़-सरकार की दमन नीति का विरोध किया। 'भारत छोड़ो' आन्दोलन के समर्थन में वे जेल गए, और बस उसी दिन से उनकी शिक्षा तो छूट गई, पर मुक्ति के लिए संघर्ष अन्त तक नहीं छूटा। राजनीति से अन्त तक जुड़े रहने का तथा शिक्षा छोड़ देने का दूसरा भी एक कारण है जिसे रेणु ने स्वयं स्वीकारा है। वे कहते हैं-"मैंने पढ़ाई जारी रखने के बदले राजनीति करने की सोची, क्योंकि राजनीति करने से तो सीधे मन्त्रीपद प्राप्त होने वाला था, फिर पढ़ाई-लिखाई करके छोटी-सी नौकरी भी मिलती कि नहीं-इसलिए भी राजनीति की ओर ही क़दम बढ़ाया।"[57]

रेणु का व्यक्तित्व बचपन से ही एक मस्तमौला का व्यक्तित्व रहा है। घर की खेती होने के कारण किसी नौकरी की आवश्यकता नहीं थी उन्हें। रेणु लेखक से पहले एक बड़े मानव थे, मानवता के पुजारी थे, इसीलिए किसी भी प्रकार का बन्धन उन्हें स्वीकार नहीं था और शायद इसीलिए उन्होंने कहीं नौकरी नहीं की। एक बार उन्होंने आकाशवाणी में थोड़े दिनों के लिए नौकरी की थी, लेकिन किसी भी प्रकार की स्वतंत्रता न होने के कारण उसे उन्होंने छोड़ दिया। सरकारी नौकरी के बजाय रेणु राजनीति को ही अधिक महत्त्व देते थे, क्योंकि नौकरी के लिए एक तो बहुत कुछ पढ़ना पड़ता था, और फिर नौकरी मिलेगी ही इसका कोई भरोसा नहीं था। इसका अर्थ यह नहीं कि राजनीति में हिस्सा लेकर कुर्सी प्राप्त करना रेणु को अधिक पसन्द था, बल्कि कार्यकर्ता बनकर, कुछ अधिकार हाथ में आने के पश्चात् वे जनसेवा करना चाहते थे। बचपन से ही रेणु जनसेवा के कायल रहे। जब कभी लोगों की सेवा करने का मौका मिलता रेणु उसे छोड़ते नहीं थे। अत: नौकरी के फन्दे में वे कभी नहीं पड़े।[58]

रेणु का बचपन

बचपन से ही रेणु अत्यन्त मेधावी एवं प्रतिभाशाली थे। जैसा उनका सुन्दर सलोना चेहरा था, वैसा ही चुलबुला स्वभाव।[59] वे बड़े शरारती भी थे लेकिन उनकी शरारतें मूर्खतापूर्ण नहीं होती थीं; वरन् उनकी कुशाग्र बुद्धि की परिचायक होती थी। रेणु जब अररिया हाईस्कूल में थे उस समय की एक-दो घटनाओं से यह बात स्पष्ट हो जाती है। सन् 1931-32 की घटना है, जब एक दिन अचानक फारबिसगंज के दारोगा साहब उनके घर तलाशी लेने आए, बोले–'आप लोगों के घर में 'चाँद' मासिक पत्रिका का फाँसी अंक और 'हिन्दू मंच' का बलिदान अंक है, ख़ानातलाशी होगी।' पूरे घर की ख़ानातलाशी ली गई और उसी समय रेणु पिताजी के बिछावन पर तकिये के पास रखा हुआ लाल खद्दर से बाँधा हुआ बस्ता–जिसमें 'चाँद' का फाँसी अंक 'हिन्दू मंच' का अंक तथा 'भारत में अंग्रेज़ी राज' पुस्तक थी–काँख में दबाकर 'स्कूल की घंटी हो रही है, कहकर घर से बाहर चले गए। और इस प्रकार केवल 10-12 साल की उम्र में रेणु दरोगाजी के आँखों में धूल झोंकने में सफल हो गए। रेणु ने स्वयं ही इस घटना के बारे में बताया है।[60]

रेणु बचपन से ही अपने उम्र की अन्य बालकों की तुलना में अधिक प्रतिभाशाली और प्रखर बुद्धिसम्पन्न थे। उनके एक शिक्षक श्री गणेश प्रसाद विश्वास जी का कहना है कि उच्च प्राथमिक परीक्षा पास करने के बाद रेणु को उन्हीं की देखरेख में सिमरबनी मध्य विद्यालय में भर्ती कराया गया। बालक 'रेणु' ने यहीं से अपनी प्रतिभा का निखार शुरू किया। श्री विश्वास जी के सम्पादन में 'खंगार सेवक' नामक एक मासिक हस्तलिखित पत्रिका कुछ समय तक निकाली गई। उसमें रेणु का पूर्ण सहयोग था। उन्होंने अपना प्रारम्भिक लेख, कविता आदि उसमें देना शुरू किया। समय-समय पर जो कुछ भी वह लिखते, विश्वासजी उसे शुद्ध और संशोधित कर देते। इस प्रकार 'होनहार विरवान के होत चिकने पात' कहावत को उन्होंने चरितार्थ करना प्रारम्भ कर दिया।

इसी अवधि में जलालगढ़ के एक पुस्तकालय के वार्षिकोत्सव में एक लेख पढ़कर उन्होंने स्व. सुधांशु द्वारा आशीर्वाद भी प्राप्त किया। उक्त लेख से प्रभावित होकर सुधांशु जी ने उन्हें तुरन्त अपने निकट बुलाया एवं उनकी पीठ थपथपाते हुए प्रोत्साहित किया कि तुम्हारा भविष्य उज्ज्वल है, तुम्हारे शिक्षक धन्यवाद के पात्र हैं। रेणु ने यह समाचार जलालगढ़ से लौटने के साथ ही परम उत्साह के साथ विश्वासजी को सुनाया था। उस समय वे सिमरबनी विद्यालय के छठीं श्रेणी के विद्यार्थी थे। इसके बाद वे 'ली एकादमी' में कुछ एक वर्ष तक शिक्षा प्राप्त करने के बाद विराटनगर चले गए थे।[61]

रेणु बचपन से ही बहुत निर्भीक प्रकृति के थे। जब वे कोइराला परिवार में रहते थे तब रानी माँ ने एक दिन उन्हें सुबह जल्दी उठने के लिए पुरस्कार का लोभ दिया तो रेणु और उसके मित्र तारिणी प्रसाद एक बजे रात तक जागते रहे। एक बजे रेणु ने कैलेण्डर की तारीख़ बदल दी। माँ के पूछने पर उत्तर दिया कि "अपनी हिन्दू संस्कृति के अनुसार बारह बजे के बाद दूसरा दिन शुरू हो जाता है।"[62] किशोर अवस्था से ही प्राप्त इस निर्भीकता ने रेणु को स्वतंत्रता-सेनानी बनाने में सहायता दी तथा विराटनगर (नेपाल) के आदर्श विद्यालय में पढ़ते समय कोइराला परिवार में रहकर उन्हें स्वतंत्रता और निर्भीकता की जो शिक्षा मिली थी, उसके फलस्वरूप उनके भीतर एक कर्मठ सेनानी का व्यक्तित्व विकसित हुआ।

रेणु का राजनीतिक जीवन

रेणु के बचपन की एक और घटना ऐसी है जिसके कारण रेणु के क्रान्तिकारी जीवन की शुरुआत होती है। मनुष्य की किशोरावस्था गीली मिट्टी के सदृश होती है, उसे जैसा चाहे वैसे साँचे में ढाला जा सकता है। रेणुजी पर तो बचपन से ही अनेक क्रान्तिकारियों का प्रभाव था। इसलिए जब रेणुजी के बचपन में सन् 1931-32 में गांधीजी पकड़े गए और सारे बाज़ार तथा स्कूल बन्द हो गए, उस समय रेणु अररिया के हाईस्कूल में चौथे दर्जे में थे तो वे अपने दोस्तों के साथ पिकेटिंग करने लगे। यहाँ तक कि सहायक हेडमास्टर को भी रोका। परिणामतः सब विद्यार्थियों को आठ आने जुर्माने की सज़ा हुई और उन्हें सारे स्कूल के छात्रों के सामने दस-दस बेंत लगाए गए। महात्मा गांधी, जयप्रकाश नारायण, नेहरू तथा भारतमाता की जय-जयकार करते हुए रेणु ने मास्टर की बेतों को हँसते हुए अपने हाथों में झेला और यहीं से रेणु के क्रान्तिकारी जीवन का श्री गणेश हुआ जो निरन्तर विकसित होता गया। उस छोटी-सी उम्र में ही रेणु अपने स्कूल के छात्रों के हीरो बन गए थे।[63]

रेणु ने, 1941 में गांधीजी द्वारा चलाए गए आन्दोलन में सक्रिय भाग लिया। 1941 के अन्त में रेणु भूमिगत हो गए और 1942 के जून में मुजफ्फरपुर की किसान कांग्रेस में छुपकर भाग लेने आए तथा सही सलामत वहाँ से भाग निकले।

1942 के आन्दोलन के सिलसिले में रेणु को लगभग पाँच वर्ष तक का कठिन कारावास हुआ और उन्हें सेल में रखा गया। यही रेणु के जीवन में राजनीतिक शिक्षा का महत्त्वपूर्ण काल है। भागलपुर जेल में राज्य के अनेक नेताओं के अलावा वे श्री सतीनाथ भादुड़ी के निकट सम्पर्क में आए। साहित्यिक और राजनीतिक ग्रन्थों का अध्ययन-मनन शुरू हुआ। जेल के भीतर इनके नियमित क्लास चलते रहे। विभिन्न समस्याओं पर वाद-विवाद की गोष्ठियाँ आयोजित होती थीं। एक तरह से यहाँ राजनीतिक चिन्तन का सैद्धान्तिक विवेचन किया जाता था। बताया जाता है कि यहीं

पर रेणु ने एक हस्तलिखित पत्रिका भी शुरू की थी। कविता और कहानी लेखन तो साथ-साथ चल ही रहा था।[64] इस प्रकार रेणु का प्रारम्भिक लेखन राजनीतिक-लेखन से आरम्भ हुआ। बाद में चलकर उन्होंने साहित्यिक लेखन प्रारम्भ किया था। जयप्रकाश आन्दोलन में रेणु की अग्रणी भूमिका से इन्कार नहीं किया जा सकता। आज़ादी के संग्राम से ही उन्हें एक सजग जुझारू राजनीतिज्ञ का संस्कार मिला था।[65] ख़ैर, ढाई वर्ष के बाद जब वे जेल से बाहर आए, तो जयप्रकाशजी की प्रेरणा से सोशलिस्ट पार्टी में शामिल हुए। बड़े जोश के साथ उन्होंने पार्टी का क्षेत्रीय कार्य शुरू किया। पर फिर धीरे-धीरे वे यह अनुभव करने लगे कि क्षेत्रीय राजनीति के लिए वे नहीं बने हैं, क्योंकि स्वातन्त्र्योत्तर राजनीति में बुद्धिजीवियों के लिए कोई स्थान नहीं था।

साथ ही रेणु ने यह भी महसूस किया कि जितनी जनसेवा जुलूस, प्रदर्शन या विधानसभा की सदस्यता द्वारा की जा सकती है, उससे कहीं अधिक जनसेवा वे लेखनी के माध्यम से कर सकते थे। एक तो जब उनको कारावास हुआ था तो वहीं उनको टी.बी. हो गई थी, जिसके कारण उन्हें पटना मेडिकल कॉलेज अस्पताल भेज दिया गया और दूसरा कारण 1952 के प्रथम आम चुनाव में समाजवादी दल को अप्रत्याशित असफलता', जिससे रेणु के हृदय पर काफ़ी गहरी चोट पहुँची। इस प्रकार रेणु ने 1951 से 1971 तक की सक्रिय राजनीति से संन्यास ही ले लिया।[66]

रेणु के समक्ष, तत्कालीन सरकार की ओर से 1951 से लेकर 1971 तक, इन 20 वर्षों में कई प्रकार के प्रलोभन आए परन्तु रेणु साधारण लेखक एवं सामान्य व्यक्ति नहीं थे जो प्रलोभनों के आगे झुक जाते। रेणु ने किसी भी क़ीमत पर प्रतिपक्षी की भूमिका नहीं छोड़ी, इसलिए बिहार सरकार से मिल रही पेंशन के बारे में एक जगह रेणु ने कहा है, ''यह पेंशन नहीं है, और न ही ये लेखक को कुंठित कर सकती है। मैं नहीं समझता कि यों पैसा लेखक को सृजन-विमुख कर सकता है। मैंने तो इसे ठीक इसी तरह स्वीकारा है जिस तरह सरकार के 'पुनेटिव टैक्स' (सामूहिक जुर्माना) को जनता स्वीकारती है। कभी किसी अविचारी सरकार के विरोध में अथवा किसी जन-विरोधी क़दम के विरोध में जोर के धमाके के साथ इसे वापिस फेंका भी जा सकता है।''[67] और सचमुच रेणु ने बिहार छात्र आन्दोलन के बाद सरकार का अहसानमन्द रहना स्वीकार नहीं किया। जनवरी 1968 में प्राप्त 'पद्मश्री' तथा बिहार राज्य से प्राप्त पेंशन को सरकार को लौटा दिया।

जयप्रकाशजी की प्रेरणा से रेणु 1972 में निर्दलीय उम्मीदवार के रूप में चुनाव के मैदान में उतरे, लेकिन दुर्भाग्य से दलीय राजनीति के ऊहापोह के कारण

आंचलिकता का यह पुरस्कर्ता अपने ही अंचल में पराजित हो गया। उस समय के अनुभवों को बताते हुए रेणु ने कहा है, ''निर्वाचन में बैलट (ballot) पेपर तो देख नहीं सका, लेकिन बुलेट (bullet) का अनुभव ज़रूर किया।''[68]

रेणु का सौभाग्य रहा है कि उन्होंने न केवल भारत के स्वाधीनता-संग्राम में भाग लिया, बल्कि नेपाल के मुक्ति संग्राम में भी वह सचेत सेनानी रहे। अर्थात् '42 की अगस्त क्रान्ति का वह सिपाही नेपाल-क्रान्ति में भी कूद पड़ा। नेपाल की राणाशाही के ख़िलाफ़ श्री बी.पी. कोइराला के नेतृत्व में चल रहे सशस्त्र-संघर्ष में रेणु पहली क़तार में थे और फ़ौजी लिबास में पीठ पर वायरलेस सेट लादे क्रान्ति का सन्देश कोने-कोने पहुँचाया करते। उनके लिए स्वतंत्रता की क़ीमत प्राणों से भी अधिक थी। इसलिए जान को जोखिम में डालकर वह जंगलों में भटकते रहे। केवल युद्ध में ही नहीं बल्कि क्रान्ति के समय नेपाली कांग्रेस के प्रचार, प्रकाशन तथा विराटनगर में स्थापित एक ग़ैरकानूनी आकाशवाणी के संगठन में रेणु ने महत्त्वपूर्ण भूमिका अदा की। इसका एक कारण तो यह था कि रेणु नेपाल को अपनी मौसी का घर मानते थे और दूसरा महत्त्वपूर्ण कारण यह कि रेणु मूलतः मानवीय मुक्ति के प्रहरी थे। अन्ततः नेपाल में लोकतंत्र की विजय हुई। रेणु का काम जैसे पूरा हो गया। चाहे वह मुक्ति भारत की जनता की हो या भारत के बाहर की जनता की, रेणुजी को तो बस शुरू से इन्कलाब का नशा था और सूरदास के 'चढ़े न दूजो रंग' के अनुसार रेणु जीवन के अन्त तक इन्कलाबी रहे। अन्त तक वे एक सत्याग्रही रहे। सम्पूर्ण क्रान्ति के उन्नायक एवं सांस्कृतिक क्रान्ति के अगुआ रहे। सन् 1967 में बिहार में पड़े सूखे और अकाल तथा सन् 1971 में आयी भयंकर बाढ़ ने रेणु का हृदय मथ डाला। उनके उपन्यास तथा नेपाल क्रान्ति पर लिखे गए रिपोर्ताज इसी बात का प्रमाण हैं।

सन् 1974 में जयप्रकाशजी से फिर से प्रेरणा पाकर रेणु ने सम्पूर्ण क्रान्ति का सेनानी बनने का फ़ैसला किया। बिहार आन्दोलन के दौरान वे बेहद सक्रिय रहे। इस बार उनके योगदान का और एक आयाम था—लोगों में सांस्कृतिक चेतना जाग्रत करना। उन्होंने लेखकों व कलाकारों का एक मंच बनाया, जो पटना शहर के नुक्कड़ों पर काव्य-पाठ तथा चित्र-प्रदर्शनी आयोजित करता था। इन काव्य-पाठों तथा नाटकों एवं चित्रों के द्वारा समाज में जागृति लाने का प्रयास किया जाता था। उस समय की नागार्जुन की निम्नलिखित दो पंक्तियाँ इसकी साक्षी हैं।

क्या है दक्षिण, क्या है वाम।
जनता को रोटी से काम।[69]

इस प्रकार अनेक भाषणों, काव्य-पाठों तथा नाटकों के द्वारा जनता में जागृति लाने का कार्य रेणु तथा उनके अन्य सहयोगियों ने किया।

सन् 1974 में जब जयप्रकाशजी ने एक बहुत बड़ा मौन जुलूस निकाला था, तब रेणु अपनी अस्वस्थता के बावजूद भी उस जुलूस में शामिल हुए थे, लेकिन उनकी सुर्ख आँखें यह बता रही थीं कि देश की तानाशाही के ख़िलाफ़ लड़ने का यह रास्ता नहीं है। 26 जून, 1975 को आपातकाल की घोषणा हुई। सारे नेताओं को बन्दी बनाया गया, रेणु भूमिगत हो गए। उनका कहीं पता नहीं चला। कहा जाता है वे अपने मौसी के घर नेपाल चले गए थे। लेकिन उनके देशप्रेम ने उन्हें भारत से बाहर ज़्यादा दिन रहने नहीं दिया और आख़िरकार वे स्वदेश लौट आए। मातृभूमि लौट आने के बाद कुछ दिन तो वे फरार रहे, फिर पटना में रहने लगे।

आपातकाल में उन्होंने 'एक राँड और एक साँड' नामक उपन्यास लिखना शुरू किया था लेकिन उस समय की परिस्थिति के कारण उसे पूरा नहीं कर सके। सन् 1976 के अन्त में वे अपने गाँव में ही थे कि फिर से बीमार पड़े। अत: उनको पटना अस्पताल में भरती कर दिया गया। वे अस्पताल में ही थे तभी लोकसभा चुनावों की घोषणा हुई। रेणु जी बहुत प्रसन्न हुए। 30 जनवरी, 1977 को अस्पताल से चुपचाप जयप्रकाशजी का भाषण सुनने वे गांधी मैदान चले गए। उस समय, उस हालत में उन्होंने चुनाव के लिए कई कार्य किया, जैसे कि पोस्टर रँगवाए तथा लोकतंत्र विषयक साहित्य की रचना भी उन्होंने उस समय की। उनका यह विश्वास बढ़ता गया कि अब देश की राजनीति में अवश्य बदलाव आएगा। जो लोग उनसे मिलने आते थे, उनको वह सर्वेश्वरदयाल सक्सेना की ये पंक्तियाँ सुनाया करते थे–

चट्टानों पर अँगड़ाई ले रहा है–
काला तेन्दुआ
चट्टानों का रंग बदल रहा है।[70]

इस आशा के साथ वे 24 मार्च, 1977 को ऑपरेशन के लिए तैयार हुए। उन्हें विश्वास था कि एक-न-एक दिन देश का मैला आँचल साफ़-सुथरा हो जाएगा। भविष्य का यह सुनहरा सपना आँखों में लिए 11 अप्रैल, 1977 को वह स्वातन्त्र्य सेनानी सदा के लिए इस संसार से विदा हो गया।

प्रभाव

रेणु ने अपने पूरे जीवन में अपने आप को सचमुच जनपथ की 'रेणु' बना लिया था और हर क्षण वे अपने वक्षस्थल पर अपने अंचल के लोगों के पदचापों को महसूस करते रहे। इसका प्रमुख कारण कदाचित् यही रहा कि कृतियों पर लेखक के जीवन तथा परिवेश का प्रभाव अवश्य रहता है। रेणु तो अपने अंचल से ऐसे जुड़े हुए थे कि पूर्णिया जिला और रेणु दोनों को अलग करना असम्भव है। हर व्यक्ति पर प्रधानत: तीन ऋण माने जाते हैं–मातृऋण, पितृऋण और गुरुऋण जिनका मैं पहले

ही उल्लेख कर चुकी हूँ। रेणु अपनी माँ से तो प्रभावित थे ही साथ ही उनके जीवन पर पिता का संस्कार उभर आया था, जिसके फलस्वरूप वह एक महान कहानीकार व लेखक बन सके, लेकिन इसके अलावा मनुष्य पर उसकी मातृभूमि का भी ऋण होता है, अपने ज़न्म स्थान का ऋण, अपने अंचल का ऋण। रेणु ऐसे लेखक थे जो हर क्षण अंचल के इस ऋण को महसूस करते थे। उनका सम्पूर्ण जीवन एवं समस्त साहित्य इसी का प्रमाण है। इस अर्थ में उन्होंने अपना 'रिनुआ' नाम सार्थक किया है। रेणु कहा करते थे–"वही (माँ) चाहती है तो कुछ लिखना सम्भव होता है। जो कुछ लिखा उसी की इच्छा के कारण अन्यथा अपने चाहने पर जो कुछ लिखा तो भयंकर मानसिक शारीरिक सन्ताप झेलने पड़े।"[71]

वस्तुत: रेणु अपने अंचल में किस प्रकार से डूबे हुए थे, इसका प्रमाण उनका साहित्य है। रेणु के साहित्य में उनका यह अंचल रह–रहकर मुखर हो उठता है। रेणु का सारा वाङ्मय, रचना–संसार आज भी अपनी वास्तविकता में जी रहा है। लगता है 'पूर्णिया' का पर्याय ही रेणु है। फणीश्वरनाथ रेणु तो पूर्णिया जिले के फणीश्वरनाथ मण्डल के व्यक्तित्व का एक हिस्सा था, जो साहित्य लिखता था। साहित्य के द्वारा वे अपने अंचल की 'ग़रीबी' और 'जहालत' के दो कीटाणुओं को दूर करना चाहते थे और इसलिए हमेशा के लिए वे वहीं अपने अंचल में ही रहना चाहते थे, अपने सिमराहा स्टेशन के स्टेशन मास्टर बनकर। अपने गाँव के लिए उनके मन में बेहद प्यार था। वे वहाँ के एक–एक जर्रे से जुड़े हुए थे। अपने गाँव में एक–एक आदमी को जानते थे, हरेक की बोली का अलग–अलग राग उनकी धमनियों में बजता रहता था और हरेक की भीतरी कसमसाहट गन्ध बनकर उन्हें कसे रहती थी। उनकी यह मान्यता थी कि लेखक को अपने "बसेरे से दूर नहीं जाना चाहिए। उस अंचल के सर्वांग से उसे परिचित होना चाहिए, क्योंकि लेखक जो लिखता है वह अपना दु:ख–दर्द बँटाने के लिए लिखता है। अपने आप को खोजने के लिए लिखता है और अपने आप को हम अपनी भूमि में ही खोज सकते हैं।"[72]

रेणु का जिला पूर्णिया एक ओर नेपाल से जुड़ा है तो दूसरी ओर पूर्वी बंगाल (आज का बांग्ला देश) से। अत: पूर्णिया के सांस्कृतिक एवं साहित्यिक जीवन पर बांग्ला भाषा का प्रभाव होना स्वाभाविक ही है। रेणु की प्रारम्भिक शिक्षा–दीक्षा बंगाली शिक्षकों के निर्देशन में और बंगाली छात्रों के साथ हुई, क्योंकि उस समय पूरे पर्णिया जिले में स्टेशन मास्टर से लेकर स्कूल मास्टर, वकील, मुखतार, हाकिम, डॉक्टर, वैद्य, सभी बंगाली थे। पढ़नेवाले लड़कों से पूछा जाता था–बांग्ला रामायण, महाभारत पढ़ सकते हो? रेणु जी के पिता के परम मित्र बंगाल के प्रसिद्ध कथाकार सतीनाथ भादुड़ी अपने सामाजिक, राजनीतिक कार्यों के लिए उस समय की युवा पीढ़ी के

आराध्य थे। रेणु भी इसके अपवाद नहीं थे। भादुड़ी के साथ बंकिमचन्द्र, शरतचन्द्र तथा ताराशंकर बन्द्योपाध्याय से भी रेणु बहुत अधिक प्रभावित थे। भादुड़ी के व्यक्तित्व और कृतित्व का रेणु के मन पर बचपन से ही इतना अधिक प्रभाव पड़ा था कि 'मैला आँचल' प्रकाशित होते ही उनपर अनुकरण का तथा भादुड़ी जी के 'ढोढ़ाई चरितमानस' के अपहरण का भी आरोप लगाया गया था। ऐसा इसलिए कहा गया था क्योंकि दोनों की रचनाओं की पृष्ठभूमि एक ही थी–पूर्णिया जिला, लेकिन दोनों की भाषा एवं विचार अलग-अलग हैं। सन् 1942-43 के आन्दोलन में रेणु और भादुड़ीजी भागलपुर जेल में एक साथ बन्दी थे। कहा जाता है जेल में एक बार एक कवि-सम्मेलन के दौरान रेणु ने एक कविता 'आगाखाँ के राजमहल में' सुनाई, जिसमें व्यक्त किए गए विचारों से कुछ बुजुर्ग व्यक्ति बिगड़ गए लेकिन भादुड़ी महाशय ने रेणु को उदास देखकर प्रोत्साहन देते हुए कहा, "बाप रे! एक तो लम्बी–'दूसरे अतुकान्त'।" तुम गद्य...माने गल्प, कथा-कहानी आदि क्यों नहीं लिखते? कहानी तो देखता हूँ अच्छा जमा सकते हो...।[73] कविता कुछ लम्बी और मुक्त छन्द में थी। कस्तूरबा की मृत्यु के बाद गांधीजी मन-ही-मन क्या सोच रहे हैं–मौन होकर कविता में इसका काल्पनिक रूपक अंकित किया था। उसी समय से रेणु ने सतीनाथ भादुड़ी जी को अपना साहित्यिक गुरु स्वीकार कर लिया तथा अन्तिम समय तक उसका पालन किया। भादुड़ी जी का बांग्ला भाषा का उपन्यास 'जागरी' वहीं जेल में ही तैयार हो रहा था और 'मैला आँचल' की भावभूमि भी इसी कालकोठरी में ही तैयार हो रही थी, जो कुछ वर्ष बाद पुस्तक के रूप में प्रकाशित हुई थी। जेल से निकलने के पश्चात् भादुड़ीजी ने (सन् 1947 में) कांग्रेस से त्यागपत्र दे दिया। कारण पूछने पर उन्होंने हँसकर कहा था–'कांग्रेस का काम था स्वाधीनता–लाभ। वह तो हो चुका। अब 'राज काज' छोड़कर और कोई काम नहीं रहा। भादुड़ीजी के पार्टी छोड़ने से रेणु भी उसी समय पार्टी से निकल आए। तब एक दिन भादुड़ीजी ने उनसे कहा– "अब लिखने का काम शुरू करो। जो देखे हो, यथेष्ट है। अब लग जाओ...।" तब तक रेणु की आधी दर्ज़न कहानियाँ, कलकत्ता के साप्ताहिक 'विश्वामित्र' पत्रिका में प्रकाशित हो चुकी थीं, भादुड़ीजी उनकी हर एक रचना पढ़कर आलोचना करते थे। उपन्यास लिखने का साहस उस समय तक नहीं हो पाया था। वे बोले–"तुमि ठीक पारबे।" इसके कुछ दिनों बाद 'मैला आँचल' लिखकर समाप्त किया। उन्होंने स्वयं छपाने की व्यवस्था की है जानकर श्री आशु बन्द्योपाध्याय के नाम स्वयं एक चिट्ठी लिख दी–पुस्तक के गेट-अप के लिए। पुस्तक पाकर उन्होंने अपार प्रसन्नता दिखाई थी।

उस समय स्थानीय हिन्दी लेखकों के एक दल ने प्रचार किया कि 'मैला आँचल' भादुड़ीजी की किताब 'ढोंढ़ाई चरित मानस' का अनुवाद है।

राजकमल प्रकाशन के मालिक ओमप्रकाश (तत्कालीन) ने उनसे पत्र लिखकर जानना चाहा असली बात क्या है? भादुड़ी जी ने जवाब दिया था–''रेणुर 'मैला आँचल' आमार 'ढोड़ाईचरितेर' अनुवाद बा चुरि नय। आशा कोरि हिन्दी लेखकेर मध्ये भालो बांग्ला जानेन एमन लोक निश्चय आछेन। ओदेर पड़िए जानते पारबे जे अभिजोग टा कतो मिथ्या।'' अर्थात् ''रेणु का 'मैला आँचल' मेरे 'ढोड़ाई चरित' का अनुवाद या चोरी नहीं है। आशा करता हूँ कि हिन्दी लेखकों के बीच अच्छी तरह बांग्ला जानने वाले अवश्य है। वे पढ़कर जान जायेंगे कि यह आरोप कितना झूठा है।'' बाद में भादुड़ीजी उनसे बोले थे–''वाह रे! हठात् प्रतिष्ठा पाये हो! ऑल हिन्दी फीगर बने हो! लोग तुमसे ईर्ष्या भी नहीं करेंगे?...अब सिर्फ़ लिखते जाना। किसी के किसी भी बात के उत्तर देने की क्या दरकार है।'?[75]

सतीनाथ भादुड़ी के साथ तो रेणु ने अपने जीवन का कुछ समय बिताया लेकिन रवीन्द्र साहित्य के भी रेणु बचपन से ही प्रशंसक रहे।[76] रेणु बंकिमचन्द्र एवं शरत् चन्द्र के साहित्य के भी प्रेमी थे। उनका सारा साहित्य रेणु को कण्ठस्थ था,–कहा जाता है रेणु ने आदर्श के रूप में शरत्बाबू को स्वीकारा था। रेणु की कई रचनाएँ बांग्ला में भी हैं। ताराशंकर की लेखनी से भी वे बहुत प्रभावित रहे हैं। उनकी 'राइकमल' कहानी रेणु को सर्वश्रेष्ठ कहानियों में से एक लगती है। अपनी रचना 'वह एक कहानी' में उन्होंने कहा है–''दो कहानियाँ, जो पिछले पच्चीस साल से पहलू में पल रही हैं, 'भिन्न धर्मा होते हुए भी मुझे समान रूप से प्रिय हैं।' एक ताराशंकर बन्द्योपाध्याय की कहानी 'राइकमल' और दूसरी श्री विश्वेश्वरप्रसाद कोइराला की कहानी 'सिपाही'।[77]

इस प्रकार रेणु के साहित्य पर रवीन्द्र, बंकिम, शरत् तथा ताराशंकर बन्द्योपाध्याय आदि की शैली का भी प्रत्यक्ष-अप्रत्यक्ष प्रभाव अवश्य दिखाई देता है।[78]

पिता शीलानाथ कूर्म के कारण रेणु पर जाने-अनजाने क्रान्तिकारी व्यक्तियों का प्रभाव बचपन से ही दिखाई देता है, क्योंकि उस समय के प्रमुख क्रान्तिकारी शीलानाथ जी के घर आया करते थे, वहाँ कार्य का स्वरूप निश्चित होता था। रेणु सब बातों के न केवल प्रत्यक्षदर्शी थे, अपितु आत्मसात भी करते थे। उस वक़्त से ही रेणु की दिलचस्पी राजनीति की ओर होने लगी। काशी विश्वविद्यालय में तो राम मनोहर लोहिया, आचार्य नरेन्द्र देव आदि लोगों से परिचय तथा कोइराला परिवार के साथ रहने से यह दिलचस्पी चाहत में बदल गई। परवर्तीकाल में रेणु जयप्रकाश नारायण जैसे व्यक्तित्व के भी बहुत क़रीब आ गए थे। इसी कारण इन सारे बड़े-बड़े क्रान्तिकारी व्यक्तियों के सान्निध्य में ही रेणु का व्यक्तित्व एक निर्भीक सेनानी का, एक निडर क्रान्तिकारी का बन सका।

रेणु के परिवारवाले 'भगवान' में आस्था रखनेवाले थे, पिताजी शक्ति-उपासक तो थे ही। दादी माँ भगवान के साथ-साथ अपने गाँव के पुराने बरगद के पेड़ को भी भगवान के सदृश मानने वाली थी। संक्षेप में, रेणु के शब्दों में कहा जा सकता है, 'मैं कुसंस्कारों में पला अन्धविश्वासी हूँ। जन्मान्ध विश्वासी। जन्मान्ध विश्वासी? इसके अलावा क्या हो सकता था मैं? दादी या मैं ही क्यों, सारा गाँव बरगद को भगवान मानता था, मलेरिया से गाँव को बचाने के लिए उससे मनौतियाँ माँगी जाती थीं।''[79]

रेणु ने इसी बटबाबा से प्रभावित होकर अपनी पहली कहानी लिखी– 'बटबाबा', जो कलकत्ता के साप्ताहिक 'विश्वामित्र' में प्रकाशित हुई थी। रेणु इस बटबाबा से कितना प्रभावित थे यह उनकी निम्न पंक्तियों से स्पष्ट हो जाता है– "आज भी, सुख-दुःख के झकोलों पर जब कभी दिशाहारा-सा होने लगता हूँ, अपने गाँव का आकाश अजनबी लगने लगता है, जब कभी अथवा किसी अव्यक्त व्यथा से मन भारी हो जाता है, आँखें मूँदकर गरदन झुका लेता हूँ, मन के आईने में एक तस्वीर स्पष्ट हो जाती है—एक विशाल महीरुह के नीचे खेलता हुआ– चिमटा खनकाता है। स्पष्ट सुनता हूँ कोई मेरा नाम लेकर प्यार से पुकारता है...।''[80]

रेणु जब अररिया हाई स्कूल में थे तो वहाँ पर रामकृष्ण मिशन के सेवाधर्मी संन्यासियों से रेणु की भेंट हुई। इन लोगों से रेणु काफ़ी प्रभावित रहे। यहाँ तक कि रेणु को यह विश्वास था कि जब 1952-53 में वे बहुत बीमार हुए, यक्ष्मा की अन्तिम अवस्था में थे, और घरवालों ने तथा जेल के साथियों ने भी उनके जीने की आशा छोड़ दी थी और निराश हालत में पटना मेडिकल कॉलेज में भेज दिया था, तब रामकृष्ण परमहंस ने ही सपने में उनको दर्शन दिया था और कहा था कि "तुमने सोने की क़लम (पार्कर-51) से मेरा नाम कितनी बार लिखा है।" मैं यह सोचता हूँ कि यह कौन है, उसी समय वह गाँव की धूल मेरे मुँह पर फेंककर गायब हो जाते हैं।[81] सम्भवतः (रेणु का ऐसा मानना था) इसलिए उस समय वे बच गए थे। अतः अस्पताल से बाहर आने के बाद रेणु ने परमहंस को अपने धार्मिक गुरु के रूप में स्वीकार कर लिया था। सन् 1977 की बीमारी में रेणु को ऐसा विश्वास था कि अभी गुरु दर्शन देकर कहेंगे–"साला अनेक होयेछे लेखा-पड़ा। एखन तोमार माथाय किच्छुई नाई। एक बार चौल।"[82]

इसलिए अपने गुरु की आज्ञा का पालन करने के लिए रेणु सब माया-मोह को छोड़कर एकदम तटस्थ होकर मौत का इन्तजार करने लगे। परमहंस की शिक्षा के अनुसार रेणु ने अपने-आप को आजीवन समाज सेवा में डुबो दिया। अपने अंचल के लोगों की वे आजीवन सेवा करते रहे।

इस प्रकार रेणु अपने माता-पिता, गुरु तथा अंचल से प्रभावित होकर उनसे कुछ ग्रहण करते हुए अर्थात् माता-पिता, गुरु तथा अंचल की सेवा अन्त तक अपने साहित्य के द्वारा करते रहे। उनके साहित्य में वे सभी बातें हैं जो उन्होंने अपने परिवार से तथा अंचल से वसीयत के रूप में प्राप्त की थी। इस प्रकार रेणु अपनी साहित्य-सर्जना में अपने अंचल से जिस प्रकार जुड़े रहे उसी प्रकार वह अपने परिवार से भी जुड़े रहे हैं। रेणु ने अपने लेखन का कच्चा माल अपने परिवार से ही लिया था। माँ की ममता, पिता का क्रान्तिधर्मी स्वभाव, संयुक्त परिवार व्यवस्था आदि का सुन्दर समन्वय रेणु के उपन्यासों में दिखाई देता है।

रेणु की साहित्य-साधना

फणीश्वरनाथ रेणु की साहितय-सर्जना का प्रारम्भ ताराशंकर के अनुरूप कविता से ही हुआ। शैशवावस्था में कुछ तुकबन्दियाँ वे अवश्य करते थे। सिमरबनी महाविद्यालय जहाँ रेणु उच्च प्राथमिक परीक्षा पास करने के पश्चात् आगे की शिक्षा प्राप्त करने के लिए भर्ती हुए थे, यहीं से बालक रेणु ने अपनी प्रतिभा का निखार शुरू किया। वहाँ के सहायक शिक्षक गणेश प्रसाद विश्वास के सम्पादन में 'खंगार-सेवक' नामक एक मासिक हस्तलिखित पत्रिका निकाली जाती थी। उसमें रेणु का पूर्ण सहयोग था। उस पत्रिका में रेणु के प्रारम्भिक लेख, कविता आदि निकलते थे। इस बात का उल्लेख मैं पहले ही कर चुकी हूँ। परवर्ती काल में भादुड़ीजी से परिचय होने के पश्चात् वे गद्य लेखन की ओर आकर्षित हुए। गद्य में प्रसिद्धि प्राप्त होने के पश्चात् उन्होंने पुनः कुछ कविताएँ लिखीं परन्तु वे कविताएँ गद्य के सदृश होती थीं। 1942-43 में जब रेणु एवं भादुड़ीजी भागलपुर जेल में एक साथ बन्दी थे, तो एक बार काव्य पाठ प्रोग्राम में रेणु ने एक लम्बी कविता 'आगाखाँ के राजमहल में' लिखकर सुनाई थी। यहीं पर 'मैचा आँचल' की भावभूमि भी तैयार हुई, जो दस वर्ष बाद सन् 1954 में प्रकाशित हुई। 1945 में 'विश्वमित्र' पत्रिका में 'बटबाबा' नाम से रेणु की प्रथम कहानी प्रकाशित हुई। उन्हीं दिनों उन्होंने कई रिपोर्ताज भी लिखे, जो तत्कालीन दैनिक पत्र-पत्रिकाओं में प्रकाशित हुए, यद्यपि इस लेखन से उन्हें अधिक ख्याति न प्राप्त हो सकी, रेणु ने स्वयं यह अनुभव किया है कि साहित्य की प्रेरणा उन्हें 1952-53 की लम्बी बीमारी के दौरान मौत से जब प्रत्यक्ष भेंट हुई और बाबा रामकृष्ण परमहंस का आशीष मिला, तब से मिली। अस्पताल से छूटने के पश्चात् 1952 में 'मैला आँचल' का प्रकाशन हुआ। इसके बाद तो रेणु लिखते ही गए। ताराशंकर के 'चैताली घूर्णी' उपन्यास के प्रकाशन के बाद जैसा हुआ था। यद्यपि ताराशंकर को 'चैताली घूर्णी' से 'धात्री देवता' तक प्रतीक्षा करनी पड़ती थी, उपयुक्त प्रतिष्ठा पाने के लिए, रेणु के साथ ऐसा नहीं हुआ। 'मैला आँचल' के बाद

कई महत्त्वपूर्ण उपन्यासों की रचना उन्होंने की, यद्यपि 'मैला आँचल' ही उनकी श्रेष्ठ कीर्ति मानी जाती है।

1954 में प्रकाशित यह उपन्यास हिन्दी साहित्य जगत् में धूमकेतु के सदृश आकर अपने रचनाकौशल से पूरे हिन्दी-साहित्यकाश पर छा गया। इसमें बिहार के पूर्णिया जिले के पूर्वी अंचल के एक गाँव 'मेरीगंज' के जनजीवन का भिन्न-भिन्न दृष्टिकोण से अभूतपूर्व चित्रण किया गया है। इसकी भाषा आंचलिक है।

1957 में प्रकाशित उनका दूसरा उपन्यास 'परती परिकथा', 'मैला आँचल' की अगली कड़ी है। रेणु ने इस रचना के माध्यम से कोसी अंचल के परानपुर नामक गाँव के व्यापक जीवन कथा को उपस्थित किया है। यहाँ की दुलारीदाय नदी के आँचल में फैले धूसर अन्तहीन बन्ध्या धरती की क़रीब एक हज़ार एकड़ ज़मीन को मुक्ति देने के लिए कोसी नदी के ऊपर बाँध तैयार कर उसकी मुख्य धारा को दुलारीदाय नदी में प्रवाहित कर इस पतित ज़मीन अर्थात् 'परती' को शस्य-श्यामला बनाने की योजना से ही इस उपन्यास का सूत्रपात हुआ है। इसी के साथ जुड़ी हुई वहाँ के लोगों की आशा-आकांक्षा, सुख-दुख की कहानी है 'परती : परिकथा'।

इसके बाद 'दीर्घतपा' (जिसे रेणु ने पहले 'कलंक मुक्ति' नाम दिया था) का प्रकाशन सन् 1963 में हुआ, जो एक व्यापक धरातल पर लिखा गया उपन्यास है। इस उपन्यास में लेखक ने अपने पूर्व प्रकाशित दोनों उपन्यासों के ग्रामीण जीवन की पटभूमि से भिन्न शहरी जीवन की भूमि चुनी है। शहरी पात्रों के साथ-साथ ग्रामीण-पात्र भी आए हैं। इसमें प्रमुखतया नारी चरित्र को अधिक महत्त्व दिया गया है। नारी प्रायः पुरुष द्वारा छली जाती रही है। पुरुष द्वारा छली गई नारी न केवल असहाय हो जाती है बल्कि सामाजिक कुरूपता को भी प्रश्रय दे डालती है, लेकिन फिर वही नारी इन सबसे ऊपर उठकर बेला गुप्त की तरह एक स्वस्थ जीवन दृष्टि का निर्माण भी कर सकती है। वह समाज के कल्याण के लिए उसके विष को पीकर आत्मत्याग का अमृत दे जाती है। ऐसी ही एक नारी की कहानी है 'दीर्घतपा'।

इसी श्रृंखला में सन् 1965 में प्रकाशित 'जुलूस' नामक उपन्यास भी है जिसमें पूर्वी पाकिस्तान (वर्तमान बाँगलादेश) से आए उन शरणार्थियों की कथा है जो देश विभाजन के परिणामस्वरूप विस्थापित पूर्णिया जिले के गोड़ियर गाँव में बसे हुए हैं। शरणार्थियों की समस्याएँ, पास-पड़ोस के गाँवों से उनका सम्बन्ध एवं उनके जीवन के विभिन्न पक्षों को इसमें बहुत कुशलतापूर्वक उभारा गया है। हिन्दी में पूर्वी बंगाल के शरणार्थियों पर लिखा गया एकमात्र उपन्यास है जुलूस। भाषा इसमें एक महत्त्वपूर्ण स्थान रखती है।

सन् 1966 में प्रकाशित 'कितने चौराहे' एक मर्मस्पर्शी गीतिकाव्य के सदृश है, जिसे विशेष रूप से किशोर पाठकों को सामने रखकर लिखा गया है। इतिहास के एक ऐसे कालखंड की बात इसमें की गई है जब 'देश' ही इन किशोरों के लिए सबसे अधिक महत्त्व रखता था। वे आज़ादी के गीत गाते और सिर पर कफन बाँधकर निकल पड़ते थे। ऐसे किशोरों को सम्बोधित कर लेखक ने अपने इस उपन्यास में यह सन्देश देना चाहा है कि स्वधर्म का कार्य करने के लिए अग्रसर होते समय प्रलोभनों के चौराहों पर न मुड़ते हुए आगे बढ़ते रहना चाहिए।

'पल्टू बाबू रोड' उनका छठा उपन्यास है जो 'ज्योत्स्ना' पत्रिका में पहले-पहल धारावाहिक रूप में प्रकाशित होने के बाद सन् 1979 में वह पुस्तकाकार में प्रकाशित हुआ। यह उपन्यास बैरगाछी कस्बे की पृष्ठभूमि पर आधारित है, जिसकी कथा-धुरी अमलेन्दु राय का 'फूलबागान' है। इस 'फूलबागान' में रहनेवाले एक परिवार का चित्रण इस उपन्यास में हुआ है।

इन छः उपन्यासों के अतिरिक्त रेणु का एक अधूरा उपन्यास एवं सुबोध घोष की कहानी 'गोत्रान्तर' पर आधारित एक अधूरी कहानी (एक फ़िल्म की अधूरी पटकथा) भी है। भारत यायावर ने रेणु के उस अधूरे उपन्यास का शीर्षक 'रामरतन राय' दे दिया है। रामरतन राय इस उपन्यास का प्रमुख पात्र है जो एक तस्कर है। उसी की आत्मकथा के रूप में यह उपन्यास लिख रहे थे, इस उपन्यास का एक अंश रेणु ने 'दसगज्जा के इस पार—उस पार' नाम से कहानी के रूप में छपवाया था। इस उपन्यास के प्रारम्भिक पृष्ठों का एक ड्राफ्ट रेणु की मृत्यु के बाद 'सारिका' के 'रेणु स्मृति अंक' में 'जाहिद अली' के नाम से छपा था। इसके उपलब्ध पृष्ठों में भारत-नेपाल सीमा के आस-पास का चित्रण बहुत बारीकी से हुआ है। रामरतन राय के बचपन के वृत्तान्त में उस इलाके का पूरा इतिहास बोलता है।[83]

रेणु द्वारा लिखित 'एक अधूरी कहानी' एक फ़िल्म की पटकथा है। फ़िल्म अरुण कौल ने बनाई थी। मृणाल सेन ने इस फ़िल्म का निर्देशन किया था। 'एक अधूरी कहानी' की पटकथा पर रेणु ने 1970 के मई महीने से काम करना प्रारम्भ किया था और यह अगस्त, 1970 में पूरी हुई। इस पर निर्मित फ़िल्म 1972 में प्रदर्शित हुई थी। इस पटकथा की भाषा एवं शिल्प का विन्यास औपन्यासिक है।[84]

उपर्युक्त रचनाओं के अतिरिक्त रेणु के कई कहानी संग्रह भी प्रकाशित हुए। उपन्यास तथा कहानियों के अतिरिक्त रेणु ने नेपाल प्रवास के अपने 'संस्मरण' भी लिखे हैं।

उनकी प्रकाशित रचनाओं की एक तालिका यहाँ प्रस्तुत है।

रेणु की रचनाएँ

1. बट बाबा–जून 1922–साप्ताहिक विश्वमित्र (कोलकाता) 27 अगस्त 1944 में प्रकाशित।
2. पहलवान की ढोलक–11 दिसम्बर 1945–साप्ताहिक विश्वमित्र 'प्राणों में घुले हुए रंग' में संकलित।
3. कलाकार–22 जनवरी 1945–साप्ताहिक विश्वमित्र–'प्राणों में घुले हुए रंग' में संकलित।
4. प्राणों में घुले हुए रंग–5 मार्च 1945–साप्ताहिक विश्वमित्र–'प्राणों में घुले हुए रंग' में संकलित।
5. न मिटनेवाली भूख–23 अप्रैल 1945–साप्ताहिक विश्वमित्र–'प्राणों में घुले हुए रंग' में संकलित।
6. रखवाला–21 मई 1945–साप्ताहिक विश्वमित्र–'प्राणों में घुले हुए रंग' में संकलित।
7. पार्टी का भूत–अक्टूबर 1945–दैनिक विश्वमित्र (पूजा दीवाली विशेषांक) 'अच्छे आदमी' में संकलित।
8. रसूल मिसतिरी–फरवरी 1946–मासिक विश्वमित्र–'अच्छे आदमी' में संकलित।
9. बीमारों की दुनिया में–दिसम्बर 1946–मासिक विश्वमित्र–'अच्छे आदमी' में संकलित।
10. इतिहास, मज़हब और आदमी–साप्ताहिक विश्वमित्र–19 नवम्बर 1947 'प्राणों में घुले हुए रंग' में संकलित।
11. रेखाएँ : वृत्तचक्र (एक) समाज (बनारस)–1 जनवरी 1948 'प्राणों में घुले हुए रंग' में संकलित। इसी शीर्षक से रेणु ने 1970 में भी एक कहानी लिखी है।
12. खंडहर–21 नवम्बर 1948–साप्ताहिक जनता–'प्राणों में घुले हुए रंग' में प्रकाशित।
13. धर्म क्षेत्रे-कुरु क्षेत्रे–9 अगस्त 1949–अपने ही द्वारा सम्पादित 'नई दिशा' के शहीद विशेषांक में 'संजय' छद्मनाम से प्रकाशित।–'प्राणों में घुले हुए रंग' में संकलित।
14. टौंटी नैन का खेल–राष्ट्र सन्देश (पूर्णिया) 4 अप्रैल 1953–'अच्छे आदमी' में संकलित।
15. वंडरफुल स्टूडियो–जुलाई 1953–मासिक 'अवन्तिका' (पटना)–'एक श्रावणी दोपहरी की धूप' में संकलित।

16. रसप्रिया–1955–'निकष' (इलाहाबाद, सं. धर्मवीर भारती) 1955 'ठुमरी' में संकलित।
17. तीसरी कसम–1956–(लिखित), 1957 (संशोधित), 1957 (प्रकाशित)–'अपरम्परा' (पटना) 'ठुमरी' में संकलित, इस पर फ़िल्म भी बनाई गई है।
18. लाल पान की बेगम–1956–कहानी (इलाहाबाद) जनवरी, 1957 'ठुमरी' में संकलित।
19. पंच लाइट–जनवरी–फरवरी 1958–सुप्रभात (कोलकाता)–'ठुमरी' में संकलित।
20. सिरपंचमी का सगुन–अगस्त '58–कल्पना (हैदराबाद)–'ठुमरी' में संकलित।
21. तीर्थोदक–(रचनाकाल 55 से 58 के बीच)–'ठुमरी' में संकलित।
22. तीन बिन्दिया–(रचनाकाल 55 से 58 के बीच)–'ठुमरी' में संकलित।
23. ठेस–(रचनाकाल 55 से 58 के बीच)–'ठुमरी' में संकलित।
24. नित्य लीला–(रचनाकाल 55 से 58 के बीच)–'ठुमरी' में संकलित।
25. नेपथ्य का अभिनेता (मूलतः मैथिली में)–सन् 1960–अभिव्यंजना (सं. मायानन्द मिश्रा)–'अच्छे आदमी' में संकलित।
26. कपड़ धर–अक्टूबर 1960–साप्ताहिक 'योगी' (पटना), दीपावली विशेषांक–'अच्छे आदमी' में संकलित।
27. टेबुल–5 नवम्बर 1961–रेणु की सर्वश्रेष्ठ कहानियाँ (सं. राजेन्द्र यादव) और 'अच्छे आदमी' में संकलित।
28. कस्बे की लड़की–30 नवम्बर 1961–धर्मयुग में प्रकाशित–'एक श्रावणी दोपहरी की धूप' में संकलित।
29. अतिथि–सत्कार–'सारिका' दिसम्बर 1961–'आदिम रात्रि की महक' में संकलित।
30. तबे एकला चलो रे–'कल्पना' जनवरी 1962–'आदिम रात्रि की महक' में संकलित।
31. एक लोक गीत के विद्यापति–ज्योत्स्ना (पटना) मई 1962–'एक श्रावणी दोपहरी की धूप' में संकलित।
32. अच्छे आदमी–धर्मयुग, 5 जून 1962–रेणु की श्रेष्ठ कहानियाँ, तथा 'अच्छे आदमी' नामक संग्रह में संकलित।
33. संवदिया–सारिका, अक्टूबर 1962–'मेरी प्रिय कहानियाँ' में शामिल; 'एक श्रावणी दोपहरी की धूप' में संकलित।

34. एक श्रावणी दोपहरी की धूप–ज्योत्स्ना, अक्टूबर 1962–इसी नाम के संग्रह में संकलित।
35. हाथ का जस और बाक का सत–अपने ही सम्पादन में तीन कथाकारों (रेणु, रणधीर सिन्हा, हिमांशु श्रीवास्तव) के संग्रह 'हाथ का जस' में शामिल। 'एक श्रावणी दोपहरी की धूप' में संकलित।
36. रोमान्स शून्य प्रेमकथा की भूमिका–दिसम्बर 1963–नई कहानियाँ (प्रेमकथा विशेषांक) 'अच्छे आदमी' में संकलित।
37. काक चरित–ज्योत्स्ना अक्टूबर 1964–'आदिम रात्रि की महक' में संकलित।
38. एक आदिम रात्रि की महक–'नयी कहानियाँ' नवम्बर 1964–इसी नाम के संग्रह में संकलित।
39. उच्चाटन–ज्ञानोदय (भारतीय कहानी विशेषांक), नवम्बर 1964–'आदिम रात्रि की महक' में संकलित।
40. आत्म-साक्षी–'माया' (सं. मार्कण्डेय), जनवरी 1955–'आदिम रात्रि की महक' में संकलित।
41. आजाद परिन्दे–'फुर्र-र-र' शीर्षक सेज्योत्स्ना, फरवरी 1965 में प्रकाशित। 'आदिम रात्रि की महक' में संकलित।
42. संकट–'ज्योत्स्ना'–मार्च 1965–'एक श्रावणी दोपहरी की धूप' में संकलित।
43. नैना जोगिन–'ज्योत्स्ना' अगस्त 1965–'आदिम रात्रि की महक' में संकलित।
44. विकट संकट–'नयी कहानियाँ' सितम्बर 1965–'एक श्रावणी दोपहरी की धूप' में संकलित।
45. अभिनय–'ज्योत्स्ना'–नवम्बर 1965–एक श्रावणी दोपहरी की धूप में संकलित।
46. विघटन के क्षण–नई धारा (वृहद् कहानी विशेषांक, सं. कमलेश्वर जनवरी-फरवरी 1966–'आदिम रात्रि कीं महक' में संकलित।
47. जलवा–'धर्मयुग'–14 अगस्त 1966–'आदिम रात्रि की महक' में संकलित।
48. ना जाने केहि वेश में–'ज्योत्स्ना'–नवम्बर 1966–'आदिम रात्रि की महक' में संकलित।
49. जड़ाऊ मुखड़ा–'ज्योत्स्ना'–फरवरी 1967–'आदिम रात्रि की महक' में संकलित।

50. प्रजा सत्ता–'ज्योत्स्ना'–अप्रैल 1967–'आदिम रात्रि की महक' में संकलित।
51. मिथुन राशि–'शीर्षकहीन' नाम से 'स्थापना' (सं. – शिवचन्द्र शर्मा) 1970 में प्रकाशित, 'अगिनखोर' में संकलित।
52. अक्ल और भैंस–'ज्योत्स्ना' सितम्बर 1970–'अगिनखोर' में संकलित।
53. रेखाएँ वृत्त चक्र–'सारिका' दिसम्बर 1970–'अगिनखोर' और 'अच्छे आदमी' में संकलित।
54. तव शुभ नामे–'सारिका' जुलाई 1971–'अगिनखोर' में संकलित।
55. एक अकहानी का सुपात्र–'ज्योत्स्ना' अगस्त 1971–'अगिनखोर' में संकलित।
56. जैव–'ज्योत्स्ना' अक्टूबर 1971–'अगिनखोर' में संकलित।
57. मन का रंग–'ज्योत्स्ना – जनवरी 1972–'अगिनखोर' में संकलित।
58. लफड़ा–'ज्योत्स्ना' जून 1972–'अगिनखोर' में संकलित।
59. अग्नि संचारक–'ज्योत्स्ना' जुलाई 1972–'अगिनखोर' में संकलित।
60. एक रंगबाज गाँव की भूमिका–'ज्योत्स्ना' सितम्बर 1972–'एक श्रावणी दोपहरी की धूप' में संकलित।
61. दसगज्जा के इस पार और उस पार–'ज्योत्स्ना' नवम्बर 1972–'एक श्रावणी दोपहरी की धूप' में संकलित।
62. अगिनखोर–'धर्मयुग' 5 नवम्बर और 12 नवम्बर 1972–के अंक में प्रकाशित–'अगिनखोर' में संकलित।
63. भित्तिचित्र की मयूरी–'साप्ताहिक हिन्दुस्तान' 6 नवम्बर 1972–'अगिनखोर' में संकलित।

कहानी संग्रह

1. ठुमरी–1959
2. आदिम रात्रि की महक–1967
3. अगिनखोर–1977
4. एक श्रावणी दोपहरी की धूप–1984
5. अच्छे आदमी–1986

उपन्यास

1. मैला आँचल–1954
2. परती परिकथा–1957
3. दीर्घतपा–1963

(कलंक मुक्ति–1972)

4. जुलूस–1965
5. कितने चौराहे–1966
6. रामरतन राय (अधूरा)–1971 में रेणु इसकी रचना कर रहे थे। (अनुपम प्रकाशन से 52 पृष्ठ उपलब्ध)
7. पल्टू बाबू रोड–1979
8. गोत्रान्तर अर्थात् (एक अधूरी कहानी)–(रचना काल 1970) अगस्त में रेणु ने इसे पूरा किया, इस पर फ़िल्म निर्मित हुई, 1972 में प्रदर्शित हुई।

संस्मरण, रेखाचित्र तथा रिपोर्ताज

1. ऋणजल-धनजल–1977–संस्मरण।
2. नेपाली क्रान्तिकथा–1977–संस्मरण।
3. वनतुलसी की गन्ध–1984–रेखाचित्र।
4. श्रुत-अश्रुत पूर्ण–1984–निबन्ध, संस्मरण, रिपोर्ताज।

सन्दर्भ

1. बन्द्योपाध्याय ताराशंकर, आमार कालेर कथा, पृ. 21
2. वही, पृ. 21-22
3. राय डॉ. गौरमोहन, ताराशंकर साहित्य समीक्षा, पृ. 7
4. बन्द्योपाध्याय ताराशंकर, आमार साहित्य जीवन, पृ. 51
5. वही, पृ. 51-52
6. बन्द्योपाध्याय ताराशंकर, आमार कालेर कथा, पृ. 40
7. बन्द्योपाध्याय ताराशंकर, 'कैशोर स्मृति'–संस्मरण, पृ. 284
8. बन्द्योपाध्याय ताराशंकर, आमार साहित्य जीवन, पृ. 37, 95
9. वही, पृ. 15, 107, 36
10. राय डॉ. गौरमोहन, ताराशंकर साहित्य समीक्षा पृ. 5
11. वही, पृ. 6
12. वही, पृ. 6
13. जरासन्ध, ताराशंकर ओ राढ़देश, कालि ओ कलम पत्रिका, अग्रहायण 1378 (बंगाब्द), पृ. 45
14. चक्रवर्ती सुमिता, ताराशंकर–शास्त्रधर्मे, मानवधर्मे, पश्चिम बंग पत्रिका, 'ताराशंकर संख्या', अगस्त 1977, पृ. 76
15. बन्द्योपाध्याय ताराशंकर, आमार साहित्य जीवन, पृ. 3

16. बन्द्योपाध्याय ताराशंकर, आमार चोखो कपालकुंडला : ताराशंकर रचनावली, चतुर्थ खंड, पृ. 432
17. डॉ. राय गौरमोहन, ताराशंकर साहित्य समीक्षा, पृ. 4
18. बन्द्योपाध्याय ताराशंकर, आमार साहित्य जीवन, पृ. 21
19. राय डॉ. गौरमोहन, ताराशंकर साहित्य समीक्षा, पृ. 5
20. बन्द्योपाध्याय ताराशंकर, आमार कालेर कथा, पृ. 81
21. डॉ. राय गौरमोहन, ताराशंकर साहित्य समीक्षा, पृ. 5
22. Devi Mahasveta, Tarasankar Bandyopadhyay, page 4
23. बन्द्योपाध्याय ताराशंकर, कौशोर स्मृति, पृ. 284
24. बन्द्योपाध्याय ताराशंकर, आमार साहित्य जीवन, पृ. 40
25. वही, पृ. 42
26. वही, पृ. 288
27. वही, पृ. 277
28. वही, पृ. 3
29. वही, पृ. 4-5
30. वही, पृ. 9
31. वही, पृ. 10
32. वही, पृ. 13
33. राय डॉ. गौरमोहन, ताराशंकर साहित्य समीक्षा, पृ. 9
34. बन्द्योपाध्याय ताराशंकर, आमार साहित्य जीवन, पृ. 15
35. वही, पृ. 15
36. राय डॉ. गौरमोहन, ताराशंकर साहित्य समीक्षा, पृ. 10
37. डॉ. अजहरुद्दीन, बांग्ला साहित्ये मोहितलाल, प्रथम संस्करण, पृ. 50
38. बन्द्योपाध्याय ताराशंकर, आमार साहित्य जीवन, पृ. 38
39. वही, पृ. 48
40. वही, पृ. 49
41. वही, पृ. 88
42. राय डॉ. गौरमोहन, ताराशंकर साहित्य समीक्षा, पृ. 14
43. वही, पृ. 20
44. वही, पृ. 37
45. जतकर पुष्पा, रचनाकार रेणु, पृ. 9
46. रेणु संस्मरण : सारिका, अप्रैल 1979, पृ. 3
47. वही, पृ. 3

48. धर्मयुग : 23 मार्च, 1975 में प्रकाशित रेणु से साक्षात्कार
49. शॉ रॉविन पुष्प, सोने की क़लमवाला हीरामन, पृ. 22
50. नागार्जुन, रेणु संस्मरण एवं श्रद्धांजलि, सारिका, अप्रैल 1979, पृ. 19
51. रेणु फणीश्वरनाथ, बन-तुलसी की गन्ध, पृ. 114
52. विश्वास गणेश प्रसाद, रेणु का बचपन : 'विपक्ष' फणीश्वरनाथ रेणु अंक, पृ. 41
53. जतकर पुष्पा, रचनाकार रेणु, पृ. 11
54. वही, पृ. 12
55. रेणु फणीश्वरनाथ, नेपाल मेरी सानो आमा : रेणु रचनावली, पंचम खंड, पृ. 209
56. जतकर पुष्पा, रचनाकार रेणु, पृ. 13
57. रेणु फणीश्वरनाथ, टूटते-बिखरते सपनों का दास्तान : रेणु रचनावली, पंचम खंड में संकलित, पृ. 243
58. श्रीवास्तव शैलेन्द्रनाथ, 'रेणु और बिहार आन्दोलन' : रेणु संस्मरण एवं श्रद्धांजलि, सारिका, अप्रैल 1979, पृ. 94
59. विश्वास गणेश प्रसाद, रेणु का बचपन : 'विपक्ष', रेणु अंक, पृ. 40
60. रेणु फणीश्वरनाथ, भादुड़ीजी : रेणु रचनावली, पंचम खंड, पृ. 102-03
61. विश्वास गणेश प्रसाद, रेणु का बचपन : 'विपक्ष', रेणु अंक, पृ. 40-41
62. वही, पृ. 222
63. वही, पृ. 223
64. रेणु फणीश्वरनाथ, भादुड़ीजी : रेणु रचनावली, पंचम खंड, पृ. 109
65. रेणु फणीश्वरनाथ, पत्र–जयप्रकाश नारायण के नाम : रेणु रचनावली, पंचम खंड, पृ. 525
66. श्रीवास्तव शैलेन्द्रनाथ, 'रेणु और बिहार आन्दोलन', (रेणु संस्मरण एवं श्रद्धांजलि), सारिका, अप्रैल 1979, पृ. 94-95
67. उपेन्द्र मदन मोहन, 'परती के परिकथाकार रेणु, (रेणु : संस्मरण एवं श्रद्धांजलि), सारिका, अप्रैल 1979, पृ. 82
68. जतकर पुष्पा, रचनाकार रेणु, पृ. 18
69. श्रीवास्तव शैलेन्द्रनाथ, उपरोक्त, पृ. 99
70. सक्सेना सर्वेश्वरदयाल, 'जीवन स्मृतियों के कुछ अधूरे शिलालेख' (रेणु : संस्मरण एवं श्रद्धांजलि), सारिका, अप्रैल, 1979, पृ. 170
71. भूपेन्द्र अबोध, 'कौन भुलाएगा इसे', (रेणु संस्मरण एवं श्रद्धांजलि), सारिका, अप्रैल 1979, पृ. 131
72. ओझा अशोक, 'रेणु : आत्मकथा', (उपरोक्त), पृ. 213
73. रेणु फणीश्वरनाथ, 'भादुड़ीजी', रेणु रचनावली, पंचम खंड, पृ. 111

74. वही, पृ. 117
75. वही, पृ. 118
76. रेणु फणीश्वरनाथ, मानव रवीन्द्रनाथ : रेणु रचनावली, पंचम खंड, पृ. 56
77. रेणु फणीश्वरनाथ, वह एक कहानी, रेणु रचनावली, पंचम खंड, पृ. 272
78. जतकर पुष्पा, रचनाकार रेणु, पृ. 22
79. रेणु फणीश्वरनाथ, ईश्वर रे, मेरे बेचारे : रेणु रचनावली, पंचम खंड, पृ. 183
80. वही, पृ. 190
81. शॉ रॉबिन पुष्प, उपरोक्त, पृ. 45
82. वही, पृ. 45
83. भारत यायावर, सम्पादकीय : रेणु रचनावली, तृतीय खंड, पृ. 13
84. वही, पृ. 14

द्वितीय अध्याय

बांग्ला एवं हिन्दी के ग्रामकेन्द्रित उपन्यासों की परम्परा का एक विहंगावलोकन

उपन्यास आधुनिक काल की सर्वाधिक लोकप्रिय साहित्यिक विधा है। इसकी व्यापकता, वैविध्य, भव्यता तथा लोचपूर्ण रूपान्तरणीय क्षमता और प्रवृत्ति को देखते हुए इसे किसी निश्चित परिभाषा की सीमा-रेखा में आबद्ध करना असम्भव नहीं तो दुष्कर अवश्य है। फिर भी इस विधा को समझने एवं समझाने के क्रम में आलोचकों और स्वयं इतिहासकारों द्वारा इसकी भिन्न-भिन्न परिभाषाएँ दी गई हैं, पर सभी परिभाषाएँ इसके परतदार, बहुरंगी, परिवर्तनीय और नितनूतन व्यक्तित्व की किसी एक या दो परत, रंग और रूप को ही उभार कर रह गई हैं, सभी पक्षों को समान रूप से किसी ने भी नहीं उभारा है। प्रेमचन्द उपन्यास को मानव-चरित्र का चित्रण मानते हैं।[1] तो अज्ञेय घोषणा करते हैं, ''कि अपने उपन्यासों में मैं स्वयं हूँ।''[2] यशपाल अपने उपन्यासों में ''समाजधारा और विचारधारा के आधार में तारतम्य को प्रकट करने'' की बात करते हैं[3] तो निर्मल वर्मा ''कृति और कृतिकार के सम्बन्ध में तटस्थता'' को अधिक महत्त्व देते हैं।[4] हेनरी जेम्स के विचार से ''उपन्यास अपनी व्यापक परिभाषा में जिन्दगी का वैयक्तिक और सीधा प्रभाव है।''[5] वर्जिनिया वुल्फ उपन्यासकार की एकल-दृष्टि को रचना में महत्त्वपूर्ण मानते हुए कहते हैं–"...It is the power of combination–the single–vision"[6] रॉल्फ फाक्स ने अपने "The Novel and the people" में उपन्यास को मानव-जीवन का गद्य माना है–"The novel is not merely fictional prose, it is the prose of man's life, the first art to attempt to the whole of man and give him expression"[7] साथ ही मानव-जीवन के साथ उपन्यास के इस गहरे सम्बन्ध को स्थापित करते हुए वे कहते हैं–"As people feel life, so they will feel the art what is most closely related to it. This closeness of relation is what we should never forget in talking of the effort of novel."[8] अज्ञेय की बात की

प्रतिध्वनि हमें Walter Allen की 'Reading a Novel' में मिलती है, उनका मानना है कि, "A good novel is always the revealation of the novelist's own self-discovery."[9] बांग्ला के विख्यात आलोचक व इतिहासकार डॉ. श्रीकुमार बन्द्योपाध्याय आधुनिक दृष्टिकोण को उपन्यास का प्रमुख तत्त्व मानते हुए अपने विचार को कुछ इस प्रकार प्रकट करते हैं–

"जनजीवन के प्रति कुतूहल, दैव-निर्भरता में मुक्त मन की स्वच्छन्द अभिव्यक्ति, समाज के विसंगतियों के प्रति तीक्ष्ण-पर्यवेक्षण एवं व्यंग्य के द्वारा उनकी अभिव्यक्ति आदि सब कुछ आधुनिक दृष्टिकोण के उदाहरण के रूप में लिए जा सकते हैं।"[10] बंगाल के प्रमुख आंचलिक उपन्यासकार डॉ. महीतोष विश्वास के अनुसार–"जीवन के विविध रूप एवं उसके परतदार बहुरंगी प्रकाश–उसे उद्धृत करना ही उपन्यास की प्रमुख विशिष्टता है।"[11]

उपन्यास के सम्बन्ध में विभिन्न उपन्यासकारों द्वारा व्यक्त उपर्युक्त विचारों से हम इस निष्कर्ष पर पहुँच सकते हैं कि इसका स्वरूप परिवर्तनशील है एवं जीवन से इसका स्थायी सम्बन्ध है। किसी उपन्यास में द्रष्टव्य जीवन अपनी कितनी सच्चाई, संश्लिष्टता और समग्रता के साथ व्यक्त हुआ है तथा यह संवेदना की गहराई तथा मानवीयता के कारण वृहत्तर मानव सत्य को कहाँ तक स्पर्श करता है, यह अत्यन्त महत्त्वपूर्ण है, क्योंकि इसी पर निर्भर करती है, एक उपन्यास की सफलता।

ग्रामकेन्द्रित उपन्यास का आरम्भ यहीं से होता है। जिस प्रकार नई कविता ने यथार्थ को भोगते हुए, अग्नि में तपे हुए पलों को व्यंजित करने में ही सुन्दरता देखी, उसी प्रकार उपन्यास के क्षेत्र में ग्रामकेन्द्रित या आंचलिक उपन्यासकार ने अनुभव की सीमा में आने वाले एक अंचल-विशेष को अपने उपन्यास का क्षेत्र बनाया। कालान्तर में यह विधा 'आंचलिक उपन्यास' के रूप में पहचानी गई। स्वाधीनता प्राप्ति के बाद भारतीय साहित्य विशेषत: उपन्यास साहित्य में 'आंचलिक उपन्यास' सर्वथा नवीन विधा के रूप में ही विकसित हुआ। तीन-चार दशकों की अल्पावधि में ही अनेक श्रेष्ठ उपन्यास प्रकाशित हुए। इसने साहित्य को और गतिशील एवं समृद्ध बनाया। राष्ट्र एवं समाज की सांस्कृतिक मर्यादा का अन्वेषण-विश्लेषण-विवेचन ही इसका मूल लक्ष्य रहा। इससे उपन्यास-शिल्प को नया सन्दर्भ मिला, अंचल विशेष की समग्र विशेषताएँ भी उद्घाटित हुईं।

कई आलाचकों ने 'आंचलिक उपन्यास' की अपनी-अपनी परिभाषाएँ दी हैं। कई कोशों एवं 'रिव्यू' पत्रिकाओं में भी इसकी परिभाषाएँ दी गई हैं, जो निम्नलिखित है–

Hindi Review Magazine (May 1956) के 'Recent tendencies in Hindi Fiction' नामक निबन्ध में दी गई परिभाषा कुछ इस प्रकार है–"In a regional novel the writer concentrates on a particular part of a country and depicts its life in such a way as to bring about a conciousness among the readers of its unique characteristics, distinguishing featues and particular customs and pattern of life." (Page 27)

'Dictionary of world literary term' में इसे कुछ इस प्रकार परिभाषित किया गया है–"The tendency of some writers to set their works in a particular locality, presented in some detail as affecting the lives and fortunes of the inhabitants." (page 337-338) Helen E. Haindes ने 'What in a Novel' (1946) में इसकी परिभाषा ऐसे दी है–"In the United States the regional has become one of the most extensive fields of modern fiction; a medium for the observation and depiction of natural scene or human habitat, in fauna, flora, topographical characteristics, folk backgrounds, customs, speech, influences of environment, tradition, and process of growth, in all sections and many localities of the country...many of the orient have novelists whose work, rooted in their own soil, helps to compose in literature a mosaic of the common life of man upon the earth." (P-67)

'मानविकी पारिभाषिक कोश' (साहित्य खंड) में भी कुछ ऐसी ही परिभाषा दी गई है–''कुछ लोगों की यह प्रवृत्ति-विशेष, जिसके अन्तर्गत उनकी कृतियों की पृष्ठभूमि में राष्ट्र का कोई अंचल विशेष रहता है, जिसका विस्तृत वर्णन, उसके निवासियों के जीवन और व्यवसाय, व्यवहार आदि के समेत उसमें समाविष्ट रहता है।''[12]

'हिन्दी साहित्य कोश' में इसे इस प्रकार परिभाषित किया गया है–''कुछ उपन्यासों में किसी प्रदेश विशेष का यथातथ्य और बिम्बात्मक चित्रण प्रधानता प्राप्त कर लेता है तो उन्हें प्रादेशिक या आंचलिक उपन्यास कहा जाता है।''[13]

श्री धनंजय वर्मा ने आंचलिक उपन्यासों की अनिवार्य शर्त स्थानीय रंगों का उभार माना है,[14] जबकि डॉ. रामदरश मिश्र के अनुसार–''आंचलिक उपन्यास अंचल के समग्र जीवन का उपन्यास है, उसका सम्बन्ध जनपद से होता है ऐसा नहीं, वह जनपद की ही कथा है।''[15] श्री बासुदेव शरण अग्रवाल 'आंचलिकता' शब्द का व्यापक अर्थ लगाते हैं। उनका कहना है, ''प्रत्येक अंचल की अपनी एक विशिष्टता होती है; जिसकी आत्मा की झलक 'आंचलिकता' में परिलक्षित होती है। भूमि राष्ट्र का शरीर है, जन उसका प्राण है और जन की संस्कृति उसका मन है। शरीर, प्राण और मन इन तीनों के सम्मिलन से ही राष्ट्र की आत्मा का निर्माण होता है।''[16]

आंचलिक उपन्यास एक तरह से एक विशेष अंचल या ग्रामीण जनपद के समग्र जीवन का उपन्यास है। ऐसे उपन्यास का लक्ष्य, सम्पूर्ण भौगलिक संस्कृति का प्रतिनिधित्व करना है और यह प्रतिनिधित्व किसी क्षेत्र की चित्रगत वास्तविकता भर

प्रस्तुत करने से नहीं हो सकता। ऐसा अंकन तो एक ढाँचा-भर तैयार करता है। इस ढाँचे में प्राण प्रतिष्ठा होती है सम्पूर्ण जीवन-प्रणाली की ऐतिहासिक एवं वैज्ञानिक धारणा प्रस्तुत करने से। आंचलिक जीवन की आत्मा और शरीर का सामंजस्यपूर्ण चित्रण। मनुष्य जिस भी भूखंड में रहता है, उसकी विशिष्ट भौगोलिकता के अनुरूप अपने को ढालकर उसके साथ सामंजस्य स्थापित करता है और संस्कृति तथा सामाजिकता की एक ख़ास पद्धति तैयार करता है। यह जीवन एकाध दिन की नहीं युगों की मानवीय साधना की कथा है; यही अंचल की ऐतिहासिक परम्परा की अविच्छिन्नता है। डॉ. श्री कुमार बन्द्योपाध्याय के मतानुसार–

"जब किसी कवि या उपन्यासकार की रचना में किसी विशेष देशांचल की जीवनधारा, रीति-नीति, समाज, परिवेश और प्राकृतिक पृष्ठभूमि को सर्वाधिक महत्ता के साथ चित्रित किया जाता है, तभी हम उस साहित्य (रचना) को 'आंचलिक' कहते हैं।"[17]

बंगाल के ख्यातिलब्ध आंचलिक उपन्यासकार श्री प्रमथनाथ बिशी तो श्रेष्ठ साहित्य को आंचलिकता की उपज मानते हैं अर्थात् आंचलिक साहित्य से ही श्रेष्ठ साहित्य का जन्म होता है।[18]

बांग्ला साहित्यजगत् के विख्यात आलोचक डॉ. हरप्रसाद मित्र आंचलिक उपन्यास के सम्बन्ध में अपना अभिमत व्यक्त करते हुए कहते हैं–

"साहित्य के क्षेत्र-चयन के सम्बन्ध में हम तभी 'आंचलिक' शब्द का प्रयोग करते हैं जब किसी लेखक में (पृष्ठभूमि के रूप में) एक ही क्षेत्र या अंचल बार-बार चुनने की प्रवृत्ति दिखाई देती है।"[19]

अब चूँकि मेरे शोध का विषय ग्रामकेन्द्रित उपन्यासों से सम्बन्धित है, अतः यह प्रश्न उठ सकता है कि मैं यहाँ 'आंचलिक उपन्यास' की परिभाषाएँ क्यों उद्धृत कर रही हूँ। वस्तुतः मैं ग्रामकेन्द्रित उपन्यासों को आंचलिक उपन्यासों से पृथक् नहीं मानती क्योंकि ग्रामकेन्द्रित उपन्यास आंचलिक उपन्यास की ही एक धारा है। एक अंचल में जैसे कई गाँव हो सकते हैं, वैसे ही एक गाँव समग्र अंचल का प्रतिनिधित्व कर सकता है। उदाहरणार्थ, ताराशंकर बन्द्योपाध्याय ने अपने 'गणदेवता' उपन्यास में 'राढ़-अंचल' (वीरभूम) का चित्र प्रस्तुत करते हुए शिव कालीपुर, कंकणा आदि कई गाँवों की कथा कही है, वैसे ही फणीश्वरनाथ 'रेणु' के 'मैला आँचल' उपन्यास में 'मेरीगंज' गाँव की कथा है, जो समग्र पूर्णिया अंचल का प्रतिनिधित्व करता है। उल्लेख योग्य बात यह है, कि ताराशंकर एवं रेणु दोनों ने ही अपने उपन्यासों को आंचलिक कहा है। चूँकि अध्येतव्य लेखकद्वय के 'आंचलिक' उपन्यासों में गाँव की ही कथा कही गई है, अतः मैंने इन्हें ग्रामकेन्द्रित उपन्यासों के नाम से ही उल्लेख किया है।

मुझसे पहले कई वरिष्ठ आलोचक ग्रामीण अंचलों पर आधारित उपन्यासों को अपने शोधकार्य एवं आलोचना का विषय बना चुके हैं, ऐसे उपन्यासों को उन्होंने 'आंचलिक उपन्यास' की ही संज्ञा दी है। ऐसे में एक प्रश्न का उठना बहुत स्वाभाविक लगता है और वह यह है कि जिस भौगोलिक और सांस्कृतिक विशिष्टता के आधार पर 'ग्राम्य-अंचलों' को आंचलिक उपन्यासों का आधार बनाकर वहाँ के जन-जीवन, उसकी संस्कृति, सामाजिक-आर्थिक समस्याओं तथा जीवन-संघर्षों को उनकी समग्रता में चित्रित किया जाता है, उसी प्रकार हर नगर या शहर की भी तो अपनी एक विशिष्ट संस्कृति होती है। तो यदि किसी उपन्यास में किसी शहर-विशेष की विशिष्ट सामाजिक-सांस्कृतिक पृष्ठभूमि में वहाँ के जीवन को चित्रित किया गया हो, तो उसे भी आंचलिक उपन्यास क्यों न माना जाए? 'ग्राम्य अंचल' की तरह 'शहरी अंचल' भी हो सकता है, क्योंकि प्रत्येक शहर की अपनी कुछ सांस्कृतिक विशिष्टताएँ अवश्य होती हैं। उदाहरणस्वरूप, बांग्ला में गिरिजाभूषण भट्टाचार्य का 'पश्चिमें बांगाली' (वि.सं. 1290) तथा हिन्दी के अमृतलाल नागर का 'बूँद और समुद्र' (सन् 1956) उपन्यास लखनऊ शहर के जीवन पर आधारित है तथा वहाँ की सांस्कृतिक विशिष्टताओं का अन्तरंग चित्र इन उपन्यासों में उपलब्ध है।

यह सही है कि कुछ शहरों विशेषकर ग़ैर-औद्योगिक तथा प्राचीन नगरों की अपनी एक विशिष्ट सांस्कृतिक व सामाजिक परम्परा होती है एवं कुछ आलोचक जैसे महेन्द्र चतुर्वेदी ने अपने 'हिन्दी उपन्यास एक सर्वेक्षण' में,[20] राजेन्द्र अवस्थी 'तृषित' मासिक पत्रिका 'सारिका' के अक्टूबर 1971 अंक में 'ग्रामीण आंचलिकता' को ही 'आंचलिकता' का एकमात्र तत्त्व या आधार मानने में असहमति दिखाई है, परन्तु यह भी एक प्रतिष्ठित सत्य है कि अब तक हिन्दी में जो कुछ भी लिखा गया है, उसमें अधिकांश कथाकारों ने ग्रामों को ही अपनी कथा का आधार बनाया है। नगर-जीवन को लेकर कुछ छुट-पुट प्रयत्न हुए, परन्तु उनमें विशेष सफलता नहीं मिल पाई। स्वयं तृषित जी की भी यही मान्यता है।

नागर जीवन को लेकर आंचलिक उपन्यास अधिक न लिखे जाने का कारण सम्भवतः यह है कि शहरी जीवन की भौगोलिक सीमाएँ अब समाप्त हो चुकी हैं। आज शहर या नगर का कोई क्षेत्र-विशेष "किसी ख़ास वर्ग, ख़ास संघ, किसी ख़ास भौगोलिक संस्कृति का प्रतिनिधित्व, जो विशुद्ध आंचलिक उपन्यास की प्रधान व अनिवार्य शर्त है, शहरी जीवन में सम्भव नहीं। आधुनिक युग की जटिलता, असंगति और यान्त्रिकता शहरी जीवन पर छाई हुई है, वैज्ञानिक उपलब्धियों ने जीवन-सम्बन्धों को जटिलतर बना दिया है, शहरों में मुहल्ले हैं, गलियाँ हैं, कॉलोनियाँ हैं, पर वहाँ हर व्यक्ति एक इकाई है, वर्ग या संघ नहीं, हर घटना का निजी मूल्य है।

ये पात्र या घटनाएँ या इनकी प्रक्रिया किसी विशिष्ट भौगलिक सीमान्त या सांस्कृतिक इकाई की परिचायक या द्योतक नहीं हैं। शहरी-जीवन में वर्ग टूट रहा है, धर्म और जाति संस्कार के आधार पर विभाजन टूट गया है और उसका स्थान आर्थिक दृष्टि ने ले लिया है; जिसकी वैसी कोई सांस्कृतिक या सामाजिक परम्परा जीवन-प्रथा, रीति-रिवाज़, भाषा, धर्म या जाति नहीं होती जैसी कि गाँवों में आज तक जीवित हैं; जिसका प्रत्येक व्यक्ति उस वर्ग का प्रतिनिधि होता है।''[21]

श्री नन्ददुलारे बाजपेयी के मतानुसार, ''उपन्यास के ऐतिहासिक विकास को देखते हुए और आंचलिक उपन्यास के सीमित और पारिभाषिक अर्थ का ध्यान रखते हुए नगर से सम्बन्धित उपन्यासों को आंचलिक नहीं कहा जा सकता। वह वैचित्र्य, वह स्वच्छन्द व्यवहार, सभ्यता के दोषों से रहित वह आदि मानव-प्रकृति, जो आंचलिक उपन्यास की केन्द्र-वस्तु है, नागरिक चित्रण में नहीं आ सकती।'' (सारिका, अक्टूबर, 1961)

डॉ. जवाहर सिंह ने तो यहाँ तक कह दिया कि शहर के साथ आंचलिकता शब्द का कोई भाव-साम्य ही नहीं है, क्योंकि अंचल शब्द से जिस अछूती, अज्ञात या अल्पज्ञात भूमि, की सोंधी गन्ध और वहाँ की वैविध्यपूर्ण परम्परागत संस्कृति का बोध होता है, वह शहर में होती ही नहीं। वास्तव में आंचलिक उपन्यासों का सूत्रपात या आंचलिकता की प्रवृत्ति का जन्म एक जन्म एक तरह से नागरिक सभ्यता की कृत्रिमता और यान्त्रिकता की प्रतिक्रिया में ही हुआ। नगर के कृत्रिम माहौल से ऊबकर और भागकर ग्राम्य अंचलों के स्वच्छन्द प्राकृतिक जीवन की ताज़गी में साँस लेने की प्रवृत्ति ने ही लेखकों की सुदूर के अपरिचित-अनछुए अंचलों की ओर जाने को प्रेरित किया।[22]

इस प्रकार इन सारे विवेचनों के पश्चात् यही प्रमाणित होता है कि आंचलिक उपन्यासों में चित्रित यह 'अपरिचित-अनछुए' अंचल, नगर या नागरिक सभ्यता से दूर का कोई ग्रामीण अंचल ही हो सकता है। वैसे भी, गिरिजाभूषण भट्टाचार्य की 'पश्चिमें बांगाली' (वि.सं. 1290) एवं अमृतलाल नागर के 'बूँद और समुद्र' (सन् 1956) में लखनऊ शहर की जिस विशिष्ट जीवन-पद्धति और संस्कृति का बहुरंगा चित्र प्रस्तुत किया गया था, वह आज के लखनऊ शहर के जीवन चित्र से कितना भिन्न है, प्रत्यक्ष देखकर ही मालूम किया जा सकता है। लेकिन ताराशंकर के 'हाँसुली बाँकेर उपकथा' के 'वाँशवादी' गाँव और रेणु के 'मैला आँचल' के 'मेरीगंज' गाँव के परिवेश, उनके निवासी और उनकी जीवन-धारा, उनके नृत्य-गीत, उत्सव-त्यौहार तथा भाषा बोली आदि में, आज के युग में भी किसी बहुत बड़े परिवर्तन की सम्भावना नहीं की जा सकती, जिससे उसके पुराने ग्रामीण स्वरूप को पहचाना जा सके।

यही कारण है कि मैंने इस पुस्तक में कई स्थानों पर आवश्यकता पड़ने पर 'ग्रामकेन्द्रित' की जगह 'आंचलिक उपन्यास' शब्दों का प्रयोग किया है।

अंग्रेज़ी साहित्य में 'रीजिनल नॉवेल' (आंचलिक उपन्यास) बांग्ला एवं हिन्दी से बहुत पहले ही उपलब्ध थे। वैसे तो पाश्चात्य साहित्य में ग्रामकेन्द्रित किंवा आंचलिक उपन्यासों का प्रारम्भ सन् 1800 से माना जाता है, जब मेरिया एजवर्थ का 'कैसल रेक्रेंट' प्रकाशित हुआ। विश्व-साहित्य जगत् में 'आंचलिक उपन्यास' एक अत्यन्त परिचित विधा है। विश्व के विभिन्न भाषाओं में अनेक स्मरणीय कथाकारों ने कालजयी आंचलिक उपन्यासों की रचना की है। अंग्रेज़ी साहित्य में एमिल ब्रन्टी की 'वुदारिंग हाइटस्' (1847), जोसेफ कनराड की 'द निगर ऑफ द नर्सिसस' (1898), 'लॉर्डजिम' (1900) 'टाइफून' (1902) एवं 'नस्ट्रामो' (1904), थॉमस हार्डि की 'फार फ्राम द मैडिंग क्राउड' (1874), 'द रिटर्न ऑफ द नेटिव' (1878), 'द वुडलैण्डर्स' (1887), आर्नल्ड बेनेट की 'आना ऑफ द फाइव टाउंस' (1902) आदि आंचलिक कृतियों ने विश्व के साहित्य जगत् के सर्वश्रेष्ठ उपन्यासों की शृंखला में अपना स्थान बना लिया है। अमेरिकी आंचलिक उपन्यासों की परम्परा में बेर्ट हार्ट की 'एफलिस ऑफ साराज', 'दी ऐनसेस्टर्स ऑफ पीटर आर्थरली', सारा बोर्ने जिवेट की 'डीप हेवेन' (1877) वेन्जामिन फ्रैंक नॉरिस की 'दी आक्टोपस' (1901), पार्लबक की 'द गुड अर्थ' (1931), विलियम फॉकनर की 'सैंचुयेरी' (1931) एवं 'इनट्रुडर इन दी डास्ट' (1948) आरस्काईन कॉल्डवेल की 'टोबैको रोड' (1932), स्टेइन बैक की 'ग्रेप्स ऑफ रथ' (1939) आदि सफलतम रचनाएँ हैं। रूसी उपन्यास साहित्य में आईभान बूनिन की 'द मिलेज' (1910), मिखाइल शोलोकभ की 'वर्जिन सॉयल आपटर्न्ड' (1933) एवं 'एण्ड क्वायट फ्लोज द डॉन' (1928-1940) आदि विख्यात आंचलिक कृतियाँ हैं। ये उपन्यास विश्व के कुछ श्रेष्ठ आंचलिक उपन्यासों के उदाहरण मात्र हैं। ये मेरे शोध-कार्य का विषय नहीं, परन्तु विश्व-साहित्य के परिप्रेक्ष्य में बांग्ला एवं हिन्दी के आंचलिक या ग्रामकेन्द्रित उपन्यासों का स्थान निर्धारित करने एवं इनके स्वरूप का विश्लेषण तथा अध्ययन करने के लिए ही मैंने उपरोक्त उदाहरण दिए हैं क्योंकि इन दो भाषाओं में विशेषकर हिन्दी के आंचलिक उपन्यासों में आंचलिकता की प्रवृत्ति का विकास बहुत बाद में हुआ परन्तु फिर भी इनकी प्रगति आश्चर्यजनक ही कही जाएगी। भारतवर्ष में, स्वतंत्रता प्राप्ति के पश्चात् भिन्न-भिन्न अंचलों के निवासी और संवेदनशील लेखकों का ध्यान ग्रामीण जीवन की ओर आकृष्ट हुआ और उनकी कृतियों में आंचलिकता के तत्त्व सहज ही प्रवेश कर गए। परन्तु बहुत पहले से ही हमारे यहाँ आंचलिकता के पोषक तत्त्वों का अस्तित्व प्रचुर मात्रा में रहा है।[23] यही कारण है कि स्वतंत्रता प्राप्ति से पहले भी उपन्यास और कहानियों में आंचलिकता अर्थात् ग्रामकेन्द्रिकता की प्रवृत्तियों की खोज मिलती है।

हिन्दी साहित्येतिहास में, फणीश्वरनाथ 'रेणु' के 'मैला आँचल' के प्रकाशन ने 'आंचलिकता' को एक ठोस आधार प्रदान किया परन्तु कई आलोचकों ने यह स्वीकार किया है कि यह प्रवृत्ति बहुत प्राचीन है। उसी प्रकार बांग्ला साहित्य में भी, बांग्ला उपन्यास के जन्मकाल से ही 'एक विशेष अंचल या ग्राम' के आधार पर उपन्यास लिखे जाने की प्रवृत्ति का परिचय मिलता है।

बांग्ला उपन्यास के उद्‌भव एवं विकास की धारा का अध्ययन करने के पश्चात् एक बात स्पष्ट हो जाती है। बांग्ला उपन्यास लेखन के प्रारम्भिक काल में, यद्यपि एक विशेष पृष्ठभूमि पर ग्रामीण जीवन को लेकर कई रचनाएँ प्रस्तुत की गई थीं, परन्तु इन रचनाओं में उस विशेष अंचल की स्थानीय विशेषताओं पर पूरी तरह से प्रकाश नहीं डाला गया। यहाँ तक कि बंकिम चन्द्र चट्‌टोपाध्याय (1838-94) जिन्होंने तत्कालीन बांग्लादेश के किसानों की समस्याओं के आधार पर कई उत्कृष्ट प्रबन्धों की रचना की, उन्होंने भी अपने किसी उपन्यास में किसी अंचल की स्थानिक विशेषताओं को विषय-वस्तु नहीं बनाया यद्यपि उनके 'दुर्गेश-नन्दिनी' (1865) एवं 'कपालकुंडला' (1867) तथा 'कृष्णकान्तेर विल' (1878) आदि में गाँव की झलक मिलती है।[24] दूसरी महत्त्वपूर्ण बात यह है कि बंकिमचन्द्र के उपन्यासों में कहीं भी साधारण, दारिद्र्य या दलित सम्प्रदाय के जीवन की कथा नहीं कही गई है। यहाँ तक कि बांग्ला साहित्य के श्रेष्ठतम रचनाकार कवीन्द्र रवीन्द्रनाथ ठाकुर जिनकी 'चोखेर बाली' (1903) घरे-बाईरे (1915), 'गोरा' (1910) आदि प्रथम श्रेणी के उपन्यास विश्व के किसी भी भाषा के सर्वश्रेष्ठ उपन्यासों में मुक़ाबला कर सकता है उनके लिए भी यही कहना होगा कि उनकी ये उत्कृष्ट कृतियाँ तत्कालीन युग में उच्चवर्ग के पाठकों में जितनी अधिक लोकप्रिय हुई उतनी साधारण पाठकों में नहीं। उनके उपन्यासों में 'गाँव' आया है और उनमें कुछ सामाजिक समस्याओं का चित्रण भी अत्यन्त सुन्दर ढंग से किया गया है, परन्तु उनमें ग्रामकेन्द्रित या आंचलिकता के विभिन्न तत्त्व अनुपस्थित हैं। कोई पिछड़ा वर्ग या समाज भी उनके उपन्यासों में विशेष रूप से प्रतिबिम्बित नहीं हुआ है। 'काव्य धर्म', आदर्शवाद, रोमांटिकता, कविचेतन की गहन और सूक्ष्म अनुभूति उनके उपन्यासों को यथार्थ के कठोर-कठिन धरातल पर प्रतिष्ठित नहीं कर पाई।[25]

वैसे देखा जाए तो भारतीय उपन्यासों में ग्रामकेन्द्रित या आंचलिकता का स्रोत बांग्ला उपन्यासों से ही फूटता है। इस अर्थ में शरत् चन्द्र चट्‌टोपाध्याय का स्मरण सबसे पहले किया जा सकता है।[26] परन्तु शरत् चन्द्र के पूर्ववर्ती उपन्यासकारों में कई ऐसे उपन्यासकार हुए जिनके उपन्यास सम्पूर्ण आंचलिक कृतियाँ न होते हुए भी आंचलिक स्पर्श से युक्त थीं।

इनमें सबसे पहले प्यारी चाँद मित्र (टेकचाँद ठाकुर) द्वारा रचित "आलालेर घरेर दुलाल" (1857) का नाम लिया जा सकता है। यद्यपि यह कृति आंचलिकता या ग्रामकेन्द्रिकता की कसौटी पर खतरी नहीं उतरती, तथापि इसमें कुछ लक्षण दिखाई देते हैं जो एक आंचलिक उपन्यास का कलेवर तैयार करते हैं। इस उपन्यास में उन्नीसवीं सदी के आरभ में कलकत्ता से दूर गंगा के तटवर्ती अंचलों में रहने वाले दरिद्र निम्नवर्ग के लोगों की जीवनगाथा प्रस्तुत की गई है। उपन्यास में तत्कालीन सामाजिक परिस्थितियों का बहुत स्वाभाविक वर्णन मिलता है एवं उसमें चित्रित अंचल के रहने वाले सभी स्तरों के लोगों का बहुत जीवन्त चित्रण किया गया है। ठकचाचा, मतिलाल, बांछाराम, बक्रेश्वर बाबू (मास्टर) आदि सभी पात्र पूरे ग्रामीण परिवेश के अंग हैं। इस उपन्यास में स्थानीय बोली का काफ़ी पुट हैं जिसके माध्यम से वहाँ के लोगों के संस्कार, उनकी अनुभूतियाँ, उनके सुख-दुःख, रीति-रिवाज़ आदि अत्यन्त सहज रूप में व्यक्त हुए हैं। तत्कालीन ग्रामीण समाज और शान्त वातावरण का सुन्दर शब्द चित्र उनकी भाषा में उतरे हैं। विशेषतः ध्वन्यात्मक शब्दों का प्रयोग भी अनुभूति की तीव्रता के द्योतक हैं। इनको भाषा के आंचलिक प्रयोग में उल्लेखनीय सफलता मिली है। चाहे वह किसी चरित्र वर्णन में हो या फिर प्रकृति वर्णन में। उदाहरणस्वरूप–

"खूब पानी बरस चुका है–रास्ते कीचड़ से लथपथ होने के कारण सिम-सिमा गए हैं। –आसमान नील मेघों से भरा हुआ है। मेंढक जाँउकों-जाँउकों शब्द में टर्रा रहे हैं। दुकान खोलकर, बनिया तम्बाकू पी रहा है।"[27]

प्यारी चाँद मित्र के साथ-साथ पाद्री लालबिहारी दे (1829-94) का नाम भी अत्यन्त महत्त्वपूर्ण है। इनके द्वारा सम्पादित 'अरुणोदय' पत्रिका में इनकी 'चन्द्रमुखीर उपाख्यान' नामक रचना धारावाहिक रूप में प्रकाशित हुई थी (1857-59) और परवर्तीकाल में (1859 में) यह पुस्तक के रूप में प्रकाशित हुई। उसे अंग्रेज़ी में भी Chandramukhi : A Tale of Bengali life नाम से अनुवाद किया गया था।[28] वर्धमान जिले के 'कुरमुन' में जहाँ लालबिहारी का जन्म हुआ था, वहाँ के ग्रामीण अंचल की कुछ जीवन्त छवियाँ इस 'उपाख्यान' में चित्रित हुई हैं। समाजवादी जीवन-दृष्टि का निरूपण इस कृति का मुख्य उद्‌देश्य है। इसकी भाषा शैली आंचलिक उपन्यास के अनुकूल है। इन्होंने अंग्रेज़ी में भी एक उपन्यास की रचना की है, 'Govinda Samanta' (1874), जिसमें आंचलिक वातावरण का अत्यन्त स्वाभाविक चित्रण हुआ है। इस प्रकार लालबिहारी की 'चन्द्रमुखीर उपाख्यान' ने निःसन्देह रूप से आगे आनेवाले आंचलिक उपन्यासों की पीठिका तैयार की है, भले ही इसमें शुद्ध आंचलिकता के तत्त्वों की स्थापना न हो पाई हो।

परन्तु यहाँ एक महत्त्वपूर्ण बात का उल्लेख करना अत्यन्त आवश्यक हो जाता है कि लालबिहारी दे की 'चन्द्रमुखीर उपाख्यान' के प्रकाशित होने के सात वर्ष पूर्व एवं प्यारी चाँद मित्र की 'आलालेर धरे दुलाल' के प्रकाशित होने के पाँच वर्ष पूर्व सन् 1852 में एक और बांग्ला उपन्यास 'फूलमणि ओ करुणार विवरण' प्रकाशित हुआ, जिसकी रचयिता हाना कैथरीन म्यूलैन्स नाम की एक अंग्रेज़ महिला थीं। कुछ आलोचकों ने इसे बांग्ला साहित्य का प्रथम उपन्यास भी माना है। उदाहरणार्थ, डॉ. सुनीति कुमार चटर्जी ने लिखा है–''इस तरह की पुस्तक बांग्ला में पहली बार लिखी गई है। इससे पूर्व बंगाली समाज को विषय बनाकर भवानीचरण बन्द्योपाध्याय जैसे दो-चार प्रमुख लेखकों ने कुछ-कुछ लिखने का प्रयास किया है, परन्तु इस प्रकार बांग्ला देश के एक अंचल में नवगठित एक विशेष समाज के जीवन और विचारधारा को आधार बनाकर कोई पुस्तक लिखने की चेष्टा दिखाई नहीं पड़ती है।''[29]

परन्तु डॉ. असित कुमार बन्द्योपाध्याय ने इसे लम्बी कहानी की संज्ञा देते हुए 'आलालेर घरेर दुलाल' को ही प्रथम बांग्ला उपन्यास माना है।[30] प्रथम बांग्ला उपन्यास किसे माना जा सकता है इस पर विवाद होने के बावजूद यह स्वीकारणीय है कि 'फूलमणि ओ करुणार विवरण' में बंगाल के ग्रामांचल की छवि ही यथार्थ के साथ चित्रित की गई है। इसकी कहानी बांग्लादेश की एक नदी के तटवर्ती एक गाँव के रहने वाले ईसाई धर्मावलम्बी लोगों की सीधी-सादी कहानी है। गाँव का नाम उन्होंने उल्लेख नहीं किया है। वे लिखती हैं–''पिछले कुछ एक वर्षों से मैं बंगदेश के एक पिछड़े अंचल में नदी किनारे बसी एक नगरी में रहती थी। उस नगरी का नाम यहाँ लिखने की आवश्यकता नहीं है। यहाँ से आधे कोस की दूरी पर एक गाँव है जहाँ यहाँ के ईसाई लोग रहते हैं।''[31] इसके पश्चात् श्रीमती म्यूलैन्स ने उस गाँव का वर्णन इस प्रकार किया है–''गाँव में प्रवेश करते ही पहले चार-पाँच कच्चे घर दिखे। उन लोगों के आँगन साफ़-सुथरे नहीं थे और सामने कुछ नंगे बालक कीचड़ और धूल से सने खेल रहे थे, गुड़िया-गुड्डा बना रहे थे।''[32]

इस उपन्यास के पात्र समाज के निम्नस्तर के लोग हैं। खानसामा, डाकिया आदि-पुरुषों की जीविका है। घर की महिलाएँ गाय का दूध बेचकर, उच्चवर्ग के लोगों के घर झाड़ू-पोंछा लगाकर या खाना बनाकर या फिर आया का काम कर कुछ कमाने की कोशिश करती हैं। लेखिका ने इस अशिक्षित, दरिद्र और अवहेलित समाज के मनुष्यों को बहुत क़रीब से देखा है और उन्हें सहानुभूति के साथ अपने उपन्यास में चित्रित किया है। यद्यपि यह उपन्यास आंचलिकता के सभी शर्तों को पूरा नहीं करता तथापि उस उन्नीसवीं सदी के मध्ययुगीन बंगाल के ग्रामीण समाज के निवासियों के सुख-दुःख, रीति-रिवाज़, संस्कार, झाड़फूँक-मन्त्र-तंत्रों में

विश्वास, दरिद्रता, ईर्ष्या-कलह, रहन-सहन आदि के यथार्थ चित्रण में लेखिका की कुशलता का परिचय अवश्य देता है। एक विदेशिनी होते हुए भी बांग्ला भाषा के माध्यम से बंगाल के ही ग्रामांचल की जो छवि उन्होंने प्रस्तुत की है, उसके लिए वह निःसन्देह प्रशंसा की अधिकारी है।

बंकिमचन्द्र चट्टोपाध्याय के अग्रज संजीव चन्द्र चट्टोपाध्याय (1834-89) प्रखर प्रतिभाशाली व्यक्तित्व थे। उनका 'पालामौ' नामक उपन्यास (जिसे कुछ आलोचक भ्रमण-वृत्तान्त भी कहते हैं) प्रारम्भिक आंचलिक कृतियों में एक महत्त्वपूर्ण कृति है। इसमें बिहार के 'पलामू' और 'छोटानागपुर' अंचल की छोटी-छोटी पर्वत-श्रेणियाँ, नदी, झरनों, सघन वनों को एवं वहाँ रहनेवाले पशु-पक्षी व आदिवासियों को उनकी विशेषताओं के साथ सफलतापूर्वक चित्रित किया गया है। इस रचना में 'पालामौ' अंचल की नैसर्गिक शोभा बड़ी ही तटस्थता के साथ चित्रित हुई है। यद्यपि इसके कथा बन्ध में शैथिल्य है, तथापि यह उपन्यास वनांचल की अभिव्यक्ति में विशिष्ट स्थान का अधिकारी है।

बंकिमचन्द्र के समकालीन उपन्यासकार तारकनाथ गंगोपाध्याय (1843-1891) जो बांग्ला पाठकवर्ग में, बंकिम चन्द्र के समान ही समादृत और लोकप्रिय हुए, ग्रामीण अंचल के कुशल चितेरे थे। 'स्वर्णलता' (1874) इनका सर्वप्रथम और सर्वश्रेष्ठ उपन्यास है। इसमें बंगाल के ग्रामीण-अंचल के परिवेश एवं जीवन की छोटी-से-छोटी घटना का चित्रण इस उपन्यास को जीवन्त बना देता है। इस उपन्यास में, तत्कालीन 'पल्ली-समाज' के शान्त वातावरण के पीछे छुपी अर्थ-व्यवस्था के असन्तुलित धरातल पर खड़े सामाजिक ढाँचे की अमानवीयता, तारकनाथ की यथार्थपरक पकड़ में इस रूप से उजागर होती है कि सहृदय की संवेदना उभरकर उपन्यास की नायिका 'स्वर्णलता' की पीड़ा से तादात्म्य करती है तथा उसके अमीर जेठ और जिठानियों की काली करतूतों के प्रति घृणा और तत्कालीन समाज में व्याप्त सड़ी-गली मान्यताओं और व्यवस्था के प्रति विद्रोह जगाती है। बंकिम के उपन्यासों में ग्रामीण-जीवन आया है कल्पना-चित्र के समान, परन्तु तारकनाथ ने उसे जीवन्त बना दिया है। उन्होंने एक अभावग्रस्त नारी और उसकी समस्याओं को गहरी संवेदना से पकड़ा है। यदि समस्या है तो उसी में से छोटे-छोटे सुख को भी जन्म लेते हुए दिखाया गया है। ब्याह, उत्सव, शोक, झगड़े, नाटक (जात्रा), कीर्तन लोकगीत, जीवन का प्रत्येक कार्य व्यापार अत्यन्त स्वाभाविक रूप में उपस्थित किया गया है। वातावरण निर्माण के लिए देहाती कहावतों, गीतों और शब्दों का आंचलिक प्रयोग आदि किया गया है। तारकनाथ की दूसरी महत्त्वपूर्ण आंचलिक कृति-'हरिषे विषाद' (1887) में भी इनका मूल स्वर व्यक्ति की स्वतंत्रता, विशेषकर नारी स्वतंत्रता है। नारी के प्रति उनका

दृष्टिकोण सहानुभूतिपूर्ण है और उनकी स्वतंत्रता का स्वर उनकी रचनाओं में सशक्तता के साथ मुखरित हुआ है। यथार्थवादी चित्रण ही इसकी विशेषता है। 'अदृष्ट' (1892) नामक उपन्यास तारकनाथ की तृतीय आंचलिक कृति है जो आंचलिक या ग्रामकेन्द्रित उपन्यासों की परम्परा में एक सशक्त कड़ी है। इस उपन्यास में प्रतिदिन अमीरों द्वारा ग़रीबों पर हुए अत्याचार, शोषण, षड्यन्त्र को उपन्यासकार ने वाणी दी है तथा संघर्ष की सारी मानवीय कहानी को सफलता के साथ चित्रित किया है।

त्रैलोक्यनाथ मुखोपाध्याय (1847–1919) इसी शृंखला में एक ऐसे उपन्यासकार थे जिनकी रनाओं में लोककथा एवं आंचलिकता का सुन्दर समन्वय हुआ है। उनका उपन्यास 'कंकावती' (1334) ने बांग्ला साहित्य के उपन्यास शिल्प को एक ऐसी दिशा दी जिसकी ओर इसके पूर्व साहित्यकारों का ध्यान ही नहीं गया था। इसकी कथा लोककथा पर आधारित है। कंकावती का भाई कहीं से एक आम ले आता है और घर में सबको वह आम खाने से मना कर देता है। वह क़सम खाता है कि यदि कोई वह आम खा लेता तो उसे उसके साथ विवाह करना होगा। शिशु कंकावती इस बात से अनभिज्ञ थी। अतः आम खा लेती है पर भाई से विवाह करने की बात सुनकर डरकर गाँव छोड़ देती है। गाँव के पास बहती नदी में एक नाव देखकर कंकावती उसमें चढ़ जाती है। नदी के किनारे जो गाँव आते हैं वहाँ कौन-कौन-सी घटनाएँ घटती हैं, इन्हीं घटनाओं को लेकर यह आख्यान रचा गया है। यहाँ रूपक का प्रयोग हुआ है। धारा के साथ नदी में कंकावती का बहना सतत प्रवहमान लोकजीवन का मूर्तकरण है, ऐसा मुझे लगता है। यह उपन्यास आंचलिकता से मण्डित है। इस कृति की महत्त्वपूर्ण उपलब्धि है भाषा। लोकगीतों एवं ध्वनिरूपों का प्रयोग अनुभूति की तीव्रता का द्योतक है। लोकोत्सव, लोकमान्यताएँ, परम्परा आदि का प्रभावशाली ढंग से चित्रण किया गया है।

बहुमुखी प्रतिभा के धनी साहित्यकार थे रमेश चन्द्र दत्त (1848–1909)। इनका दृष्टिकोण प्रगतिशील था। वे सामाजिक यथार्थवाद के तीव्र पक्षधर थे। वैसे तो उनकी ख्याति ऐतिहासिक उपन्यासकार के रूप में अधिक रही, परन्तु उनके दो आंचलिक उपन्यास 'संसार' (1886) एवं 'समाज' (1894) में भी उनकी प्रतिभा का परिचय मिलता है। लोक-जीवन के प्रति इनका स्वभावतः प्रेम रहा है। अपने उपन्यासों में इन्होंने पश्चिम बंग के वर्द्धमान जिले के ग्रामीण-अंचलों के कृषकों का सामाजिक, धार्मिक एवं आर्थिक जीवन का यथार्थ वर्णन किया है। सामाजिक चेतना के साथ प्रगतिशील दृष्टिकोण का यथार्थपरक समन्वय उनके उपन्यासों में देखा जा सकता है। उनके उपन्यास अंग्रेज़ी में भी अनुवाद हुए थे।

उनके 'संसार' उपन्यास में विधवा-विवाह एवं 'समाज' में अन्तर्जातीय विवाह का प्रबल समर्थन किया गया है।[33] इस उपन्यास में वर्णित चरित्र इतने स्वाभाविक और जीवन्त हैं कि लगता है जैसे लेखक ने उनके साथ रहकर उनको चित्रित किया है। ये शिल्पगत प्रयोगों में भी विशिष्टता रखते हैं। इनकी रचनाओं में यथार्थवादी दृष्टिकोण के साथ पैनी सूझ चिन्तन और लौकिकानुभूति की गरिमा सम्यक् रूप में व्यक्त हुई हैं।

आंचलिक उपन्यासों की शृंखला में केदारनाथ चक्रवर्ती द्वारा रचित 'चन्द्रकेतु' (वि.सं. 1285) नामक उपन्यास एक महत्त्वपूर्ण रचना है जो पश्चिम बंगाल के चौबीस परगना जिले के अन्तर्गत चन्द्रकेतु नामक अंचल (यहाँ वर्तमान में खनन-कार्य चल रहा है) में प्रचलित 'पीर गोराचाँद' की किंवदन्ती पर आधारित है।[34] इसकी भाषा ही वह सबलतम पक्ष है, जो इस कृति को आंचलिक बनाता है।

इसी परम्परा में अम्बिकाचरण गुप्त (1852-1915) एक महत्त्वपूर्ण रचनाकार हैं, जिन्होंने 'पुरानो काग़ज़' (1899) नामक एक असाधारण उपन्यास की रचना की थी। इस उपन्यास में एक प्राचीन ज़मींदार वंश की कथा पुराने काग़ज़ात, दलीलों और पत्रों के माध्यम से कही गई है। यही इसकी विशिष्टता है। पश्चिम बंग के राढ़ अंचल स्थित एक ज़मींदार परिवार के कई पीढ़ियों के जीवन पर आधारित है ताकि समाजशास्त्रीय दृष्टि से ऐतिहासिकता का बोध कराया जा सके। इसमें कोई दो सौ वर्ष पूर्व की जीवन गाथा का सरस विश्लेषण लेखक की खोज का परिणाम है। अम्बिका बाबू की विशेषताएँ हैं–स्वाभाविकता, सजीवता और रोचकता। इनके शिल्पगत प्रयोगों में भी विशिष्टता है। इनकी भाषा में काव्यात्मकता और भावात्मकता दोनों हैं। यह उपन्यास वस्तु और शिल्प दोनों ही दृष्टियों से सुन्दर और सफल आंचलिक उपन्यास है।

बांग्लादेश की 'पल्ली अंचल' अर्थात् ग्रामीण अंचल के पिछड़े भू-भाग की कहानी ही श्रीशचन्द्र मजुमदार (1860-1908) की रचनाओं का मूल विषय रहा है। इन्होंने पाँच उपन्यास और कई लम्बी कहानियाँ लिखी हैं, जिनमें बिहार और बंगाल के ग्रामीण अंचल का जन-जीवन मुखर हुआ है। 'शक्तिकानन' (1887), 'फूलजानी' (1894) 'कृतज्ञता' (1896) एवं 'विश्वनाथ' (1896) उपन्यासों में विगत शताधिक वर्षों में, ग्रामीण अंचल की पृष्ठभूमि पर रोमांटिक कथा का वर्णन मिलता है। 'राजतपस्विनी' (1919), पश्चिम बंग के पुँटियारा अंचल की रानी शरतसुन्दरी की जीवनगाथा है। इसमें विशुद्ध आंचलिक रंगों का उभार अत्यन्त सावधानी से हुआ था–"आपकी शैली मुझे बहुत प्रभावित करती है। इसमें कोई 'झूठा 'नॉवली' आश्वासन नहीं है। आप...सरल मानव हृदय की आन्तरिक अनुभूतियों और छोटे-छोटे सुख-दुःख से परिपूर्ण मानव जीवन के दैनिक कार्य-

व्यापारों से जुड़ा जो इतिहास (यहाँ कथा) है, उसे ही चित्रित कीजिए। शीतल छाया, आम, कटहल के बगीचे, पोखर या तालाब का किनारा, कोयल की कूक, शान्तिमय प्रभात और सन्ध्या आदि के बीच प्रवहमान मनुष्य-जीवन जिसमें विरह-मिलन, हँसना-रोना आदि सब कुछ साथ-साथ है, उसकी छवि अर्थात् चित्र ही आप बनाइए।[35]

'फूलजानी' के लेखक के सम्बन्ध में रवीन्द्रनाथ की यह उक्ति ध्यातव्य है– "परिचित सहज सौन्दर्य के साथ बहुत सरल और सहज ढंग से पाठकों का परिचय करवाना विलक्षण प्रतिभा का परिचय है और यही प्रतिभा बंगाल के लेखक समुदाय में, श्रीशचन्द्र बाबू के पास हैं।"[36]

'फूलजानी' में प्राकृतिक परिवेश एवं ग्रामीण जनजीवन का अतिमोहक चित्रण एवं आंचलिक रंगों का निखार इस कृति की विशेषता है।

बांग्ला आंचलिक उपन्यासों की इस परम्परा में गिरिजाभूषण भट्टाचार्य एवं 'कल्पना' पत्रिका के सम्पादक हरिदास बन्द्योपाध्याय, के दो महत्त्वपूर्ण उपन्यासों को सम्मिलित किया जाना आवश्यक है। गिरिजाभूषण भट्टाचार्य द्वारा रचित 'पश्चिमे बांगाली' (वि.सं. 1290) में पिछले दो सौ वर्षों की लखनऊ शहर के राग-रंग भरे जीवन का रोचक वर्णन है, जिसके कुछ पात्र वास्तविक माने गए हैं और जो अपने वास्तविक जीवन में कल्पना को परास्त कर देने वाली धाराओं की सृष्टि करते हैं।[37] इस उपन्यास की भाषा, परिवेश और पात्र दोनों के अनुरूप अत्यन्त स्वाभाविक हैं और स्थानीय बोली और लहजे का पुट लिए हैं। यथार्थ की प्रामाणिकता के लिए यह सुन्दर लेखकीय प्रयास है। हरिदास बन्द्योपाध्याय कई लघु व दीर्घ उपन्यास लिखे हैं, जिनमें 'राय महाशय' (1892) महत्त्वपूर्ण है। इसमें बंगाल के गाँवों में ज़मींदारों के शासन के प्रभाव को चित्रित किया गया है, जिससे उन गाँवों के तत्कालीन सामाजिक, राजनीतिक एवं आर्थिक परिस्थितियों के विषय में महत्त्वपूर्ण जानकारी मिलती है। रवीन्द्रनाथ ठाकुर ने इस उपन्यास पर सटीक टिप्पणी की है–

"ज़मींदारों के दीवानेख़ास के गुमाश्तों और कारिन्दों से लेकर साधारण जनता तक सभी को यथोचित परिमाण में और अत्यन्त कर्मदक्षता के साथ अपने-अपने कार्य में व्यस्त रहते हुए दिखाया गया है।"[38]

इसी शृंखला में बंकिमचन्द्र के शिष्य हर प्रसाद भट्टाचार्य (अर्थात् महामहोपाध्याय हर प्रसाद शास्त्री, 1853-1931) एक उल्लेख योग्य नाम है। 'कंचनमाला' (1882-83) एवं 'बेनेर मेये' (1920) उनकी दो उत्तम कृतियाँ हैं, जिनमें लोकतत्वों, विशेषत: वातावरण, ग्रामीण जीवन और उसके प्राकृतिक वैभव तथा लोक परम्पराओं का अत्यन्त सजीव एवं मनोहारी चित्रण है।

जतीन्द्रमोहन सिंह (1858-1937) द्वारा रचित 'उड़ीसार चित्र' (1903) एक अत्यन्त रोचक और, कौतूहल उत्पन्न करनेवाला लोकचित्रमय उपन्यास है। इसमें उड़ीसा के नीलकण्ठपुर गाँव का सामाजिक एवं आर्थिक परिस्थितियों को आंचलिक विवरण के माध्यम से प्रस्तुत किया गया है। गाँव के मध्यम व निम्नवर्ग की मनः स्थितियाँ, जीवन परिवेश, संघर्ष आदि का विस्तार से वर्णन किया गया है। भाषा परिवेश व चरित्रों के अनुरूप स्वाभाविक है और उड़ीसा की स्थानीय बोली और लहजे का पुट लिए है यद्यपि मूल भाषा बांग्ला ही है। इस उपन्यास का एक अंग्रेज़ी अनुवाद भी किया गया है–"Sketches of Orisa or Ethnographical study of Orissa : Facts draped with fiction." उपन्यासकार 1892 से 1899 तक उड़ीसा में सैटलमेंट कर्मचारी के रूप में कार्यरत थे।[39] स्वयं रवीन्द्रनाथ ने भी इनकी प्रशंसा की थी।[40]

शिवनाथ शास्त्री (1848-1919) बांग्ला साहित्य के उपन्यासकारों की श्रृंखला में, एक विशिष्ट व्यक्तित्व हैं। 'मेजो बौ' (1880) 'युगान्तर' (1895), 'नयनतारा' (1899) आदि उपन्यासों में गाँवों की छवि मिलती है। ब्राह्म आन्दोलन की पृष्ठभूमि में रचित 'युगान्तर' उपन्यास में 'नशीपुर' गाँव के तर्कालंकार परिवार को केन्द्रित कर कई घटनाओं का वर्णन किया गया है। इस प्रसंग में रवीन्द्रनाथ का यह कथन उल्लेखनीय है–''सिर्फ़ तर्कभूषण ही क्यों, लेखक ने तो बंग साहित्य में एक पूरा का पूरा गाँव नशीपुर की ही स्थापना कर दी है। इस गाँव के काम-काज, उत्सव-व्यसन, कौतुक-उपद्रव, अच्छे-बुरे लोग सभी पाठकों की सम्पत्ति बन गए हैं।''[41]

इनके परवर्ती उपन्यासकार योगेन्द्रकुमार चट्टोपाध्याय (1867-1960) के लिए कहा जाता है कि इन्होंने ग्रामीण जीवन और परिवेश को कई उपन्यास और कहानियों के रूप में चित्रित किया था परन्तु दुखद घटना यह है कि इनकी रचनाएँ संगृहीत नहीं हुई।[42]

श्रीशचन्द्र की लेखन शैली से प्रभावित दीनेन्द्रकुमार राय (1869-1943) आंचलिक साहित्यकारों की श्रृंखला में एक महत्त्वपूर्ण स्थान के अधिकारी हैं।[43] इनकी रचना 'पल्लीचित्र' (वि.सं. 1311) समग्र बांग्ला साहित्य की विभूति है। इसमें उत्तर-मध्य बंग के ग्रामांचलों का अत्यन्त प्रभावशाली चित्रण किया गया है।

इसी धारा में एक और सशक्त आंचलिक कथाकार श्री प्रभातकुमार मुखोपाध्याय (1873-1932) हैं। इन्होंने समकालीन युग में अपने उपन्यासों में ग्रामजीवन की स्निग्धता सुख-दुःख, आनन्द-वेदनाओं का अत्यन्त स्वाभाविक चित्रण कर, साधारण पाठक वर्ग के मन को मोह लिया था। इनके उपन्यास वर्तमान युग में भी लोकप्रिय हैं। इन्होंने अपना अधिकतर समय बिहार के मुंगेर व पटना, उत्तर प्रदेश, हिमाचल प्रदेश एवं बंगाल के कई अंचलों में बिताया। इन्हीं प्रदेशों में वर्षों रहने के

अनुभव और पर्यवेक्षण के ही फल हैं 'नवीन संन्यासी' (1912) एवं 'जीवनमूल्य' (1917) जैसे समृद्ध आंचलिक उपन्यास। निम्नवर्ग के अत्यन्त असहाय, पीड़ित लोग जो आर्थिक दैन्य के कारण समाज में सिर उठाकर जी नहीं पाते और निरन्तर शोषण एवं अत्याचार सहते रहते हैं, ऐसे ही लोगों की जीवनगाथा को उन्होंने सहानुभूति और संवेदना से वाणी दी है। इनके उपन्यासों में यथार्थ के साथ सारल्य, चिन्तन के साथ सूक्ष्म-पर्यवेक्षण एवं चरित्र के साथ कथोपकथन का मणि-कांचन समावेश है। प्रभातकुमार के पात्र अपनी भाषा में ही संवाद बोलते हैं, चाहे वह भोजपुरी कान्स्टेबल हो या वीरभूम का अशिक्षित किसान। वे हिन्दी हो या बांग्ला या हिमाचली, सभी भाषाओं के संवादों को, उनके मुहावरों को, उनकी सुगन्धि, उनकी लोच, उनके रस के साथ वैसे-का-वैसा प्रस्तुत करने में सिद्धहस्त थे। यही उनकी विशिष्टता है। उदाहरण के तौर पर उनकी और एक उल्लेखनीय कृति 'निषिद्ध फल' (1919) में भोजपुरी कान्स्टेबल की यह उक्ति दर्शनीय है, 'भाग गेलाई का?'–अपन अँखिया से हम कूदत देखली हो, तोहर किर्।''[44] इनका यह उपन्यास भी ग्रामीण अंचल की अभिव्यक्ति में विशिष्ट स्थान का अधिकारी है। इनके प्रथम उपन्यास 'रमासुन्दरी' (1908) की रचना इन्होंने विलायत (लन्दन) में रहते वक़्त की थी। इस उपन्यास के अन्तिम अंश में, कश्मीर अंचल का इस प्रकार वर्णन मिलता है कि प्रतीत होता है जैसे वे कश्मीर के ही निवासी थे। रवीन्द्रनाथ ठाकुर 'रमासुन्दरी' पढ़कर इतने प्रभावित हुए थे कि उन्होंने 'बलाका' काव्य संकलन की प्रस्तुति के लिए (वि.स. 1321) कश्मीर-भ्रमण की बात सोची थी, परन्तु वे आश्चर्यचकित रह गए जब उन्हें ज्ञात हुआ कि प्रभात बाबू ने उपन्यास का यह अंश विलायत के ब्रिटिश म्यूजियम में बैठकर लिखा था।[45] 'सिन्दूर कौटो' (1919), 'सतीर पति' (1928), 'प्रतिमा' (1929), 'ग़रीब स्वामी' (1338), इनके कुछ लोकप्रिय उपन्यास हैं जिनमें ग्रामांचल के प्रभावशाली चित्र उपस्थित हैं।

'बांग्ला साहित्य का इतिहास' ग्रंथ के रचयिता सुकुमार सेन ने उपन्यासकार जलधर सेन (1860-1939) को सही अर्थों में शरतचन्द्र चट्टोपाध्याय का पूर्वगामी लेखक माना है।[46] इनके उपन्यासों में बंगाल के देहात के मर्म का अत्यन्त सरस और भावप्रवण चित्रण मिलता है। इनकी रचनाओं की विशिष्टता है–सरलता, स्वाभाविकता और स्वच्छता। ये न केवल ग्रामीण समस्याओं में उलझे हैं, बल्कि गाँव की अन्तरात्मा में अवगाहन भी किए हैं। इनके अधिकतर उपन्यासों का मूल्य कथ्य नारी-स्वतंत्रता है। नारी के प्रति उनका दृष्टिकोण सहानुभूतिपूर्ण है। 'अभागी' (1932), 'ईशानी' (वि.सं. 1325), 'चोरे जल' (वि.सं. 1331) 'सोनार वाला' (वि.सं. 1328), दानपत्र (वि.सं. 1329), शिवसी मन्तिनी (वि.सं. 1331)आदि उपन्यासों में लेखक समाज में होनेवाली नारी-दुर्दशा के विविध आयामों को वाणी देते हैं। उनके दूसरे

आंचलिक स्पर्शयुक्त उपन्यासों में 'विशूदादा' (1911), 'करीम शेख' (वि.सं. 1319), 'हरीश भण्डारी' (वि.स. 1325), 'परश पाथर' (वि.सं. 1331), 'भवितव्य' (वि.सं. 1332) एवं 'उत्स' (वि.सं. 1339) आदि प्रमुख हैं।

इसी शृंखला में काली प्रसन्न दास गुप्ता का नाम भी उल्लेख योग्य है। इनके उपन्यासों में भी राढ़ बंगाल की छवि मिलती है। इनका 'पल्लीर प्राण' (1919) उपन्यास इनकी श्रेष्ठ आंचलिक स्पर्श के युक्त कृति है, परन्तु स्वदेशी भावना और राष्ट्रीय जागरण ही इनके उपन्यासों का मुख्य उद्देश्य रहा है।

इसी कड़ी में भागलपुर के निवासी जतीन्द्रनाथ सेनगुप्ता का महत्त्वपूर्ण स्थान है। इनकी रचना 'बेहार-चित्र' में, बिहार के भागलपुर अंचल के अर्धशिक्षित 'खैर खान' नामक, एक गर्वीला एवं बड़बोला व्यक्ति की सरस जीवन-गाथा है।[47] इस उपन्यास में बिहार के भागलपुर अंचल का वर्णन मिलता है।

परन्तु फिर भी शरतचन्द्रोत्तर उपन्यासों में चित्रित आंचलिक या ग्रामीण छवि से, उपर्युक्त उपन्यासों में वर्णित जीवन सर्वथा भिन्न है। बांग्ला उपन्यास में आधुनिक आंचलिकतावाद का प्रादुर्भाव शरतचन्द्रोत्तर घटना है। हालाँकि उसे दिशा शरतचन्द्र ने ही दी थी, परन्तु फिर भी यह कहना ही पड़ेगा कि आंचलिकता उनमें उसी रूप में है जिस रूप में हिन्दी साहित्य के प्रेमचन्द में है, यद्यपि उपन्यास रचना के क्षेत्र में बंकिम, रवीन्द्रनाथ एवं शरतचन्द्र में, शरतचन्द्र ही पल्ली समाज अथवा ग्रामीण-समाज के सबसे निकट थे।[48] उनकी 'बिराज बौ' (1914), 'पल्ली समाज' (1916), 'अरक्षणीया' (1916), चन्द्रनाथ (1916), देवदास (1917), 'दत्ता' (1918), 'गृहदाह' (1920), 'देना-पाओना' (1923), 'श्रीकान्त' (1917-33), 'बामुनेर मेये' (1922), 'विप्रदास' (1935) आदि में बंगभाषी पाठकों ने 'पल्ली-समाज' को पहली बार एक भिन्न दृष्टि से देखा। इन उपन्यासों में शरतचन्द्र ने गाँवों के सामाजिक संगठन का जो सीधा चित्र खींचा, वह इससे पहले के लिखे उपन्यासों में दुर्लभ था। बंगदेश के ग्रामीण जीवनधारा के सम्बन्ध में शरतचन्द्र के विविध अनुभव, व्यापक जीवन बोध, एवं जनजीवन के प्रति आन्तरिक सहानुभूति ही उनके उपन्यासों को पूर्व के उपन्यासों से अलग करती है और समसामयिक तथा परवर्ती उपन्यासकारों पर उनकी गहरी छाप छोड़ती है। इस दृष्टि से शरतचन्द्र ही पहले लेखक हो सकते थे जिनके लिए बांग्ला साहित्य में सही अर्थों में पहला ग्रामकेन्द्रित या आंचलिक उपन्यास की सृष्टि करना सम्भव हो सकता था परन्तु यह आश्चर्य का विषय है कि शरत्-साहित्य में किसी निर्दिष्ट अंचल या गाँव की पिछड़ी जनजाति की जीवनचर्या का सामूहिक चित्र उस रूप में नहीं मिलता जिस रूप में एक आंचलिक उपन्यास में मिलता है।[49] उनके असाधारण उपन्यास 'पल्ली समाज' 'अरक्षणीया', 'बामुनेर मेये', 'पण्डितमोशाय' आदि में उन्होंने बंगाल के

गाँवों का अत्यन्त सुन्दर चित्रण किया है। उनके सामाजिकता से सम्बद्ध चित्र, इस स्वाभाविकता के साथ प्रस्तुत किया है कि लगता है वे उन गाँवों के अंग-अंग पहचान पाये थे, किन्तु फिर भी इन उपन्यासों में आंचलिक संस्कृति की परिणति नहीं हो पायी है, क्योंकि उनका प्रधान उद्देश्य सामाजिक अत्याचार और उत्पीड़न का प्रतिवाद करना था एवं क्रान्ति-आदर्शवाद की स्थापना करनी थी। परन्तु स्थानीयता या सामाजिकता भर के आधार पर किया गया 'अंचल' विशेष या 'ग्राम' विशेष का चित्रण कृति को आंचलिक नहीं बना सकता। शरतचन्द्र ने अपने उपन्यासों में कुछ चरित्रों के द्वारा समाज के पिछड़े वर्ग का प्रतिनिधित्व करवाने की कोशिश की परन्तु यहाँ भी उनका उद्देश्य समाज के इस उच्चवर्ग के प्रति अपना क्षोभ प्रकट करना था, जिनकी दृष्टि कभी भी समाज के पिछड़े और असहाय वर्ग के प्रति आकर्षित नहीं हुई।

इस प्रकार बांग्ला उपन्यास के उद्भवकाल से लेकर शरतचन्द्र तक के इस आलोचना में जिन उपन्यासकारों के उपन्यासों पर मैंने प्रकाश डाला है, इससे यह बात स्पष्ट हो जाती है कि इन उपन्यासों में आंचलिकता के स्पर्श होते हुए भी, ये आंचलिक विवरण उद्देश्य की भिन्नता के कारण आंचलिकता की आधुनिक धारणा को साकार नहीं करते, बल्कि केवल सहायक उपादान के रूप में प्रस्तुत हुए हैं।

बीसवीं सदी के तृतीय-चतुर्थ दशक में गत महायुद्ध, तज्जन्य प्रभाव, स्वतंत्रता आन्दोलन, कृषि-संस्कृति की टूटती हुई मीनार, वंशानुगत व्यवसाय में अनास्था, शहर के प्रति आकर्षण आदि के कारण गाँव के रूप, अन्त:प्रकृति और मानसिक परिवेश में परिवर्तन होने लगा।[50] इसलिए इस संक्रमण काल में अपनी पुरातन अकृत्रिमता और सुदीर्घ साहचर्य के कारण गाँव या देहात ने सिर्फ़ बंगाल ही नहीं पूरे देश के कथाकारों को आकृष्ट किया। इस प्रकार ग्रामांचल के प्रति विशेष आकर्षण ने सन्धान के नए क्षितिज खोले और आंचलिक उपन्यास यथार्थ की भूमि पर नई दृष्टि और संवेदना के परदर्शी गवाक्ष बने। यही कारण है कि काल में कई समर्थ उपन्यासकार शैलजानन्द मुखोपाध्याय (1901-1976), ताराशंकर बन्द्योपाध्याय (1898-1971), सरोज कुमार राय चौधुरी (1902-1972), माणिक बन्द्योपाध्याय (1908-1956) प्रेमेन्द्र मित्र (1904) सतीनाथ भादुड़ी (1906-1965), विभूतिभूषण बन्द्योपाध्याय (1894-1950), प्रमथनाथ बिशी (1901), नारायण गंगोपाध्याय (1918-1970) आदि ने अत्यन्त समृद्ध आंचलिक या ग्रामकेन्द्रित कृतियों की रचना की, जो न केवल बांग्ला-उपन्यास जगत् की वरन् भारतीय साहित्य की अमूल्य निधि बन गई।

शैलजानन्द मुखोपाध्याय के उपन्यासों में ही पहली बार आंचलिकता के सभी तत्त्वों की स्थापना हुई है।[51] निम्न वर्ग की साहित्य-सृष्टि में भी उन्होंने ही अग्रणी

भूमिका निभाई। इस दृष्टि से उन्हें ही आधुनिक आंचलिक उपन्यास का उन्नायक कहा जा सकता है। पश्चिम-बंगाल के वर्धमान जिले के रानीगंज, उखड़ा, दीशेरगढ़, एवं बिहार के धनबाद आदि स्थानों के कोयले की खानों में कठिन परिश्रम करने वाले श्रमिकों के जीवन्त एवं यथार्थ चित्रण के माध्यम से शैलजानन्द ने ही सर्वप्रथम बांग्ला-कथा साहित्य में 'आंचलिकता' नामक विधा का प्रवर्तन किया। यद्यपि उनकी आंचलिक चेतना मूलतः कोयले की खानों में कार्य करने वाले मज़दूरों की जीवनगाथा तक ही सीमित थी, तथापि उनके उपन्यासों को पढ़ने के पश्चात् ऐसा अनुभव होता है जैसे वे वहाँ के एक-एक मज़दूर से परिचित थे, उन मज़दूरों की आशा-आकांक्षा, सुख-दुःख, प्रेम-संघर्ष, नृत्य-गीत उत्सव आदि का जीवन्त साक्षात्कार है उनकी अद्वितीय रचना 'कोयला-कुठी' (वि.सं. 1330) 'कोयला-कुठी' के प्रसंग में डॉ. सुकुमार सेन का कथन ध्यातव्य है–

"रानीगंज, उखड़ा, धनबाद आदि अंचलों में कोयले के खानों में काम करने वाले सन्थाल-बाउड़ी, कुलि-मज़दूरों के अज्ञात जीवन को विषय बनाकर शैलजानन्द ने कथा की जिस नई धारा को प्रवाहित कर साहित्यजगत् को चमत्कृत कर दिया था, उसका सूत्रपात इसी कहानी से हुआ।"[52]

शैलजानन्द की 'रेजिंग रिपोर्ट', 'कोयला कुठी' एवं 'बलिदान' (वि.सं., 1330, प्रवासी पत्रिका), 'नारीर मोन' (वि.सं. 1330, कल्लोल पत्रिका), 'जोहानेर बिहा' (वि.सं. 1333, कालि-कलम पत्रिका) आदि रचनाओं को, बांग्लासाहित्य के प्रथम सार्थक आंचलिक कथासाहित्य के रूप में चिह्नित किया गया है। कोयले की खानों की पृष्ठभूमि में सन्थाल, बाऊरी जैसे आदिवासी एवं निम्नवर्ग की नर-नारियों की आदिम सभ्यता व संस्कृति की छवि ही इसकी रचनाओं में मुखर हो उठी है। उनके पात्र अपनी मान्यताओं, रीतियों और संस्कृति में जकड़े हैं। बाहरी सभ्यता से उन्हें कोई लेना-देना नहीं। 'कोयला-कुठी' की 'विलासी', 'माँ' (वि.सं. 1330) की 'परी' एवं 'टुरा', 'नारीर-मोन' की 'भूलि' जैसे साधारण चरित्रों को असाधारण बनाने में लेखक को महत्त्वपूर्ण सफलता प्राप्त हुई है। उनकी भाषा प्रेम-प्रसंगों, भावुकतापूर्ण स्थितियों आदि के वर्णनों में खूब रमी है। इनकी रचनाएँ संथाल संस्कृति का दर्पण हैं। इसके अतिरिक्त, इनके 'माटीर-घर' (1931) 'नारीमेध' (वि.सं. 1335) एवं 'षोलो आना' (वि.सं. 1336) उपन्यासों में उत्तर-पश्चिम राढ़ अंचल अर्थात् वीरभूम-बर्धमान के पिछड़े गाँवों का जनजीवन, उनकी समस्याएँ, लोक-मान्यताएँ, अन्धविश्वास, नारी की विवशता एवं वेदना, कुसंस्कार आदि प्रभावशाली ढंग से चित्रित हुए हैं। ग्रामीण-परिवेश का अत्यन्त सुन्दर व स्वाभाविक वर्णन एवं राढ़ी भाषा का सफल प्रयोग इन उपन्यासों की सार्थकता के कारण हैं। आंचलिकता के स्पर्श से युक्त 'बांगलार मेये', 'रांगा शाड़ी' (वि.सं.

1332), 'कांकनतलार मेये' (वि.सं. 1342), 'झोड़ोहावा' (वि.सं. 1330) आदि उपन्यास इनकी अन्य महत्त्वपूर्ण कृतियाँ हैं।

प्रेमेन्द्र मित्र ने बांग्ला साहित्य में सामाजिक उपन्यासकार एवं आंचलिक कथाकार दोनों ही रूपों में ख्याति प्राप्त की। वैसे तो इनके बहुत से उपन्यास हैं, परन्तु आंचलिक स्पर्श से युक्त कृति केवल एक ही है–पाँक (1926)। यहाँ तक उल्लेख करना आवश्यक है कि श्रेष्ठतम कथाकारों में से एक, ताराशंकर बन्द्योपाध्याय, शैलजानन्द की 'बेनामी बन्दर : जानी ओ टानी' (कालि–कलम, ज्येष्ठ वि.सं. 1334) एवं प्रेमेन्द्र मित्र की आंचलिक कहानी 'पोनाघाट पेरिये' (कालि–कलम, वि.सं. 1334) पढ़कर इतने प्रभावित हुए थे कि उसी समय उन्होंने यह निश्चय किया कि यदि वे लिखेंगे तो इसी श्रेणी के उपन्यास लिखेंगे।[53] प्रेमेन्द्र मित्र का 'पाँक' उपन्यास आधुनिक आंचलिक उपन्यास का सार्थक प्रयास है। इसमें ग्रामीण अंचल का तो नहीं, परन्तु शहर से बाहर बस्तीवासियों के जीवन का अति यथार्थ चित्रण प्रस्तुत किया गया है। वर्ग–विषमता, सामाजिक विकृतियों, मानवीय कुरूपता एवं बस्ती के लोगों पर होते हुए निरन्तर अत्याचार एवं शोषण पर भी उन्होंने कठोर व्यंग्य–प्रहार किया है। अति साधारण, अत्यन्त दरिद्र एवं निम्नवर्ग की ज़िन्दगी का ऐसा मार्मिक उपाख्यान बांग्ला साहित्य में दुर्लभ है। उन्होंने मानव और उसके यथार्थ को प्रगतिशील दृष्टिकोण से देखा था, इसीलिए तदनुकूल चित्रण भी किया है।

बांग्ला आंचलिक उपन्यासकारों की इस शृंखला में सतीनाथ भादुड़ी (1906–1965) एक बहुत ही महत्त्वपूर्ण कड़ी है, जो बिहार के पूर्णिया अंचल के निवासी थे। यहीं पर उन्होंने अपना छात्र–जीवन पूरा करने के पश्चात् वकालत शुरू की। धीरे–धीरे तत्कालीन राजनीतिक परिस्थितियों के कारण राजनीति की ओर आकर्षित हुए। राजनीति से जुड़े होने के कारण वे उस अंचल के साधारण जनता के बहुत क़रीब आ पाए थे और अपनी असाधारण पर्यवेक्षण क्षमता के ज़रिए वहाँ के पिछड़े जनजीवन को कुछ इस प्रकार चित्रित कर सके थे कि उनके उपन्यासों को पढ़कर लगता ही नहीं कि वे हिन्दीभाषी नहीं थे। सन् 1939 में जब उन्होंने देश–सेवा के लिए वकालत छोड़कर काँग्रेस राजनीति में योगदान किया तब उन्हें गाँव–गाँव घूमना पड़ा। इस दौरान उन्होंने कर्मयोगी के रूप में सारे कटु और विषम अनुभवों को झेला। शिक्षा–दीक्षाहीन, कुसंस्कार से आच्छादित दरिद्र ग्रामीण जीवन को उन्होंने बहुत क़रीब से देखा और इस प्रकार न केवल ग्रामीण समस्याओं में उलझे वरन् गाँव की अन्तरात्मा में भी अवगाहन किए। गांधीजी के प्रभाव एवं स्वाधीनता आन्दोलन ने किस प्रकार ग्रामीण जीवन को भीतर तक झकझोर दिया, जिसके कारण जीवन के कई नए–नए पर्त उधर कर सामने आ गए, यह भी भादुड़ीजी ने प्रत्यक्ष रूप में देखा। इन्हीं अनुभवों को बड़ी आत्मीयता के साथ उन्होंने अपने 'ढोंढ़ाई चरित

मानस' में प्रस्तुत किया। 'ढोंढ़ाई चरित मानस (वि.सं. 1358) का कथानक पूर्णिया अंचल की जिरानिया में रहने वाले तत्मा टोली के 'ढोंढ़ाई' की जीवन गाथा पर केन्द्रित है।'

इस उपन्यास में कई अध्याय हैं जिन्हें आदिकांड, बालकांड, पंचायतकांड, रमियाकांड, सगियाकांड आदि नाम से विभाजित किया गया है। इस उपन्यास की रचना 'रामचरितमानस' की रचना-कौशल के आधार पर हुआ है। प्रत्येक कांड के अन्तर्गत विभिन्न कथाओं के नामकरण में भी रामायण का सुस्पष्ट प्रभाव मिलता है, उदाहरणस्वरूप जिरानिया का विवरण, तत्माटोली की कहानी, उनका माहात्म्य वर्णन, धाँगड़टोली का वृत्तान्त, बौका बाउआ की आदि कथा, ढोंढ़ाई की माँ का वात्सल्य-वर्णन, गुरुशिष्य संवाद, दुखिया की माँ का विलाप और प्रार्थना आदि। उपन्यास का नायक 'ढोंढ़ाई' को भी लेखक ने श्रीरामचन्द्र के आधुनिक विकल्प के रूप में ही चित्रित करने की चेष्टा की है। तत्माटोली के लोगों पर तुलसीदास की 'रामचरितमानस' का गहरा प्रभाव है। इसी तत्माटोली में उपन्यास का नायक 'ढोंढ़ाई' का जन्म होता है। ढ़ोंढ़ाई की कहानी कहते हुए लेखक समग्र अंचल की ही कहानी कहना चाहते हैं। यही कारण है कि जिरानिया अंचल के बीच से जाती हुई सड़क के दोनों ओर तत्माटोली और धाँगड़टोली की समस्त विशेषताएँ और विसंगतियाँ, एक-एक व्यक्ति का दुःख-सुख, रोज़मर्रा की ज़िन्दगी की छोटी-से-छोटी बातें, बड़ी सूक्ष्मता एवं जीवन्तता के साथ चित्रित हुई हैं। 'ढोंढ़ाई', बुधनी, बौका बाउआ, रतिया छड़ीदार, धनुआ माहातो, शनिचरा, बिरसा, रमिया, फूलझरिया जैसे पात्रों में उस अंचल की समस्त विशेषताएँ सजीव, सवाक् हो उठी हैं। इस उपन्यास की घटनाएँ इतनी स्वाभाविक लगती हैं कि कुछ भी कल्पित नहीं लगता। यद्यपि उपन्यास की भाषा बांग्ला है, परन्तु वातावरण निर्माण के लिए देहाती कहावतों, स्त्रियों की गाली-गलौज, गीतों और शब्दों का स्थानीय प्रयोग उपन्यास में आंचलिकता के स्वर को अधिक मुखर करता है। इस प्रकार निःसन्देह यह उपन्यास ग्रामीण अंचल की अभिव्यक्ति में विशिष्ट स्थान का अधिकारी है।

'जागरी' (1945) उनका दूसरा महत्त्वपूर्ण उपन्यास है जो एक आदर्श राजनीतिक उपन्यास होते हुए भी इसमें एक श्रेष्ठ आंचलिक उपन्यास की सभी विशेषताएँ दृष्टिगोचर होती हैं। बांग्ला साहित्य में सतीनाथ भादुड़ी और ताराशंकर बन्द्योपाध्याय ही ऐसे दो महान स्रष्टा थे जिन्होंने अपने साहित्य में पिछड़े अंचल के पिछड़े गाँवों की मिट्टी और वहाँ के भूमिपुत्रों को सबसे अधिक महत्त्व प्रदान किया।[54]

बंग-साहित्य में जिन उपन्यासकारों ने आंचलिकता या ग्रामकेन्द्रिकता की नई और सबल धारा प्रवाहित की उनमें विभूतिभूषण बन्द्योपाध्याय का नाम विशेष रूप

से उल्लेखनीय है। उनके उपन्यासों में माटी की महक और सोंधी-सोंधी गन्ध में आप्यायित जीवन का स्पर्श मिलता है। उनका 'पथेर-पांचाली' (1929) पश्चिम बंगाल के 24 परगना जिले की 'निश्चिन्दीपुर' गाँव की प्रकृति के सुन्दर सरल तथा आकर्षक परिपार्श्व में लिखा गया गहरी मानवीय संवेदना से परिपूर्ण बंगाल के एक निम्न मध्यम वर्गीय परिवार के संघर्षपूर्ण जीवन का सजीव और मार्मिक आकलन है। 'अपराजिता' (1932) एवं 'अपुर संसार' (1932) उसी का दूसरा एवं तीसरा खंड है। इन उपन्यासों की मौलिकता एवं सरस नवीनता ने उपन्यास को गतानुगतिकता से बाहर निकालकर उसे नया मोड़ दिया। 'पथेर पांचाली' में शिशु मन के रहस्यों का उद्‌घाटन, विशेषरूप से 'अपु' और 'दुर्गा' इन दो अत्यन्त दरिद्र भाई-बहन की छोटी-छोटी आशाओं, सुख-दुःख, आनन्द-उत्सव आदि का निरूपण इतनी सुन्दर रीति से पहले कभी नहीं हुआ। उनके दूसरे ग्रामकेन्द्रित उपन्यासों में भी ग्रामीण लोक-जीवन एवं प्रवृत्तियों का अत्यन्त स्वाभाविक पिछड़ा भू-भाग 'लबटुलिया के जंगल' में रहनेवाले आदिवासियों के जीवन के समस्त सत्यों और पक्षों को चित्रित कर इस भू-भाग अर्थात् जंगल के संश्लिष्ट व्यक्तित्व को उभारना ही उनका लक्ष्य रहा है। इसमें वनांचलों के निवासियों का अकृत्रिम सरल जीवन एवं प्रकृति के मनमोहक रूप का सुन्दर समन्वय मिलता है। लेखक ने इसमें प्रकृति एवं मनुष्य की अविच्छिन्न रूप में कल्पना की है, परन्तु यह उपन्यास किसी समस्या-विशेष के आलेखन की सीमा से मुक्त रहकर ही लिखा गया है। उनका 'इच्छामती' (1949) उपन्यास पिछले उपन्यासों से विषयगत रूप में थोड़ा भिन्न है एवं अधिक आंचलिक है। अब तक उन्होंने ग्रामीण जीवन के शाश्वत गम्भीर और शान्त रूप को ही चित्रित किया था।

'इच्छामती' उपन्यास में, उन्नीसवीं सदी के उत्तरार्ध में, बंगाल के यशोहर (वर्तमान में यह स्थान बांग्लादेश में है) और 24 परगना जिले के सीमान्त में इच्छामती नदी के तटवर्ती 'मोल्लाहाटी' गाँव की व्यथा-कथा है। सहज-सरल जीवन जीने वाले किसानों का यह गाँव, भारतवर्ष के किसी भी प्रान्त का कोई भी गाँव हो सकता है जो न केवल स्वतंत्रता के पूर्व की सामन्ती व्यवस्था का शिकार है अपितु अंग्रेज़ नीलकर साहबों के अत्याचार और शोषण से जर्जरित है। नीलकोठी के नीलकर साहब, दीवान और उनके लठैतों की मिली-जुली साजिश और अमानवीय अत्याचार से यहाँ के निर्धन एवं निरीह ग्रामीणों को सताया जाना आये दिन की घटनायें थी। (यह ऐतिहासिक सत्य है कि उन दिनों बंगाल एवं बिहार के विभिन्न स्थानों पर निरीह गाँववालों की ज़मीन छीनकर, जबर्दस्ती उनसे नील की खेती करवायी जाती थी। अंग्रेज़ों के इस अत्याचार के विरोध में बंगाल के विख्यात नाट्यकार दीनबन्धु मित्र ने 'नील-दर्पण' की रचना की थी। 'नील-दर्पण' में

उल्लिखित 'नील कोठी' (सन् 1860 में) Mr. James Forlong की थी, जो मोल्लाहाटी में उस concern के बड़े साहब थे। इस प्रसंग में यह भी उल्लेखनीय है कि Bengal Indigo Company का मैनेजर प्रबल पराक्रमी R.T. Larmour मोल्लाहाटी में ही रहते थे। इस प्रकार यह मोल्लाहाटी अंचल, उन्नीसवीं सदी के प्रारम्भ से लेकर बीसवीं सदी के आरम्भ तक नीलकोठी एवं नीलकर साहबों के कारण, अंग्रेज़ शासनकाल मे एक महत्त्वपूर्ण स्थान बन गया था।[55] इस प्रकार स्वाधीनता के पूर्व की इस कथा में अंग्रेज़ी सत्ता के दमन की दर्दनाक कहानी है। एक ओर नीलकर साहबों की स्वेच्छाचारिता, दूसरी ओर उच्चवर्ण के लोगों द्वारा शोषण, इन दोनों के बीच में पिस जाने से न जाने कितने लोग यहाँ घोर यन्त्रणाओं की ज़िन्दगी जीने के लिए अभिशप्त हो गए। इसी का ज्वलन्त वर्णन है, 'इच्छामती' उपन्यास में, परन्तु इतनी यन्त्रणाओं से घिरे होने पर भी गाँव में जागरण है और गाँववालों में अनन्त जिजीविषा। उनकी अपनी छोटी-छोटी आशाएँ है, उनके पूरे हो जाने की खुशियाँ हैं। जीवन में आर्थिक संकट, अभाव, निरन्तर शोषित होने का भय होते हुए भी, पर्वों और उत्सवों की तैयारी में उनके उत्साह में कभी कमी नहीं आती। विभूतिभूषण ने अपने अंचल चित्र को अनुसन्धान की सीमा तक पहुँचा दिया है। उन्होंने न केवल वहाँ की तत्कालीन राजनीतिक, सामाजिक और आर्थिक परिस्थितियों का यथार्थ वर्णन किया है वरन् धार्मिक, नैतिक, सांस्कृतिक परिस्थितियों के सम्पूर्ण वातावरण का चित्रण भी बड़ी ही तटस्थता से किया है। यशोहर एवं 24 परगना के विभिन्न ग्रामीण अंचलों की वर्ग एवं जाति व्यवस्था, रीति-रिवाज़, रूढ़ि-अन्धविश्वास, आचार-विचार, वेश-भूषा, खान-पान, भूत-प्रेत सम्बन्धी विश्वासों को रूपायित करने में उन्हें बहुत सफलता मिली है। वहाँ की लोक-संस्कृति को उद्घाटित करने के लिए उन्होंने लोक-उपादानों का भी प्रयोग किया है। 'इच्छामती' नदी से सम्बन्धित लोककथाएँ, किम्बदन्तियों एवं जनश्रुतियों, लोक-कहावतें तथा लोकभाषा के शब्द एवं मुहावरे इस उपन्यास के पृष्ठ-पृष्ठ पर देखे जा सकते हैं। साथ ही प्रकृति के मन-भावन चित्रों तथा लोक-परिवेश से युक्त यह उपन्यास निःसन्देह रूप से बांग्ला साहित्य को समृद्ध करनेवाली आंचलिक कृति है।

'धात्री देवता' (1939), 'गणदेवता' (1942), 'हाँसुली बाँकेर उपकथा' (1947), 'कवि' (1940), 'नागिनी कन्यार काहिनी' (1951), 'मन्वन्तर' (1944), 'राईकमल' (1935), 'राधा' (1957), 'अरण्य-बह्नि' (1966) आदि अमर सृष्टियों के रचयिता ताराशंकर बन्द्योपाध्याय (1898-1971) की साहित्यिक उपलब्धि अमर है। केवल ग्रामकेन्द्रित उपन्यासों की परम्परा में ही नहीं अपितु समग्र बांग्ला-साहित्य के इतिहास में ही इनका महत्त्व अपरिसीम है। उनकी लेखनी में अपार शक्ति थी। चूँकि अध्येतव्य विषय यहाँ ग्रामकेन्द्रित या आंचलिक उपन्यास

है, इसलिए केवल उपर्युक्त उपन्यासों के ही नाम दिए गए हैं। इन उपन्यासों में ही ताराशंकर की आंचलिक चेतना का सर्वाधिक विकास हुआ है। विभूतिभूषण के अनुरूप इनके उपन्यासों में भी गाँव की संस्कृति, नगर-संस्कृति से अपना पार्थक्य दिखाती है तथा 'गाँव' और 'नगर' के अन्तःसांस्कृति-प्रसंगों का विशद् सामाजिक, आर्थिक एवं राजनैतिक चेतना प्रस्तुत करती है। साथ ही इनके उपन्यास अंचल या उस अंचल के अन्तर्गत गाँवों के 'एन्थ्रोपोलोजिकल' रहस्य का भी उद्घाटन करते हैं। वे ही बंगाल के प्रथम ऐसे लेखक हैं जिन्होंने वहाँ के राढ़-प्रदेश (वीरभूम जिला) की ग्रामीण लोक-जीवन का अत्यन्त सार्थक और प्रभावशाली चित्रण किया है। अत्यन्त दरिद्र कृषकों तथा निम्नजाति, जनजाति और पिछड़े वर्ग के श्रमिकों की अतृप्ति, अशान्त बुभुक्षा और क्षुब्ध विद्रोहोन्मुखता का जो ज्वलन्त चित्र उन्होंने खींचा है, उसमें सचमुच ही निर्धूम वह्निशिखा का उत्ताप और उसकी दीप्ति का अनुभव होता है। बांग्ला कथा साहित्य में उनका स्थान निर्धारित करते हुए डॉ. असित कुमार बन्द्योपाध्याय ने कहा है–

"शरतचन्द्रोत्तर युग के ताराशंकर ही श्रेष्ठ कथाकार हैं, इसमें अब कोई सन्देह नहीं रह गया है।...उनके उपन्यास में जिस तीक्ष्ण अन्तर्दृष्टि का परिचय मलता है, जिस विराट मानवता की छवि मिलती है, समसामयिक देश-काल और वातावरण का जो ऐतिहासिक पृष्ठभूमि मिलती है, वह इतना जीवन्त है कि शरतचन्द्र को खो देने के बाद अब हमारे मन में कोई क्षोभ नहीं है। उनका योग्य उत्तराधिकारी ताराशंकर हैं।"[56]

निःसंदेह ताराशंकर की साहित्य-प्रतिभा विराट और वैचित्र्यपूर्ण है। इनकी रचना पद्धति में भी विविधता के दर्शन होते हैं। अपने उपन्यासों में, आंचलिक जीवन संस्कृति के मानव-शास्त्रीय चित्रण प्रस्तुत करने या आंचलिक जीवन के आधार में छिपे-पले रहस्यों का उद्घाटन करने के साथ-साथ उन्होंने ग्रामांचलों में फैले नए क्रान्तिकारी, सामाजिक, राजनीतिक आदि विचारों एवं धारणाओं को भी प्रतिपादित किया। सामन्ती सामाजिक व्यवस्था की अन्तिम मरणासन्न स्थिति, ज़मींदारी उन्मूलन के प्रभाव स्वरूप पतनशील ज़मींदारों की दयनीय अवस्था, ग्रामीण मध्यवर्ग की आर्थिक स्थिति एवं भूमि की समस्यागत महायुद्धोत्तर प्रभाव, स्वाधीनता आन्दोलन एवं गांधीजी का प्रभाव, कहार-डोम बंजारे-बाऊरी आदि निम्न एवं पिछड़े वर्ग का संघर्ष, तत्कालीन समाज और राजनीति के विचित्र परिप्रेक्ष्य, पुराने और नए मूल्यों की असमानता और टकराहट आदि सब कुछ उनके 'गणदेवता', 'धात्रीदेवता', 'कालिन्दी', 'आरोग्य-निकेतन', 'हाँसुली बाँकेर उपकथा', 'चैताली घूर्णी' आदि उपन्यासों में 'राढ़-अंचल' (वीरभूम) के माध्यम से इतने विशाल चित्रफलक पर अभिव्यक्त हुए हैं कि वे एक काल-विशेष के अत्यन्त

सजीव एवं प्रभावशाली चित्र उपस्थित करने में सफल हो जाते हैं। भारतीय देहात के मर्म का इतना सरस और भाव-प्रवण चित्रण बांग्ला में सम्भवतः पहले कभी नहीं हुआ। इस प्रसंग में अध्यापक डॉ. नरेश गुहा का यह कथन उल्लेखनीय है–"Not even Sarat Chandra the favourite of all Indian translators, possessed such wealth of information about Bengali Village life in all its aspects, as Tarashankar."[57] अर्थात् "शरतचन्द्र चट्टोपाध्याय जो कि भारतीय अनुवादकों के सबसे अधिक प्रिय कथाकार थे, वे भी ग्रामीण लोक-जीवन सम्बन्धी धारणाओं के इतने धनी नहीं थे जितने कि ताराशंकर थे, हर एक दृष्टिकोण से।" सर्वहारा-जीवन के इस कथा गायक ने सामन्ती संस्कार के रहते हुए भी सामन्तवाद के विरोध में लिखा तथा उस पद्धति, व्यवस्था पर मारक व्यंग्य प्रहार किया।

यूरोपीय कथा-साहित्य में, विशेषतः अंग्रेज़ी उपन्यास-साहित्स में ऐसे ही लेखक थे थॉमस हार्डि। England के Wessex अंचल के ग्रामीण परिवेश और वहाँ के निवासियों की जीवनधारा को उन्होंने कई वर्षों के पर्यवेक्षण के पश्चात् ही अपने उपन्यासों की विषयवस्तु बनाया था। यहीं पर उन्होंने अपना सम्पूर्ण जीवन एवं अपना अन्तिम समय भी बिताया। यही कारण है कि हार्डि और वेसेक्स अंचल एक दूसरे के पर्याय माने जाते हैं। उनके सम्बन्ध में यह कथन ध्यातव्य है–"His scenes he does not describe; he makes one acquainted with them, as if he were introducing his friends. Seasons–he says, to paraphrase his slight–have their moods; morning and evening, night and noon, have their temperaments; winds, trees, waters, clouds, silences, and constellations have their dispositions, and all speak in voices audible to the spirit."[58]

प्रकृति और अंचल से गहरा आन्तरिक लगाव ही वह कारण है जिससे लेखक हार्डि उस अंचल विशेष के भौगोलिक-प्राकृतिक वातावरण को विस्तार और सूक्ष्मातिसूक्ष्म विवरणों के साथ चित्रित कर पाते थे। यही बात ताराशंकर के लिए भी उपयुक्त है, और इसीलिए उनका साहित्य केवल आंचलिक नहीं अपितु, विश्व-साहित्य में स्थान पाने के योग्य अधिकारी हैं।

आंचलिक या ग्रामकेन्द्रित उपन्यासों की इसी शृंखला में सरोजकुमार रायचौधुरी (1902-1972) द्वारा लिखित 'मयूराक्षी' (1936) 'गृहकपोती' (1937), एवं 'सोमलता' (1938) महत्त्वपूर्ण उपन्यास हैं। वैसे तो सरोजबाबू की रचनाओं की संख्या कम नहीं है परन्तु उल्लिखित तीन उपन्यास जो एक ही कहानी के तीन अंश हैं–अर्थात् 'ट्रिलॉजी' ही उनकी श्रेष्ठ रचना है। इस 'ट्रिलॉजी' का एकत्र नाम है 'नतुन फ़सल'। वैसे तो उनके कई उपन्यास हैं परन्तु इस ट्रिलॉजी की बढ़ती लोकप्रियता के कारण ही सरोजकुमार की परिगणना आंचलिक उपन्यासकार के रूप में होती रही है। वे ताराशंकर के समसामयिक लेखक थे। इनकी कहानियाँ भी

'कल्लोल' पत्रिका में ही अधिक प्रकाशित होती थीं। ताराशंकर ने जैसे राढ़ अंचल अर्थात् वीरभूम के ग्रामीण-अंचलों की कथा कही है वैसे ही सरोजकुमार ने पश्चिम बंग की मुर्शिदाबाद और उसके आस-पास के अंचलों की कहानी कही है जिसमें उस विशिष्ट क्षेत्र की पहचान मिलती है, वहाँ के लोगों के सहज सामान्य जीवन का चित्रण मिलता है। उनके 'मयूराक्षी–गृहकपोती–सोमलता' ट्रिलॉजी में मयूराक्षी नदी के तटवर्ती गाँवों के आंचलिक जीवन की झाँकी मिलती है। गाँवों की ओर जाती हुई पगडण्डियाँ, पेड़-पौधे, खेत-खलिहान, मयूराक्षी नदी और गाँवों का प्राकृतिक सौन्दर्य, वैष्णवों का आश्रम, साधारण ग्रामीण जनता आदि का जीवन्त चित्र है 'मयूराक्षी, गृहकपोती और सोमलता'। मयूराक्षी नदी के किनारे कमलपुर और मैनाडांगा के निवासी, वैष्णव, बाउल और कृषकों के सामाजिक और सांस्कृतिक जीवन का यथार्थ वर्णन किया गया है, जो लेखक के आम जीवन सम्बन्धी दृष्टिकोण एवं गहन अनुभव दोनों को उजागर करती है। इन उपन्यासों में गाँवों में होने वाली साधारण समस्याओं व उनके प्रतिक्रियास्वरूप हलचलों को स्पष्टता के साथ चित्रित किया गया है, परन्तु कोई गम्भीर समस्या या संघर्ष या शोषण का चित्रण यहाँ नहीं मिलता। इनमें आंचलिकता या ग्रामकेन्द्रिकता भाषा-शैली, जाति-विशेष के निरूपण में ही प्रमुख रूप से दिखाई दी है। लेखक ने गाँववालों की छोटी-छोटी आशाएँ, छोटे-छोटे दुःख-दर्द को नितान्त सहज-सरल ढंग से चित्रित किया है, जैसे कवि के शब्दों में–"छोटा प्राण, छोटी व्यथा, छोटी-छोटी दुःखकथा नितान्त ही सहज सरल।"

उनके इस गुण की प्रशंसा करते हुए श्री अचिन्त्य कुमार सेनगुप्ता ने लिखा है– "जीवन में जो छोटी-छोटी बातें उपेक्षित रह जाती हैं, लेखक की उत्सुकता उन्हीं के प्रति अधिक है।"[59]

गौरहरि, हाराण मण्डल, विनोदिनी, रसिकपाल, ललिता आदि सजीव चरित्रों की सृष्टि में भी लेखक ने महत्त्वपूर्ण सफलता प्राप्त की है। इस प्रकार देहाती जीवन की साधारण घटनाओं के वर्णन में, उनके छोटे-छोटे सुखों और दुखों को सूक्ष्म दृष्टि से पकड़ने में, अंचल विशेष के मुहावरों को ग्रहण करने में, तद्भव शब्दों के प्रयोग में और परिवेश को चित्रित करने में सरोजकुमार को अच्छी सफलता मिली है। इस प्रकार बांग्ला आंचलिक उपन्यासों की श्रृंखला में सरोजकुमार की 'ट्रिलॉजी' का एक विशिष्ट स्थान है।

ताराशंकर, विभूतिभूषण, सतीनाथ अथवा सरोजकुमार के अनुरूप माणिक बन्द्योपाध्याय (1908-1956) की साहित्यिक प्रेरणा किसी प्रकार की स्थानिक चेतना से उत्पन्न नहीं हुई, यद्यपि इस धारा के लेखकों में उनका एक अत्यन्त महत्त्वपूर्ण स्थान है। मणिक बन्द्योपाध्याय बांग्ला के ख्याति-प्राप्त प्रगतिशील कथाकार हैं। माणिक, ताराशंकर एवं विभूतिभूषण न केवल आंचलिक उपन्यास के

अपितु समग्र बांग्ला उपन्यास जगत् के आधारस्तम्भ माने जाते हैं। ग्रामजीवन की ताज़गी, सरलता, और सजीवता उन्हें सदैव आकर्षित किया करती थी। उनका 'पद्मानदीर माझी' (1936) उपन्यास एक श्रेष्ठ आंचलिक कृति के रूप में स्वीकृत है। इस उपन्यास में, पद्मानदी के समीपवर्ती गाँवों में रहनेवाले मल्लाह एवं पद्मा नदी से मछलियाँ पकड़कर अपनी जीविका का निर्वाह करने वाले मछुआरों की जीवनधारा का असाधारण चित्रण किया गया है। रहस्यमयी, विनाशकारिणी पद्मा नदी और उसी के किनारे बसे केतुपुर और सोनाखाली गाँव के मछुओं के जीवन की कहानी है। ये मछुए सारे संघर्षों और अस्तित्व की लड़ाई के बावजूद अत्यन्त ग़रीब हैं। जीविका के लिए इन मछुओं को पद्मा नदी पर ही निर्भर करना पड़ता है। इस प्रकार यह पद्मा उनके जीवन की रक्षा भी करती है। पद्मा के क्रोधित हो जाने पर उसकी विनाश-लीला के परिणामस्वरूप मछुओं के सामने कैसी भयंकर स्थिति आ जाती है, इसकी छवि मिलती है उपन्यास के पंचम परिच्छेद में-

"एक दिन जोर से तूफ़ान आया।...बड़े-बड़े वृक्ष मड़-मड़ आवाज़ से उखड़कर गिरने लगे, मछुआपट्टी के आधे से अधिक घरों के छत उड़ गए, समुद्र की विशाल लहरों की तरह पद्मा की लहरें किनारों पर थपेड़े मारने लगीं।...मछुआपट्टी के किसी भी घर में आज शायद कोई समर्थ और शक्तिमान पुरुष नहीं है, सभी पद्मा में अपनी नाव लेकर दूर-दूर तक चले गए हैं। कोई सवेरे लौट आएँगे, कोई शायद लौटेंगे ही नहीं।...डरे, सहमे नर-नारी रोते-बिलखते पद्मा के किनारे जा खड़े होते हैं, आँखों में आँसू लिए पद्मा की उन्मत्त जलराशि की ओर ताकते रहते हैं।"[60] परन्तु पद्मा के इस भयानक रूप को देखकर भी वे लोग इससे डरते नहीं, उसे छोड़कर कहीं जाने को तैयार भी नहीं, क्योंकि उनके लिए वह कभी देवी है तो कभी प्रेमिका। इस उपन्यास का प्रमुख पुरुष पात्र 'कुबेर' पद्मानदी का माझी है और उसकी पंगू पत्नी माला एवं प्रेमिका कपिला जो उसकी पत्नी माला की बहन है, पद्मा के ही दो रूपों का प्रतीक है। एकजन शान्त, स्थिर, अविचल, ममतामयी। दूसरी रहस्यमयी, वेगवती, अपने चंचल सौन्दर्य से निरन्तर अनजान दिशा की ओर आकर्षित करती। पद्मा के यही दो रूप तो माझी की ज़िन्दगी हैं। पर उसकी दूसरी समस्याएँ भी हैं। दिन भर खटकर, जीवन को होमकर भी उसकी माली हालत अच्छी नहीं। पैसों की तंगी के कारण किसी से पोखर लीज़ में नहीं ले पाता। अतः पूरा साल उसे पद्मा पर आश्रित रहना होता है, परन्तु यहाँ भी समस्या है। नदी में मछली पकड़ने लायक अच्छा जाल नहीं है उसके पास। नदी के मालिक (ज़मींदार वर्ग) को लगान देकर जो सम्पन्न मछुए हज़ार रुपए का जाल खरीद सकते हैं, ऐसे मछुओं को उसे नदी के उस अंश को छोड़ देना पड़ता है जहाँ मछलियाँ अधिक मिलती है। उसके जैसे ग़रीब मछुओं को फिर दूर चला जाना पड़ता है। इस पर घर

में बीमार बच्ची। इस प्रकार मछुओं की जीवन-चर्चा, उनकी आन्तरिक अनुभूतियों, उनकी विवशता, उनके हर्ष-विषाद एवं परिवेश का धरातल मिलकर कुछ इस तरह से व्यक्त हुए हैं कि 'पद्मानदीर माझी' साधारण लोगों के अति-साधारण जीवन की एक असाधारण कथा के स्तर तक उठने की क्षमताओं से सम्पन्न है। बाह्य-परिवेश और आन्तरिक अनुभूतियों की छोटी-से-छोटी बात भी लेखक की आँखों के दायरे में है। इस उपन्यास के पात्र विशेषकर, कुबेर, माला, कपिला, हुसैन मियाँ आदि अपनी व्यक्तिगत सबलता-दुर्बलता, आशा-आकांक्षा, घृणा-प्रेम और राग-द्वेष से समन्वित हैं, विशिष्ट व्यक्तित्व वाले हैं। इसकी भाषा लोकजीवन और लोकसंस्कृति से युक्त है और भाषा में प्रादेशिकता प्रमुख है। सारा वातावरण, स्थानीय बोली, स्थानीय गीत तथा स्थानीय संकेतों से युक्त है। पूर्व बंगाल के एक विशेष अंचल की लोकभाषा या उपभाषा का ही प्रयोग हुआ है।

उल्लेखनीय बात यह है कि माणिक इस अंचल के निवासी न होते हुए भी अपने तीव्र और आन्तरिक पर्यवेक्षण क्षमता के कारण ही इस क्षेत्र और यहाँ के जीवन को पूरी तरह से आत्मसात् कर उसका यथावत् चित्रण कर पाये थे। नागार्जुन के 'वरुण के बेटे' की 'पद्मानदीर माझी' से काफ़ी समानता है। निःसन्देह 'पद्मानदीर माझी' बांग्ला साहित्य के श्रेष्ठतम उपन्यासों में से एक है। माणिक बन्द्योपाध्याय की दूसरी कृतियों में 'जननी' (1935), 'हलूद नदी सबुज बोन' (1945) एवं 'पुतुल नाचेर इतिकथा' (1956) में यद्यपि आंचलिक उपन्यासों की कुछ विशेषताएँ परिलक्षित होती हैं, परन्तु वे सम्पूर्ण रूप से आंचलिक रचनाएँ नहीं कही जा सकतीं।[61]

बांग्ला भाषा के लब्ध-प्रतिष्ठ साहित्यकार प्रमथनाथ बिशी (1901) की सर्वश्रेष्ठ रचना है 'जोड़ा-दीघीर चौधुरी परिवार' (1973)। प्रमथनाथ बिशी न केवल एक समर्थ उपन्यासकार है वरन् कविता, कहानी, प्रबन्ध, आलोचना आदि साहित्य की सभी विधाओं में उन्होंने कृतित्व का परिचय दिया है। आंचलिक स्पर्श से युक्त उनकी दूसरी सफल कृतियों में, अशथ्वेर अभिशाप (1354), चलन-विल (1356), कोपवती (1353), केरी साहेबेर मुन्सी (वि.सं. 1365), लालकेल्ला (वि.सं. 1370) आदि प्रमुख है। इन उपन्यासों में अंचल का प्राकृतिक सौन्दर्य भौगोलिक विशेषताएँ, लोक-जीवन की सुन्दर झाकियाँ, नदी-नालों कस्बों, आदि का विस्तृत रूप से वर्णन मिला है। इन्हें लोक-जीवन और प्रकृति वर्णन में अधिक सफलता मिली है। डॉ. श्रीकुमार बन्द्योपाध्याय का प्रमथनाथ के उपन्यासों के सम्बन्ध में विचार है-

"लेखक ने प्रकृति का अत्यन्त सूक्ष्म निरीक्षण किया है जिससे परिवेश के चित्रण अत्यन्त सजीव बने हैं।"[62] उपन्यासों में जहाँ कहीं भी ग्रामीण प्रकृति के

वर्णन का अवसर आता है, उनके भीतर का कवि कल्पना के सतरंगे पंख फैलाए पूरे अंचल की प्रकृति पर मँडराने लगता है, जिससे आंचलिक यथार्थ के मूर्तन में सहायता ही मिली है। लोकतत्व की प्रधानता वाले इनके 'जोड़ादीधीर चौधुरी परिवार', 'चलनविल', 'अशथ्वेर अभिशाप' आदि उपन्यासों में शस्य-श्यामला बांग्लादेश की राजशाही पावना अंचल की धरती की हरियाली, तालाब-झील-गड्ढों में खिले कमल, धान की सुनहली बालियों, पद्मा नदी का कभी शान्त सौंदर्यपूर्ण तो कभी भीषण संहारक रूप का चित्रण बड़ी सधी तूलिका से यथार्थ के फ़लक पर किया गया है। 'जोड़ादीघीर चौधुरी परिवार' उपन्यास का कथानक दो ज़मींदार परिवारों के आपसी विरोध और संघर्ष पर केन्द्रित है। साथ ही इसमें चित्रण है वहाँ की सामाजिक, आर्थिक, राजनीतिक एवं धार्मिक समस्याओं का, दो पीढ़ियों के जीवन के विस्तृत चित्रपट पर सामन्ती मूल्यों के विघटन और नई चेतना के आलोक में नवीन जीवन संघर्ष का। इसमें पावना जिले के चलनबिल नामक लम्बी और गहरी झील के किनारे बसे 'जोड़ादीघी' के ज़मींदार उदय नारायण चौधरी के परिवार में पिता-पुत्र के परम्परागत आदर्शवादी आधार पर निर्धारित सम्बन्धों का विघटित स्वरूप भी देखने को मिलता है। इसका मुख्य कारण है आर्थिक विघटन एवं विरूपता, मानव मूल्यों में गिरावट। लेखक ने इस ओर भी संकेत किया है कि स्वतंत्रता प्राप्ति से पहले किस प्रकार सामन्ती सामाजिक व्यवस्था अपनी अन्तिम मरणासन्न स्थिति में भी पूरे ताम-झाम के साथ उस अंचल में वर्तमान थी। राजशाही पावना अंचल की अपनी एक विशिष्ट संस्कृति है और इस संस्कृति का आन्तरिक और बाह्य स्वरूप इस उपन्यास में बड़े जीवन और चित्रात्मक रूप में दिखाई देते हैं। लोक-गीतों, लोक-उत्सवों, रीति-रिवाज़ों, अन्ध-विश्वास, जादू-टोना तथा पर्व-त्योहारों के विस्तृत तथा चित्रात्मक और बिम्बात्मक वर्णन द्वारा इस अंचल की सम्पूर्ण संस्कृति इन उपन्यासों में रूपायित की गई है। इसका शिल्प अन्यतम है। कथानक, पात्र-निरूपण एवं शैली में आंचलिकता का स्वर भाषा की अपेक्षा अधिक मुखर है।

तीन खंडों में विभाजित 'उपनिवेश' (1944) बांग्ला के ख्यातिप्राप्त लेखक नारायण गंगोपाध्याय का श्रेष्ठ और सर्वाधिक लोकप्रिय उपन्यास है। यह रचना बांग्ला आंचलिक उपन्यासों की परम्परा में अपना एक महत्त्वपूर्ण स्थान रखती है। इस उपन्यास में, लेखक ने कथांचल बंगाल का सुन्दरवन इलाका और विशेष रूप से कथा-क्षेत्र सुन्दरवन के जंगल की सीमा में 'तेन्तुलिया' स्थित सामुद्रिक झीलों के बीच बने रेत और माटी के द्वीप 'चर इस्माइल' ('चर' बांग्ला में द्वीप को कहते हैं) के भौगोलिक परिवेश का ऐतिहासिक सन्दर्भ में विशद वर्णन किया है। सोलहवीं सत्रहवीं सदी के पुर्तगीज लुटेरों के वंशज, असभ्य, असामाजिक

'आराकानी' और 'मग' जो वहाँ के आदि निवासी थे उनके जीवन को सम्पूर्ण खामियों और खूबियों के साथ चित्रित किया गया है। आजीविका के लिए सागर की लहरों पर खेलना, मछली मारना, कभी-कभी बीच समुद्र में जहाजों को लूटना, शराब और बीड़ी-सिगरेट-तम्बाकू पीना, घर में पत्नी और बच्चों को पीटना यही है उनके जीवन का क्रम। इसी द्वीप में, कालान्तर में बंगाल के अन्य प्रान्तों से कुछ शिक्षित नौकरी पेशा व व्यापारियों का एक दल यहाँ आता है। इन्हीं लोगों के बीच प्रेम और संघर्ष की कहानी है 'उपनिवेश'। इसमें चित्रित आराकानी या मग चरित्र जैसे डिसूज़ा, लिसि, जोहान, गंजालेस, मा-फून जो बड़े ही भयंकर और दुःसाहसी दिखाए गए हैं, बहुत हद तक अजीब होते हुए भी असामान्य (एब्नार्मल) नहीं लगते, क्योंकि उनके वैसा होने के पीछे जो परिस्थितियाँ काम करती हैं उनका भी सूक्ष्मता से विश्लेषण किया गया है। हिन्दू तहसीलदार मणिमोहन और आराकानी युवती मा-फून की असफल प्रेम-कथा का भी अत्यन्त मार्मिक वर्णन मिलता है। उपन्यास के वृहद् कलेवर में कथा-वृत्त तो छोटा है, परन्तु भौगोलिक और प्राकृतिक वातावरण के सजीव वर्णनों से पूरा उपन्यास भरा पड़ा है। समुद्र के मनोरम और भीषण रूपों के अनेक चित्र यहाँ मिलते हैं। इस उपन्यास में, चर इस्माईल की धार्मिक, नैतिक, आर्थिक तथा सामाजिक परिस्थितियों का उनके सम्पूर्ण वातावरण के चित्रित करने में तथा वहाँ के जन-जीवन के आन्तरिक उद्वेलन एवं मानसिक हलचलों को रूपायित करने में लेखक को सफलता मिली है। इन्होंने आंचलिक भाषा के विभिन्न उपादानों के प्रयोग में बड़ा ही संयम दिखाया है, जिसके परिणामस्वरूप कहीं भी कृत्रिमता, बनावटीपन या अस्वाभाविकता नहीं आ पायी है।

इसी श्रृंखला में मृत्युंजय माइती का नाम भी महत्त्वपूर्ण है, उनका सफलतम आंचलिक उपन्यास 'नदी माटी ओ मानुष' (1377), मिदनापुर समुद्र के निकटवर्ती एक नदी केलेधाई के पास इटाबेरिया गाँव के जन-जीवन को आधार बनाकर लिखा गया है। उस क्षेत्र की भौगोलिक विशेषताएँ, वहाँ के निवासियों का रहन-सहन, उनके जीवन-संघर्ष आदि का बहुत ही जीवन्त विवरण प्रस्तुत किया गया है। इस उपन्यास में, मिदनापुर तटवर्ती लोगों की भाषा का प्रयोग हुआ है।

बांग्ला उपन्यास जगत् के एक और लोकप्रिय उपन्यासकार प्रफुल्ल राय द्वारा लिखित 'पूर्वा पार्वती' (1957) जो नागा जीवन पर लिखा गया है एवं उनके महीनों तक नागा प्रदेश में रहने के अनुभव तथा पर्यवेक्षण का फल है, एक बहुत ही प्रसिद्ध आंचलिक उपन्यास है। उनके तीन खंडों में प्रकाशित 'केया पातार नौका' (1973, 1979, 2001) उपन्यास में पूर्वी-बंगाल से भागे हुए शरणार्थियों की कथा है। इसकी पृष्ठभूमि भारत-बांग्लादेश का विभाजन तथा तज्जन्य लोमहर्षक घटनाएँ एवं

साधारण मानव की तत्कालीन दयनीय स्थिति है। इसमें भारत विभाजन से पूर्व और पश्चात् होने वाले साम्प्रदायिक झगड़ों का हृदय-विदारक एवं मार्मिक चित्रण है। इन खंडों में विभाजन से पूर्व हिन्दू-मुसलमानों के साम्प्रदायिक झगड़े, भीषण नर-संहार, सम्पूर्ण नारी जाति का अपमान और विभाजन के पश्चात् हिन्दुओं का बांग्लादेश से पलायन आदि सूत्रों से कथा का निर्माण किया गया है। उपन्यास के नायक 'बिनु' का अपनी प्रेमिका धर्षिता 'झिनुक' को लेकर भागने की कहानी रोंगटे खड़ी कर देने वाली है। भाषा पूर्वबंग की है। उपन्यास का सारा कथानक सामयिक घटनाओं की दृष्टि से तथा, महत्त्व और मूल्यों की दृष्टि से भी असाधारण है। 'आकाशेर नीचे मानुष' (1989) इनका तीसरा प्रसिद्ध आंचलिक उपन्यास है।

बांग्ला लेखकों में अत्यन्त समादृत और लोकप्रिय समरेश बसु की 'गंगा' (1957) भी एक सशक्त आंचलिक कथा के रूप में सामने आती है। सूक्ष्मतम विवरणों के साथ एक मर्मस्पर्शी कथानक के आधार पर मछुआरों के जीवन पर लिखा गया यह उपन्यास इस विषय पर अब तक लिखे गए सभी उपन्यासों में श्रेष्ठ माना गया है। उनका एक दूसरा उपन्यास 'शोनपुरेर मेला' (1989) बिहार के सोनपुर में लगनेवाले विख्यात पशु-मेले को आधार बनाकर लिखा गया एक अत्यन्त रोचक उपन्यास है जिसमें उस अंचल की भाषा एवं अन्य स्थानीय विशेषताएँ प्रमुख रूप से उजागर हुई हैं। 'अमृत कुम्भेर सन्धाने' (1978), वाथान (1985) आदि उनकी दूसरी महत्त्वपूर्ण आंचलिक कृतियाँ हैं।

1950 के बाद अपरिचित अंचलों अथवा पिछड़े वर्गों की कहानी के आधार पर जो उपन्यास लिखे गए, उनमें समरेश बसु की उपरोक्त रचनाएँ, मनोज बसु का 'जल-जंगल' (1957), अद्वैत मल्लवर्मण का 'तितास एकटी नदी नाम' (1956), सुबोध घोष का 'शतकिया' (1958), अमरेन्द्र घोष का 'चर कासेम' (1950), अमियभूषण मजूमदार का 'गढ़-श्रीखंड' (1957), रमापद चौधरी का 'बन पलाशीर पदावली' (1962), प्रभातदेव सरकार का 'ओरा काज करे' (1964) अतीन बन्द्योपाध्याय का 'नीलकण्ठ पाखीर खोजे' (1970), सैयद मुस्ताफा सिराज़ का 'तृणभूमि' (1971), जरासन्ध का 'निःसंग पथिक' (1972) देवेश राय कृत 'तिस्तापारेर वृत्तान्तो' (1984), डॉ. महीतोष विश्वास का 'माटी एक माया जाने' (1997), श्यामल गंगोपाध्याय कृत 'गंगा एकटी नदीर नाम' (2001) आदि उपन्यास विशेष रूप से उल्लेख योग्य हैं। मनोज बसु के 'जलजंगल' में बंगाल के 'सुन्दरवन', अंचल के घने जंगलों में बसे पिछड़ी जनजाति, अद्वैत मल्लवर्मण के 'तितास एकटी नदीर नाम' में बांग्लादेश के कुमिल्ला जिले के 'तितास' नदी के तटवर्ती गाँवों में रहनेवाले मालो जाति, सुबोध घोष के 'शतकिया' में बिहार के मानभूम अंचल के आदिवासी, अमरेन्द्र घोष के 'चर काशेम' में बांग्लादेश के पद्मा

नदी के बीच बने द्वीप 'चर काशेम' में निवास करने वाले हिन्दू-मुसलमान कृषक और उनके बीच का साम्प्रदायिक सद्भाव, अमियभूषण मजुमदार के 'गढ़ श्रीखंड' में उत्तर बंग के ग्रामीण समाज, रमापद चौधरी के 'वन पलाशीर पदावली' में बंगाल के काटोआ अंचल की 'खड़ी नदी' के तटवर्ती ग्रामीण जीवन, प्रभातदेव सरकार के 'ओरा काज करे' में दक्षिण चौबीस परगना के खेतिहर, अतीन बन्द्योपाध्याय की 'नीलकण्ठ पाखीर खोजे' में बांग्लादेश के ढाका जिले की 'शीत-लक्ष्या' नदी के किनारे रहने वाले किसान, सैयद मुस्ताफा सिराज की 'तृणभूमि' में मुर्शिदाबाद के हिजलवन और द्वारका नदी के तटवर्ती गाँव के लोग, जरासन्ध के 'निःसंग पथिक' में ढाका-फरिदपुर जिले के 'अड़ियल खाँ' नदी किनारे ग्राम-जीवन एवं देवेश राय कृत 'तिस्तापारेर वृत्तान्तो' में उत्तर-बंग के तिस्ता नदी के आर-पार बसे लोगों की जीवनधारा आदि का बहुत ही स्वाभाविक चित्रण मिलता है। कथ्य एवं शिल्प दोनों ही दृष्टियों से उपरोक्त अध्येतव्य उपन्यास सफलतम रचनाएँ हैं। इसके अतिरिक्त दृश्य-योजना, चरित्र-चित्रण एवं भाषा की दृष्टि से भी ये उपन्यास श्रेष्ठ हैं।

इनके अतिरिक्त कुछ अन्य ऐसे उपन्यास भी हैं जो आंचलिकता के स्पर्श से युक्त हैं, पर विस्तार से बचने के लिए उनका वर्णन एवं विश्लेषण यहाँ सम्भव नहीं। उनके नाम हैं—सैयद मुजतबा अली 'अलीक मानुष' (1954), गजेन्द्रकुमार मित्र 'कोलकातार काछेई' (1957), बनफूल अर्थात् बलाईचाँद मुखोपाध्याय 'हाटे बाजोर' (1959), कमलकुमार मजूमदार 'अन्तर्जली यात्रा' (1960) एवं 'नीम अन्नपूर्णा' (1968), सुनील गंगोपाध्याय 'अरण्येर दिनरात्रि' (1969), गढ़ बन्दीपुरेर काहिन)1972), 'किशोर ओ संन्यासिनी' (1991), श्यामल गंगोपाध्याय 'कुबेरेर विषय-आशाय' (1969), रमापद चौधरी 'ख़ारिज' (1974), शीर्षेन्दू मुखोपाध्याय 'जाओ पाखी' (1976), 'घुणपोका' (1978), गौरकिशोर घोष 'सगीना माहातो' (1978), बुद्धदेव गुहा 'माधुकरी' (1983), महाश्वेता देवी 'अरण्येर अधिकार' (1988), 'चोट्टी मुण्डा एवं तार तीर' (1991) एवं अभिजित सेन 'रहू चण्डालेर हाड़' (1992)। महाश्वेता देवी का आदिवासियों एवं दलित वर्ग के लिए, विशेषतः लोधा एवं शबर जातियों के अधिकारों के लिए संघर्ष करने की कथा सर्वविदित है। उनके द्वारा स्थापित 'रैग्स' संस्था भारतवर्ष की विभिन्न आदिवासी सम्प्रदायों की समस्याओं को लेकर अनवरत कार्यरत है। उनके उपन्यासों एवं कुछ लम्बी आंचलिक कहानियों में उदाहरणास्वरूप अरण्येर अधिकार, रूदाली आदि में वर्णित अंचल एवं गाँवों के आदिवासी व निपीड़ित दलित वर्ग के लोग विशेषकर वहाँ की महिलाओं के शोषण को अभिव्यक्ति देकर लेखिका ने कई अलक्षित, अस्वस्थ प्रथा की ओर सोचने की दिशा दी है। वर्तमान उपन्यासकारों में शीर्षेन्दू मुखोपाध्याय के उपन्यास ग्रामीण लोकवार्ता के इतने निकट हैं कि धरती की

भीनी सुगन्ध इनके कलेवर में व्याप्त हो गई है। वे आज के लेखकों में से गाँवों के सम्बन्ध में सबसे अधिक सचेतन लेखक हैं, जो वहाँ के सामाजिक-राजनीतिक समस्याओं को गहराई से देखते-परखते हैं। उनकी लेखनी में असीम शक्ति है।

नवीन लेखकों में अभिजीत सेन, सुविमल मिश्रा, अमर मित्रा, भगीरथ मिश्र, मानव चक्रवर्ती आदि अभी भी गाँवों में साहित्य सृष्टि का विषय खोजते हैं। अभिजीत सेन कृत 'देवांशी' में ग्रामीण यथार्थ को पकड़ने की चेष्टा की गई है। अमर मित्र के 'चाँद और शशकेर पृथिवीते' में ग्रामीण लोककथा को आधार बनाकर एक सुन्दर ग्रामकेन्द्रित उपन्यास रचने का प्रयास प्रशंसनीय है। भगीरथ मिश्र के 'रावण' में ग्रामीण पटभूमि में आज के शोषकों की यथार्थ प्रकृति को उद्घाटित करने की एवं क्षमता के लालचियों का पर्दाफ़ाश करने की चेष्टा की गई है। सुविमल मिश्र के 'हाराण माझिर विधवा बौएर मड़ा' अथवा 'सोनार गान्धीमूर्ति' में वर्तमान राजनीति के घृण्य दाँव-पेंच को विषयवस्तु बनाया गया है।

अन्ततः ग्राम केन्द्रित अथवा आंचलिक उपन्यासों की परम्परा में, पश्चिम बंगाल के साथ-साथ पूर्वी बंगाल (वर्तमान बांग्लादेश) के कुछ लोकप्रिय एवं सशक्त आंचलिक या ग्रामकेन्द्रिक कथाकारों का नाम अनायास ही लिया जा सकता है वरना यह शृंखला अधूरी रह जाएगी। इन उपन्यासकारों में शहीदुल्ला कायसार (सारेंग बहू), आलाउद्दीन-अल्-आजाद (कर्णफूली), एवं सयालीवुल्लाह (लाल शालू, 1948) बांग्लादेश के सुप्रसिद्ध आंचलिक कथाकार हैं।

शहीदुल्ला कायसार की पहली रचना 'सारेंग बहू' एक बहुत ही लोकप्रिय एवं सार्थक आंचलिक उपन्यास है। इस उपन्यास में, कयाल नदी समुद्र से जाकर जहाँ मिलती है, उसी संगमस्थल में वामनछाड़ि गाँव के निवासियों की जीवनधारा आशा-निराशा, सपने, संस्कार, अन्धविश्वास, संघर्ष आदि विस्तृत रूप से शहीदुल्ला की लेखनी से चित्रवत् साकार हो उठे हैं।

आलाउद्दीन-अल्-आजाद का उपन्यास 'कर्णफूली' की विशिष्टता उसकी भाषा और परिवेश वर्णन में हैं। 'कर्णफूली' नदी के तटवर्ती अंचल में रहने वाले असहाय शोषित, अवहेलित ग्रामीण जनता एवं उनके जीवन संघर्ष के चित्र ही प्रतिबिम्बित हुए हैं, इस उपन्यास में। साथ ही चकमा एवं चट्टग्राम प्रदेश के निवासी एवं उनकी संस्कृति व भाषा के विषय में बहुत कुछ जाना जा सकता है।

शिल्प-शैली, भाषा एवं विषयवस्तु सभी क्षेत्र में नवीनता लिए हुए है सैयद सयालीवुल्लाह कृत 'लाल शालू' उपन्यास। इस उपन्यास में एक विशेष अंचल को आधार बनाकर उस पिछड़े क्षेत्र में धर्म के व्यापारियों के पाखंड तथा बाह्याडम्बरों का खंडन अत्यन्त कुशलता के साथ किया गया है। विषयवस्तु की दृष्टि से यह एक गम्भीर विवेचनात्मक निबन्ध बन सकता था परन्तु इसे अपने सहज-सरल भाषा-

शैली एवं नवीन प्रयोग के माध्यम से एक अति सार्थक आंचलिक उपन्यास में रूपान्तरित कर पाने के लिए सैयद सयालीवुल्लाह एक सार्थक यथार्थवादी आंचलिक उपन्यासकार माने जाएँगे। उपर्युक्त तीनों उपन्यासों को सर्वांग सफल आंचलिक या ग्रामकेन्द्रित उपन्यास कहा जा सकता है। इनमें वर्णित अंचलों के रीति-रिवाज़ों, धारणाओं, कड़ियों, सम्भावित क्रान्तियों की व्यापक पीठिका सुन्दर ढंग एवं पूर्णता से संयोजित की गई है। इनके अतिरिक्त, आबू ईशाक का 'सूर्यदीधल बाड़ी' (1955), अख़तारुज्ज़मान का 'ख्वाबनामा' (1996), इमदादुल हकमिलन का 'युद्धेर आड़ाल' (2002) आदि दूसरे महत्त्वपूर्ण उपन्यास हैं।

हिन्दी के आंचलिक उपन्यासों की परम्परा

हिन्दी साहित्य में विशिष्ट शिल्प के अर्थ में यद्यपि आंचलिक उपन्यास शिल्प का प्रथम उद्घोष फणीश्वरनाथ रेणु के उपन्यास 'मैला आँचल' (1954) की भूमिका में हुआ और इसे स्वातन्त्र्योत्तर कथा-शिल्प की पूर्व कथा-शिल्प से भिन्नता को स्पष्ट किया गया तथापि इस प्रवृत्ति की खोज बांग्ला उपन्यास और कहानी की ही तरह पिछले हिन्दी उपन्यास ओर कहानियों में भी मिलती है।[63]

डॉ. प्रताप नारायण टण्डन इसका आरम्भ आचार्य शिवपूजन सहाय की कृति 'देहाती दुनिया' (1925) से मानते हैं[64] तो डॉ. सत्यपाल चुघ, सूर्यकान्त त्रिपाठी निराला की कृति 'बिल्लेसुर बकरिहा' (1909) को मानते हैं।[65] 'देहाती दुनिया' में भोजपुर अंचल को उसके समस्त मुहावरों-मिथकों के साथ चित्रित किया गया है। यद्यपि इस उपन्यास में ग्राम्य-चित्र हैं, लेकिन ये चित्र और समस्याएँ सामान्य हैं, सार्वजनिक हैं। एक अंचल की सभी आंचलिक विशेषताएँ इसमें उद्घाटित नहीं हुई हैं। इसी प्रकार 'बिल्लेसुर बकरिहा' में अवध अंचल के सामाजिक जीवन, उसकी रूढ़ियों और संकीर्णताओं सहित उनकी माटी की मौलिक गन्ध की पकड़ है। डॉ. बदरीदास इस प्रवृत्ति के विकास को चार-पाँच दशक और पीछे खींच ले जाते हैं। अपने शोध-प्रबन्ध 'हिन्दी उपन्यास : पृष्ठभूमि और परम्परा' में आंचलिक उपन्यास को प्रादेशिक उपन्यास की संज्ञा देकर जिस प्राचीन परम्परा का उल्लेख किया है वह सन् 1893 से आरम्भ होती है जब भुवनेश्वर मिश्र की कृति 'धराऊ घटना' प्रकाशित होती है और बाद में इसी कथाकार की एक और कृति 'बलवन्त भूमिहार' (1901) प्रकाश में आती है। इनके अतिरिक्त जगन्नाथ प्रसाद चतुर्वेदी की 'बसन्त मालती' (1899), जिसमें मुँगेर जिले के मलयपुर अंचल के मल्लाहों का जीवन, हरिऔध की कृति 'अधखिला फूल' (1907), गोरखपुर अंचल की छवि से युक्त, गोपाल राम गहमरी की कृति 'भोजपुरी वर्ग', रामचीज सिंह की 'वन विहंगिनी' (1909), संथाल परगना के आदिवासी क्षेत्र की कोस कुमारियों के

जीवन-संघर्ष से युक्त, बृजनन्दन सहाय की रचना 'अरण्यवाला' (विन्ध्याचल के पर्वतांचल का जीवन-चित्र), और मन्नन द्विवेदी की कृति 'रामलाल' (1904) जिसमें गोरखपुर जिले की बाँसगाँव तहसील के एक गाँव की जीवन-छवि और स्थानीय रंग के परिपूर्ण, जैसी कृतियाँ महावीर प्रसाद द्विवेदी युगीन आंचलिकता को बहुत स्पष्ट रूप में हमारे सामने प्रस्तुत करती हैं। कृषि क्षेत्र, आदिवासी क्षेत्र और पर्वतीय क्षेत्र आदि की आंचलिकता के विकास का बीज इन कृतियों में निहित है।[66] यद्यपि आंचलिक संस्कृति अथवा स्थानीय रंगत का पुट मात्र किसी भी कृति को आंचलिकता का वैशिष्ट्य प्रदान नहीं कर सकता, परन्तु इन कृतियों में ग्राम-केन्द्रित कथा-शिल्प का जो प्राचीन परम्परित, अनगढ़ और स्थूल रूप दिखाई देता है उसे ही तराश कर चुस्त-चुटीला और आधुनिक सूक्ष्म शिल्प भंगिमाओं से जोड़कर स्वातन्त्र्योत्तर कालावधि में रेणु ने उसे स्वतंत्र प्रासंगिक और प्रभावशाली उपन्यास-शिल्प के रूप में प्रतिष्ठित कर दिया।

छठवें दशक में स्वतंत्र देश की सर्वथा नयी संवेदना और चुनौतियों को लेकर हिन्दी उपन्यास-साहित्य में आन्दोलन की तरह उभरी आंचलिकता में जो शिल्पगत नवोल्लास था वह अभूतपूर्व था। वह किसी प्रवृत्ति का अंश नहीं, सम्पूर्ण प्रवृत्ति का प्रकाशन था अथवा कथा साहित्यगत नवीन सृजन की एक सम्पूर्ण मौलिक शिल्पधारा थी। इस कालावधि में आंचलिकता और आधुनिकता का विकास कथा-साहित्य के दो महत्त्वपूर्ण छोरों के रूप में हुआ और स्वातन्त्र्योत्तर कथा साहित्य में ग्राम-जीवन का अवतरण प्रायः आंचलिकता के अर्थ में ही समझा गया। मूलतः आंचलिकता ग्रामांकन की एक शैली अथवा ग्राम भित्तिक नये कथा-साहित्य की एक प्रवृत्ति के रूप में विकसित हुई। कुछ कथा-साहित्य में भारत जैसे विशाल और वैविध्य और वैचित्र्य सम्पन्न राष्ट्र की प्रादेशिक छवि अपने सांस्कृतिक रंगों में उभरती है और बिहार के पूर्णिया और मध्य प्रदेश के बस्तर से लेकर पूर्वी उत्तर प्रदेश, बुन्देलखंड, छत्तीसगढ़, राजस्थान, महाराष्ट्र, तिब्बत, मणिपुर और अंडमान आदि की प्रादेशिक इकाइयाँ अपनी पृथक् अन्तरंग-बहिरंग झलकियों के साथ प्रस्तुत की जाती हैं। अविकसित आदिवासी और जंगली जनजातियों की जीवन-यात्रा को जो मालवा, संथाल परगना, बस्तर, बुन्देलखंड और राजस्थान आदि स्थानों में निवास करती हैं, आंचलिक उपन्यासकारों ने बहुत उत्साह के साथ चित्रांकित किया है। ऐसे उपन्यासकारों में प्रादेशिक रूपाभा के चितेरों में फणीश्वरनाथ रेणु, बलभद्र ठाकुर, गोविन्द बल्लभ पन्त, रामदरश मिश्र, नागार्जुन और बलवन्त सिंह आदि और जंगली आदिवासियों के चित्र अंकनकर्ताओं में शानी, राजेन्द्र अवस्थी, वृन्दावनलाल वर्मा, रांगेय राघव, देवेन्द्र सत्यार्थी और श्याम परमार आदि का कृतित्व स्मरणीय है। शैलेश मटियानी ओर शेखर जोशी में पर्वतांचलिकता है।

शैलेश मटियानी ने तो पर्वतीय जन-जीवन की छवि-लेखा को गहरी रागात्मकता के साथ अंकित किया है। विश्व-साहित्य के श्रेष्ठ आंचलिक उपन्यासों में एक सरिता (नदी) की उपस्थिति महत्त्वपूर्ण है। हिन्दी में इस धारा को रेणु, मधुकर, गंगाधर, देवेन्द्र सत्यार्थी, रामदरश मिश्र आदि प्रवाह प्रदान करते हैं और कोसी, गंगा, ब्रह्मपुत्र और राप्ती आदि नदियों का तटवर्ती जीवन-संघर्ष हिन्दी पाठकों के सामने विशेष आंचलिक आकर्षणों के साथ मूर्त हो उठता है। इसी प्रकार बांग्ला में भी ताराशंकर बन्द्योपाध्याय, माणिक बन्द्योपाध्याय, समरेश बसु आदि के 'हाँसुली बाँकेर उपकथा', 'पद्मा नदीर माझी', 'गंगा' आदि उपन्यासों में 'हाँसुली बाँक', 'पद्मा नदी', 'गंगा' की बहुत महत्त्वपूर्ण भूमिका है। इसी प्रकार यूरोपीय साहित्य में मार्क ट्वेन और शोलोखोव को मिसिसिपी और दोन जैसी नदियाँ उसी तरह आन्दोलित करती हैं जिस प्रकार रेणु को कोसी और देवेन्द्र सत्यार्थी को ब्रह्मपुत्र। हिन्दी कथाकारों में राही जैसे कुछ रचनाकारों ने भौगोलिक ग्राम-इकाई का अंकन कर सघन आंचलिकता का प्रयोग किया है तो उदयशंकर भट्ट जैसे कथाकारों में समुद्रतटीय जीवन-छवि को अंकित करने की प्रवृत्ति है। उन्होंने बम्बई के पार्श्ववर्ती मछुवारों के गाँव बरसोवा को उठाया है। स्वतंत्र भारत में शरणार्थियों की कालोनियों और नगरों के विस्तार के साथ जन-जीवन प्रसार के रूप में नए किस्म के अंचलों का उदय हुआ है। रेणु, अमृतलाल नागर और गिरधर गोपाल आदि कथाकारों में ऐसे अंचलों का मार्मिक स्पर्श है। इस तरह हिन्दी उपन्यासों की यह आंचलिक विविधता 'परती : परिकथा', 'मैला आँचल', 'बाबा बटेसरनाथ', 'मुक्तावली', 'जल टूटता हुआ', 'हौलदार', 'गंगा मैया', 'ब्रह्मपुत्र', 'आधा गाँव', 'सागर, लहरें और मनुष्य', 'जुलूस', 'कस्तूरी', 'कब तक पुकारूँ' आदि उपन्यासों में अत्यन्त मार्मिकता के साथ प्रकाशित हुई है।

किसी विशेष अंचल के लोक-जीवन सहित उनकी आस्था, भाषा, कलारुचि, रूढ़ियाँ, गीत-नृत्य और अतीत की संस्कृति को अगर कोई कथाकार तरल रागबोध के स्तर पर डालता है और वह भी किसी अन्तर्निहित उद्देश्य के साथ तो उससे मूल्यवान आंचलिक कथा-साहित्य का सृजन होता है। स्वाधीनता आन्दोलन के सिलसिले में महात्मा गांधी आदि नेताओं के द्वारा 'गाँवों की ओर लौटो' का जो नारा दिया गया था, स्वातन्त्र्योत्तर हिन्दी कथा-साहित्य में उसी का एक आवर्तन आंचलिकता की प्रवृत्ति के रूप में प्रतिफलित हुआ।[67]

हिन्दी उपन्यास-साहित्य में आंचलिकता के उन्नायक कथाकार फणीश्वरनाथ रेणु में युगान्तकारी परिवर्तनों का सीधा साक्षात्कार है। ऐसे परिवर्तनों के आयामों को रेखांकित करने बैठते हैं तो वस्तुतात्त्विक दृष्टि से कृषि क्रान्ति और शिल्प-दृष्टि से आंचलिकता उभरकर हमारे सामने आती है। इन दोनों में ही नई मूल्य चेतना,

प्रजातान्त्रिक चेतना और निर्माण चेतना प्रकट-अप्रकट रूप से प्रेरक तत्त्व के रूप में उपस्थित मिलेगी। अपने प्रथम उपन्यास 'मैला आँचल' (1954) में कथाकार इतिहास की ठीक संक्रान्तिकालीन सीमा पर दिखाई देता है। वह सन् 46-47 के परिप्रेक्ष्य में तत्कालीन ग्रामीण लोक मानस का तटस्थ विश्लेषण करके स्फूर्ति प्रदायी आयाम उपस्थित करता है। पूर्णिया जिले के जिस एक पिछड़े गाँव को वह अंकित करते हैं उसमें चतुर्मुखी अवमूल्यांकन, विघटन, गिरावट और नैतिक विद्रोह की सरगर्मी है। स्वराज्य की छाया मैले ग्रामांचल को झकझोरकर जगाती है और उसे अपूर्व जागृति की दिशाओं के प्रति जो अभी गहन विरोधाभासों में डूबा है, चेतित-संवेदित करती है। गाँव और नगर को छोड़कर युग-परिवर्तन की स्थितियों की यथावत् पकड़ के लिए रेणु ने आंचलिक इकाई का चुनाव किया है और इससे बिखरी मानसिकता, बिखरे सामाजिक जीवन के अनुरूप वैविध्यपूर्ण पृष्ठभूमि सहज रूप में उपलब्ध हो गई है। यह आंचलिक-शिल्प 'परती : परिकथा' (1957) में पूर्णता के शिखर पर पहुँचता है। इन दोनों उपन्यासों में जूझते हुए व्यक्तियों और समाज की आस्थाओं को देखा जा सकता है। निश्चय ही ये आस्थाएँ स्वतंत्र देश के उल्लास और मनोबल से अनुप्रेरित हैं। स्वाधीन भारत की आकांक्षाओं के जीवन्त दस्तावेज़ के रूप में प्रस्तुत 'परती : परिकथा' में समृद्ध गाँव परानपुर को पृष्ठभूमि बनाया गया है। यहाँ विकास के लिए उपेक्षित ऊसर वीरान और बन्ध्या धरती की धूल में उन्नत वैज्ञानिक कृषि की सम्भावनाएँ छिपी पड़ी हैं। इन सम्भावनाओं को धरती पर जिन हाथों से कथाकार उतारता है वे हाथ एक ज़मींदार के हैं। वह साहस के साथ जड़ परम्पराओं से लड़ता है। भू-स्वामी का भू-सेवक के रूप में रूपान्तर दृष्टिगोचर होता है। इस प्रकार 'परती : परिकथा' का मुख्य केन्द्र कृषि-क्रान्ति है। गाँव के अन्धविश्वासों की परती टूटती है। धर्ममूलक सांस्कृतिक कृषि का अन्त और वैज्ञानिक कृषि का अवतरण परम्परावादी गाँव में आधुनिकता का प्रवेश है। रेणु के कथित दोनों उपन्यासों में आधुनिकतावादी उपकरणों के सन्निवेश से गाँव का वातावरण अपने आप बदलने लगता है। वैसे यह भी दिखाया गया है कि आधुनिकता के इस प्रवेश से अभूतपूर्व हलचल और टकराहटें होती हैं। बहुत गहमा-गहमी से रेणु ने सबको चित्रांकित किया है। आंचलिकता के सूत्रों से कृषि क्रान्ति की पकड़ आलोच्य कृति की महत्तम उपलब्धि है। इसमें सबसे सशक्त सूत्र लोकगीत है। सामाजिक, राजनीतिक, सांस्कृतिक और आर्थिक स्थितियों के सम्पूर्ण संघर्ष और टकराव की स्थितियों के बीच एक सांस्कृतिक क्रान्ति के दर्शन को रेणु ने प्रतिष्ठा दी है। रेणु के तीसरे उपन्यास 'दीर्घतपा' (1963) और चौथे 'जुलूस' में आंचलिकता के सूत्र गाँव से हटकर नगर और गाँवों के नज़दीक कॉलोनियों से जुड़े प्रतीत होते हैं। किन्तु मरणोत्तर प्रकाशित अपने उपन्यास 'पल्टू

बाबू रोड' (1979) में पुनः कथाकार अपने पूर्णिया अंचल से जुड़ता प्रतीत होता है। इतना अवश्य है कि परिवर्तित स्थितियों के अनुरूप उसने आंचलिकता के नए ज़मीन को इसमें अन्वेषित किया है।[68] फणीश्वरनाथ रेणु के अतिरिक्त जिन कथाकारों ने आंचलिक उपन्यासों का सृजन कर हिन्दी साहित्य को समृद्ध किया है उनमें शैलेश मटियानी, उदयशंकर भट्ट, नागार्जुन, राजेन्द्र अवस्थी, शानी, वृन्द, वृन्दावनलाल वर्मा, जयसिंह, रांगेय राघव, देवेन्द्र सत्यार्थी, श्याम परमार, बलभद्र ठाकुर, गोबिन्दवल्लभ पन्त, रामदरश मिश्र, विवेकी राय, बालशौरि रेड्डी, बलवन्त सिंह, हिमांशु जोशी, भैरव प्रसाद गुप्त, मायानन्द मिश्रा, जगदीशचन्द्र, मधुकर गंगाधर, राही मासूम जा, केशवप्रसाद मिश्रा, अमृतलाल नागर, गिरधर गोपाल, अभिमन्यु अनत, शबनम, शिवसागर मिश्र, प्रकाशवती, रामकुमार भ्रमर, नरेन्द्रदेव वर्मा, भगवती प्रसाद शुक्ल एवं सत्यप्रकाश पांडेय आदि का नाम लिया जाता है।

कालक्रम से नागार्जुन का 'बलचनमा' (1952 ई.) नये दौर का पहला आंचलिक उपन्यास है। पृष्ठभूमि बिहार का दरभंगा जिला है। सामान्यतः नागार्जुन के उपन्यासों में दरभंगा-पूर्णिया जिले का राजनीतिक-सांस्कृतिक साक्षात्कार होता है। 'रतिनाथ की चाची', 'बलचनमा', 'नयी पौध', 'बाबा बटेसरनाथ', 'दुखमोचन' तथा 'वरुण के बेटे' आदि प्रकाशित प्रसिद्ध उपन्यास हैं। उन्होंने ग्राम्य जीवन के अभाव, शोषण और दयनीयता को बहुत निकट से देखा और स्वयं सहा है। मिथिला के ग्रामीण परिवेश से उनका अटूट सम्बन्ध रहा है, इसीलिए वहाँ की लोक-संस्कृति, प्रवृत्तियाँ, संस्कार और साथ ही वहाँ की प्रकृति और लोकभाषा-इन सभी की समन्विति उनकी रचनाओं में मिलती है। साथ ही, लोकजीवन में विकसित होती हुई कुण्ठाओं और कुण्ठाओं की प्रेरक शक्तियों से भी लेखक सचेतन रहा है। अतः उसकी अभिव्यक्ति अनेक स्थानों पर 'वाद' ग्रस्त और समाजशास्त्री की-सी हो गई है। फिर भी लेखक ने बड़ी कुशलता के साथ आंचलिकता की रक्षा की है और अपने कथ्य का निजीपन बना रहने दिया है।[69]

अपनी पहली कृति 'रतिनाथ की चाची' (1948) में लेखक ने विधवा जीवन की दयनीयता को मार्मिक अभिव्यक्ति दी है। इसी दुर्भाग्यपूर्ण नारी जीवन को केन्द्र में रखकर उन्होंने ग्राम समाज में फैली हुई कुलीनता-अकुलीनता, अस्पृश्यता, विधवा-विवाह, बाधित-वैधव्य तथा नारी विक्रय की उन समस्याओं को प्रकाश में लाया है जिनसे पूरा मिथिलांचल ग्रस्त है। कहा जा सकता है कि ये सारी समस्याएँ मात्र मिथिला क्षेत्र की न होकर पूरे देश की हैं, किन्तु अभिव्यक्ति के प्रकार, परिवेश के प्रस्तुतीकरण और भाषा-संस्कृति की विशिष्टता ने इस कथा को गहरा आंचलिक रूप दे डाला है, इस तथ्य से इन्कार नहीं किया जा सकता है।

आंचलिकता की दृष्टि से 'बलचनमा' लेखक के अपने पहले उपन्यास की

अपेक्षा अधिक महत्त्वपूर्ण रहा है। इस उपन्यास में लेखक ने आंचलिक पृष्ठभूमि पर सामाजिक यथार्थ को प्रतिष्ठित करने का प्रयास किया है। विद्यापति के गीत-गूँज के बीच अपनी आंचलिक बुनावट में उभरती इस कृति में समाज की अँधेरी तहों की टोह ली गई है। क्षेत्र के मेले, त्यौहार, लोकगीत, कथाएँ, किम्बदन्तियाँ और विशिष्ट मुहावरे पूरी गहमागहमी के साथ स्थानीय रंगों का सृजन करते हैं। 'बलचनमा' उपन्यास बलचनमा की आप बीती है जिसमें कुछ विशिष्ट जीवन-खंडों की घटनाएँ प्रस्तुत की गई हैं। जहाँ तक सामाजिक परिप्रेक्ष्य का सम्बन्ध है, इसमें ज़मींदारी उन्मूलन के पश्चात् का परिवेश ही व्यक्त हुआ है। एक निम्नवर्गीय परिवार का निरीह बालक 'बलचनमा' आरम्भ में गाँव के एक भू-स्वामी के यहाँ चरवाही करता है और अन्त में वह मालिक-मज़दूर संघर्ष में आहत होता है। 'बलचनमा' का कथा-विकास विशिष्ट अंचल के केन्द्र में हुआ है जिसमें बलचनमा की आपबीती के माध्यम से अंचल-विशेष का चित्र उभारा गया है। अभिव्यक्ति के माध्यम पर आक्षेप करते हुए कुछ समीक्षकों ने इसमें कुछ देशज शब्दों के प्रयोग पर आपत्ति की है, किन्तु बलचनमा को पढ़कर ऐसा लगता है कि इन देशज शब्दों के द्वारा लेखक को आंचलिक वातावरण को साकार करने में सहायता मिली है और उन्होंने इनका प्रयोग कृति में आंचलिक वातावरण को साकार करने के लिए किया है। कथ्य के रूप में ज़मीनों से हाथ धोते हुए ज़मींदारों की अर्थलिप्सा से उत्पन्न विषम परिस्थितियों का चित्रण 'बलचनमा' की विशिष्टता है। आत्मकथा के माध्यम से आंचलिक जीवन के राजनैतिक और सामाजिक पक्षों को प्रस्तुत कर देना एक बड़ी उपलब्धि है। लेखक समाज के प्रति अपनी निष्ठा और प्रतिबद्धता के कारण ही ऐसा करने में सफल हो सकता है। सामान्य रूप से, उपन्यास के आठ अध्यायों में 'बलचनमा' के किशोर जीवन-विकास की कथा कही गई है किन्तु इस कथा का वैशिष्ट्य इस बात को लेकर है कि बलचनमा का 'यह जीवन विकास ऐसी समाज सापेक्ष व्यक्तिगत परिस्थितियों तथा राजनैतिक आन्दोलनों में ग्रस्त पात्रों के मध्य हुआ है कि उसमें भारत के स्वाधीनता संग्राम की झलक के साथ' निम्न और उच्च वर्ग की आपसी विषमता, पूँजीपति ज़मींदारों की शोषक अनैतिकता और वर्ग चेतना का विकास भी सिमट आया है।[70] इस दृष्टि से 'बलचनमा' वर्ग-संघर्ष की कथा कहता है। लेकिन यही सब कुछ नहीं है 'बलचनमा' में। आंचलिक प्रकृति के जो चित्र उभारे गए हैं, अंचलगत परम्पराओं और रीति-रिवाज़ों और संस्कृति का जो चित्रण 'बलचनमा' के गौने तथा अन्य अवसरों पर हुआ है वह सब आंचलिक परिवेश की प्रेरणा से प्रस्तुत है। इस प्रकार देहाती जीवन की साधारण घटनाओं को सूत्रित करने में, उसके छोटे-छोटे सुखों के सूक्ष्म निरीक्षण तथा सजीव चित्रण में, ज़मींदारों के निरंकुश व्यवहार तथा उत्पीड़न में, नये जीवन के स्पन्दन में, अंचल

विशेष के मुहावरे को पकड़ने में, तद्भव शब्दों के प्रयोग में (और) पग-पग पर परिवेश की गाथा में इस उपन्यास का ताना-बाना बुना गया है। अंचल विशेष के चित्रण के दृष्टि से 'बलचनमा' यथार्थ चित्रण-कला का विशिष्ट प्रमाण है, इस तथ्य से इन्कार नहीं किया जा सकता है, परन्तु आंचलिक होते हुए भी इसके शिल्प पर प्रेमचन्द का प्रभाव है। 'नयी पौध' (1953) में नागार्जुन ने नौगछिया (बिहार) के आंचलिक परिवेश में कन्या विक्रय की समस्या को उठाया है। भाषा और परिवेश की दृष्टि से इसमें हमें आंचलिकता का स्पर्श परिलक्षित होता है। किन्तु जहाँ तक कन्या विक्रय की समस्या को उठाया है, यह प्रश्न केवल नौगछिया तक ही सीमित नहीं है। उपन्यास के अन्त में जिस चेतना को अभिव्यक्ति मिलती है वह भी आंचलिक नहीं कही जा सकती। शिक्षा के विकास और सम्पर्क की समीपता के परिणामस्वरूप इस प्रकार की जागृति अन्य अंचलों में भी हुई है। अतएव जनवादी सोद्देश्यता का पुट होने के कारण इसमें आंचलिकता भले ही न मिले, परन्तु इस लघु कायिक कृति में भाषा, संस्कृति और आचार की दृष्टि से आंचलिकता के अनेक पुट मिलते हैं। प्रगतिशील विचारों का बाहुल्य होते हुए भी सौराठ (नौगछिया) के जीवन और परिवेश को चित्रित कर आंचलिक संस्पर्श दिया गया है।[71]

अपने एक अन्य उपन्यास बाबा बटेसरनाथ' (1954) में लेखक ने उत्तर-बिहार की आंचलिक संस्कृति का यथार्थ भूमिका पर निरूपण किया है। इस कथा का नायक व्यक्ति-विशेष न होकर वट-वृक्ष है। इस कृति का कथ्य भी ज़मींदारी उन्मूलन के पश्चात् उत्पन्न हुई ज़मींदारों की अर्थ-लिप्सा से ही संबद्ध है। 'बलचनमा' की भाँति यह भी 'आत्म-कथात्मक' कृति है। यह 'आत्म-कथा' एक वट-वृक्ष की है। लेकिन दीर्घ अवधि में विस्तृत इस कृति में पात्रों की संख्या अधिक है जिससे कहानी में फैलाव बढ़ा है। इससे यह कृति 'बटेसरनाथ' की कथा न होकर पूरे अंचल से संबद्ध हो गई है। अंचल विशेष में व्याप्त वर्ग-संघर्ष, राजनीतिक जोड़-तोड़ तथा रूढ़ियों के व्यंग्यात्मक प्रस्तुतीकरण की दृष्टि से 'बाबा बटेसरनाथ' एक स्मरणीय आंचलिक कृति है, यद्यपि राजनैतिक मतवाद से कहीं-कहीं आंचलिकता की व्याप्ति को अवरुद्ध किया है। लेकिन अपनी विशिष्ट राजनीतिक चेतना और दृष्टि को प्रस्तुत करते हुए भी लेखक ने इस कृति की आंचलिकता को जितना अक्षुण्ण रखा है, वह भी कम उपलब्धि नहीं है।

अपनी किसी भी कृति में नागार्जुन ने अपनी राजनीतिक मान्यताओं की उपेक्षा नहीं की है। यद्यपि उनके सभी उपन्यास आंचलिक परिवेश को केन्द्र में रखकर ही रचे गए हैं। 'वरुण के बेटे' भी आंचलिक कृति के रूप में एक विशिष्ट उपलब्धि है। इसमें मछुवारों के जीवन की संघर्ष-कथा, उस समाज के रीति-रिवाज़, संस्कारों, संस्कृति, आर्थिक उत्पीड़न, आस्था-विश्वास तथा कष्ट साध्य जीवन-

प्रणाली का विशद विवेचन हुआ है। साथ ही, इन विषमताओं के मध्य मन की संवेदनाओं को अत्यन्त ही भावभीनी भूमिका पर अभिव्यक्ति मिली है। आंचलिकता के इस स्वरूप निरूपण के साथ ही लेखक का आशय यह परिलक्षित करना भी रहा है कि किस प्रकार ये सरल श्रमशील प्राणी ज़मींदारों, पूँजीपतियों और राजनेताओं की स्वार्थ प्रवृत्ति के शिकार हो रहे हैं और किस प्रकार इन साधनहीन निरीह प्राणियों का शोषण किया जा रहा है। नाम के लिए सामान्य व्यक्ति के विकास और उसकी सुविधा के लिए राष्ट्रीय योजनाएँ बनती हैं लेकिन वे कितनी भ्रष्ट हैं और वहाँ लूट-खसोट का बाज़ार कितना गर्म है इस ओर भी लेखक ने संकेत दिए हैं।[72] उनका दूसरा उपन्यास 'इमरतिया' में भी आंचलिकता का पुट है। नागार्जुन के उपन्यासों में एक बात विशेष रूप से द्रष्टव्य है। इन कृतियों की ज़मीन आंचलिक होती है लेकिन उस पर सामान्य व्यक्ति के दुःख-सुख, समस्या, संघर्ष और उत्पीड़न की कथा एक विशिष्ट समाजवादी दृष्टि से उकेरी जाती है। अतः ये कृतियाँ आंचलिक होते हुए भी लेखक की विशिष्ट समाज-प्रतिबद्ध दृष्टि को निरूपित करती हैं और समाज प्रतिबद्ध होते हुए भी आंचलिक जीवन को रूपायित करने में अपनी सामर्थ्य का सफल परिचय देती हैं।[73]

नागार्जुन की अपेक्षा शैलेश मटियानी के उपन्यास अधिक आंचलिक हैं। इनके उपन्यास भावप्रवण हैं। करुणा और अतिशय संवेदनशीलता इनकी भूमि है। प्रणय इनका मूल कथ्य है। सन् 1961-62 में प्रकाशित शैलेश मटियानी के पाँच उपन्यास 'चिट्ठी रसैन', 'चौथी मुट्ठी', 'हौलदार', 'मुख सरोवर के हंस' और 'एक मूठ सरसों' उन्हें पर्वतीय आंचलिकता के श्रेष्ठ कथाकार के रूप में प्रतिष्ठित करते हैं। कूर्मांचल की संस्कृति, वहाँ की निसर्ग शोभा और वहाँ के पहाड़ी ग्राम निवासियों के जीवन-संघर्ष, उनकी मानव छवि और उनके सुख-दुख के अन्तिम भावचित्रों को कथाकार ने बहुत हार्दिकता के साथ चित्रित किया है। 'चिट्ठी रसैन' मटियानी की सर्वश्रेष्ठ आंचलिक कृति है। उनकी 'चौथी मुट्ठी' भी इस दृष्टि से महत्त्वपूर्ण रचना है। कूर्मांचल के लोगों की, विशेष रूप से महिलाओं की दयनीय स्थिति, इन सबके साथ वहाँ के लोग-जीवन की घाटियों में व्याप्त प्रणय चर्चा का अविरल प्रवाह आदि का हृदयग्राही विवेचन हमें इन कृतियों में प्राप्त होता है। शैलेश की कृतियों में परिवेश के साथ उसकी तन्मयता विशेष द्रष्टव्य है। तभी उनमें इतनी आत्मीयता और मोहकता आ सकी है। 'चिट्ठी रसैन' तथा 'चौथी मुट्ठी' दोनों का मूल कथ्य स्त्री-पुरुष सम्बन्धों से है लेकिन लोक-जीवन के प्रभावशाली चित्रों, पर्वतीय सुषमा और वहाँ की लोकोक्तियों के अबाधित प्रयोगों ने इन दोनों कृतियों को पूर्ण आंचलिकता प्रदान कर दी है। 'चिट्ठी रसैन' में 'पनार' नदी के किनारे एक गाँव है 'अडलगों' जहाँ आनसिंह की विवाहित स्त्री रमौती स्थितिवश पीताम्बर चिट्ठी रसैन से कलंकित

होकर जल समाधि लेने का प्रयास करती है और नत्थू सिंह हौलदार के द्वारा बचा लिए जाने पर भी उसे आजीवन नारी की अभिशप्त नियति की पीड़ा में टिसते रहना पड़ता है। 'चौथी मुट्ठी' और 'हौलदार' में अल्मोड़ा की आंचलिक पृष्ठभूमि है। इनमें वहाँ का हीन किन्तु रागबद्ध जीवन, सामाजिक-आर्थिक पहलुओं के गहन स्पर्श से रहित आंचलिक शिल्प में साग्रह प्रस्तुत किया गया है। 'हौलदार' में हीन ग्रन्थि से युक्त डुंगर सिंह एक ओर नरुली के असफल प्रेम का अकेलापन झेलता है, दूसरी ओर खिमुली-भिमुली भौजियों के आतंक में सिकुड़ा एक विशिष्ट आंचलिक चरित्र का प्रतिनिधित्व करता है। 'मुख सरोवर के हंस' में कुमायूँ की प्रसिद्ध लोककथा 'अजित बकौल' को आधार बनाया गया है। चम्पावत के बकौल वंशी शूरों की लोकगाथाएँ वास्तव में वीरगाथाओं की एक परम्परा उजागर करती हैं। आलोच्य कृति में इस वंश की अन्तिम रूप-गर्विता रूपाली की कहानी अंचल की सारी सांस्कृतिक धरोहर के साथ उपन्यास में चित्रांकित हुई है। लोककथाओं का यही रंग कथाकार की अन्तिम आंचलिक कृति 'एक मूठ सरसों' में है। इस प्रकार शैलेश मटियानी आधुनिकता और समसामयिक जीवन-संघर्ष की नयी गूँज के रहित सनातन रागबोध में डूबे पर्वतीय ग्राम जीवन की गाथा को प्रस्तुत करते हैं। उनमें प्रश्न है, समस्याएँ हैं परन्तु आंचलिक जीवन-छवि में सब डूब जाते हैं। लोककथात्मकता, पौराणिक गाथा, रामलीला, पोस्टमैन, पर्वत छवि, भाभी, भूतप्रेत और विशिष्ट परम्पराओं में जीते उपेक्षितों की अन्तरसता कथाकार के आंचलिक उपन्यासों की विशेषताएँ हैं।[74] आंचलिक उपन्यासकारों में भाषा की जो सहजता और सौन्दर्य-बोध शैलेश में मिलता है, वह अन्यत्र दुर्लभ है। आंचलिक कृतिकार के रूप में शैलेश की सफलता भाषा के अविरल प्रवाह, शब्द-संयोजन की कुशलता, सहज भूमिका पर स्थित आयोजन, प्रौढ़ता तथा पर्वतीय परिवेश के सांस्कृतिक जीवन को प्रभावात्मक अभिव्यक्ति देने में विशेष रूप से लक्षित होती है।[75]

वैसे शैलेश का एक और उपन्यास है 'बोरीवली से बोरी बन्दर' (1960)। इसे बहुत ही संकीर्ण अर्थों में आंचलिक स्पर्श से युक्त कृति कहा जा सकता है। इसमें बम्बई के नागरी परिप्रेक्ष्य में अपना दयनीय, कष्टपूर्ण और अभावग्रस्त जीवन व्यतीत करने वाले पिछड़े वर्ग की कथा को चरित्रात्मक भूमिका पर प्रस्तुत किया गया है। बम्बई की 'चालू' भाषा पर लेखक का अधिकार है और इसी सन्दर्भ में इसमें आंचलिकता का तत्त्व प्राप्त होता है। इस कृति में शैलेश की कोई विशिष्ट दृष्टि नहीं बन पाई है फिर भी बम्बई के फुटपाथों की सामान्य भाषा-प्रयोग की सार्थकता के कारण इसका महत्त्व 'उल्लेखनीय' की सीमा तक अवश्य हो जाता है। इस प्रकार यह स्पष्ट है कि भाषा-शैली के अजस्र प्रवाह और प्रांजलता से शैलेश मटियानी के उपन्यासों में आंचलिकता गहरा गई है।

सन् 1956 में प्रकाशित 'सागर लहरें और मनुष्य' उदयशंकर भट्ट द्वारा रचित उपन्यास में चटक आंचलिक रंग है। इस उपन्यास में बम्बई के समीपवर्ती बरसोवा ग्राम के मछुवारों का जीवन-संघर्ष चित्रित है। समुद्री तूफ़ान, समुद्र देव की पूजा और भोज आदि के उत्सव की स्थानीय विशेषताओं के साथ बिखराव और वैयक्तिकता नामक दो आंचलिक तत्त्व और इसमें मिलते हैं। इसमें 'कोली' जाति की भाषा का स्थानीय रंग भी स्थान-स्थान पर छिटका है। ग्राम-नगर का द्वन्द्व भी कृति में गम्भीर रूप से उभरा है। समुद्रतटीय जीवन-संघर्ष के साथ इसकी होली आदि त्योहारी छवियों को प्रस्तुत कर कथाकार आकर्षण बढ़ा देता है। कुछ आलोचकों के अनुसार यह एक विवादास्पद कृति है क्योंकि इस कृति की आधार-भूमि बम्बई के नागरी जीवन से प्रभावित और सम्पृक्त अंचल मछुआरों की बस्ती बरसोवा है। दूसरे इसमें केवल अंचल विशेष की अभिव्यक्ति को ही प्रधानता नहीं दी गई है। यह कथा नायिका रत्ना की भी महत्त्वपूर्ण कथा है। रत्ना के माध्यम से लेखक ने सामान्यवर्गीय नारी की व्यक्तित्व-चेतना की कहानी को बहुत ही प्रभावशाली ढंग से अभिव्यक्ति दी है, इस प्रकार यह एक परिवेशपरक उपन्यास होने के साथ-साथ व्यक्तिपरक कृति भी है।

डॉ. इन्द्रनाथ मदान के अनुसार इस कृति में समसामयिक सत्य की अभिव्यक्ति नव स्वछन्दतावाद के धरातल पर हुई है जो समष्टि-सत्य की कोटि से भिन्न है।...इसलिए इस उपन्यास को आंचलिक धारा की संज्ञा देना युक्तिसंगत नहीं जान पड़ता। इस उपन्यास में बरसोवा गाँव का जीवन मुखरित हुआ है, मछलीमारों के जीवन को वाणी मिली है। इस जीवन को आँकने वाली जीवन-दृष्टि समष्टिमूलक न होकर व्यक्तिमूलक है जो नव-स्वच्छन्दतावाद से अनुप्राणित है।[76] इसके विपरीत डॉ. त्रिभुवन सिंह के अनुसार उदयशंकर भट्ट का यह उपन्यास आंचलिक उपन्यासकारों की उन कतिपय दुर्बलताओं में प्रायः नितान्त मुक्त है जिनके कारण उनकी कृतियाँ प्रायः कला की दृष्टि से असफल हो जाया करती हैं...। उपन्यासकार कथातत्व और चरित्रों के निर्माण में इतना सजग और संयत रहा है कि यदि वह अपने उपन्यास में आए पात्रों को सागर और उसकी लहरों से दूर हटकर उन्हें अपनी ज़िन्दगी दे पाता तो इसे आंचलिक कहने में भी अनेक बार सोचना पड़ता। इसका तात्पर्य यह नहीं कि आंचलिक उपन्यासों की श्रेणी में रख देने से इस उपन्यास की महत्ता घटी है। मेरे कहने का केवल इतना ही तात्पर्य है कि आंचलिक कहे जाने वाले हिन्दी के उपन्यासों में सामान्यतः पाठक जो अर्थ लगा लेते हैं, 'सागर, लहरें और मनुष्य' उससे कुछ अच्छे अर्थ में भिन्न है।[77]

एक ओर इस उपन्यास में बरसोवा अंचल के निवासी मछुआरों के जीवन की सांस्कृतिक, सामाजिक झाँकियाँ मिलती हैं; उनके परिवेश के नीति-नियम,

व्यवहार, आदर्श, आस्था-अनास्था, परम्परा और प्रवृत्तियों का परिचय मिलता है तो दूसरी ओर रत्ना के चारित्रिक विकास के रूप में आज़ादी के पश्चात् सामान्य वर्ग में उत्पन्न मधुर आशा-आकांक्षाओं को पूर्ण करने की उत्साहपूर्ण लालसा व्यक्तिवादी भूमिका पर व्यक्त हुई है। साथ ही, समाज के बीच नारी के महत्त्वपूर्ण योगदान और सामान्यवर्गीय जीवन में नवीन आलोक से समन्वित चेतना के विभिन्न रूप भी इस कृति में खूब गहरे रंगों से उभारे गए हैं। इस प्रकार 'सागर, लहरें, और मनुष्य' को एक उच्च कोटि का आंचलिक उपन्यास मानने में कोई असुविधा इसलिए नहीं होनी चाहिए क्योंकि इससे अंचल तो मुखरित हुआ ही है, साथ ही रत्ना के चरित्र का वैशिष्ट्य भी अंचल की ही देन है। स्वतंत्रता के पश्चात् पिछड़े हुए उपेक्षित और परम्परानिष्ठ अंचल में जिस चेतना का विकास हुआ है, रत्ना उसी की प्रतीक बनकर प्रस्तुत की गई है। साथ ही आंचलिक रचना के वर्गीकरण में हमें कथ्य और भाषा-शिल्प के महत्त्व की दृष्टि को ओझल नहीं कर देना चाहिए। छोटी-छोटी उपकथाओं से समन्वित 'लोक-परलोक' भट्ट जी की एक दूसरी महत्त्वपूर्ण कृति है जो कि आंचलिकता के गहरे रंग से समन्वित कृति है। इसमें वस्तु सत्य की पीठिका पर तीर्थ स्थानों के जीवन से भरे हुए धार्मिक और व्यक्तिगत आडम्बरों, संघर्षों और अनैतिकताओं का चित्रण हुआ है। लेखक की दृष्टि इस उपन्यास में किसी व्यक्ति विशेष की चारित्रिक विशिष्टताओं पर केन्द्रित न हो, पूरे परिवेश को उभारने का प्रयत्न करती है। इसी प्रयास में इसमें आंचलिकता परिलक्षित की जा सकती है। सन् 1960 में प्रकाशित 'शेष-अशेष' भट्ट जी की एक और प्रमुख कृति है जो साधुओं के जीवन पर आधारित है।

1953 में प्रकाशित देवेन्द्र सत्यार्थी के 'रथ के पहिये', प्रगति के लिए नागरी और प्रकृति सभ्यता के समन्वय को आवश्यक रूप से महत्त्व देने का संदेशवाहक है। इस कथा-कृति का परिवेश गोंड जीवन है। अत्यधिक पिछड़े हुए अंचलों की अपेक्षा यहाँ प्रगति और विकास के स्वर अपने क्षीण स्वरूप में ही सही, दिखलाई अवश्य पड़ते हैं। नागरिक चरित्र सोम और आनन्द के द्वारा विवेच्य ग्राम्य जीवन में परिवर्तन होता है। उपन्यासकार की दृष्टि आदर्श समन्वित है और उसमें पिछड़े जनजीवन को विकास की प्रेरणा देने की बात ऊँचे मंच से कही गई प्रतीत होती है। 'नयी पौध' और 'काका' की तुलना में इसमें आंचलिकता कम है फिर भी इसे स्थानीय रंगत से अछूती कृति नहीं कहा जा सकता। सन् 1956 में प्रकाशित 'ब्रह्मपुत्र' में 'रथ के पहिये' से अधिक चटक आंचलिक रंग है। 'ब्रह्मपुत्र' के नदी तट पर बसे असम के सामान्य जनजीवन को, उसके सुख-दुःखों और हर्ष-विषाद को अनेक स्थानों पर अत्यन्त संवेदनात्मक स्तर पर अभिव्यक्ति मिली है। असम के इस विशिष्ट अंचल की संस्कृति और साथ ही, यहाँ के लोगों की हमेशा की

समस्याओं को हिन्दी में अभिव्यक्ति देने वाला कदाचित् यह प्रथम प्रयास लगता है और इसमें लेखक को सफलता मिली है।[78] कथाकार ने 'लोकभाषा की राजकुमारी'[79] की भाँति ब्रह्मपुत्र की सहज भाषा को सहेजा है। पौराणिक अनुश्रुतियों के आधार पर ब्रह्मपुत्र की उत्पत्ति के साथ उसके रूप, विस्तार, महत्ता और भूगोल-इतिहास आदि के आलेखन के साथ कथा भूमि 'दिसांगमुख' गाँव का स्पर्श होता है। उसके प्राकृतिक परिवेश का अतिमोहक चित्रण तथा महाकाव्यात्मक और आंचलिक रंगों का शत-प्रतिशत निखार इस कृति की विशेषता है। आंचलिक मुहावरे, कहावतें और दृष्टान्त जिन पर ब्रह्मपुत्र नदी का प्रभाव है, कृति में चमत्कार उत्पन्न कर देते हैं। वहाँ के बाज़ार, हाथियों के दास्तान, विविध 'बिहू' के त्यौहार, मछुवारों के जीवन आदि में अद्‌भुत ताज़गी है। अंतरवर्ती 'देवकान्त क्रान्तिकारी' की मुख्य कहानी के चारों ओर सहज भाव में बुनी आंचलिक रंग की कहानियाँ आदि से अन्त तक पाठकों को रसमग्न रखती हैं। इसके शिल्प पर कलात्मकता का प्रभाव यद्यपि अधिक है तथापि आंचलिकता आहत नहीं होती है। देवेन्द्र सत्यार्थी की 'दूधगाँछ', 'रथ के पहिये', 'धीरे बहो गंगा', और 'बेला फूले आधी रात' आदि में भी आंचलिकता है। उन्होंने आदिवासी संथालों और गोंड जाति के जंगली लोगों को अपने उपन्यासों में चित्रांकित किया है।

आदिवासी जंगली जातियों को अपने आंचलिक उपन्यासों में चित्रित करने वालों में, देवेन्द्र सत्यार्थी के अतिरिक्त शानी, राजेन्द्र अवस्थी, जयसिंह और रांगेय राघव प्रमुख हैं। राजेन्द्र अवस्थी के उपन्यास 'सूरज किरण की छाँव' (1959) में, कालपी-चित्रकूट के पार्श्ववर्ती आदिवासी क्षेत्र तथा 'जंगल के फूल' (1960) में मध्य प्रदेश के बस्तर आदिवासी क्षेत्र और 'जाने कितनी आँखें' (1969) में बुन्देलखंड अंचल का जनजीवन मुखर हुआ है। 'जंगल के फूल' में कथाकार अपने प्रिय बस्तर के आदिवासी क्षेत्र (मध्य प्रदेश) को अपनी संवेदना प्रदान करता है। यह एक लघु-कायिक कृति है। इसमें मध्य प्रदेश के बस्तर क्षेत्र के निवासी गोंडों के जीवन को जीवन्त अभिव्यक्ति मिली है। इस उपन्यास का कथ्य गोंडों के अधिकार-रक्षा के प्रश्न के चारों ओर केन्द्रित है। स्वातन्त्र्योत्तर नवीन चेतना का स्फुरण इस जाति पर भी परिलक्षित होता है।[80] पात्रों के माध्यम से, जिनमें महुआ, झालरसिंह आदि मुख्य हैं, आंचलिक जीवन के विविध रंगी चित्र प्रस्तुत किए गए हैं। साथ ही, सरकार द्वारा इस अंचल के निरीह लोगों पर किये गये अत्याचारों और प्रतिक्रियास्वरूप उन अत्याचारों के विरोध की चेतना भी प्रकट हुई है। समग्रत: 'जंगल के फूल' गोंड जीवन को उसकी समस्त जातिगत विशिष्टता के साथ प्रस्तुत करने वाली सूक्ष्म और सफल कृति बन पड़ी है। 'जाने कितनी आँखें' में बुन्देलखंड अंचल के जनजीवन के चित्र के साथ ही नये-पुराने मूल्यों का संघर्ष भी रचनात्मक ढंग से उभरा है।

सुवेगा और कमलापति के प्रेम की इस दास्तान में, आंचलिकता के तत्त्व अलग से आरोपित जैसे नहीं हैं, उसमें घुले-मिले एकाकार से हो गए हैं। 'घोंटा के जंगल' में फागु हरकारा शेर से भिड़ जाता है। गोंड़ जाति को शेर के बड़े भाई के रूप में जाना जाता है। 'खम्हेर' खेड़ा और देवी यात्रा का मेला, बारंगदा का मेला, स्थानीय 'हेसू' उत्सव और अहीर तथा कुरमियों द्वारा 'कारसदेव' की पूजा आदि में प्रभुत आंचलिक तत्त्व हैं। उपन्यास की कहानी द्वितीय महायुद्ध काल की है। प्राचीन जड़ मूल्यों, जातिवाद, नैतिकता और सामाजिक नियन्त्रण आदि के सन्दर्भ में सुवेगा की पीड़ा पाठकों की पीड़ा बन इस आंचलिक कृति को मूल्यवान बना देती है।

रांगेय राघव की आंचलिक कृति 'कब तक पुकारूँ' (1967) में राजस्थान के जरायम पेशा वाली करनट जाति के बंजारों का चित्रण है। प्रगतिशील और विद्रोही कथाकार इस आंचलिक कृति के माध्यम से मानवीयता के अनुत्तरित प्रश्न को पाठकों के मन में जगा देता है। इस उपन्यास में अंचल विशेष के समान ही जातिगत संस्कारों, परम्पराओं और प्रवृत्तियों को, नैतिक-अनैतिक मानदण्डों को और आदर्शों को अभिव्यक्ति मिलती है। 'कब तक पुकारूँ' में लेखक ने राजस्थान के बैर नामक ग्राम तथा उनके निकटवर्ती प्रदेश में रहने वाली नटों की एक उपजाति 'करनट' के जीवन-व्यापार को कथा के रूप में प्रस्तुत किया है। मध्यकालीन सामन्ती सभ्यता के प्रतिनिधि-ज़मींदारों द्वारा इस जाति का, विशेष रूप से इनकी जवान युवतियों का मांसल आनन्द के लिए शोषण, इन अतिशय दीन, विवश लोगों पर किए गए अत्याचार तथा इनके विडम्बनापूर्ण जीवन का अंकन इस विशालकाय कृति की विशिष्ट उपलब्धि है। खनाबदोश या जरायमपेशा कहे जाने वाले ये करनट स्वतंत्रता प्राप्ति के पश्चात् भी अन्य अनेकों जातियों और अंचलों के निवासियों की भाँति आज तक उपेक्षित, शोषित और प्रताड़ित हैं। इन जाति विशेष के जीवन वैषम्य को उभारने के लिए लेखक ने इनकी अज्ञानता को अभिव्यक्ति देने वाली रस्मों, अन्धविश्वासों, यौन मान्यताओं, नारी स्थिति, परस्पर भेद-भावों तथा अनेक-अनेक गर्हित परम्पराओं का सविस्तार विवेचन किया है। वस्तुतः यह कृति शक्ति और धन का आधार लेकर सम्पन्न जाति द्वारा इन हीन, विवश, दलित और अभावग्रस्त जाति पर किए गए अत्याचारों की अपराध गाथा है। इनका नायक 'सुखराम' पीढ़ियों से चली आती हुई परम्पराओं, प्रतिक्रियाओं, संस्कारों और हीन भावनाओं को ढोने वाला प्रतिनिधि चरित्र है। लेखक की संवेदना इस वर्ग के साथ रही है। आंचलिक कथाओं की तरह इसमें विस्तार और परस्पर विच्छिन्न घटनाओं की बहुलता है लेकिन फिर भी कहीं बिखराव नहीं आने पाया है, यह लेखक की प्रबन्ध-कुशलता का प्रमाण है।[81] साथ ही सामाजिक शोषण के सत्य को अभिव्यक्ति देने में लेखक की प्रतिबद्धता स्पष्ट परिलक्षित होती है।

कथाकार शानी ने भी बस्तर के आदिवासी क्षेत्र को ही अपने उपन्यासों की पृष्ठभूमि बनाया है। उनके 'कस्तूरी' (1960) आदि कृतियों में जनजातियों की पीड़ा आंचलिक रंगों में बहुत कचोट के साथ उभरी है।

इसी प्रकार जयसिंह की कृति 'कलावे' में आदिवासी झील-कलावे है। राजनैतिक प्रचार और सांस्कृतिक व्यामोह से रहित इस लघु उपन्यास में विशुद्ध आंचलिक रंगों का उभार अत्यन्त सावधानी से हुआ है।

'मुक्तावली' (1958), 'नेपाल की वो बेटी' (1959), 'देवताओं के देश में' (1960), 'घने और बने' (1961) तथा 'लहरों की छाती पर' (1962) अपने पाँच उपन्यासों में बलभद्र ठाकुर ने क्रमशः मणिपुर, नेपाल, कुलू, गढ़वाल का उद्घाटन किया है। बलभद्र ठाकुर का दृष्टिकोण प्रगतिशील है और उपन्यासों की सांस्कृतिक सृष्टि में साम्यवादी दृष्टि का संयोग पाठकों के बोध को बराबर छूता चलता है। प्रादेशिकता का स्पर्श और भौगोलिक विचित्रताओं के साथ विशिष्ट लोक-परम्पराओं का निर्वाह कलात्मक स्तर पर होता चलता है। 'मुक्तावली' उपन्यास का परिवेश मणिपुर का अंचल है। इस उपन्यास में मुख्यतः वर्ग और प्रादेशिक भावना तथा संघर्ष का निरूपण हुआ है। इसकी भूमिका में लेखक का प्रयत्न इसको राष्ट्रीय आन्दोलन से जोड़ देने का रहा है।[82] लेखक की दृष्टि से इसमें कथा आंचलिक न होकर व्यापक परिप्रेक्ष्य को प्रस्तुत करने के प्रयास से संकल्पित प्रतीत होती है। फिर भी आरम्भ के पृष्ठों में मणिपुर के जन-जीवन, वहाँ की सभ्यता-संस्कृति तथा वहाँ की मान्यताओं-परम्पराओं की अभिव्यक्ति में वहाँ के अंचल को आकर्षक अभिव्यक्ति मिली है, इस तथ्य से इंकार नहीं किया जा सकता। बलभद्र ठाकुर का दूसरा उपन्यास 'नेपाल की बेटी' में सम्पूर्ण देश के जन-जीवन की समस्याओं को अभिव्यक्ति मिली है। आंचलिकता का स्पर्श वहाँ की संस्कृति और भाषा के छिटपुट प्रस्तुतीकरण और प्रयोग में मिलता है। इसी कारण यह सामान्य कोटि के उपन्यासों से थोड़ा दूर जाकर 'आंचलिकता' का स्वाद देने लगता है। उनका और एक उपन्यास 'आदित्यनाथ'(1958) आंचलिक संस्पर्श से युक्त है। 'आदित्यनाथ' कुलू की एक अनजान घाटी के जन-जीवन की प्रगाढ़ समस्याओं पर आधारित है। इसमें लेखक आंचलिकता का पुट भरने में 'मुक्तावली' की अपेक्षा अधिक सफल रहा है लेकिन यह आंचलिकता उपन्यास के प्रथम सौ-सवा-सौ पृष्ठों में ही सीमित होकर रह गई है। ये पृष्ठ कुल्लू के जन-जीवन, वहाँ के आचार, व्यवहार और वहाँ की प्राकृतिक सुषमा से आपूर्ण हैं। शेष उपन्यास हिमाचलीय जीवन में बद्धमूल साम्प्रदायिकता तथा धीरे-धीरे पनपती राजनैतिक अखाड़ेबाजी का चित्र प्रस्तुत करता है।

वैसे तो आंचलिक भूमिका पर अन्य कितने ही उपन्यासों का प्रणयन हुआ है किन्तु, विशिष्ट आंचलिकता से प्रसूत कृतियों में रामदरश मिश्र का 'पानी के

प्राचीर', जयप्रकाश भारती का 'कोहरे में खोए चाँदी के पहाड़' तथा आनन्द प्रकाश जैन का 'आठवीं भाँवर' का उल्लेख आवश्यक हो जाता है। इन कृतियों को विशेष महत्त्व देने के पीछे हमारा आशय यह स्थापित करना रहा है कि आज का हिन्दी उपन्यासकार देश के विभिन्न अंचलों को अपनी दृष्टि की व्यापकता और गहराई से देखने के लिए कृत संकल्प है। हिन्दी का क्षेत्र बहुत विस्तृत है। हिन्दी क्षेत्र के सभी अंचलों से लेखक उभरे हैं और उन्होंने अपने परिवेश की जड़ता, उपेक्षा और परम्परावादिता के साथ-साथ स्वातन्त्र्योत्तर चेतना की हलचल भी लक्षित की है। अपने परिवेश के प्रति ये लेखक संवेदनशील, उदार, सहानुभूतिपूर्ण और उसके उन्नयन के आकांक्षी रहे हैं। इन्होंने अपने क्षेत्र को खुली आँखों से देखा है और उसकी समस्याओं-विषमताओं को रेखांकित करते हुए शेष विकासशील समाज के साथ उसके विकास और प्रगति की कामना की है। इसीलिए रामदरश मिश्र ने गोरखपुर जिले के पांडेपुरवा ग्राम को केन्द्र बनाकर वहाँ की परम्पराओं, अशिक्षा, लोक-विश्वासों और लोक-साहित्य (गीत-साहित्य) की पृष्ठभूमि में वहाँ के जन-जीवन को व्यापक राष्ट्रीय संघर्ष के सन्दर्भ में व्यक्त किया है। सामाजिक-सांस्कृतिक और राष्ट्रीय संघर्ष के साथ-साथ लेखक ने इस अंचल में चल रहे आर्थिक संघर्ष को भी बहुत ही यथार्थ भूमिका पर अभिव्यक्ति दी है। इन सब में लेखक की दृष्टि संवेदनशील, लक्ष्य, सत्य की प्रतिष्ठा और इनके माध्यम से आंचलिक संस्कृति को उसके यथार्थ रूप में रूपायित करना रहा है। इस कृति का कथ्य स्वतंत्रता से पूर्व का है और उसमें सबसे कटे हुए इस सर्वथा एकान्त अंचल की कथा मानवीयता की उदात्त भूमि पर कही गई है। इसे आंचलिक उपन्यासों की परम्परा में एक महत्त्वपूर्ण कड़ी कहा जा सकता है।

रामदरश मिश्र के दोनों उपन्यास 'पानी के प्राचीर' और 'जल टूटता हुआ' पूर्वी उत्तर प्रदेश के गोरखपुर-देवरिया जिलों के दक्षिण-पूर्वी क्षेत्र के जन-जीवन पर आधारित है। 'पानी के प्राचीर' (1961) में गोरखपुर जिले की दो नदियों से घिरे हुए एक पिछड़े भू-भाग की कहानी कही गई है। भूमिका में ही लेखक ने कृति का उद्देश्य स्प्ट कर दिया है। ''स्थानीय जीवन के समस्त सत्यों और पक्षों को चित्रित कर इस भू-भाग के संश्लिष्ट को उभारना ही इसका लक्ष्य है। किन्तु इस भू-भाग के संश्लिष्ट-व्यक्तित्व के माध्यम से राष्ट्र और युग की चेतना ध्वनित है। इसीलिए कथानक एक दिशा-प्रवाही नहीं है, वह अनेक कोणों से उभरती जीवन-कथाओं की संश्लिष्ट बनावट है।''[83] पांडेयपुरवा गाँव का जन-जीवन, उसकी समस्याएँ, लोक-मान्यताएँ, अन्धविश्वास, परम्पराएँ, लोकगीत इसमें प्रभावशाली ढंग से चित्रित हैं। यह अंचल प्राकृतिक प्रकोपों का शिकार है, वहाँ के पूँजीपतियों, ज़मींदारों और पुलिस के शोषण का भी शिकार है।[84] गाँववालों के

संस्कार, भूत, चुड़ैल, पण्डित, जाति-पाँति आदि उनके पिछड़ेपन के उत्तरदायी हैं।[85] परन्तु नीरू, सन्ध्या और मीलचन्द जैसे पात्र नई चेतना का प्रतिनिधित्व करते हैं और आशावादी सन्देश के साथ उपन्यास समाप्त होता है–'पानी की दीवारें टूटेंगी, बाहर से नई रोशनी आएगी, खेतों में नए सपने खिलेंगे...।'[86] उपन्यास में साहित्यिक हिन्दी के साथ-साथ, लोकगीतों और लोकभाषा का प्रयोग भी बड़ा ही सृजनात्मक ढंग से हुआ है। पूरबी शब्दों तथा मुहावरों के विस्तृत प्रयोग ने भाषा को आंचलिकता से युक्त किया है । इसे आंचलिक उपन्यासों की परम्परा में एक महत्त्वपूर्ण कड़ी कहा जा सकता है। मिश्र जी के दोनों उपन्यासों में स्वाधीनता प्राप्ति के बाद के बदलते हुए ग्रामीण यथार्थ को चित्रित करने का प्रयास हुआ है।–"सतीश सोच रहा है इस ज्वार का जीवन भी तो जल ही है, लेकिन पहले एक साथ बहता था, बाढ़ में उमड़ता था, एक साथ गर्मी में सूखता था, एक था। अब तो नये-नये बाँध बँध रहे हैं उस जल के किनारे...ये बाँध भी पोख्ता नहीं है, जगह-जगह से दरक जाते हैं। जहाँ से दरकते हैं थोड़ा पानी बह जाता है।...और ये पानी कहीं मिल नहीं पाते, विपरीत या समानान्तर धाराओं में बहते ही चले जाते हैं...हाँ टूट रहा है, यहाँ का जल टूट रहा है।"[87] यह है आज का ग्रामीण यथार्थ। लेखक ने ग्राम जीवन के टूटते हुए रिश्तों, विश्वासों और मूल्यों तथा ग्रामीण जीवन के कटु और जटिल संघर्षों को बड़ी सहानुभूति के साथ व्यक्त किया है। इस जीवन का प्रत्यक्ष भोक्ता होने के कारण लेखक द्वारा प्रस्तुत इस विशिष्ट भू-भाग की जीवनगाथा बहुत जीवन्त हो सकी है।

विवेकी राय के उपन्यास 'बबूल और लोकऋण' की कथाभूमि भी इसी अंचल से सम्बन्धित है। उन्होंने न केवल अपने उपन्यासों में बल्कि अपनी अन्य कथा-कृतियों में भी इस अंचल के यथार्थ को चित्रित करने की कोशिश की है।

गोरखपुर के मैदानी अंचल से बहुत दूर उत्तरी सीमावर्ती प्रदेश के अंतर्गत जौनसार-बाबर और रवाई का अंचल प्राचीन काल से पर्वतीय क्षेत्रों के बीच भी अपनी विशिष्ट परम्पराओं और अत्यधिक पिछड़ेपन के कारण चर्चा का विषय रहा है। साहित्य में सर्वप्रथम जयप्रकाश भारतीय ने इस अंचल को 'कोहरे में चाँदी के पहाड़' में संवेदनात्मक अभिव्यक्ति दी है। इसी कारण इस कृति का महत्त्व बढ़ जाता है। इसमें वर्णित अंचल के लोगों और विशेषकर वहाँ की महिलाओं के शोषण को अभिव्यक्ति देकर लेखक ने उस अलक्षित अस्वस्थ प्रथा की ओर सोचने की दिशा दी है जो इस अंचल की अपनी विशेषता कही जा सकती है।

आंचलिक स्पर्श से युक्त उल्लेखनीय कृतियों में रेणु के 'दीर्घतपा' और 'जुलूस', राही मासूम राजा का 'आधा गाँव', जगदीशचन्द्र पांडेय का 'गगास के तट पर' तथा श्रीलाल शुक्ल का 'राग दरबारी' आदि है। 'आधा गाँव' के प्रकाशन

(1966) के पश्चात् उसे चर्चा का महत्त्वपूर्ण विषय बनाया गया है। आंचलिक स्पर्श की दृष्टि से इसमें भोजपुरी भाषा का मुक्त प्रयोग मिलता है। इस उपन्यास में पूर्वी उत्तर प्रदेश के गाजीपुर जिले के गंगोली गाँव को चित्रण का विषय बनाया गया है। यहाँ के शिया मुसलमानों की ज़िन्दगी का चित्रण करने वाला यह एक अत्यन्त सशक्त और जीवन्त उपन्यास है। इसमें मुसलमानों की टूटती हुई स्थिति, उनकी पीड़ा, भय, आशंका और पाकिस्तान बन जाने के बाद उनकी मन:स्थिति तथा साथ ही ज़मींदारी टूटने के बाद ज़मींदारों और निम्न जातियों की स्थिति में होने वाले परिवर्तन का विशिष्ट चित्रण हुआ है।

कुमाऊँ प्रदेश की आंचलिकता को जगदीशचन्द्र पांडेय के 'गगास के तट पर' में सफल अभिव्यक्ति मिली है। इसकी वस्तु में आंचलिकता की घनी छाया अंकित हो गई है वैसे भाषा-शैली और शब्द-प्रयोग मे आंचलिकता कम है, लेकिन श्रीलाल शुक्ल के 'राग दरबारी' (1968) के विषय में यह नहीं कहा जा सकता। मूलत: यह ऊँचे स्तर की व्यंग्य कृति है, लेकिन अपने परिवेश, भाषा और शिल्प प्रयोग के साथ-साथ ग्राम्य जीवन की समस्याओं के प्रस्तुतीकरण के सन्दर्भ में इसका विशेष महत्त्व बन पड़ा है। इस कृति के पात्र अपने व्यवहार, संस्कार और बोलचाल से आंचलिक जीवन पद्धति को साकार करने में बड़ी दूर तक सफल हुए हैं। इस कृति में हमारे देश का समकालीन ग्राम्य चरित्र बड़ी की कलात्मकता के साथ चित्रित हुआ है। यह उपन्यास मूलत: एक बड़े नगर के क़रीब बसे हुए शिवपालगंज नामक गाँव की ज़िन्दगी का दस्तावेज़ है। यहाँ बस स्टेशन है, थाना है, को-ऑपरेटिव यूनियन है, हाई स्कूल है। साथ ही गुटबन्दी है, चुनाव है, गबन है, भ्रष्टाचार है और उठा-पटक की राजनीति है। यह सब कुछ शिवपालगंज में ही नहीं बल्कि सारे देश में है। उपन्यास में एक जगह रूप्पन कहता है–''मुझे तो लगता है दादा, सारे मुल्क में यह शिवपालगंज ही फैला हुआ है।''[88] एक व्यंग्य कृति के रूप में यह उपन्यास हिन्दी उपन्यासों के बीच अपना अद्वितीय स्थान रखता है।

हिन्दी के अन्य प्रमुख आंचलिक कृतियों में शिवप्रसाद सिंह की 'अलग-अलग वैतरणी' तथा भैरवप्रसाद गुप्त की 'सती मैया का चौरा' (1956) और 'गंगा मैया' (1967) महत्त्वपूर्ण कृतियाँ हैं। 'अलग-अलग वैतरणी' में शिवप्रसाद सिंह ने पूर्वी उत्तर प्रदेश के ही एक गाँव 'करेना' को आधार बनाया और एक ख़ास सजीव ग्रामीण परिवेश के माध्यम से 'करेना' को भारतीय गाँवों के प्रतिनिधि के रूप में पेश किया है। यह उपन्यास आज़ादी के बाद के दो दशकों की उस हालत को प्रस्तुत करता है, जिसमें सारे गाँव का स्वरूप ही बदल गया है। इसके माध्यम से भारतीय जीवन की तब्दीलियों, विसंगतियों, कठोर सच्चाइयों और प्रतिक्रियाओं से सीधा साक्षात्कार करने का प्रयास किया गया है। इसमें आधुनिक भारत के नए उभरते

गाँवों की नई प्रवृत्तियाँ, व्यक्ति, समाज और ग्राम-जीवन के टूटने का सुन्दर विवरण है। लोकभाषा का प्रयोग भी इसकी एक निजी विशेषता है। यह कृति भोजपुरी संस्कृति का दर्पण है।

भैरवप्रसाद गुप्त कृत 'सती मैया का चौरा' एक वृहद् उपन्यास है जिसकी कथा का केन्द्र है उत्तर प्रदेश का एक गाँव 'पियरी'। इसमें गुप्तजी ने वहाँ की सामाजिक, आर्थिक, राजनीतिक और धार्मिक समस्याओं का, तीन पीढ़ियों के जीवन का विस्तृत चित्रपट पर सामन्ती मूल्यों के विघटन और नई चेतना के आलोक में नवीन जीवन संघर्ष का चित्रण किया है। "लेखक ने इसमें नई ग्राम चेतना के आलोक में उन सभी समस्याओं पर निष्पक्षता और गम्भीरता से विचार किया है, जो भूखी आँखों से आज सारे देश को घूर रही हैं।...यह भूख केवल पेट की भूख नहीं। यह भूख एक बेहतर ज़िन्दगी की है, उन सब चीज़ों और मूल्यों की है, जो ज़िन्दगी को बेहतर और जीने लायक बनाती है।"[89] पराधीन युग से लेकर स्वतंत्रता संघर्ष, ज़मींदारी उन्मूलन और शनैः-शनैः विकासारम्भ की स्थिति को गुप्त जी ने विस्तार से वर्णित किया है। इस उपन्यास की भाषा उत्तर प्रदेश की हिन्दी है, पर इसमें स्थानीयता का रंग नहीं है। कथानक में अंचल की समग्रता तो नहीं आ पाई है, पर ग्रामांचल के जीवन और समस्याओं के चित्र आंचलिकता की ओर उन्मुख हैं। इस प्रकार इसे अर्द्ध आंचलिक उपन्यास कहा जा सकता है। गुप्त जी का दूसरा उपन्यास 'गंगा मैया' में बलिया जिले के एक गाँव को परिक्षेत्र बनाया गया है। स्वतंत्रता के पूर्व शोषण एवं शोषित वर्ग के संघर्ष को चित्रित करना कृति का उद्देश्य है। इसकी आंचलिकता इसके वातावरण में है।

आंचलिक उपन्यासों की परम्परा में अमृतलाल नागर के दो उपन्यास परिगणनीय हैं–'सेठ बाँकेमल' एवं 'बूँद और समुद्र'। परन्तु इसके बारे में आलोचकों में मतभेद हैं। नये दौर में एक और आंचलिकता, नगरांचलिकता के नाम से चर्चित होने लगी है और यही बात, अमृतलाल नगर के 'बूँद और समुद्र' तथा मधुकर गंगाधर कृत 'मोतियों वाले हाथ' में देखी जा सकती है।

जिस प्रकार भाषा-शैली के अजस्र प्रवाह और प्रांजलता से शैलेश मटियानी के उपन्यासों में आंचलिकता गहरा गई है, उसी प्रकार आनन्द प्रकाश जैन की 'आठवीं भाँवर' (1969) की आंचलिकता भी बहुत कुछ उसकी परिमार्जित, अत्यधिक स्वाभाविक और प्रवाहमान भाषा-शैली के कारण ही प्रतिष्ठित हुई है। इसका कथ्य पश्चिमी उत्तर प्रदेश के गोसाइयों की जीवन-प्रक्रिया प्रस्तुत करता है। गोसाइयों की वैवाहिक परम्परा की, जो अदला-बदली के रिवाज़ पर आधारित है, इस कृति में विस्तार से विवेचना हुई है। पश्चिमी उत्तर प्रदेश (मेरठ-मुजफ्फरनगर) में व्यवहृत खड़ी बोली के स्वरूप का प्रयोग शायद हिन्दी में पहली बार इसी कृति में हुआ है।

शैलेश मटियानी की पर्वतांचलिक परम्परा में क़लम के धनी हिमांशु जोशी के भी कई आंचलिक उपन्यास प्रकाशित हुए हैं। इनमें कुमाऊँ की आंचलिक पृष्ठभूमि पर लिखी कथाकार की पहली कृति 'बुरुंश तो फूलते हैं' (1965) और 'अरण्य' (1973) समीक्षकों में काफ़ी चर्चित हुए। उनकी तीसरी कृति 'कगार की आग' भी बहुत लोकप्रिय रही। पहाड़ी जीवन के रागमय सांस्कृतिक पक्ष के साथ वहाँ के निवासियों की वैयक्तिक विवशताओं का चित्रण कर आंचलिकता के नए सहज स्वाद का सृजन हिमांशु जोशी ने किया है।

मधुकर गंगाधर के लघु उपन्यास 'सुबह होने तक' (1969) में भी अनेक आंचलिक तत्त्व निहित हैं। वास्तव में यह देश-काल निरपेक्ष रचना है जो बिहार की कोसी नदी की सत्यनाशी बाढ़ के चित्रों को प्रस्तुत करती बहुत मार्मिकता के साथ प्राचीन सनातन मूल्यों को पुरस्कृत करके पूर्ण होती है। मायानन्द मिश्र का उपन्यास 'माटी के लोग सोने की नैया' (1966) भी बिहार के कोसी तटबन्ध से ही सम्बन्धित आंचलिक उपन्यास है। 'तीसरा पत्थर' (1969) रामकुमार भ्रमर का आंचलिक उपन्यास चंबल अंचल की दस्यु समस्या से सम्बन्धित है, किन्तु डाकुओं के हृदय परिवर्तन जैसी सोद्देश्यता इसकी आंचलिकता को आहत करती है। आंचलिक उपन्यास के लब्धप्रतिष्ठ कृतिकारों में शिवसागर मिश्र का नाम आदर के साथ लिया जाता है। 'दूब जनम आई' (1960) की जैसी उनकी कृति में धरती की सोंधी सुगन्ध से संयुक्त अत्यन्त मार्मिक ओर अनुरंजनकारी आंचलिक तत्त्व हैं। बिलास बिहारी कृत 'अकाल पुरुष' (1971) में भागलपुर अंचल, शिवशंकर शुक्ल के उपन्यास 'मोगरा' (1970) में छत्तीसगढ़ अंचल, प्रकाशवती की कृति 'अनामा' (1971) में बिहार का एक ग्रामांचल, सत्यप्रसाद पांडेय की कृति 'चन्द्रवदी' (1971) में एक पिछड़ा पर्वतांचल, भगवती प्रसाद शुक्ल की कृति 'खारे जल का गाँव' (1973) में विन्ध्य क्षेत्र और नरेन्द्रदेव वर्मा की कृति 'सुबह की तलाश' (1972) में छत्तीसगढ़ अंचल चित्रांकित है। इन आंचलिक उपन्यास लेखकों ने हिन्दी के शब्दकोश में भी स्थानीय शब्दों को प्रयुक्त कर, मूल्यवान वृद्धि की है तथा आंचलिक इकाइयों के सूत्र से सार्वदेशिक समस्या के अनुशीलन का नया मार्ग प्रशस्त किया है।

'एक बीघा प्यार' (1972) अभिमन्यु अनत के उपन्यास से आंचलिकता के एक नये क्षितिज का उद्‌घाटन होता है। कथाकार ने भारत से दूर सागर की लहरों पर खेलते लघुभारत मारीशस की ज़मीन और वहाँ के जन-जीवन को हिन्दी में वाणी दी है। आलोच्य कृति में आंचलिक उपन्यास के समस्त तत्त्व विद्यमान हैं और अपनी सम्पूर्ण छाप लिए विदेशी ग्रामांचल का साक्षात्कार अद्‌भुत तृप्तिकारक साबित हुआ है।

उपर्युक्त आलोच्य कृतियों द्वारा बांग्ला एवं हिन्दी के आंचलिक उपन्यासों की प्रगति को रूपायित करने का सामान्य प्रयास किया गया है। यह नहीं कि ये ही कृतियाँ 'बस' हैं। इनके अतिरिक्त भी अनेकों उपन्यास हैं जिनमें हम देश के विभिन्न अंचलों की झाँकी परिलक्षित कर सकते हैं एवं और भी ऐसे उपन्यास लिखने का प्रयास जारी है, जिनसे अपनी धरती के नवीन अंचलों से परिचय पा सकते हैं। वास्तव में, आंचलिक उपन्यासों की सृजन प्रक्रिया में सामान्य उपन्यासों से जो भिन्नत्व है वह लेखक के विशेष अध्ययन, उसके विशिष्ट शिल्प और ग्राम्य या वन्य जीवन के प्रति रागात्मक तादात्म्य की माँग करता है। सामान्य परिनिष्ठित भाषा से पृथक् ग्रामांचल की तलवर्ती और मौलिक भंगिमा की पकड़ और अन्तरंग में प्रवेश की शर्त और बीहड़ है। युगीन जीवन के तनावों में टूटा और विभिन्न प्रकार के सन्त्रास–चक्र के आहत आज का नागरिक मन ग्राम–कथाकार शायद आंचलिकता की मानसिकता से छिटक–छिटक जाता है। सांस्कृतिक मूल्यों के ध्वस्त होते जाने की स्थितियाँ भी लेखकीय मन को घिसकर रूढ़ बना रही हैं तथा इस रूढ़ जीवन की यन्त्र–आंचलिक संवेदनाओं को आत्मसात् करने में बाधक बन रही हैं और बिना उन्हें गहराई से आत्मसात् किए ग्रामकेन्द्रित या आंचलिक उपन्यासों का सृजन सम्भव नहीं। इतने पर भी हम इसके भविष्य के प्रति आशावान बने रह सकते हैं।

सन्दर्भ

1. कुछ विचार, पृ. 47
2. 'शेखर एक जीवनी' की भूमिका
3. साहित्य सन्देश, 'आधुनिक उपन्यास' अंक, 1956, पृ. 74
4. हिन्दी कहानी : अपनी जबानी, सम्पादक–इन्दनाथ मदान, पृ. 38
5. James Henry, Art of Fiction
6. Woolf Virginia, The Novel of E.M. Forster, Page 107-08
7. Ralf Fox, The Novel and the people, page 2
6. Walter Allen, Reading a Novel, Page 22
9. वही, पृ. 3–4
10. बांग्ला साहित्येर विकाशेर धारा, प्रथम संस्करण, पृ. 103
11. बांग्ला उपन्यास, प्रसंग : आंचलिकता, पृ. 1
12. मानविकी पारिभाषिक कोश, साहित्य खंड, पृ. 125
13. हिन्दी साहित्य कोश, भाग–1, ज्ञानमण्डल, वाराणसी, द्वितीय संस्करण, पृ. 156
14. परती : परिकथा, आलोचना पत्रिका, अक्टूबर 1957, पृ. 82
15. हिन्दी उपन्यास, एक अन्तर्यात्रा, पृ. 188

16. पृथिवी पुत्र, पृ. 70
17. बांग्ला उपन्यासे आंचलिकता, 'साहित्येर ख़बर' पत्रिका, वैशाख 1367
18. ताराशंकर रचनावली, प्रथम खंड, भूमिका
19. आधुनिक बांग्ला उपन्यास और आंचलिकता, 'साहित्येर ख़बर' पत्रिका, वैशाख 1367
20. हिन्दी उपन्यास एक सर्वेक्षण, पृ. 207-08
21. कु. डॉ. जैन नगीन, आंचलिकता और हिन्दी उपन्यास, पृ. 53
22. हिन्दी के आंचलिक उपन्यासों की शिल्प-विधि, पृ. 62-63
23. चतुर्वेदी महेन्द्र, हिन्दी उपन्यास : एक सर्वेक्षण, पृ. 189
24. बन्द्योपाध्याय डॉ. असित कुमार, बांग्ला साहित्येर सम्पूर्ण इतिवृत्त, पृ. 413-14
25. वही। पृ. 425
26. विश्वास डॉ. महीतोष, बांग्ला उपन्यास–प्रसंग आंचलिकता, पृ. 34
27. मित्र प्यारीचाँद, आलालेर धररे दुलाल, प्यारीचाँद रचनावली, प्रथम संस्करण 1971, पृ. 73
28. सेन सुकुमार, बांगाला साहित्येर इतिहास, द्वितीय खंड, पृ. 193
29. चट्टोपाध्याय डॉ. सुनीतिकुमार, फूलमणि ओ करुणार विवरण, श्रीमती हाना कैथरिन म्यूलेन्स, (सम्पादक : चित्तरंजन बन्द्योपाध्याय), 'परिचिति'
30. बन्द्योपाध्याय डॉ. असित कुमार, बांग्ला साहित्येर सम्पूर्ण इतिवृत्त, पृ. 428
31. म्यूलेन्स हाना कैथरिन, फूलमणि ओ करुणार विररण, प्रथम अध्याय, पृ. 9
32. वही, पृ. 10
33. "Of my last two novels, Sansar goes in for पृ. 420, widow-marriage and 'Samaj'... goes in for inter-caste marriage" –दत्त रमेशचन्द्र : (संसार; भूमिका, उद्धृति), बांग्लार लेखक : प्रमथनाथ बिशी, पृ. 38
34. सेन सुकुमार, बांगाला (बांग्ला) साहित्येर इतिहास, पृ. 256
35. वही, पृ. 260
36. वही, पृ. 261
37. वही, पृ. 262
38. वही, पृ. 262
39. सेन सुकुमार, बांग्ला साहित्येर इतिहास, चतुर्थ खंड, पृ. 43-44
40. वही, पृ. 45
41. उद्धृति : 'आधुनिक साहित्य : युगान्तर' : सुकुमार सेन, उपरोक्त, पृ.
42. सेन सुकुमार, बांगाला (बांग्ला) साहित्येर इतिहास, चतुर्थ खंड, पृ. 42
43. वही, पृ. 43
44. वही, पृ. 55

45. चट्टोपाध्याय सतीशचन्द्र, 'मानसी' पत्रिका, माघ 1321, पृ. 716
46. सेन सुकुमार, उपरोक्त, चतुर्थ खंड, पृ. 64
47. वही, पृ. 217
48. विश्वास डॉ. महीतोष, बांग्ला उपन्यास–प्रसंग : आंचलिकता, पृ. 34
49. वही पृ. 36
50. वही, पृ. 41
51. वही, पृ. 50
52. बांगाला साहित्येर इतिहास, चतुर्थ खंड, पृ. 298
53. बन्द्योपाध्याय ताराशंकर, आमार साहित्य जीवन, पृ.
54. विश्वास डॉ. महीतोष, बांग्ला उपन्यास–प्रसंग : आंचलिकता, पृ. 64
55. मित्रा सतीशचन्द्र, यशोहर खुबनार इतिहास, द्वितीय खंड, पृ. 77
56. बद्योपाध्याय डॉ. असितकुमार, बांग्ला साहित्येर सम्पूर्ण इतिवृत्त, पृ. 692
57. Dr. Guha Naresh : In Praise of two bengali novels, Comparative Literature Journal Vol. 10, 1972, Jadavpur University Publication, Page 113
58. विश्वास डॉ. महीतोष, बांग्ला उपन्यास–प्रसंग : आंचलिकता, पृ. 76
59. सेनगुप्त अचिन्त्य कुमार, कल्लोल युग, पृ. 194
60. बन्द्योपाध्याय माणिक, पद्मानदीर माझी, पृ. 56
61. विश्वास डॉ. महीतोष, बांग्ला उपन्यास–प्रसंग : आंचलिकता, पृ. 122
62. बन्द्योपाध्याय डॉ. श्रीकुमार, बंग साहित्ये उपन्यासेर धारा, पृ. 644
63. राय डॉ. विवेकी, स्वातन्त्र्योत्तर हिन्दी कथा-साहित्य और ग्राम जीवन, पृ. 433
64. उपाध्याय डॉ. मृत्युंजय, हिन्दी के आंचलिक उपन्यास, पृ. 22
65. वही, पृ. 22
66. डॉ. बद्रीदास, हिन्दी उपन्यास : पृष्ठभूमि और परम्परा
67. राय डॉ. विवेकी : हिन्दी के आंचलिक उपन्यास : परम्परा और प्रगति, हिन्दी के आंचलिक उपन्यास, पृ. 17
68. मिश्र डॉ. रामदरश, हिन्दी के आंचलिक उपन्यास, पृ. 20
69. ठाकुर देवेश, आंचलिक उपन्यास : स्वरूप और विकास, 'मैला आँचल की रचना-प्रक्रिया', पृ. 29
70. चुघ सत्यपाल, प्रेमचन्दोत्तर उपन्यासों की शिल्पविधि, पृ. 564
71. उपाध्याय डॉ. मृत्युंजय, हिन्दी के आंचलिक उपन्यास, पृ. 31
72. वही, पृ. 32
73. वही, पृ. 32
74. राय डॉ. विवेकी : 'हिन्दी के आंचलिक उपन्यास : परम्परा और प्रगति', हिन्दी के आंचलिक उपन्यास, पृ. 17

75. वही, पृ. 18
76. मदान डॉ. इन्द्रनाथ, आज का हिन्दी उपन्यास, पृ. 69
77. सिंह डॉ. त्रिभुवन, हिन्दी उपन्यास और यथार्थवाद, पृ. 449–50
78. ठाकुर देवेश, मैला आँचल की रचना–प्रक्रिया, पृ. 31
79. सत्यार्थी देवेन्द्र, ब्रह्मपुत्र, पृ. 27
80. अवस्थी राजेन्द्र, जंगल के फूल, पृ. 105
81. ठाकुर देवेश, आंचलिक उपन्यास : स्वरूप और विकास; 'मैला आँचल' की रचना–प्रक्रिया, पृ. 35
82. वही, पृ. 23
83. मिश्र डॉ. रामदरश, हिन्दी उपन्यास : एक अन्तर्यात्रा, पृ. 207
84. मिश्र डॉ. रामदरश, पानी के प्राचीर, पृ. 189–90
85. वही, पृ. 353
86. वही, पृ. 318
87. मिश्र डॉ. रामदरश, जल टूटता हुआ, पृ. 381
88. शुक्ल श्रीलाल, राग दरबारी, पृ. 404
89. गुप्त भैरवप्रसाद, सती मैया का चौरा, कवर पृष्ठ
90. राय डॉ. विवेकी, हिन्दी के आंचलिक उपन्यास : परम्परा और प्रगति, पृ. 27

तृतीय अध्याय

ताराशंकर बन्द्योपाध्याय के कथा-साहित्य में व्यक्त सामाजिक यथार्थ एवं विचारधारा

उपन्यास मानव जीवन का महाकाव्य है। वह मानव जीवन की धरोहर ही नहीं, अपितु उसमें जीवन के जीते-जागते चित्र विविध रूपों में देखने को मिलते हैं। कुशल कथाकार के उपन्यास में युग का सर्वांगीण रूप चित्रित होता है और उसका विश्लेषण कर हम युग का परिचय प्राप्त कर सकते हैं। ''साहित्यिक क्षेत्र में उपन्यास ही एक ऐसा उपकरण है कि जिसके द्वारा सामूहिक मानव जीवन अपनी समस्त भावनाओं एवं चिन्ताओं के साथ सम्पूर्ण रूप में अभिव्यक्त हो सकता है। मानव जीवन के विविध चित्रों को चित्रित करने का जितना अधिक अवकाश उपन्यास में मिलता है, उतना अन्य साहित्यिक विधाओं में नहीं।''[1] उपन्यास में व्यक्त सामाजिक यथार्थ की परिभाषा कुछ इस प्रकार दी गई है–"A fictitious prose narrative of tale of considerable length (now usually one long enough to fill one or more volumes), in which characters and actions, representatives of the real life of past or present time are protrayed in a plot of more or less complexity."[2] उपन्यास की इस परिभाषा के अनुसार, अतीत अथवा वर्तमान का सामाजिक यथार्थ, यथार्थ चरित्र एवं घटनाक्रम ही उपन्यासों में चित्रित होते हैं।

उसी प्रकार "Concise Dictionary of Literary terms" पुस्तक में यथार्थ या 'Realism' का स्वरूप यह है–"A theory of writing in which the familiar, ordinary aspects of life are depicted in a matter of facts, straight forward manner designed to reflect life as it actually is" एवं, "Treatment of subject matter in a way that presents carefull descriptions of everyday life, after the lives of so-called middle or lower classes."[3]

परन्तु यथार्थ का स्वरूप यदि ऐसा है तो उसके शैल्पिक मूल्य के विषय में भी प्रश्न उठ सकता है, और तब चयन का प्रश्न आता है–

"The novelist may take innumerable liberties with his subject; he may re-arrange his materials in fresh and startling combinations, he may invent outright."[4]

उपन्यास की नींव यथार्थ की ठोस धरती पर होती है, कल्पना का उसमें केवल सहयोग होता है। मानव जीवन के विविध अनुभवों का चित्रण इसमें होता है। मनुष्य के अनुभवों की कोई सीमा नहीं, यह विज्ञान से परिचित है, साहित्य, संगीत एवं कला में भी उसकी रुचि है तो पशु-पक्षियों का ज्ञान भी वह रखता है। अतः प्रकृति के सजीव तथा निर्जीव, जड़ तथा चेतन सभी रूपों का उसे ज्ञान होता है, सभी का उसे अनुभव है और इन्हीं अनुभवों के आधार पर ही उपन्यास की रचना करता है। अतः उपन्यास यथार्थ की प्रतिछाया होती है। वह इस सृष्टि का यथार्थ चित्र है, जिसमें कथाकार अपने सामाजिक विधान, अपने वर्ग-सभी का व्यापक अर्थों में चित्रण करता है।[5] आज के जीवन की उथल-पुथल एवं भावगत अन्तर्द्वन्द्व की अभिव्यक्ति का सर्वोत्तम साधन उपन्यास है।

20वीं शताब्दी के पूर्व भारतीय समाज में इतनी उथल-पुथल नहीं थी जितनी विदेशी आक्रमणों एवं परतंत्रता से भारतीय समाज में उत्पन्न हुई। सामाजिक, राजनीतिक, आर्थिक और सांस्कृतिक जीवन में औद्योगिक क्रान्ति एवं वैज्ञानिक खोजों के कारण आमूल-चूल परिवर्तन तो हुआ ही, लेकिन उसके साथ ही एक बहुत बड़ी बात यह हुई कि हमारे साहित्यकारों का ध्यान अंचल की ओर, देहातों की ओर आकर्षित हुआ, जिसमें भारतीय जीवन की सच्ची झलक देखने को मिलती है।

स्वातन्त्र्योत्तर काल में ग्रामीण समाज में क्रान्तिकारी परिवर्तन होने लगे। ग्रामीण जनता के दृष्टिकोण में भी काफ़ी परिवर्तन आया। एक ओर वैज्ञानिक औजार देहातों में आए (बिजली, ट्रैक्टर आदि), तो दूसरी ओर देहात अपनी रूढ़ि, परम्परा, अन्धविश्वास के बन्धनों से छुटकारा पाने के लिए कसमसाने लगा। अर्थात् एक ओर नए के प्रति आकर्षण तो दूसरी ओर प्राचीनता के प्रति मोह। ऐसे देहातों, अंचलों, ग्रामीण क्षेत्रों की समस्याओं को सम्पूर्णता से उजागर करने तथा समग्रता से चित्रित करने का प्रयास उपन्यासों में किया गया जो आंचलिक उपन्यासों के नाम से स्वीकृत हुए। इन आंचलिक उपन्यासों में ग्रामीण जीवन के वास्तविक स्वरूप के साथ-ही-साथ गतिशील समाज के चित्रण को भी साकार किया गया है। अतः किसी विशिष्ट भू-भाग के भौगोलिक चित्र को निखारते हुए, वहाँ के लोगों का रहन-सहन, आचार-विचार, रीति-रिवाज़, रूढ़ियाँ-त्यौहार, धर्म-सम्बन्धी उनकी कल्पनाएँ तथा देश के प्रति उनके विचार आदि का सम्पूर्ण चित्र इन उपन्यासों में किया जाने लगा। भारतवर्ष गाँवों का देश है। आज भी भारत की बहुसंख्यक जनता गाँवों में ही निवास करती है। यदि कोई भारत की मूल संस्कृति और आत्मा का दर्शन करना चाहता है, तो वह भारतीय गाँव में ही प्राप्त कर सकता है। आज भले ही जनसंख्या

का एक बड़ा हिस्सा शहरों की ओर आकर्षित हो रहा है लेकिन इतना तो निश्चित है कि तब तक इस देश की कायापलट नहीं हो सकती जब तक यहाँ के गाँवों का उद्धार नहीं हो जाता। आज़ादी के पहले महात्मा गांधी ने भारतीय गाँवों के उद्धार का सपना देखा था। वे गाँवों को एक स्वतंत्र इकाई के रूप में विकसित कर उन्हें सभी दृष्टियों से समृद्ध बनाना चाहते थे। वे सत्ता का विकेन्द्रीकरण कर उसे गाँवों को सौंपना चाहते थे, ताकि वे सामाजिक, आर्थिक और राजनीतिक सभी दृष्टियों से आत्म-निर्भर बन सके, लेकिन गांधीजी का यह सपना पूरा नहीं हुआ। देश को आज़ादी मिली, बहुत से सुधार हुए, अनेक विकास योजनाएँ चालू हुईं पर भारतीय गाँवों के ढाँचे में बुनियादी परिवर्तन नहीं हो सका। गाँव आज भी आर्थिक अभाव, सामाजिक दुराव, भ्रष्टाचार, जातिवाद और गुटबन्दी के शिकंजे में फँसे हुए हैं। सड़ी-गली रूढ़ियों और सत्ताधारियों के दबाव में उनका मनोबल टूटता जा रहा है, उनके भीतर की क्रान्ति धीरे-धीरे मरती जा रही है। यही वजह है कि गाँव के लोग शहर की ओर आकर्षित हुए।

भारतीय संस्कृति मूलतः एक होते हुए भी हिन्दुस्तान के अनेक अनदेखे अंचलों में बिखरी हुई है, चाहे दरभंगा हो या पूर्णिया, राढ़-अंचल हो या पूर्व बंग सबकी संस्कृति अपने में विशिष्ट है।

आदमी के जातीय संस्कार बहुत गहरे होते हैं। जितने गहरे होते हैं उतने ही अलग। स्वातन्त्र्योत्तर उपन्यासों में इस अनदेखी संस्कृति के सौन्दर्य और जातीय संस्कार को सहानुभूति के साथ चित्रित करने की प्रवृत्ति लक्षित होती है। स्वतंत्रता प्राप्ति के पूर्व अंग्रेज़ों के विरुद्ध राष्ट्रीय आन्दोलन को जगाना और गतिशील रखना ही प्रमुख उद्‌देश्य था, किन्तु स्वतंत्रता प्राप्ति के पश्चात् देश-प्रेम की यह भावना जन-विकास की दिशा में उन्मुख हुई। सहृदय लेखक पिछड़े जन-जीवन की ओर लौटा। उसकी दृष्टि साधारण जीवन और साधारण मनुष्य की ओर गई। युगों से शोषित और उपेक्षित जीवन जर्जर विश्वासों का पुलिन्दा बन गया था। इस प्रकार शोषण के आर्थिक पहलू से ऊपर उठकर इन उपेक्षितों के समूचे अस्तित्व को उभारने की आवश्यकता महसूस हुई। और यही कार्य अध्येतव्य लेखकद्वय ताराशंकर बन्द्योपाध्याय एवं फणीश्वरनाथ रेणु ने यथासाध्य करने की कोशिश की।

आंचलिक उपन्यासों की कथावस्तु की एक प्रमुख विशेषता है इसका यथार्थवादी स्वरूप। बांग्ला एवं हिन्दी उपन्यास के विकास को गौर से देखा जाए तो आंचलिक परिवेश और ग्रामीण यथार्थ का चित्रण करने वाले उपन्यासों की एक लम्बी परम्परा ढूँढ़ निकालना कोई कठिन कार्य नहीं है। वस्तुतः उपन्यास के विकास के साथ ही इस प्रवृत्ति का विकास भी दिखाई पड़ता है। जिस प्रकार आंचलिक उपन्यासों की कथावस्तु विशिष्ट आंचलिक समस्याओं को उभारती है,

उसी प्रकार इनका आग्रह विशिष्ट आंचलिक जीवन-यथार्थ के प्रति भी रहता है। इनके निर्माण में कल्पना का स्थाना उतना ही रहता है जितना यथार्थवादी कथा-साहित्य के लिए आवश्यक होता है। "आंचलिक उपन्यासकार जनपद विशेष के जीवन के बीच जीता होता है या कम-से-कम समीपी द्रष्टा होता है। वह विश्वास के साथ वहाँ के पात्रों, वहाँ की समस्याओं, वहाँ के सम्बन्धों, वहाँ के प्राकृतिक और सामाजिक परिवेश के समग्र रूपों और प्रगतियों को अंकित कर सकता है, क्योंकि उसने उसे अनुभूति में उतारा है।"[6]

वास्तव में एक उपन्यासकार जब अपने उपन्यासों में यथार्थ का वर्णन करता है तो इसके मूल में एक प्रबल भावना रहती है और वह है निजी यथार्थ की खोज, अधिकृत स्वानुभव-कथा कहने की वृत्ति। अज्ञेय जी ने इसे 'Search for authenticity' कहा है–

"The search for authenticity has led to regional fiction.The same urge as well as an enlarged human sympathy has brought sensitive pictures of rural and folk life in prose as in verse."[7]

अतः देखे-परखे जीवन-चित्र और भोगे हुए क्षणों का दस्तावेज़ देने के बढ़ते आग्रह का सम्बन्ध आंचलिक या ग्रामकेन्द्रित उपन्यास के साथ रहा है। अंचल-विशेष भौगोलिक प्रमाण के रूप में यथार्थ का एक पहलू बनकर अनिवार्यतः आलेखित हुआ। इस प्रक्रिया में तूलिका का कार्य किया उस अंचल की भाषा ने। यह बात ताराशंकर एवं रेणु के उपन्यासों के लिए अक्षरशः लागू होती है।

स्वतंत्रता के कुछ वर्ष पूर्व एवं स्वतंत्रता प्राप्ति के बाद का ग्रामीण यथार्थ इतना जटिल एवं बहुआयामी है कि उसे पूर्णरूपेण अभिव्यक्त करना बहुत सहज नहीं था, परन्तु ताराशंकर एवं रेणु इसमें अत्यन्त सफल रहे। तत्कालीन राजनीतिक अस्थिरता, सामाजिक मूल्यों-मान्यताओं में उलटफेर, सम्बन्धों और स्वार्थों की टकराहट तथा जीवन का जो नया रूप निर्मित हो रहा था उसे लेखकद्वय ने गम्भीरता और निकटता से देखा-परखा और उन्हें अपने उपन्यासों में त्रित्रित किया। ग्रामीण जीवन के परिवर्तित परिवेश के प्रति लेखकद्वय के आकर्षण के परिणामस्वरूप ही 'गणदेवता', 'चैताली घूर्णी', 'आरोग्य-निकेतन', 'मैला आँचल', 'परती : परिकथा' एवं 'जुलूस' जैसे उपन्यास सामने आए।

शरतचन्द्रोत्तर बांग्ला साहित्य में ग्रामीण समाज को साहित्य में प्रतिष्ठित करने का प्रयास दिखाई पड़ता है, इस धारा के लेखकों में ताराशंकर का सबसे महत्त्वपूर्ण स्थान है। ताराशंकर ने जब उपन्यास लेखन प्रारम्भ किया, तब बांग्ला साहित्य पर शरतचन्द्र का प्रभाव असीम था और उनकी लोकप्रियता आसमान को छूती थी। जिस 'पल्ली समाज' (अर्थात् ग्रामीण समाज) के साथ उन्होंने हमारा परिचय करवाया था, परवर्तीकाल में ताराशंकर ने उस समाज और उसमें रहने वाले पात्रों

को अपनी सृष्टि के माध्यम से हमारे बहुत निकट ला दिया। दूसरे शब्दों में, हम कह सकते हैं कि, शरतचन्द्र के 'पल्ली समाज' में जिस सामाजिक यथार्थ का स्फुरण हो चुका था वही आगे चलकर ताराशंकर के उपन्यासों में अनेक रूपों में प्रस्फुटित हुआ। यहाँ सुविख्यात उपन्यासकार रांगेय राघव के द्वारा 'कब तक पुकारूँ' की भूमिका में लिखित कुछ पंक्तियाँ उद्धृत करना आवश्यक हो जाता है-"असली भारत गाँव में है जो अब भी मध्यकालीन विश्वासों से ग्रस्त है। वे विश्वास मध्यकालीन आर्थिक व्यवस्था से नियन्त्रित हैं। मैंने उनको स्पष्ट करने का प्रयत्न किया है।"[8] ताराशंकर के विचार भी कुछ इसी प्रकार के थे। वे मानते थे कि भारतीय संस्कृति की जड़ गाँव में है, पर गाँव ही सबसे अधिक उपेक्षित हैं। यही कारण है कि अकृत्रिम कथ्य, शिल्प एवं भाषा के ऐश्वर्य के साथ वे गाँवों की ओर उन्मुख हुए। फलस्वरूप उनके उपन्यासों में न केवल ग्रामीण संस्कृति के साथ-साथ मानव-शास्त्रीय चित्रण भी हुआ है बल्कि ग्रामीण-जीवन के आधार में छिपे-पले रहस्यों का भी उद्‌घाटन हुआ है।

ताराशंकर ही बांग्ला उपन्यास के पहले ऐसे लेखक थे जिन्होंने बंगाल के एक विशेष अंचल (राढ़-अंचल) के गाँवों को और वहाँ के जनजातियों को 'नायक' के रूप में चिह्नित किया। ताराशंकर के उपन्यास में मूलतः राढ़-बंगाल का ग्रामीण समाज एवं वहाँ की जीवनधारा में व्यापक परिवर्तन का ही चित्रण मिलता है। राढ़-प्रदेश (बंगाल का वीरभूम अंचल) के किसान, मज़दूर, डोम, बाउरी, संथाल, मालो, जादूगर, सपेरा, बनजारे, मालाकार (माला पिरोने व बेचने वाले), झुमुर गीत गाने वाले कवियाल तथा कहार जैसे इस प्रदेश के लोग जो हर प्रकार से सुख-सुविधाओं से वंचित हैं, शोषित-प्रताड़ित हैं पर जो दरअसल इस अंचल के प्राणतत्व हैं, उनके समाज के आर्थिक, सामाजिक व राजनीतिक परिवेश, संस्कृति, परम्परा, लोकोत्सव, धार्मिक आचार-विचार, देव-देवी, रीति-रिवाज़, खान-पान, रहन-सहन, वेश-भूषा, विलास-व्यसन, जीविका व भाषा आदि सम्पूर्ण रूप में सम्भवतः ताराशंकर की ही लेखनी से चित्रवत् साकार हो उठे। यद्यपि उनसे पूर्व बांग्ला साहित्य में आंचलिकता या ग्रामकेन्द्रिकता का उद्‌बोधन हो चुका था, पर एक विशेष अंचल को विभिन्न दृष्टिकोण से सूक्ष्म-से-सूक्ष्म रूप में इस प्रकार चित्रित करने का परिश्रम शायद उनके पूर्व किसी और कथाकार ने न किया होगा।

ताराशंकर जिनका जन्म भी राढ़भूमि की मिट्टी पर ही हुआ, उस मिट्टी के गन्ध व स्वाद तथा उसके बारह महीने के परिवर्तनशील प्राकृतिक वैचित्र्य का, उनकी साहित्यिक दृष्टि ने अपने शरीर एवं मन से आस्वादन किया।[9] यहाँ की भूमि को उन्होंने अपने अनुभव की सचाई से उस पर रहने वालों की आश-आकांक्षा, रीति-रिवाज़, उत्सव, विश्वास एवं रोज़ की जीवन-गाथाओं के साथ आविष्कार

किया है। उनके विषय में कहा जाता है कि उनका पर्यवेक्षण इतना तीव्र, आन्तरिक और गहरा था कि लगता है जैसे उन्होंने उस क्षेत्र और वहाँ के जीवन को पूरी तरह से आत्मसात् कर लिया है और वे वहाँ की मिट्टी की धड़कन को अपने कानों से सुन रहे हैं।[10] इसका कारण सम्भवतः उनके गाँव का परिवेश था।

गाँव में कई जातियाँ हैं जो पेशे की दृष्टि से एक-दूसरे पर निर्भर करती हैं। गाँव में हिन्दू व मुसलमान दोनों सम्प्रदाय के लोग मन्दिर व दरगाह दोनों जगह जाते हैं। उनके लिए 'सत्यपीर' व 'सत्यनारायण' दोनों एक ही देवता हैं। सभी को ग्रामदेवता का भक्त बनना पड़ता है। चाहे वे किसी भी धर्म के मानने वाले क्यों न हों। 'लोकायत' धर्माचार में तो कई बार उच्चवर्ग की पूजा, उत्सव आदि के समय 'डोम' और 'बाग्दी' जैसी निम्न जाति के माने जाने वाले लोग भी पुरोहित का कार्य करते हैं।[11]

ताराशंकर ज़मींदार परिवार के कुलीन ब्राह्मण सन्तान होते हुए भी इसी प्रदेश में, इसी परिवेश में इन्हीं लोगों के बीच पलकर बड़े हुए। यहीं पर शैशव और किशोरावस्था के कई वर्ष उन्होंने व्यतीत किया। परवर्तीकाल में भी, इस अंचल से दूर जाकर भी इसके प्रभाव से वे मुक्त न हो सके। उनकी रचनाओं में इसका प्रभाव बहुव्याप्त है। उन्होंने अपने जीवनानुभव को ही साहित्य सृष्टि के लिए प्रयोग किया। वे स्वयं इस बात को स्वीकार करते हुए लिखते हैं–

"मेरी किताबें कहिए या और कुछ, मेरा सब कुछ तो मेरा यह राढ़-देश ही है। इसके भीतर से ही मैंने सब कुछ संग्रह किया है। यहाँ के लोग, यहाँ की ज़िन्दगी को ही मैंने अपनी रचनाओं में स्थान दिया है। इसके सिवा मेरे पास और कुछ भी नहीं है।"[12]

ताराशंकर के उपन्यासों में जीवन के प्रति अनन्त कुतूहल को चित्रित किया गया है। सर्वत्र वे जीवन-सूत्र के अन्वेषण में रत रहे हैं। 'धात्री देवता', 'गणदेवता', 'कालिन्दी', 'आरोग्य-निकेतन', 'कवि', 'हाँसुली बाँकेर उपकथा', 'चैताली घूर्णी' आदि सभी उपन्यासों में उन्होंने व्यष्टि और समष्टि के अन्तराल में छिपे जीवन-रहस्यों को ही उद्घाटित करने की कोशिश की।

पतनशील ज़मींदार वंश, कृषि-केन्द्रित समाजजीवन, टोलियों या गोष्ठियों में विभाजित बंगाल का आदिवासी समाज एवं तथाकथित निम्नवर्गीय समाज आदि की कथा कहने में उन्हें जो सफलता प्राप्त हुई है वह शायद ही और किसी को। एक पूरे अंचल को उसकी समग्र विशेषताओं के साथ साहित्य के पृष्ठों पर अंकित करना ही उनका उद्देश्य था।

ताराशंकर के उपन्यासों में हम क़रीब सत्तर वर्षों के देश-काल का इतिहास पाते हैं। उस समय के राजनीतिक, आर्थिक, सामाजिक एवं धार्मिक परिस्थितियों के दस्तावेज़ हैं उनके उपन्यास।[13]

उनके उपन्यासों में मुख्यत: देश की स्वतंत्रता के पूर्व तथा स्वातन्त्र्योत्तर राजनीतिक परिवेश का यथार्थ अंकन है। अत: स्वतंत्रता के पूर्व पराधीन भारत की दयनीय स्थिति और स्वतंत्रता के लिए किए गए संघर्ष की घटनाओं का निरूपण तथा तज्जनित जनमानस की राष्ट्रीय चेतना एवं क्रियाकलापों का चित्रण हुआ है। उस समय सारा देश आज़ादी के लिए संघर्षरत था। ऐसे में ताराशंकर जैसे सचेतन रचनाकार कैसे चुपचाप बैठ सकते थे। उनके युग का प्रारम्भ स्वाधीनता के प्रति राष्ट्रीय-राजनीति चेतना का विकास बंग-भंग (1905) के समय से ही परिलक्षित होता है। इसी बीच क्रान्तिकारियों का संघर्ष, 'वन्देमातरम् के उद्घोष को लेकर बंग-भंग तथा जलियाँवाला बाग की सामूहिक हत्या के शासकीय अत्याचार के विरोधस्वरूप आग उगलने लग जाता है। उसके पश्चात् किसान-मज़दूर आन्दोलन, पूर्ण स्वतंत्रता की माँग, डाँडी मार्च, सत्याग्रह आन्दोलन, अनशन और 'जेल भरो' की गूँज, सन् 1942 में 'भारत छोड़ो' का आह्वान अथवा 'करो या मरो' की बापू द्वारा की गई घोषणा, समस्त देश को आज़ादी के संग्राम में झोंक देती है। और इन सबका परिणाम यह होता है कि सारे देश में स्वतंत्रता के प्रति व्यापक राष्ट्रीय-राजनीतिक चेतना की लहर उमड़ पड़ती है। इसी समय 'आज़ाद हिन्द फ़ौज' और 'इन्कलाब जिन्दाबाद' की घोषणा देश के कोने-कोने में स्वराज्य व स्वतंत्रता की माँग को अनिवार्य बना देती है।[14]

ताराशंकर के 'धात्री देवता', 'गणदेवता' (विशेष रूप से 'गणदेवता' के पंचग्राम खंड), 'नीलकण्ठ', 'पथेर डाक' (नाटक), 'कालिन्दी' में इसी विशाल राजनीतिक परिवेश को अभिव्यक्ति मिली। इसका और एक कारण यह है कि ताराशंकर स्वयं भी स्वतंत्रता आन्दोलन में भाग ले चुके थे, जेल जा चुके थे। गांधीजी और सुभाषचन्द्र बोस से तो वे अत्यन्त प्रभावित थे। इसके प्रमाणस्वरूप उन्होंने अपना 'चैताली घूर्णी' उपन्यास नेताजी सुभाषचन्द्र बोस 'युवा-शक्ति के प्रतीक, नवयुग के अग्रदूत को' उत्सर्ग किया था।[15] फिर 1948 में गांधीजी की अकस्मात् हत्या हो जाने पर उन्हें बहुत आघात पहुँचा। वस्तुत: उसी समय से उन्होंने हिंसात्मक आन्दोलन की व्यर्थता और नृशंसता तथा अहिंसा आन्दोलन में निहित शक्ति के बारे में सोचना प्रारम्भ किया।[16] उन्होंने अपने 'धात्री देवता' उपन्यास में इसी सत्य का उद्घाटन किया है। इस कृति में हम प्रमुख पात्र शिवनाथ को 'हिंसा' के अन्धकार जगत् में 'अहिंसा' के आलोक में उत्तीर्ण होते हुए देखते हैं, इसीलिए इस उपन्यास को कुछ आलोचकों ने राजनीतिक एवं स्वदेशीभावनामूलक उपन्यास के रूप में उल्लेख किया है। इसमें 'हिंसा' (अर्थात् क्रान्ति) और 'अहिंसा' दोनों की तुलनात्मक अभिव्यक्ति मिलती है। शिवनाथ को यहाँ फ्रान्सीसी आन्दोलन का इतिहास पढ़ते हुए भी दिखाया गया है।

'कालिन्दी' उपन्यास में भी प्रमुख चरित्र 'अहीन्द्र' को एक क्रान्तिकारी के रूप में चित्रित किया गया है। उनके 'गणदेवता' उपन्यास को तो भारतीय नवजागरण काल का महाकाव्य ही कहा गया है। इसमें 'स्वदेश-प्रेम' और 'स्वदेशी-आन्दोलन' की जो घटनाएँ चित्रित की गई हैं वे सन् 1922 से लेकर सन् 1926 के बीच में घटी हैं। इसके पूर्ववर्ती समय का चित्र हमें उनके 'धात्री देवता' और 'कालिन्दी' उपन्यासों में देखने को मिला है। समसामयिक भारतीय इतिहास के सार्थक चित्रकार ताराशंकर ने अपने परवर्ती कथा-साहित्य में भी ऐतिहासिक कालखंड को तटस्थता के साथ चित्रित किया है। 'गणदेवता' के दूसरे खंड अर्थात् 'पंचग्राम' में, 1926 के आषाढ़ से लेकर कार्तिक के महीने तक के वीरभूम के जनजीवन का सार्विक चित्र प्रस्तुत किया है उन्होंने। इस खंड के अन्तिम तीन अध्याय अर्थात्, 26, 27 और 28वें परिच्छेद में उन्होंने भारतवर्ष के तत्कालीन इतिहास की कुछ महत्त्वपूर्ण घटनाओं और जनसाधारण पर उनके प्रभाव का वर्णन किया है। इसके पश्चात् सन् 1933 की राजनीतिक घटनाओं का आभास देते हुए और अपनी प्रतिक्रियाओं और आशा को व्यक्त करते हुए उपन्यास को समाप्त किया है। 'धात्री देवता' में तद्युगीन राजनीति का प्रत्यक्ष प्रभाव परिलक्षित होता है, परन्तु 'गणदेवता' के 'पंचग्राम' में यह प्रभाव परोक्ष रूप में सक्रिय है, पर दोनों उपन्यासों में इसका प्रभाव है। 'पंचग्राम' से एक उदाहरण द्रष्टव्य है–

"देश में–समग्र भारतवर्ष में फिर देश-प्रेम की एक लहर-सी उठी। जादूमन्त्र से मानो प्रत्येक प्राण में दीप जल उठा। एक अद्भुत जोश। जिस जोश के कारण शहर, गाँव आज चंचल हैं। पल्ली (गाँव) के हरेक पर्णकुटीर (झोपड़ी) में उस जोश का स्पर्श लगा है। सन् 1930 का कानून–अवज्ञा-आन्दोलन शुरू हो गया है। पंचग्राम में भी वह जोश जाग उठा है।"[17]

इस प्रकार पंचग्राम राजनीति में सक्रिय न होते हुए भी राजनीतिक चेतना सम्पन्न गाँव है। उपन्यास के 27वें परिच्छेद में (पृ. 352), देबू घोष को डेढ़ वर्ष के कारावास के पश्चात् लौटते हुए दिखाया गया है। समय बताया गया है सन् 1933। यहाँ ताराशंकर ने अपने अनुभव को देबू के माध्यम से स्पष्ट किया है। सन् 1930 में ताराशंकर को स्वदेशी-आन्दोलन से सक्रिय रूप से जुड़े रहने के कारण, जेल जाना पड़ा था। पंचग्राम में एक क्रान्तिकारी भी है, विप्लवी यतीन'। उन दिनों अंग्रेज़ सरकार ने एक कानून बनाया था जिसके माध्यम से गाँवों में 'स्वतंत्रता आन्दोलन' में भाग लेने वाले युवकों को किसी विशेष थाने के क़रीब किसी गाँव में 'गृहबन्दी' के रूप में क़ैद करके खा जाता था। 'विप्लवी यतीन' ऐसा ही एक चरित्र है।

इस प्रकार हमें ताराशंकर के उपन्यासों में तत्कालीन राजनीति की एक यथार्थ छवि मिलती है।

यह एक ज्ञात सत्य है कि प्रत्येक युग का सामाजिक, राजनीतिक तथा सांस्कृतिक जीवन, अर्थव्यवस्था से प्रभावित एवं संचालित होता है। विभिन्न सामाजिक संघर्षों, राजनीतिक-समस्याओं एवं क्रान्तियों का मूल कारण प्रत्यक्ष य अप्रत्यक्ष रूप से अर्थ ही होता है। बीसवीं शताब्दी में प्रथम और द्वितीय विश्वयुद्ध के काल में देश की आर्थिक व्यवस्था सन्तोषजनक नहीं थी। औद्योगिक विकास के कारण कृषि-कार्य बाधित हुआ था। स्वाधीनता से पूर्व हमारे देश में विदेशी शासकों के द्वारा अत्यधिक आर्थिक शोषण हुआ। अंग्रेज़ों की नीति के कारण गाँवों की आर्थिक दशा दिन-प्रतिदिन बिगड़ती जा रही थी। किसानों का दिन-प्रतिदिन पतन होता जा रहा था तथा गाँवों में महाजनों की संख्या बढ़ती जा रही थी। गाँवों में अनेक उद्योग धन्धे समाप्त होने लगे तथा किसानों का शोषण बढ़ने लगा।[18] 'गणदेवता' और 'चैताली घूर्णी' में इसके चित्र मिलते हैं। इसके फलस्वरूप गाँवों के किसानों के भीतर विरोध करने की इच्छा पैदा होती है, एक नई जागृति आती है और वे अपने अधिकारों के लिए सजग हो उठते हैं। 'चैताली घूर्णी' का 'गोष्ठ' ऐसा ही एक प्रतिवादी चरित्र है। उसी समय बंगाल में पड़े अकाल से भी तत्कालीन परिस्थिति और अधिक स्पष्ट हो जाती है, क्योंकि यह 'अकाल' शोषकों के द्वारा बनाया गया था। ताराशंकर के 'मन्वन्तर' में इसकी मार्मिक, हृदयद्रावक छवि मिलती है। 'धात्री देवता' में भी तत्कालीन परिस्थितियों की झाकियाँ मिलती हैं। सन् 1936 के बाद भारत के औद्योगिक विकास की ओर अधिक ध्यान दिया गया किन्तु यह विशाल भारत देश के लिए बहुत ही छोटी-सी बात थी। द्वितीय विश्वयुद्ध के बाद भारत में कुछ कारखाने दूसरे देशों की सहायता से शुरू हुए लेकिन इसका परिणाम यह हुआ कि जो पूँजीपति लोग थे वे और धनवान बन गए और जो किसान थे उनकी आर्थिक दुर्दशा और बढ़ गई। परिणामस्वरूप गाँव छोड़कर वे शहर की ओर भागने लगे। 'गणदेवता', 'हाँसुली बाँकेर उपकथा' और 'चैताली घूर्णी' में इसके उदाहरण मिलते हैं।

ताराशंकर कृषि को भारतीय गाँवों की उन्नति का प्रमुख साधन मानते हैं, क्योंकि प्राचीनकाल से ही कृषि-कार्य को भारतीय सभ्यता और संस्कृति का अंग माना जाता है।[19] यही कारण है कि समय-समय पर उन्होंने दिखाना चाहा है कि किसलिए अनिरुद्ध लुहार गाँव छोड़ना चाहता है (गणदेवता), क्योंकि उसकी ज़मीन के अधपके धान कोई काट ले जाता है। उसी प्रकार 'हाँसुली बाँकेर उपकथा' में बनवारी नहीं चाहता है कि कराली और गाँव का युवावर्ग गाँव में खेती करना छोड़ शहरों में जाकर कारखानों में काम करें और शहरी बन जाए। यही कारण है कि अन्त में बनवारी की मृत्यु के पश्चात् लेखक ने फिर कराली को गाँव की ओर लौटते हुए दिखाया है।

अपने उपन्यासों में उन्होंने कई प्रकार के द्वन्द्वों को चित्रित किया है-- 'सामन्तवाद के साथ पूँजीवाद, कृषि सभ्यता के साथ औद्योगिक या शिल्प सभ्यता, पुराने युग के साथ नए युग का द्वन्द्व।' 'हाँसुली बाँकेर उपकथा' में 'बनवारी' पुरानी मान्यताओं को जकड़े रहना चाहता है और 'कराली' नए युग का प्रतीक बनकर यन्त्र सभ्यता को अपनाना चाहता है। 'गणदेवता' में दिखाया गया है कि किस तरह सामन्तवाद का पतन हो रहा है और उसका स्थान 'छिरुपाल' जैसे हठात् धनी बन जाने वाला वर्ग ले रहा है।

इस प्रकार इस परिवर्तनशील सामाजिक पृष्ठभूमि में, ताराशंकर ने जिस प्रकार कालिक द्वन्द्व को, क्षत-विक्षत मनुष्य की यन्त्रणा को अनुभव करना चाहा है, उसी प्रकार सामाजिक और आर्थिक शोषण तथा विषमताओं से घिरे हुए दारिद्र्य मानवजाति के जीवन-संघर्ष को भी बहुत निकट से देखा है।

लेकिन इतनी समस्याओं और संघर्षों के बावजूद ये साधारण लोग अपना जीवन अपने तरीके से जीते हैं। ताराशंकर ने उन्हीं लोगों में से एक बनकर उन्हें जानने का प्रयास किया। सन् 1930 की कारामुक्ति के पश्चात् गांधीजी के आदर्शों से उद्‌बुद्ध होकर वे गाँव की ओर लौटे। महामारी से ग्रस्त वीरभूम के गाँवों में जनसेवा करने की इच्छा से गाँव-गाँव घूमते रहे। ऐसे में दुःख, शोक, अत्याचार से पीड़ित असहाय गाँववालों को नए सिरे से जानने का अवसर उनको मिला।[20] नर के भीतर ही जो नारायण छिपे हुए हैं, असहाय निपीड़ित मनुष्य के भीतर जो मानवता छिपी हुई है, श्रद्धा, विश्वास और प्रेम देकर उन्होंने उनका आशीर्वाद प्राप्त किया। ताराशंकर का समग्र कथा साहित्य उनकी अनुभूति की उपज है। वीरभूम के शुष्क-कठोर धूल-धूसरित राहों पर कितने ही दिन और रात उन्होंने बिताये हैं। उसी समय अपने साहित्य के चरित्रों को उन्होंने खोज निकाला। ताराशंकर ने अपने 'आमार साहित्य जीवन' संस्मरण में लिखा है-"ग्रामीण भद्र समाज में, किसानों के गाँव में, वैष्णवों के आश्रमों में रहते हुए मुझे उन लोगों को जानने का अवसर मिला। मेरे लिए यह और आसान हो गया था। रूप तो मेरा था ही नहीं, जितनी लावण्य या कोमलता बाकी थी चेहरे पर वह भी धूप में घूमने के कारण नष्ट हो चुकी थी...अतः उन्हीं में से एक होकर उनके साथ समान रूप से मिलने का अवसर मुझे मिला था। उनकी बातचीत, आचार-व्यवहार सब कुछ मुझे जानने को मिला।"[21] यही कारण था कि उनके उपन्यासों में उन लोगों के रहन-सहन, खान-पान, धार्मिक रीति-रिवाज़, वेश-भूषा, अन्धविश्वास, कुसंस्कार, प्रेम-सम्बन्ध एवं उनकी मानसिकता आदि सब कुछ का इतना यथार्थ वर्णन मिलता है।

ताराशंकर के उपन्यासों में चित्रित अंचल के जन-साधारण का घर-बार, रहन-सहन आदि का चित्रण उनकी जीवन-पद्धति और लोक-जीवन के स्वरूप को

उजागर करता है। 'हाँसुली बाँकेर उपकथा' में कहार समुदाय के लोग, बाँस, खर और सुतली से बने झोपड़ी में रहते हैं, लेकिन गाँव के सम्पन्न परिवार चौधरी बाबू पक्के दो-मंज़िला मकान में रहते हैं। 'गणदेवता' में किसान समुदाय मिट्टी के घरों में रहते हैं।

तारांशंकर के उपन्यासों में, जनजातियों के जीवन-पद्धति के वर्णन में नर-नारी दोनों काम करते हुए दिखाए गए हैं। चाहे खेती का काम हो या घर-आँगन का, स्त्रियाँ सब कुछ करती हैं। पुरुष बाहर का कार्य करते हैं। निम्नवर्ग एवं जनजातियों के वर्णन में, नारी की स्थिति दयनीय ही बताई गई है। पुरुष जब चाहे नारी को त्याग सकता है। 'हाँसुली बाँकेर उपकथा' में कराली 'पाखी' को पत्नी के रूप में अपनाता है पर बाद में सुवासी से प्रेम-सम्बन्ध बनने के कारण पाखी को छोड़ देता है। पाखी आत्महत्या कर लेती है।

चूँकि ताराशंकर का अंचल कृषि प्रधान अंचल है, अत: उन्होंने मुख्यतया कृषि एवं कृषि से सम्बन्धित खेत-खलिहान, घाट-बाट, बाग-बगीचा आदि का वर्णन किया है। गाँव की मुख्य पैदावार धान, पाट, खेसारी, आलू, ईख (हाँसुली बाँकेर उपकथा, पृ- 259), चना, मूँग, गेहूँ, जौ, सरसों, तीसी (गणदेवता, पृ. 94) आदि हैं। जिनके पास अपनी खेती नहीं है अर्थात् निम्न वर्ग और जनजाति के लोग, ज़मीन के मालिकों के यहाँ खटते हैं। उपज होती है तो तीन भाग में से एक भाग मिलता है, जो छह महीने में ही खत्म हो जाता है (हाँसुली बाँकेर उपकथा, पृ. 259) और तब नदी के किनारे उगने वाले साग, जंगली आलू, तालाब में मिलने वाली 'शामुक', 'गुगली' (गणदेवता, पृ. 97) आदि खाते हैं। ये तो उन लोगों की कहानी है जो कृषि पर निर्भर है, परन्तु ताराशंकर के उपन्यासों में दूसरे पेशे के लोग भी भरे पड़े हैं। उनमें लुहार, मोची, बढ़ई, बाज़ीगर, सपेरा, वैष्णव, जादूगर, सर्कस के खिलाड़ी, बनजारे आदि प्रमुख हैं। इनमें से बाज़ीगर, बनजारे, सपेरे जैसे विचित्र पेशेवाले जातियों की विचित्र जीवनधारा का भी विस्तार से वर्णन मिलता है, ताराशंकर के उपन्यासों में। इनका रहन-सहन, खान-पान, वेशभूषा सब कुछ साधारण ग्रामीण जनता से बिलकुल भिन्न है। कहार समुदाय के पुरुष तो खेती करते समय एक गमछा पहनकर भी काम चला लेते हैं और इनकी स्त्रियाँ दो-एक 'फूलपाड़' साड़ी से ही खुश हो जाती हैं। (हाँसुली बाँकेर उपकथा, पृ. 259) परन्तु ये बनजारे, सपेरे इन्हें लाल रंग की 'चन्द्रकोणा साड़ी', कानों में 'माकड़ी' (एक तरह का आभूषण), गले में चाँदी की हँसली, पैरों में पाजेब, उँगली में अष्टधातु की अँगूठी (नागिनी कन्यार काहिनी, पृ. 52, 140) आदि बहुत प्रिय है। इनके बाहों में ताबीज़ बँधी ही मिलेगी। ऐसे लोगों के दर्शन हमें न केवल उनके उपन्यासों में मिलते हैं, अपितु राढ़-अंचल की गलियों में भी मिलेंगे।

तारांशकर के उपन्यासों में ग्रामीण लोगों का खान-पान सामान्य व दयनीय है। भात, तरकारी, मूड़ी, (मुड़मुड़ा), गुड़, साग, पोस्त, चने की दाल, पोंठी मछली की चटनी (हाँसुली बाँकेर उपकथा, पृ. 250-251) आदि। परन्तु कभी-कभी तो ये दरिद्र लोग मूड़ी और हरी मिर्च से ही अपने पेट की भूख को शान्त कर लेते हैं (हाँसुली बाँकेर उपकथा, पृ. 253) लेकिन सम्पन्न और उच्चवर्ग के लोगों का खान-पान अलग है। 'शीतल भोग', 'खोए का पीठा' (गणदेवता, पृ. 152) जैसे भोज्य वस्तु गाँव के सब लोगों को आसानी से नसीब नहीं होती। ताराशंकर ने अपने अंचल-विशेष के जन-जीवन में व्याप्त अनेक प्रकार के व्यसनों का भी वर्णन अपने उपन्यासों में किया है। आम आदमी (विशेषकर जनजाति के लोग चाहे वे नारी हों या पुरुष) ताड़ी और 'मद' यानी शराब के शौकीन होते हैं। किसी भी उत्सव या त्यौहार पर वे 'पाकी मद' ज़रूर पीते हैं (हाँसुली बाँकेर उपकथा, पृ. 252), साथ ही बीड़ी और हुक्का भी पीते हैं (हाँसुली बाँकेर उपकथा, पृ. 250)।

इस प्रकार अंचल-विशेष के खान-पान, रहन-सहन, वेश-भूषा व व्यवसाय-व्यसन आदि के उल्लेख से ताराशंकर के उपन्यासों में उक्त अंचल के जन-जीवन की तस्वीर साकार हो उठती है। लेखक ने अपने उपन्यासों में अपने अंचल के पारिवारिक सम्बन्धों, प्रेम-सम्बन्धों आदि को भी विविध सन्दर्भों में उठाया है। जनजातियाँ जैसे कहार, डोम आदि का सामाजिक जीवन किसी विशेष नियम या रीति पर आधारित नहीं है। इनमें विवाह-सम्बन्धी नैतिकता का निर्वाह नहीं किया जाता और पति-पत्नी एकाधिक बार विवाह कर सकते हैं। उदाहरणतः 'हाँसुली बाँकेर उपकथा' में बनवारी का दूसरी बार सुवासी से विवाह करना, पाखी का अपने पति नयान को छोड़कर कराली से 'सांगा' अर्थात् विवाह करना, 'कवि' में कवि निताई का विवाहिता ठाकुरझी के साथ प्रेम-सम्बन्ध स्थापित करना आदि। इसके अतिरिक्त अवैध प्रेम-सम्बन्धों का भी यहाँ वर्णन मिलता है। उदाहरणार्थ, 'गणदेवता' में 'छिरुपाल' और 'दुर्गा' का सम्बन्ध परवर्तीकाल में 'अनिरुद्ध' का 'दुर्गा' की ओर आकर्षित होना, 'हाँसुली बाँकेर उपकथा' में 'बनवारी' का पूर्व-प्रेमिका 'कालोशशी' से सम्बन्ध आदि।

ताराशंकर ने अपने उपन्यासों में अंचल-विशेष के जन-जीवन में धर्म, धर्मगत आस्था व आचरण एवं धार्मिक वस्तुस्थिति आदि का भी सांगोपांग व यथार्थ चित्रण किया है। उनके उपन्यास में 'चण्डी-मण्डप' (गणदेवता उपन्यास की एक अलग महत्ता है। चण्डी-मण्डप से संलग्न, शिव और काली का मन्दिर ग्रामीण लोगों की श्रद्धा-स्थल है। इस मण्डप पर गाँव के अन्य उत्सव, पूजा आदि मनाए जाते हैं। यहीं पर पाठशाला भी बैठती है, परन्तु एक समय ऐसा भी आता है जब इस धर्मस्थल में बैठ 'छिरुपाल' जैसे अत्याचारी व्यक्ति अधार्मिक आचरण करता है।

'हाँसुली बाँकेर उपकथा' में 'बाबा कालरुद्र' के कारण ही 'बाँशवादी' गाँव के 'कहार' और 'आटपौड़े' समुदाय के बीच एकता थी। 'हाँसुली बाँक' के पश्चिम दिशा में बेल का एक प्राचीन वृक्ष था जिसके पास एक सेमल का वृक्ष भी था जिसमें 'बाबा' या 'कत्ताठाकुर' अर्थात् कालरौद्र निवास करते थे। वास्तव में यह एक लोकविश्वास (folk belief) हैं जिसके कारण ये दो समुदाय एक-दूसरे को मानकर चलते थे वरना इनमें कोई-न-कोई मतभेद होता रहा। इनका मानना था कि 'बाबा' रात को लाल वस्त्र पहनकर, खड़ाऊँ पहनकर, सर मुड़ाकर सारे 'हाँसुली बाँक' में घूमते रहते हैं, (पृ. 186)। चैत के महीने में इसी 'बाबा' की पूजा की जाती। ये दोनों समुदाय इस बात का ख्याल रखते कि उनसे कहीं कोई भूल-चूक न हो जाए अन्यथा पूरे समुदाय का सर्वनाश हो जाएगा। इसी तरह 'नागिनी कन्यार काहिनी' में 'विषहरी मैया' अर्थात् 'माँ मनसा' ही विष-बेदे जाति (सपेरे-बनजारे) के लिए सब कुछ है। इस प्रकार ताराशंकर ने इन जन-जातियों की धर्मगत आस्था, श्रद्धा, विश्वास, अन्धविश्वास आदि का अपने उपन्यासों में चित्रण कर लोक-जीवन की समग्रता को स्वाभाविक रूप में उद्घाटित किया है, जिनके द्वारा जन-जन के जीवन की धर्मगत तस्वीर ही साकार हुई है। परन्तु फिर नए युग के आगमन के साथ इन विश्वासों को, आस्थाओं को बदलते हुए भी उन्होंने दिखाया है। 'हाँसुली बाँकेर उपकथा' में युवा-वर्ग का प्रतिनिधित्व करने वाला कराली, कहार और आटपौड़े सम्प्रदाय के सभी मान्यताओं का खंडन करते हुए 'कालरुद्र' के वाहन 'नाग देवता' की हत्या कर देता है। 'नागिनी कन्यार काहिनी' में भी 'माँ मनसा के आसन' 'हिजल बिल' को छोड़, सन्ताली गाँव छोड़, नागिनी कन्या अर्थात् 'शबला' मुक्ति की खोज में शिवराम के पास पहुँचाती है। इस प्रकार खण्डित विश्वास, बदलते दृष्टिकोण, टूटते मूल्य तथा प्राचीन रूढ़ियाँ एवं परम्पराएँ, दैव-निर्भरता तथा अन्धश्रद्धा आदि का वस्तुनिष्ठ चित्रण भी अत्यन्त यथार्थ रूप में ताराशंकर के उपन्यासों में हुआ है। इनके अतिरिक्त ग्रामीण समाज में व्रत-उपवास, पूजा-अनुष्ठान आदि के प्रति जो आस्थायुक्त धार्मिक-भावना है, उसका चित्रण भी इन उपन्यासों में मिलता है। वास्तव में ताराशंकर को जितना मोह अपने अंचल के प्रति था, उतना ही मोह लोक-संस्कृति के प्रति भी था। ग्रामीण धार्मिक आचरणों में उन्हें लोक-संस्कृति की ही झलक दिखाई देती है। एक उदाहरण 'हाँसुली बाँकेर उपकथा' से द्रष्टव्य है–

"गाँव के छोरे कभी ढोल बजाकर 'धर्मराज' के गीत गाते हैं तो कभी 'माँ मनसा' के विसर्जन का गीत, कभी भादों के महीने में 'भादू-भाँजो' के गीत तो कभी आश्विन के महीने में 'माँ दशभुजा' की 'पांचाली गीत'।" (हाँसुली बाँकेर उपकथा, पृ. 256)

उपर्युक्त पंक्तियों में ही कहारों के विभिन्न पर्व एवं उत्सव तथा उनमें गाए जाने वाले गीतों की एक झाँकी मिल जाती है। 'नागिनी कन्यार काहिनी' में भी 'विषहरी मैया' की पूजा आदि का विस्तारपूर्वक वर्णन मिलता है। इसी प्रकार 'गणदेवता' में विभिन्न व्रत एवं पर्वों का विशद् विवरण प्रस्तुत किया गया है। उदाहरणस्वरूप, इतू-पूजा (गणदेवता, पृ. 95), मूठ-लक्ष्मी (गणदेवता, पृ. 137), पूस-लक्ष्मी (वही, पृ. 139), गाजन (हाँसुली., पृ. 394), चैत-लक्ष्मी पूजा (गणदेवता, पृ. 155), नवान्न (हाँसुली., पृ. 389) आदि। अंचल के लोगों का 'माता लक्ष्मी' पर अटूट विश्वास एवं श्रद्धा है। लक्ष्मीजी की ये पूजा एवं पर्व किस प्रकार मनाए जाते हैं इसका भी बहुत सहज और स्वाभाविक वर्णन मिलता है, (गणदेवता, पृ. 139)। गणदेवता में इतू-पूजा कैसे की जाती है एवं इस पूजा से पूजने वाले का भाग्य कैसा होगा, ग्रामीण स्त्रियों के वार्तालाप के माध्यम से इस तथ्य को भी उजागर किया गया है (गणदेवता, पृ. 95)। व्रतकथा पर भी प्रकाश डाला गया है (गणदेवता, पृ. 137)। वीरभूम में धर्म के प्रति गहरी आस्था है, निष्ठा है तथा लोगों के मन में विश्वास भी है। धार्मिक कृत्य से जुड़े नियम जैसे 'हुलू ध्वनि' करना, शंख बजाना (गणदेवता, पृ. 95), अल्पना देना, आउड़ी-बाउड़ी बन्धन बाँधना (गणदेवता, पृ. 137) आदि ग्रामीण संस्कृति की विशिष्टता को उजागर करते हैं।

लोक-संस्कृति के विविध आयाम—लोक-कथा, लोक-गीत, लोक-नृत्य, लोक-विश्वास आदि, जो एक अंचल के जनमानस को यथार्थ के रूप में साकार करते हैं ताराशंकर के उपन्यासों में भरे पड़ते हैं। ये सारे उपादान न केवल राढ़-अंचल की लोक-संस्कृति व समग्र लोक-जीवन की पहचान ही कराते हैं, अपितु उनकी विशिष्टता व महत्ता को भी बखूबी निखारते हैं। ताराशंकर ने अपने उपन्यासों के माध्यम से राढ़-अंचल के लोक-साहित्य की अपार राशि हमारे सम्मुख रख दी है। परिश्रम करके जब यहाँ के धरती पुत्र थक जाते हैं तो सुचाँद बुआ जैसे लोग लोक-कथाओं के माध्यम से उनके मन को पुनः उद्दीप्त करते हैं और हमारे कानों में भी अमृत-कणों की वर्षा करते हैं। यही कारण है कि उन्होंने अपने उपन्यासों में मिथक, परीकथा, लोक-कथा आदि का विशेष रूप से प्रयोग किया है। उन्होंने चाँद-सौदागर की कथा (नागिनी कन्यार काहिनी, पृ. 18), मनसा-लखीन्दर का बेहूला मिथक (नागिनी., पृ. 19-20), लक्ष्मी-नारायण की कथा (गणदेवता, पृ. 137) आदि का विस्तार से वर्णन किया है।

ताराशंकर के उपन्यासों में ये कथाएँ स्थानीय जीवन की मौज-मस्ती व विश्वासों को मुखरित करती हैं। इन कथाओं के साथ-साथ उन्होंने ऐसी कई अन्य कथाओं का भी प्रयोग किया है अपने उपन्यासों में, जिनसे वहाँ के लोक-जीवन की मान्यताओं और संस्कारों पर प्रकाश पड़ता है। जैसे 'हाँसुली बाँकेर उपकथा' में

'सुचाँद पिसी' (बुआ) द्वारा 'हाँसुली बाँक' में साहब-मेमसाहब के डूबने की कथा (हाँसुली बाँकेर उपकथा, पृ. 186), बाण गोंसाइ की कथा (हाँसुली बाँकेर उपकथा, पृ. 189) और 'बाबा के थान' (स्थान) से 'कत्ताबाबा' (कालरुद्र अर्थात् शिवजी का ही एक रूप) के आविर्भाव होने की कथा कहना (हाँसुली बाँकेर उपकथा, पृ. 179) आदि।

ग्रामीण जनता इस प्रकार के लोक-विश्वासों पर ही जीवित रहती है, जिससे वे प्राणरस खींचकर युग-युग तक अपना अस्तित्व मिटने नहीं देते।[22] ताराशंकर के 'नागिनी कन्यार काहिनी', एवं 'हाँसुली बाँकेर उपकथा' में लोक-संस्कृति के उपादान सवाधिक मिलते हैं। इन दो उपन्यासों में तथा 'कवि' उपन्यास में भी लोक-विश्वास, मन्त्र-तंत्र, जड़ी-बूटी आदि के साथ-साथ ग्रामीण उत्सव, मेले, पूजा, व्रत, गीत-नृत्य आदि का भी विस्तार से वर्णन किया गया है। 'कवि' उपन्यास में 'राढ़-अंचल' के मेले का जीवन वर्णन मिलता है–

"रासपूर्णिमा के दिन आलेपुर का मेला लगता है जो एक विख्यात मेला है। हज़ारों की संख्या में लोग आते-जाते हैं।...सिर्फ़ प्रकाश-प्रकाश और प्रकाश, उस प्रकाश की छटा में उज्ज्वल लगने वाले सामग्रियों से भरी दुकानें और पथ में, घाट में, मैदान में जहाँ देखो केवल लोग-लोग और लोग। मेले में जगह-जगह पर आनन्द लेने लायक कार्यक्रम हो रहे हैं–जात्रा, कविगान, पाँचाली, झुमुर आदि। चारों ओर दर्शकों की भीड़। (कवि, पृ. 117) इस प्रकार मेले का केवल एक दृश्य ही समग्र ग्रामीण संस्कृति को स्पष्ट करने के लिए पर्याप्त है।

ताराशंकर के उपन्यासों में जिस कलात्मकता से लोक-गीतों को रेखांकित किया गया है, उसकी अपनी विशिष्टता है। ये गीत राढ़-अंचल के लोक-जीवन में व्याप्त कथा, पीड़ा, हर्ष-उल्लास, सुख-दुःख तथा जन-मानस की लोक-भावनाओं, लोकनुभूतियों को लयात्मक व कलात्मक रूप प्रदान कर लोक-मानस को ही मूर्त रूप प्रदान करते हैं। ये गीत उनके संवेदनाओं, संवेगों, स्वानुभूतियों व सौन्दर्य-भावनाओं को रूपायित करते हैं। राढ़-अंचल में प्रचलित, घेटू-गीत, झुमुर गीत, विवाह के गीत, संथालिनों के गीत, विपहरि मैया के गीत, भादू-भाँजों के गीत, बोलान व गाजन पर्वों में गाए जाने वाले गीत आदि के द्वारा जन-जन की पीढ़ी-दर-पीढ़ी से प्रचलित, लोक-परम्परा उजागर हुई है और जन-जन की आत्मा का, आत्मतत्व का सजीव चित्रण हुआ है।

उपरोक्त विवेचन से यह स्पष्ट होता है कि ताराशंकर के ग्रामकेन्द्रित उपन्यासों में अंचल-विशेष की जनता के जीवन-यथार्थ का बहुत ही सजीवता से चित्रण किया गया है, जो उस अंचल विशेष के सजीव रूप को साकार करने में अत्यन्त सफल है। राढ़-अंचल की राजनीतिक, आर्थिक एवं सामाजिक परिस्थितियाँ तथा

वहाँ के लोगों पर उनका प्रभाव, वहाँ के लोगों की जीवन-पद्धति आदि का आकलन ताराशंकर ने अपने उपन्यासों में अत्यन्त स्वाभाविकता से किया है। प्रचलित लोक-संस्कृति, लोक-कथा, लोक-गीत, पर्व-त्यौहार आदि का भी चित्रण अत्यन्त सूक्ष्मता तथा बारीकी के साथ किया गया है जो न केवल राढ़-अंचल की संस्कृति को उजागर करता है, बल्कि राढ़-अंचल की महत्ता को भी बढ़ाता है।

ताराशंकर ने अपने उपन्यासों में लोक-संस्कृति को प्रधानता तो दी ही है, साथ ही साथ ऐसे पात्रों को स्थान दिया है जो लोक-संस्कृति के अधिकाधिक निकट हैं, उसे अधिक स्पष्ट रूप में उजागर करते हैं तथा उस संस्कृति के प्रतिनिधि माने जा सकते हैं। इसके लिए एक उदाहरण ही पर्याप्त है। 'कवि' उपन्यास का कवि 'निताई' डोम जाति का है परन्तु उसमें असाधारण प्रतिभा है और ताराशंकर ने उसके प्रतिभा को स्वीकृति दिलाई है। वह तथाकथित निम्न वर्ग का है तो क्या हुआ धनी और उच्चवर्ग के 'बाबू' भी उसकी प्रतिभा से चमत्कृत हो जाते हैं। यह निताई ताराशंकर के परिचित थे।[23] सिर्फ़ निताई ही नहीं, वरन् अपने कालजयी उपन्यासों में अन्य साधारण लोगों की जो तस्वीरें उन्होंने बतायी है, उनमें से बहुत से पात्र उनके जाने-पहचाने, रक्त-मांस के बने हुए जीवन्त चरित्र लगते हैं। कल्पना करके तथा कोशिश करके इन चरित्रों को आँकने की आवश्यकता नहीं पड़ी। कराली, नज़रबन्दी बाबू, नसूबाला आदि चरित्रों ने ताराशंकर के अंचल से ही उनके रचना-संसार में प्रवेश किया।[24] इस प्रकार ताराशंकर का सारा वाङ्गमय आज भी अपनी वास्तविकता में जी रहा है। कहीं कोई कृत्रिमता नहीं है।

इसीलिए रवीन्द्रनाथ ठाकुर ने उनका 'राईकमल' उपन्यास (जिसमें वैष्णव जीवन की कथा कही गई है) पढ़कर उन्हें एक पत्र में लिखा था–

"मेरे अनुचर वर्ग का मेरे आस-पास उपस्थित न रहने के कारण तुम्हारी दोनों किताबें मेरे हाथों आ पहुँची हैं। परन्तु इसमें दुखी होने (यहाँ 'घबराने' पढ़िए) की कोई बात नहीं। तुम्हारे 'राईकमल' ने मेरा 'मनोहरण' किया है।"[25] इसी प्रकार एक बार कविगुरु से मिलने पर उन्होंने कहा था,

"तुमने गाँव के बारे में लिखा है। बहुत ठीक-ठीक लिखा है। सबसे बड़ी बात है कहानी बनी है। तुम्हारी तरह गाँव के आदमी की कथा मैंने और कहीं नहीं पढ़ी।"[26] और यहीं पर ताराशंकर दूसरे कथाकारों से अलग हो जाते हैं।

इस सन्दर्भ में प्रतिष्ठित आलोचक हुमायूँ कबीर की "The Bengali Novel" से यह उद्धरण ध्यातव्य है–"Tarashạnkar's major contribution to the growth of the Bengali novel has taken two directions. He has on the one hand pointed the life of decadent rich with their past memories and present regrets. On the other, he has brought within the canvas of the Bengali novel, the life of tribal and semi-tribal people emerging out of primitive conditions."[27] इस प्रकार ताराशंकर ने जिस जीवन को निकटता से देखा, परखा उसे ही यथार्थ रूप में, आन्तरिकता के साथ अपने उपन्यासों में चित्रित किया। इस सन्दर्भ में, सन् 1961 में जब उन्हें 'गणदेवता' के लिए ज्ञानपीठ पुरस्कार प्रदान किया गया तो उनके 'शंसा पत्र' में लिखी गई ये पंक्तियाँ उद्धृत करने योग्य हैं–

"'Gandevta' is a prose epic depicting the transitional period in the life of rural India. When traditional culture values and economic structure were shaken to roots in the wake of onset of industrial revolution, occasioning charges in life's pattern and furnishing new context for expression of human's emotions.

The author is literary visionary-cum-realist devoted to the quest of life's fundamental truth. His instinctive sympathy with the human predicament of co-existence of the sublime and the vile is reflected in his variegated characters set in diverse environments. His works have laid a standard of measure not only for the achievements of Bengali literature but for Indian literature as a whole" (Dec. 15, 1967, New Delhi, भारतीय ज्ञानपीठ)।

उपरोक्त पंक्तियाँ ताराशंकर एवं उनके कृतित्व का सही मूल्यांकन करती हैं। डॉ. विनय घोष ने यथार्थ चित्रण के प्रसंग में ताराशंकर की तुलना पाश्चात्य कथाकार बालजॉक से की है। उन्होंने अपने 'ताराशंकरेर साहित्य ओ सामाजिक प्रतिवेश' निबन्ध में एंगेल्स द्वारा मार्गारिट मार्कनेस को साहित्य और सामाजिक यथार्थ के प्रसंग में लिखित एक पत्र (अप्रैल, 1888) से उद्धृति दी है–

"Balzac, whom I consider a far greater master of realism than all the zolas, past, present of future". उद्धृति देने के पश्चात् डॉ. घोष लिखते हैं– "एंगेल्स ने कहा है कि अतीत, वर्तमान और भविष्य के कई जोलाओं की रचनाओं में व्यक्त सामाजिक यथार्थ मिलकर भी एक बालजॉक के साहित्य में व्यक्त सामाजिक यथार्थ का सामना नहीं कर सकते। उसी प्रकार ताराशंकर के विषय में भी यह कहा जा सकता है कि मज़दूर और किसानों की कथा कहने वाले सौ साहित्यकारों का 'यथार्थ' भी एक ताराशंकर के यथार्थ के समतुल्य नहीं है।"[28] ताराशंकर के सम्बन्ध में दी गई यह उद्धृति ही उनकी सही पहचान है।

अन्ततः कहना चाहूँगी कि 'मयूराक्षी' नदी जब तक वीरभूम की प्राणदायिनी बनी रहेगी, 'धर्म ठाकुर' जब तक ग्रामदेवता के रूप में पूजे जाते रहेंगे, और राढ़-बंगाल के कहार, सद्गोप, जुगी, कवियाल, सपेरे आधुनिक सभ्यता के मार को सहन कर भी अपनी संस्कृति को बचा कर रख पाएँगे तब तक ताराशंकर जीवित रहेंगे, बांग्ला साहित्य में अपनी अमर सृष्टि के माध्यम से।

ताराशंकर की विचारधारा

स्वयं ताराशंकर यह मानते थे कि प्रत्येक लेखक का अपनी एक स्वच्छ दृष्टिकोण और पक्षपातहीन विचारधारा होनी चाहिए जो उसके साहित्य में सर्वत्र दिखाई दे। सन् 1968 के 28 जनवरी को 'Times of India' समाचार-पत्र में प्रकाशित ताराशंकर के साक्षात्कार में, जब उनसे समाज के प्रति लेखक का क्या दायित्व है, पूछा गया तो उन्होंने उत्तर दिया था, "What is needed is a clear vision and an unbiased mind. Just because, I believe in something, I should not allow that belief to cloud my judgement. True belief is like light which receeds darkness and illumines the future path. Also necessary is a deep love for all-deep keenship with everything on earth from the minutest particle."

इन पंक्तियों से यह स्पष्ट हो जाता है कि ताराशंकर की साहित्यिक दृष्टि मानवीयता के उदात्त आदर्शों से युक्त है। 'मानव जाति पर' उनका विश्वास है। 'सबार ऊपरे मानुष सत्य ताहार ऊपरे नाई' ही उनकी रचनाओं का मूल स्वर है। लेखक का अपने अंचल की छोटी-से-छोटी वस्तु के प्रति प्रेम ही उन्हें लिखने की वह शक्ति देता है। उपरोक्त उद्धरण उनके मानवतावादी दृष्टिकोण को और स्पष्ट बनाता है।

ताराशंकर आरम्भ से ही देश-सेवामूलक राजनीति से जुड़े रहे, उनका कारावास भी हुआ। परवर्तीकाल (सन् 1943) में वे Anti-fascist Writer's Association के अध्यक्ष भी बने। परन्तु उनका मानना था कि लेखक चाहे किसी भी मतवाद से प्रभावित क्यों न हो लेकिन राजनीति को साहित्य का उद्‌देश्य न बनाए। एक बार सन् 1958 में जब वे सोवियत रशिया में 'ताशकन्द एशियन राइटर्स कॉन्फ्रेंस' में भाग लेने गए तो उन्होंने पहले से ही यह ध्यान में रखा और सतर्क रहे कि इस साहित्य सम्मेलन में राजनीति अपना प्रभाव विस्तार न कर सके। उन्होंने अपने भाषण में कहा कि, "यहाँ राजनीति को अलग रखते हुए केवल मात्र साहित्यिक उद्‌देश्य ही स्पष्ट होना चाहिए।" यह मत उन्होंने इन शब्दों में व्यक्त किया था—"The spirit of the writer is the song of freedom. We have fought against colonialism and we will continue to fight aganist it. We go even further. We oppose any form of domination of one country by another. Yet as we see the focus of this conference is literary and not political."

ताराशंकर यह मानकर चले थे कि यद्यपि राजनीतिक मतवाद एवं संघर्ष से प्रभावित हुए बिना कोई भी युग-सचेतन लेखक लिख नहीं सकता, परन्तु उसकी प्रतिबद्धता पहले मानव जाति के प्रति है। सन् 1959 के दिसम्बर महीने में मद्रास में आयोजित अखिल भारतीय लेखक सम्मेलन (All India Writer's Conference) में अध्यक्ष के रूप में दिए गए भाषण में उन्होंने कहा था—"We believe, that although the writer cannot ignore the political struggle, he has a deeper obligation to himself and to humanity, which is to liberate the spirit of man through excellence of creation."

ताराशंकर अपनी प्रारम्भिक रचनाओं में गांधीवादी आदर्शों से प्रभावित थे (गणदेवता, धात्री देवता आदि), परन्तु परवर्तीकाल में Anti-fascist Writer's Association में भाग लेने के पश्चात् उनकी रचनाओं में ('हाँसुली बाँकेर उपकथा', 'मन्वन्तर' आदि में) मार्क्सवाद का प्रभाव परिलक्षित होता है। यद्यपि इस प्रभाव को वे किसी 'वाद' का प्रभाव स्वीकार नहीं करते। वे कहते हैं कि उन्होंने जो प्रत्यक्ष किया उसे ही चित्रित किया है।[29]

वास्तव में उपरोक्त आलोचना से यही प्रमाणित होता है कि वे किसी एक वाद में उलझे नहीं रहे। उनका धर्म 'मानवतावाद' था, अतः मानव को, उसके समाज को उसकी समग्र विशेषताओं के साथ अंकित करना ही उनका मूल उद्देश्य था। उनके सभी उपन्यास उनके मानवीय दृष्टिकोण को ही व्यक्त करते हैं।

सन्दर्भ

1. सिंह डॉ. त्रिभुवन : 'हिन्दी उपन्यास और यथार्थवाद', पृ. 1
2. घोषाल जयन्तकुमार : उद्धृति, बांग्ला उपन्यासे समाज वास्तवता, पृ. 1
3. वही, पृ. 2
4. Hudson, W.H. : An Introduction to the study of literature, 3rd Indian Edition, Page 167
5. सिन्हा डॉ. सुरेश : हिन्दी उपन्यास, पृ. 34
6. मिश्र डॉ. रामरदरश : हिन्दी उपन्यास : एक अन्तर्यात्रा, पृ. 187-88
7. चौधरी डॉ. रघुवीर : उद्धृत : 'आंचलिक उपन्यास : आंचलिकता, वैश्विकता और आधुनिकता', हिन्दी के आंचलिक उपन्यास, सं. : डॉ. रामदरश मिश्र एवं डॉ. ज्ञानचन्द गुप्त, पृ. 59
8. तिवारी डॉ. विश्वनाथ प्रसाद : उद्धृत : 'आंचलिक उपन्यास और ग्रामीण यथार्थ', हिन्दी के आंचलिक उपन्यास, पृ. 30
9. चट्टोपाध्याय वंशीवदन : राढ़ेर लोकसंस्कृति ओ आंचलिकतार आलोके ताराशंकर बन्द्योपाध्याय; 'पश्चिम बंग' ताराशंकर संख्या, पृ. 204
10. तिवारी हंसकुमार : कथाशिल्पी रेणु की भाषा; 'विपक्ष' रेणु अंक, पृ. 254
11. चक्रवर्ती सुमिता : ताराशंकर–शास्त्रधर्मे, मानवधर्मे, 'पश्चिम बंग' ताराशंकर संख्या, पृ. 76
12. जरासन्ध : ताराशंकर ओ राढ़देश; 'कालि ओ कलम' पत्रिका; अग्रहायण 137, पृ. 45

13. मजुमदार उज्ज्वलकुमार : 'ताराशंकर : देश काल', 'ताराशंकर–देश काल साहित्य', पृ. 247
14. राय वर्णिक : ताराशंकर राजनैतिक उपन्यास; ताराशंकर–देश–काल साहित्य, पृ. 16–17
15. ताराशंकर : आमार साहित्य जीवन, पृ. 38
16. राय डॉ. गौरमोहन : ताराशंकर साहित्य समीक्षा, पृ. 61
17. ताराशंकर : गणदेवता, '26वाँ परिच्छेद', पृ. 311
18. मजुमदार उज्ज्वलकुमार : उपरोक्त, पृ. 251
19. ताराशंकर : धात्रीदेवता, '22वाँ अध्याय', पृ. 219
20. ताराशंकर : आमार साहित्य जीवन, पृ. 20–21
21. वही
22. बन्द्योपाध्याय सुभाष : ताराशंकर लोक–संस्कृति चेतना : दुटि उपन्यास; ताराशंकर–देश–काल साहित्य, पृ. 188
23. ताराशंकर : आमार साहित्य जीवन, पृ. 22
24. मुखोपाध्याय देवाशीष : वर्तमान 'रविवार' पत्रिका, 26 जुलाई 1998, पृ. 11
25. ताराशंकर : आमार साहित्य जीवन, पृ. 88
26. वही, पृ. 93
27. घोषाल जयन्तकुमार : बांग्ला उपन्यासे समाज वास्तवता, पृ. 276
28. घोष डॉ. विनय : ताराशंकरेर साहित्य ओ सामाजिक प्रतिवेश : शनिबारेर चिठी, ताराशंकर संख्या, आषाढ़ 1371
29. ताराशंकर : आमार साहित्य जीवन, पृ. 68

चतुर्थ अध्याय

फणीश्वरनाथ रेणु के कथा-साहित्य में व्यक्त सामाजिक यथार्थ और विचारधारा

यूँ तो हिन्दी भाषा में बहुत सारे लेखकों ने ग्रामकेन्द्रित उपन्यासों का सृजन किया है लेकिन उनमें प्रमुख नाम फणीश्वरनाथ रेणु का है। इसका एक कारण यह भी है कि उनके विभिन्न ग्रामकेन्द्रित उपन्यास न केवल सामाजिक यथार्थ को उपस्थित करते हैं, वरन् आगे बढ़कर उसे नई दिशा भी प्रदान करते हैं। उन्होंने आंचलिक उपन्यास में वर्णित सामाजिक यथार्थ को दो रूपों में प्रस्तुत किया है। सामाजिक घटनाओं के आधार पर उपन्यास में समकालीन ग्रामीण समाज का वर्णन कर व उपन्यासों में वर्णित ग्रामीण समाज के आधार पर सामाजिक संरचना तथा सामाजिक अन्तः सम्बन्धों का विश्लेषण कर उनमें सामाजिक यथार्थ को देखने की यह दृष्टि इतनी विकसित है कि वे अपने युग के सच्चे प्रतिनिधि कहलाते हैं। उनके उपन्यासों में यह बोध गहराया हुआ है। रेणु के उपन्यासों के प्रसंग में डॉ. परमानन्द श्रीवास्तव की यह उक्ति उल्लेखनीय है–"बहुत दिन नहीं हुए जब यथार्थ को समाजवादी और वैयक्तिक समाजशास्त्रीय या मनोविश्लेषणवादी चौखटों में अलगाकर देखा जा रहा था और कथा साहित्य ऐसी 'एकरसता' का शिकार था, जो मानव संवेदना की समग्रता को या अद्वितीय निजता को स्वीकार करने की अनुमति नहीं देती थी। रेणु ने इस एकरसता को तोड़ने की जो सार्थक कोशिश की है, उसने ही उनके कथा प्रयोगों का मूल्य संवेदनशील पाठकों की दृष्टि में बढ़ा दिया है।"[1]

रेणु ने अपने उपन्यासों में सामाजिक यथार्थ को चित्रित करते समय, ग्रामीण समाज के सम-विषम दोनों पक्षों का सन्तुलित चित्रण प्रस्तुत किया है। उपन्यास में वर्णित पात्रों के अन्तर्जगत और बाह्यजगत् दोनों को बड़ी ही कुशलता के साथ उद्घाटित किया है। इस प्रसंग में डॉ. स्वर्णलता का कहना है–"विषमताओं के अंक में पल्लवित मानव को मुक्ति का सन्देश उपन्यासकार तभी दे सकता है जब-जब जीवन की कहानी सच्ची कहानी हो, जिसका जीवन्त चित्र विभिन्न प्रकार के

सामाजिक धरातल पर चित्रित करने की उसमें क्षमता हो।''[2] इस प्रकार रेणु ग्रामीण जनजीवन के यथार्थ कहानीकार हैं। वे ग्रामीण जीवन के टूटते-बिखरते और जीवित मानवीय सम्बन्धों के कथाकार हैं।[3] ग्रामीण यथार्थ को आधार बनाकर उपन्यास पहले भी लिखे गए थे। प्रेमचन्द के उपन्यासों में 'प्रेमाश्रम' और 'गोदान' के यथार्थ से हम परिचित हैं। वैसे प्रेमचन्द का वारिस होने का दावा तो लगभग सभी कथाकार करते हैं पर प्रेमचन्द के असली वारिस तो रेणु ही थे। प्रेमचन्द के बाद के ग्राम्य जीवन के परिवर्तनों का इतना सूक्ष्म चित्रण किसी दूसरे कथाकार में नहीं मिलता। रेणु ने यह चित्रण किसी सिद्धान्त या विचारधारा की जाली में गोटी भरने के लिए नहीं किया है। उन्होंने आज़ादी के बाद के गाँवों की परिवर्तित वास्तविकता को अपनी नंगी आँखों से ज्यों-का-त्यों देखा और रूपायित किया है। वे जो परिदृश्य चित्रित करते हैं, वह ऊबड़-खाबड़ है, एक सीधी रेखा में नहीं हैं, जटिल है, अनेकायामी है, हलचल भरा है, गँदला है, बाढ़ के पानी जैसा है। लेकिन अपने सही रूप में है। उस पर कोई मुलम्मा नहीं। 'मैला आँचल' में रेणु ने अपने अंचल के जन-जीवन को बड़ी सहानुभूति के साथ स्थापित किया है। ग्रामीण ज़िन्दगी के यथार्थ का विकृत पहलू भी है, ग्रामीण ज़िन्दगी का अभाव और वैषम्य भी हैं, इस ज़िन्दगी की कुरीतियाँ, रूढ़ियाँ और कठोर वास्तविकताएँ भी है। 'रेणु' इससे अपना दामन बचाकर भागते नहीं। पर रेणु ने यथार्थ के इस चित्रण को भोंडे ढंग से नहीं, बल्कि कला के आवरण में प्रस्तुत किया है।[4] इस प्रकार उनका प्रथम उपन्यास 'मैला आँचल' की नवीनता और सर्जनात्मक क्षमता को हिन्दी उपन्यास जगत् में पहली बार एक आश्चर्य की तरह लक्ष्य किया गया, यह एक ऐतिहासिक तथ्य है, अपने इस उपन्यास के बारे में रेणु के शब्द : ''इसमें फूल भी हैं शूल भी...निकल नहीं पाया''[5] यही है वह ख़ास जीवन सन्दर्भ जो रेणु का औपन्यासिक यथार्थ भी है और वह दृष्टि बिन्दु भी जिससे यथार्थ को देखा जा सकता है। 'मैला आँचल' का 1954 में प्रकाशन हिन्दी उपन्यास जगत् में एक घटना है। इसे रेणु ने स्वयं 'आंचलिक उपन्यास' कहा था।[6] रेणु के उपन्यासों का लक्ष्य अपने अंचल के परिवेश को स्पष्ट करते हुए वहाँ की समस्त समस्याओं को, लोक-जागरण, सामाजिक यथार्थ तथा युग चेतना को स्पष्ट करना था। उनके उपन्यासों के अध्ययन से यह बात स्पष्ट हो जाती है कि एक ही अंचल के, एक ही गाँव के चित्रण से लेखक अपनी रचना में किस प्रकार से सार्वभौमिकता ला सकता है। साहित्य में विशेषतः उपन्यासों में, सामाजिक यथार्थ का कितना बड़ा योगदान होता है। लेखक अपने परिवेश के सम्पूर्ण सुख-दुख, समूचे राग-विराग को भोगकर प्रत्यक्ष करता है। यथार्थ का यह आग्रह ही इन उपन्यासों का स्थायी मूल्य है।

इस सन्दर्भ में, 'प्रकाशन समाचार' (फरवरी, 1955) में प्रकाशित 'मैला आँचल' के विज्ञापन की यह पंक्तियाँ द्रष्टव्य हैं—बिहार के पूर्णिया जिले के एक छोटे-से गाँव की कहानी, जिसमें आपको भारतीय ग्राम्य-जीवन, देश की सामाजिक व राजनीतिक उथल-पुथल से झकझोरा, अपनी परम्परागत विवशताओं से आक्रान्त लेकिन अपनी सीमाओं को तोड़कर उफनने के प्रयास में और नए युग के साथ क़दम मिलाकर बढ़ने को अधीर, गर्म-ठंडी साँसें लेता हुआ स्पष्ट दीख पड़ेगा। जन-जीवन के अतिरिक्त इस उपन्यास का कोई बाधक नहीं है। 'मैला आँचल' की कथावस्तु के यथार्थ से आप पराभूत हो जाएँगे।[7]

रेणु का 'मैला आँचल' में पूर्णिया (बिहार राज्य का एक जिला) के 'मेरीगंज' तथा 'परती : परिकथा' में 'परानपुर' गाँव का चित्रण हुआ है। इन दोनों ही उपन्यासों में रेणु ने उस अंचल के आर्थिक, सामाजिक, धार्मिक और राजनैतिक जीवन का आँखों देखा चित्रण प्रस्तुत किया है। ऐसे में उन समसामयिक समस्याओं का भी विस्तारित वर्णन उन्होंने अपने उपन्यासों में किया है जिनके कारण अंचल-जीवन बहुत दूर तक प्रभावित हुआ है। डॉ. जवाहर सिंह ने अपने 'हिन्दी के आंचलिक उपन्यासों की शिल्प-विधि' नामक ग्रन्थ में, रेणु के 'मैला आँचल' को 'सम्पूर्ण आंचलिक-समस्याओं का जीता-जागता चहचहाता चिड़ियाघर' (पृ. 82) कहा है। वास्तव में राजनीतिक, भौगोलिक, सामाजिक और आर्थिक—हर प्रकार की समस्याओं से ग्रस्त बिहार के पूर्णिया जिले का 'मेरीगंज' गाँव इस अंचल का प्रतीक है।

उदाहरणार्थ, यहाँ की भौगोलिक स्थिति और आबोहवा का ही प्रभाव है कि कालाजार और मलेरिया जैसी भयंकर बीमारियाँ यहाँ अड्डा जमाये रहती हैं तभी तो "भूख, ग़रीबी, बीमार और अन्धविश्वासों से पीड़ित लोगों को देखकर डॉ. प्रशान्त रोगों की छानबीन करने आया है। वह लोक-कल्याण करना चाहता है। मनुष्य के जीवन का क्षय करने वाले रोगों के मूल का पता लगाकर वह नयी दवा का आविष्कार करेगा जिससे सब रोग दूर हो जायेंगे।" ('समालोचक', 1959, अगस्त, पृ. 3)

परन्तु इस अंचल में बीमारी एक तो है नहीं कि डॉ. प्रशान्त उसकी दवा का आविष्कार करेगा। यहाँ तो आर्थिक दृष्टि से गाँव के लोगों की यह हालत है कि बीमारी के दिनों में "कफ से जकड़े हुए दोनों फेफड़े...ओढ़ने को वस्त्र नहीं, सोने को चटाई नहीं। भीगी हुई धरती पर लेटा हुआ निमोनिया का रोगी मरता नहीं, जी जाता है।" (मैला आँचल, पृ. 224)। "ग़रीबी और जहालत इस रोग के दो कीटाणु हैं।" (वही, पृ. 181) "कपड़े के बिना सारा गाँव अर्द्धनग्न है। मर्दों ने पैंट पहनना शुरू कर दिया है और औरतें आँगन में काम करते समय एक कपड़ा कमर में

लपेटकर काम चला लेती हैं। बारह वर्ष के बच्चे तो नंगे ही रहते हैं।'' (वही, पृ. 151) और फिर, ''ऐसी ग़रीबी में भी गाँव के चन्द बड़े गृहस्थों और ज़मींदारों द्वारा शोषण-चक्र चलता ही रहता है।'' ''दवनी-मड़नी करके जमा करो, सालभर खाए हुए क़र्ज़ का हिसाब चुकाओ। बाकी अगर रह जाये तो फिर सादा काग़ज़ पर अँगूठे का टीप करो। सफ़ाई करनी है तो बैल-गाय भरना रखो या हलवाहा, चरवाहा दो। फिर क़र्ज़ खाओ।'' (वही, पृ. 166) इस प्रकार हम पाते हैं कि पूँजीवाद और सामन्ती सामाजिक व्यवस्था अपनी अन्तिम मरणासन्न स्थिति में भी पूरे तामझाम के साथ इस अंचल में अभी वर्तमान है। वे ''ग़रीबों के गले में ग़रीबों के जरिये ही छुरी चलाते हैं।'' (वही, पृ. 166) और यही कारण है कि लोग मिल में मज़दूरी करने के लिए गाँव छोड़कर भागते हैं।

रेणु ने इस पर भी प्रकाश डाला है कि गाँव में राजनीतिक चेतना तो आती है, पर अशिक्षा और कुसंस्कार तथा ग़लत सामाजिक परम्पराओं के कारण उसकी सारी विकृतियाँ ही प्रकट होती हैं। 'परती : परिकथा' की कथावस्तु का फ़लक तो 'मैला आँचल' से भी अधिक व्यापक और समस्याग्रस्त है। इस उपन्यास के केन्द्र में परानपुर गाँव की समग्रता एवं मुख्यतः भूमि की समस्या है। इस उपन्यास का कथावृत्त धूल-धूसरित, बन्ध्या-वीरान परती धरती पर अधिकार के विभिन्न दावों, उपदावों, भूमि सम्बन्धी सरकारी सुधार नीतियों-लैण्ड सर्वे, चकबन्दी, ज़मींदारी उन्मूलन आदि तथा इन समस्याओं से उत्पन्न अन्य अनेक छोटी-बड़ी समस्याओं से ही निर्मित है। धरती के लिए संघर्ष में ज़मींदार और किसान ही आमने-सामने नहीं हैं, बल्कि एक ही परिवार के अलग-अलग सदस्य एक ही ज़मीन के लिए स्वार्थ की नंगी लड़ाई में कूद पड़े हैं। परानपुर गाँव मुक़दमेबाजी, सामाजिक तनावों और संबद्ध परिवर्तनों की जकड़नों में बुरी तरह जकड़ गया है। ज़मीन के प्रति ऐसा मोह, धरती के लिए ऐसा आकर्षण इसीलिए है कि कृषि प्रधान गाँवों की सारी अर्थ-व्यवस्था भूमि की धुरी पर ही चलती है।

उक्त उपन्यास की मूल समस्या परती धरती की ही कथा तक सीमित नहीं रह गई है, इसके साथ ग्रामीणों के मन की परती की भी कथा साथ-साथ चलती रही है जो गाँवों की व्यापक सांस्कृतिक समस्या से सम्बद्ध है।

इसी प्रकार ये सभी समस्याएँ पूर्णतः ग्रामीण एवं यथार्थवादी हैं। इसके अतिरिक्त, गाँव की विभिन्न जातियों, उनके आपसी मनमुटाव और झगड़ों, उनकी अज्ञानता अन्धविश्वास, पक्षपात, भ्रष्टाचार, सरकारी कर्मचारियों की घूसखोरी, स्थानीय त्यौहारों, लोकगीतों और लोककथाओं का भी उपन्यास में सूक्ष्म चित्रण हुआ है। 'मैला-आँचल' और 'परती-परिकथा' के लेखक में अंचल का मोह प्रबल है। वह अपने अंचल के हर चप्पे, हर कण और हर धड़कन से परिचित है। रेणु को

अपने अंचल की धरती, वनस्पति, नदी-तालाब, खेत-खलिहान सब कुछ सुन्दर दिखाई पड़ते हैं। तभी तो 'मैला आँचल' के डॉक्टर पर वहाँ की मिट्‌टी का मोह सवार हो गया है। उसे लगता है मानो वह युग-युग से इस धरती को पहचानता है। यह अपनी मिट्‌टी है। नदी-तालाब, पेड़-पौधे, जंगल-मैदान, जीव-जानवर, कीड़े-मकोड़े सभी में एक विशेषता देखता है।[8] लेखक ने इन दोनों उपन्यासों में अपने अंचल की सुन्दरता-असुन्दरता, ग़रीबी-अमीरी-सब कुछ का यथातथ्य हू-ब-हू चित्र खींचने का प्रयास किया है। अर्थात् इन दोनों उपन्यासों में बिहार के जिस कोसी अंचल के जीवन-यथार्थ को उपन्यास की कथा का आधार बनाया गया है, उस अंचल के जीवन, वहाँ की समस्याओं, पर्व-त्यौहारों, राजनीतिक उथल-पुथल और सामाजिक भ्रष्टाचारों को रेणु ने न केवल नज़दीक से देखा है, बल्कि किसी-न-किसी स्तर पर वह स्वयं उसके भोक्ता भी रहे हैं। मेरीगंज में...मलेरिया अथवा कालाजार उन्मूलन का सरकारी अभियान तथा परानपुर क्षेत्र में लैंड सर्वे सेटलमेंट की घटनाएँ काल्पनिक नहीं, पूर्णतः यथार्थ हैं, जिनकी प्रामाणिकता की जाँच सरकारी गज़टों से भी हो सकती है।[9] किन्तु यथार्थवादी होते हुए भी रेणु ने आदर्शवादी संस्कारों को नहीं छोड़ा। उनकी दृष्टि एक आंचलिक उपन्यासकार के रूप में सृजनात्मक है। वह आंचलिक समस्याओं का चित्रण करते हुए एक नए समाज की रचना करना चाहते हैं। समाज के घातक तत्त्वों को निर्मूल कर नव-निर्माण की प्रेरणा ही उनका उद्‌देश्य है और बिलकुल यही बात ताराशंकर के साहित्य में भी हम देख चुके हैं।

एक समस्या जिसे रेणु ने अपने 'मैला आँचल' तथा 'परती परिकथा' में चिह्नित की है, वह है शिक्षा के प्रचार-प्रसार के बावजूद भारतीय ग्रामांचल के निवासियों पर पुरानी मान्यताओं और रूढ़ियों की पकड़ आज भी मजबूत है, जिसका दुष्परिणाम यह निकला है कि गाँव और कस्बे का आदमी बौद्धिक, चतुर और काइयाँ तो हुआ है किन्तु उसका भावजगत् बुरी तरह आहत है। मानव-मानव के बीच कुल-सम्पत्ति तथा धर्म के आधार पर विभाजन से हुई हानि से परिचित होने के प्रति आश्वस्त कराते हुए उनके उपन्यास भेद-बुद्धिजनित जाति-वर्ग और सम्प्रदाय-भेद जैसी जीवन को चाट जाने वाली दीमकों का यथासम्भव सफाया करना चाहते हैं। गाँव में जाति बहुत बड़ी चीज़ है। रेणु ने 'परती : परिकथा' में अनुभव किया है कि गाँव में बिना जाति के आपका पानी भी नहीं चल सकता। 'मैला आँचल' के डॉ. प्रशान्त को हैरानी है कि शहर में जहाँ बहुत कम लोगों ने उसकी जाति पूछी थी, वहाँ गाँव का हर आदमी पहले जाति ही पूछता है।[10] ग्रामीणों के विकास के लिए प्रस्तावित सरकारी योजनाएँ और प्रयास भी जातिवाद के चलते खटाई में पड़ जाते हैं। परानपुर गाँव में अस्पताल बन्द हो जाते हैं क्योंकि

कायस्थ डॉक्टर सिर्फ़ कायस्थों को अच्छी दवाएँ देता है।[11] तथाकथित ऊँची जाति के लोग एक ओर निम्न कही जाने वाली जातियों का चौमुखी शोषण करते हैं, दूसरी ओर मिथ्या जाति-दम्भ के पीछे बहुत से अनर्गल कृत्यों को करने के लिए बाध्य होते हैं। साथ ही 'मैला आँचल' के कालीचरण[12] के शब्दों में उपन्यासकार की उस वैचारिकता के दर्शन होते हैं जो उन्हें इस निष्कर्ष पर पहुँचाती है कि समाज में जाति-पाँति टूट रही है और उसके स्थान पर दो वर्ग-अमीर और ग़रीब बन गए हैं।

आंचलिक उपन्यासों में सवर्णों और अछूतों के विवाह सम्बन्धों की योजना से एक ओर जातिभेद की ढहती व्यवस्था को तो दूसरी ओर निम्नवर्ग के व्यक्तिगत और संगठित विद्रोह का समर्थन कर वर्ण भेद के प्रति अपनी तीखी घृणा का प्रदर्शन किया है। 'मैला आँचल' में अज्ञात कुलशील प्रशान्त और कमला, 'परती-परिकथा' में सवर्ण सुवंश और अछूत कन्या मलारी आदि के विवाह समाज के रूढ़ नियमों और नैतिक मान्यताओं की अवहेलना करके सम्पन्न हुए हैं। ये विवाह ग्रामीण जीवन के एक पक्ष को उद्‌घाटित करते हैं। इन पर ग्रामीणों की प्रतिक्रिया भले ही विपरीत हो किन्तु उपन्यासकारों ने इनका स्वागत किया है। विशेषत: रेणु के उपन्यासों में सामाजिक विषमता, विभिन्न वर्गों में बँटा हुआ समाज, जातिगत विद्वेष, ऊँच-नीच की दरारें तथा परस्पर लड़ाई-झगड़े, गृहकलह, घृणा, पुश्तैनी वैर और कोर्ट कचहरी व मुक़दमेबाज़ी आदि के बारे में कई चित्र मिलते हैं। ऐसे में जाति बहुत बड़ी चीज़ रही है। बिना उसके वहाँ पानी भी नहीं मिल सकता।[13] पर स्वतंत्रता के पश्चात स्वाधीनता संघर्ष के कारण, नवीन सामाजिक चेतना के फलस्वरूप गाँव ने करवट ली और समाज बदलने लगा।[14] इस प्रकार जाति प्रथा का शिकंजा, सामाजिक व्यवहार में, खान-पान में, छुआछूत में शिथिल ज़रूर हुआ, पर चुनाव और वोट की राजनीति में इसकी पकड़ मजबूत हुई। सत्ता की राजनीति में इसका वर्चस्व बढ़ा और जातिवाद ने जोर पकड़ा। अब राजनीतिक पार्टियाँ भी जातिवाद की सहायता से संगठन करना जायज समझने लगीं।[15] और बड़े-बड़े लोग अपनी-अपनी जाति की पार्टी में रहने लगे।[16] समाज में जाति-द्वेष, वैर व उपद्रव पनपने लगे।[17] पंचायतों में जाति के दाँव-पेंच तथा चुनाव में जातिवाद को मुहरा बनाया जाने लगा। इधर आरक्षण सुविधा के कारण अनेक जातियाँ अपने आप को पिछड़े वर्ग की सूची में दर्ज़ करवाने को लालायित रहने लगीं।[18] अत: कहा जाने लगा कि अब लोगों को चाहिए कि वे अपनी-अपनी टोपी पर लिखवा लें—भूमिहार, राजपूत, कायस्थ, यादव आदि[19] इस प्रकार जातीय स्तर पर गाँवों में स्वार्थपरता बढ़ती जा रही थी। प्रत्येक जाति का सम्पन्न और समर्थ व्यक्ति अपने नेतृत्व को स्थापित करना चाहता था और साथ ही वह दूसरों के

विकास में अवरोध भी उत्पन्न करना चाहता था। जोतखी काका, खेलावन यादव, ठाकुर रामकिरपाल सिंह, विश्वनाथ प्रसाद मल्लिक मेरीगंज के जातीय नेता के रूप में दिखाए गए हैं। इन लोगों ने अपने स्वार्थ-साधन के प्रयास में पूरे गाँव भर के जीवन में एक विशृंखलता उत्पन्न कर रखी है। इस प्रकार जातिगत भावना को प्रस्तुत करने में रेणु ने बड़ी कुशलता से काम लिया है। उदाहरणस्वरूप, बालदेव सोचता है—"वह अब अपने गाँव में रहेगा अपने समाज में, अपनी जाति में रहेगा। जाति बहुत बड़ी चीज़ है।...जाति की बात ऐसी है कि अब सभी बड़े-बड़े लीडर अपनी-अपनी जाति की पार्टी में हैं।"[20] रेणु के इस प्रस्तुतीकरण में जातीय जीवन के अनेक चित्र भिन्न-भिन्न स्तरों पर प्रकट हो गए हैं जिससे जीवन में विष-बेल की भाँति व्याप्त जातिगत दूषण और उसके शोषक परिणामों को स्पष्ट रूप से देखने में सुविधा होती है। उन्होंने जातिगत झगड़ों के सम्भावित परिणामों पर एकाधिक बार संकेत किया है। हरगौरी और बालदेव की नोक-झोंक जातिगत विद्वेष में बदल जाती है।[21] गाँव में अस्पताल बनने की प्रसन्नता में महन्त साहब भण्डारा खोल देते हैं व गाँव भर को दावत खिलाने की बात कही जाती है, पर इस सामूहिक भोज को ब्राह्मण नकार देने की बात कहते हैं। उधर सिपहिया टोली के लोग भी ग्वाले लोगों के साथ एक पंक्ति में बैठकर खाने से मना कर देते हैं। इस प्रकार जातिगत ऊँच-नीच की यह भावना, जो सामूहिक प्रसन्नता के अवसर पर लोगों को एक साथ भोज तक के लिए परस्पर नहीं मिलने देती, हमारी एकता के प्रयास में बहुत बड़ी बाधा उत्पन्न करती है। लेखक ने जातिगत विद्वेष की वस्तुस्थिति के अनेक चित्र प्रस्तुत करके प्रबुद्ध चेतना को इस दिशा में सोचने के लिए प्रेरित करना चाहा है।

वस्तुतः एक बात बहुत विचित्र है कि इस संक्रान्तिकाल में एक ओर राष्ट्रीयता की भावना से प्रेरित भारतीय समाज एक स्वर में अंग्रेज़ी सत्ता के विरोध में उठ खड़ा हुआ था और दूसरी ओर सिर्फ़ नगर ही नहीं, ग्राम्य और आंचलिक स्तर पर भी जातिवाद का विष बीज पनप रहा था जिससे व्यक्ति-समाज जातिगत आधार पर अलग-अलग समूहों में विभाजित और विच्छिन्न होकर परस्पर द्वेष, ईर्ष्या और शत्रुता के भाव को बढ़ाता हुआ राष्ट्रीय-शक्ति, एकता और उदार मानवीयता के आदर्शों को धूमिल कर रहा था। रेणु ने बड़ी संवेदनशीलता के साथ इस विरोधाभास को लक्षित किया है। उन्होंने बहुत पहले ही अनुभव किया था कि जातिवाद का सहारा लेकर जो राजनीति आगे बढ़ती है वह समाज के कल्याण-साधन व स्वस्थ उद्देश्यों की पूर्ति में कभी भी सफल नहीं हो सकती। रेणु का वह संकेत आज हमारी देश की राजनीति के सन्दर्भ में हम प्रत्यक्ष रूप से देख सकते हैं।

साथ ही रेणु के विषय में एक महत्त्वपूर्ण बात यह है कि उनकी दृष्टि में एक खुलापन है, जो उन्हें किसी दलीय विचारधारा से बँधने नहीं देता। रेणु ने अपने सम्पूर्ण साहित्य के नब्बे प्रतिशत से भी अधिक हिस्से में निम्न वर्ग और वर्ण के आदमी की कथा कही है। 'मैला आँचल' तथा 'परती परिकथा' में ब्राह्मण व क्षत्रिय पात्रों का थोड़ा बहुत उल्लेख है। अधिकतर पात्र पिछड़ी जातियों के हैं। रेणु में जातिवादी आतंक, रचनाकार की हैसियत से, ज़रा भी नहीं और यही बात ताराशंकर के बारे में भी कही जा सकती है। रेणु के पात्र सुवंश और मलारी, जितन और ताजमणी, प्रशान्त और कमली, सहदेव मिसर और फुलिया के ये सारे प्रेम सम्बन्ध जातिवादी ढंग को तोड़ डालते हैं। 'जूलूस' में हरि यादव और सन्ध्या का सम्बन्ध तथा पहलवान की बहुओं का राजपूत न होना भी जातिप्रथा विशेष का उदाहरण है। अशिक्षित और इसी कारण अविकसित समाज में धर्म के नाम पर पाखंड, आडम्बर, अन्धविश्वास और व्यभिचार का प्रचार बहुत पुरानी परम्परा है। धर्म चाहे वह किसी भी जाति और देश का हो, मूलतः मानवीयता के उदात्त आदर्शों का प्रवक्ता होता है लेकिन अब धर्म कुछ निठल्ले, स्वार्थी और हीन प्रवृत्ति वाले व्यक्ति द्वारा एक व्यवसाय के रूप में अपना लिया जाता है, तब उसकी उदात्त भावना तिरोहित हो जाती है और उसकी आड़ में अनेक विसंगतियाँ पनपने लगती हैं। भारतीय समाज में बहुत पहले से ही कतिपय भ्रष्ट और दुराचार व्यक्तियों ने धर्म को एक व्यवसाय में परिणत किया है। वह धार्मिक पाखंड अपने सर्वाधिक गिरे हुए रूप में ग्रामीण अंचलों में व्याप्त होता परिलक्षित हुआ है। कहीं-कहीं तो धार्मिकता पेट भरने तक सिमट कर रह गई यथा-"साधु संगति, भक्तिभाव न जाने कोई, पेट भन सो काम।"[22] अतः 'पेट और पेट के लिए' धर्म स्वरूप बना। 'मन मैली तन सुथरो उल्टी जग की रीत।'[23] तथा 'ऊपर बाबाजी और अन्दर दगाबाजी'[24] चल पड़ी। महन्त लोग दासियों के नाम पर रखैलिनें रखने लगे। महन्त सेवादास, रामदास, लरसिंघदास, बूढ़े जोतिखी (ज्योतिषी), नागा बाबा आदि 'मैला आँचल' उपन्यास में वर्णित चरित्र इसी धार्मिक पाखंड के नामांकित उदाहरण हैं। इनके कारण पवित्र मठ तथा 'वीमेन्स हॉस्टल' जैसे स्थल भी भ्रष्ट होने लग। साधु, जटाधारी, छल-कपट करने लगे। साधु संन्यासियों के साथ-साथ नेता लोग भी मांस, मदिरा और मदिराक्षी में डूबे हुए हैं। इसीलिए तो 'दीर्घतपा' में बागे कहता है, 'देहाती माल चाहिए'[25] और जुलूस में तालेवर जी को रोज़ नई-नई भैरवी की तंत्र-साधना के लिए आवश्यकता महसूस होती है।[26] परन्तु उस समय ऐसे कार्य के लिए जाति-पाँति नहीं पूछी जाती। इसीलिए होली के परब पर लोग कहते थे, "अरे ओ बुड़बक बभना, चुम्मा लेने में जात नहीं रे जाए।"[27] इस प्रकार अपने विभिन्न उपन्यासों के माध्यम से लेखक ने समकालीन समाज के खोखलेपन और

धर्म तथा आस्था के उस पाखंड पर करारा व्यंग्य किया है जो तर्क और साहस के सामने अधिक समय तक खड़ा नहीं रह सकता।

अशिक्षित और भोले-भाले ग्रामीणों के बीच पाखंड प्रसार में ज्योतिषी कहलाने वाले लुटेरों का भी कम योगदान नहीं। मेरीगंज में भी एक बूढ़े 'जोतखी' जी हैं जो हमेशा भविष्य में किसी अहित की चिन्ता से व्यग्र रहते हैं एवं अपना उल्लू सीधा कर, ग्रामीणों को भयभीत बनाकर रखना चाहते हैं–"कोई माने या न माने, हम कहते हैं कि एक दिन इस गाँव में गिद्ध-कौआ उड़ेगा। लक्षण अच्छे नहीं हैं। गाँव का ग्रह बिगड़ा हुआ है।"[128] चेतना और जागृति के किसी वस्तु को जोतखी जी फूटी आँखों नहीं देख पाते। जैसे गाँव में अस्पताल खुलने पर उन्होंने यह बात फैला दी कि अब कुँओं में दवा डालकर हैजा फैलाया जाएगा। गाँवों में जोतखी जी जैसे लोग हमेशा समाज की प्रगति में बाधक के रूप में काम करते हैं। साथ ही, रेणु ने यह भी बताना चाहा है कि ये लोग धर्म के नाम पर अनेक प्रकार की विसंगतियों और पाखंडों को बढ़ावा देकर अधर्म फैलाते हैं और चारित्रिक पतन का कारण बनते हैं। लेकिन जनता के बीच प्रतिष्ठित होने के लिए इन्हें त्याग और साधन का मुखौटा पहनना पड़ता है। अशिक्षित जनता इस मुखौटे में घिरी हुई इनके असली रूप को नहीं देख पाती और इसीलिए पीढ़ी-दर-पीढ़ी उसका शोषण होता रहता है, परिणामस्वरूप नैतिक रूप से भ्रष्ट व्यवस्था की यह परम्परा चलती रहती है। लेखक ने बड़े सूक्ष्म संकेतों के माध्यम से यह निर्दिष्ट करना चाहा है कि धार्मिक पाखंड की इस प्रवृत्ति को जन-चेतना और शिक्षा के विकास द्वारा रोका जा सकता है।

ग्रामीण जनता के लिए धर्म एक शक्ति भी है और विश्वास थी। एक ओर तो वे ईश्वर में अतिशय विश्वास करते हैं तथा मनोकामना पूर्ण होने पर अपने अभीष्ट देवता की पूजा-वन्दना भी करते हैं, जिसके कारण कभी-कभी भ्रष्ट और ढोंगी सन्त और महन्त कहलाने वाले लोगों के शिकार बन जाते हैं वहीं दूसरी ओर उनकी ग्राम्य चेतना प्रकृति और परिवेश में अज्ञानजनित भूत-प्रेत की कल्पना से युक्त होकर उन्हें अन्धविश्वास का शिकार बना देती है। उनकी समस्त चिन्तन शक्ति अन्धविश्वासों से परिचालित होने लगती है। रेणु के 'परती : परिकथा', विशेषतः 'मैला आँचल' में भूत-प्रेत सम्बन्धी कल्पनाओं एवं आधारहीन अन्धविश्वास में फँसे जनता की दयनीय स्थिति का वर्णन मिलता है।

धार्मिक पाखंड एवं अन्धविश्वासों के अतिरिक्त ग्रामीण-समाज की रीति-रिवाज़ों पर भी प्रकाश डालना आवश्यक हो जाता है, क्योंकि बहुधा देखा गया है कि रीति-रिवाज़ों का ही कुपरिणाम है, अन्धविश्वासों के कुचक्र में पड़े रहना। युगद्रष्टा रेणु ने अपने 'जुलूस' नाक उपन्यास में दिखाया है कि 'गोड़ियार' और

'नोबीनगर' नामक दोनों ग्रामों के निवासी प्राचीन अन्ध-विश्वास से बँधे हुए काठ के पुतले हैं। सभी घटनाओं का कारण वे काली-कलकत्तेवाली का क्रोध मानते हैं। जयराम सोचता है कि "यदि मन्त्रों में महिमा न होते तो अररिया कोर्ट की सभा में मन्त्रीजी लाल मूंगों वाले गोल, चपट, चौड़े ताबीज लटकाकर क्यों आते?" (जुलूस, पृ. 141) 'जुलूस' उपन्यास में ही दीपा की माँ दूसरे गाँव से दवाइयाँ, ताबीज मँगाती है जिसके कारण पुत्र-प्राप्ति की इच्छा पूरी होती है। तालेवर गोढ़ी तान्त्रिकी पवित्रता को प्राप्त करने के लिए मन्त्रों की सहायता लेता है। 'परती : परिकथा' में वर्णित पारवती की माँ को टोनाई समझा जाता है। बच्चे मरते हैं बीमार होकर, किन्तु ग्रामीणों का सन्देह होता है पारवती की माँ पर। इस प्रकार रेणु के उपन्यासों में चित्रित धार्मिक रीति-रिवाज़, अन्धविश्वास व परिवेश का अध्ययन करने से यह बात स्पष्ट हो जाती है कि रेणु ने अपने आँचल के धार्मिक परिवेश को अत्यन्त सजीवता तथा सहजता से व्यक्त किया है।

परन्तु रेणु ने यह भी संकेत दिया है कि आंचलिक जीवन में धर्म आज परिवर्तन की प्रक्रिया में है। उनके दृष्टिकोण में परिवर्तन के कारण हैं–विज्ञान का उन्मेष, शिक्षा तथा परिवर्तित समाज व्यवस्था। धर्म की केन्द्रीय सत्ता पर विज्ञान अधिकार करता जा रहा है। डॉ. राधाकृष्णन ने ऐसी ही स्थिति के लिए कहा है–"चारों ओर सब जगह हमें वस्तुओं के टूटने-फूटने और सामाजिक, राजनीतिक और आर्थिक संस्थाओं में परिवर्तनों की, प्रमुख विश्वासों और विचारों में, मानव-मन की आधारभूत श्रेणियों में परिवर्तन की आवाज़ सुनाई पड़ रही है।"[29] वैज्ञानिक उन्मेष ने धर्म, विश्वास सम्बन्धी धारणाओं की नींव हिलाकर रख दी है। प्राचीन आस्थाएँ टूटी हैं। वैज्ञानिकता से उत्पन्न आधुनिकता ने ग्राम-चेतना को नए सन्दर्भ दिए हैं। कृषि, संचार साधन आदि के विकास ने उनकी चेतना में बहुआयामी जागृति लाई है। इसी के कारण धार्मिक कर्मकांडों और परम्पराओं का अवमूल्यन हुआ है। इसका प्रभाव रेणु ने अपने 'मैला आँचल', 'परती : परिकथा' आदि उपन्यासों में दिखाया है। 'परती : परिकथा' में रेणु सामुदायिक जीवन की कहानी उसकी पूरी जटिलता और पूरे ब्योरे के साथ उठाते हुए उसे नवीन वैज्ञानिक प्रगति से जोड़कर देखते हैं। हिन्दी उपन्यासकारों में पहली बार रेणु ने ही वैज्ञानिक प्रगति के सकारात्मक पहलुओं की पहचान व्यापक राष्ट्रीय जीवन के सन्दर्भ में की है।[30] 'मैला आँचल' में भी डॉक्टर प्रशान्त के माध्यम से गाँव में विज्ञान की रोशनी पहुँचायी जाती है। 'परती : परिकथा' में रेणु विज्ञान की उस रचनात्मक और निर्माणकारी महाशक्ति का स्तवन करते हैं जो विराट बन्ध्या परती जैसे जनमानस की कायापलट करने की सामर्थ्य रखती है।[31] इस प्रकार यह ग्रामचेतना के जागरण का प्रारम्भ कहा जा सकता है और उनके भव्य भविष्य का संकेतक भी।

रेणु ने अपने उपन्यासों में लोककथाओं, उत्सवों, पर्वों के साथ लोक-विश्वासों को भी प्रस्तुत कर अपने समय के समाज के सांस्कृतिक परिवेश को साकार किया है, क्योंकि ग्रामीण जनता इस प्रकार के लोक-विश्वासों पर ही जीवित रहती है। संस्कृति और समाज का आपस में अन्योन्याश्रित सम्बन्ध है। मानव का प्रत्येक कार्य संस्कृति का अंग होता है, फिर भी किसी एक कार्य को लेकर संस्कृति की व्याख्या नहीं की जा सकती। संस्कृति हमारे सम्पूर्ण जीवन में, जीवन के कार्यों में घुली-मिली रहती है, जिसकी रचना और विकास में सदियों के अनुभव कार्य करते हैं। आदिकाल से आज तक के हमारे रहन-सहन, पर्व-उत्सव, शादी-ब्याह आदि सामाजिक रीति-रिवाज़ निभाने का ढंग, गहने-कपड़े, बर्तन व अन्य वस्तुएँ बनाने के ढंग तथा मकान व मन्दिर बनाने के तरीके, पूजा व धर्म पालन के ढंग पर संस्कृति की अमिट छाप रहती है। किसी भी अंचल के सांस्कृतिक जीवन को अभिव्यक्त करने के लिए वहाँ के लोगों का पारिवारिक जीवन तथा वहाँ की प्रचलित लोककथाएँ, त्योहार तथा लोक-विश्वास आदि भी सहायक होते हैं। परिवार समाज का मुख्य अंग है और परिवार में भी दाम्पत्य सम्बन्ध अधिक महत्त्वपूर्ण होता है, क्योंकि इसी से अन्य सम्बन्ध बनते हैं। पश्चिमी सभ्यता और नयी शिक्षा प्रणाली के कारण स्वतंत्रता के बाद इन सम्बन्धों में भी बड़ी तीव्रता के साथ बदलाव आया। पति-पत्नी के सम्बन्धों के बीच तनाव बढ़ने लगे। रेणु के उपन्यासों में ये सब बहुत विस्तृत रूप में चित्रित हुए हैं।[32] उदाहरणस्वरूप, वीरभद्दर बाबू और नुनुदाय के बीच सम्बन्ध।

रेणु के उपन्यास लोक-कथाओं से भरे पड़े हैं। सुरंगा-सदावृज[33] और बिज्जेभान की कथाएँ[34] यहाँ विशेष महत्त्व रखती हैं। इन कथाओं को शताब्दियों से गाँवों में गा-गाकर प्रस्तुत किया जाता है। साथ ही रेणु ने ऐसी कथाएँ भी प्रस्तुत की हैं जिनसे वहाँ के जीवन की मान्यताओं एवं विश्वासों पर प्रकाश पड़ता है। जैसे मार्टिन मेरी की कथा[35], मेरीगंज की कथा[36] पारवती की माँ के डाइन होने की कथा[37] तथा महन्त रामदास द्वारा महन्त सेवादास की मृत्यु के अवसर पर कही गई कथा[38] आदि।

लोककथाओं के साथ-साथ वहाँ के प्रमुख त्यौहारों का चित्रण भी रेणु ने बड़ी ही कुशलता से किया है। मेरीगंज में हर वर्ष भेद-भाव भुलाकर अबीर-गुलाल के साथ खेले जाने वाले होली का पर्व[39], जिस दिन सत्तू खाने का रिवाज़ है, उस 'सतुआनी' का पर्व[40], सामूहिक रूप से मछलियों का शिकार खेलने को 'सिखा' पर्व[41] आदि की कथा कहकर अनेक पर्वों का बड़ी गहराई के साथ रेणु ने चित्रण किया है। पर्व के समय गाए जाने वाले गीतों का भी वर्णन रेणु ने किया है। इस प्रकार उत्सव पर्वों, गीत-लोकगीत, नृत्य-नाट्यों आदि के सामूहिक

प्रयोगों के माध्यम से रेणु मेरीगंज के सांस्कृतिक परिवेश को चित्रवत् साकार करने में सक्षम रहे।

रेणु ने अपने उपन्यासों में लोक विश्वासों को भी विविध रूपों में प्रस्तुत किया है, क्योंकि ग्रामीण जनता तो अक्सर कुछ इस प्रकार के लोक-विश्वासों पर ही जीवित रहती है। इनमें प्रमुख है, 'मैला आँचल में' कमला मैया की कथा[43], चेथरिया पीर[44] और बिसहरी देवी[45] के किस्से-कहानियाँ। 'परती : परिकथा' में सुन्दरी नैका की कथा, कोसी मैया की कथा[46] आदि। इनके अतिरिक्त कोहबर-राड़ी[47], रानी डूबी[48], टिटहरी[49] आदि से सम्बन्धित लोक-विश्वासों को भी वर्णित किया गया है। श्यामा संकीर्तन[50], श्यामा-चकेवा पर्व[51] का उत्सव तथा काली पूजा[52] का तो अद्‌भुत चित्रण किया है रेणु ने। यहाँ तक कि गाँवों में खेले जाने वाला खेल 'चक्कर परती'[53] खेल का भी वर्णन किया गया है।

वास्तव में रेणु की शक्ति आर्थिक दृष्टि से विपन्न, उपेक्षित वर्ग एवं वर्ण की सांस्कृतिक समृद्धि प्रकट करने में है। वे इस समृद्धि की सूक्ष्मता को हिन्दी कथा साहित्य में अभूतपूर्व तौर पर चित्रित करते हैं। उनकी लोकप्रियता का यही कारण है।

इस प्रकार रेणु के उपन्यासों में, उनके अनुभव और दृष्टि के क्षेत्र में आनेवाले जीवन का विविध रूपेण समग्र मूल्यांकन हुआ है।

यही कारण है कि रेणु प्रेमचन्द के बाद ग्रामीण जीवन के सबसे प्रमुख कथाकार हैं।[54] इसका दूसरा बड़ा कारण है–ग्रामीण जीवन को अपने कथा-क्षेत्र का आधार बनाते हुए भी प्रेमचन्द के कथा-शिल्प से अपने को बिलगाना। प्रेमचन्द ने अपने कथा-साहित्य में गाँव के उपेक्षित और उत्पीड़ित पात्रों के आर्थिक शोषण या उनकी सामन्ती और महाजनी व्यवस्था के फन्दे में पड़ी हुई दारुण स्थिति का चित्रण किया है, जबकि रेणु ने इस सताये हुए शोषित पात्रों की सांस्कृतिक सम्पन्नता, मन की कोमलता और रागात्मकता तथा कलाकारोचित प्रतिभा का मार्मिक चित्र प्रस्तुत किया है। साथ ही इन पात्रों की विभिन्न समस्याओं को भी अत्यन्त सहानुभूति के साथ चित्रित किया है, जिनकी आलोचना मैं पूर्व पृष्ठों पर कर चुकी हूँ। वे इन समस्याओं के प्रसंग में कहते हैं–"...मैंने ज़मीन, भूमिहीनों और खेतिहर मज़दूरों की समस्याओं को लेकर बातें की। जातिवाद, भाई-भतीजावाद और भ्रष्टाचार की पनपती हुई बेल की ओर मात्र इशारा नहीं किया था, इसे समूल नष्ट करने की आवश्यकता पर भी बल दिया था।...राजनीतिक पार्टियों के आपसी कलह और जनता के अलगाव की ओर अपने पाठकों का ध्यान आकर्षित किया था। अपनी अन्य कहानियों में मैंने निम्न मध्यवर्ग, पिछड़े लोगों, भूमिहीनों, खेतिहर मज़दूरों तथा समाज के ऐसे लोगों का चित्रण किया, जिन्हें

'हरिजन' कहकर गौरवान्वित तो कर दिया गया, किन्तु वे आज़ादी के बाद भी बेज़मीन, पिछड़े और अछूत रहे एवं आक्रान्त होते रहे। शोषण तो कभी बन्द नहीं हुआ, बल्कि सारी विकृतियाँ दिन-दूनी, रात-चौगुनी होकर समाज को ग्रसती रहीं।''[55] रेणु के इस आत्म-वक्तव्य से स्पष्ट है कि उनका जीवन और समाज के प्रति सरोकार प्रेमचन्द के समान ही है। इस सन्दर्भ में, नलिनविलोचन शर्मा द्वारा 'मैला आँचल' पर लिखी गई एक समीक्षात्मक टिप्पणी से कुछ पंक्तियाँ उद्धृति योग्य है, '''मैला आँचल' गत वर्ष का ही श्रेष्ठ उपन्यास नहीं है, वह हिन्दी के दस श्रेष्ठ उपन्यासों में सहज ही परिगणनीय है।...मैंने इसे 'गोदान' के बाद हिन्दी का वैसा दूसरा महान उपन्यास माना है।''[56] वास्तव में प्रेमचन्द के पश्चात् रेणु ही जीवन के इतने विविध पक्षों को साहित्यिक ईमानदारी और सन्तुलन के साथ ही कृति के माध्यम से प्रस्तुत करने वाले पहले लेखक हैं। 'मैला आँचल' एवं 'परती : परिकथा' ये दोनों उपन्यास स्वातन्त्र्योत्तर कथा-साहित्य की बहुत बड़ी उपलब्धि है। 'परती : परिकथा' के 'यथार्थ' के सम्बन्ध में बालकृष्ण शर्मा 'नवीन' का कहना है-''आप में निरीक्षण और स्थिति-चित्रण का अद्‌भुत सामर्थ्य है। भारतीय ग्राम-जीवन में जो कुछ कुत्सित, द्वेषपूर्ण, संकुचित, कलहप्रिय, नीच वृत्ति है, उसे आपने अत्यन्त सहानुभूतिपूर्वक व्यक्त किया है। इस निम्न वृत्ति में आप खो नहीं गए हैं। भारत के गाँवों में आपने मानवत्व को देखा है। आप निराश नहीं हैं। आप पराजयवादी नहीं हैं। आपने आशावादिता को पंक से कमलवत् उत्थित, विकसित और पुष्पित किया है।...'परती : परिकथा' उपन्यास नहीं है, वह तो भारतीय जन की आत्मकथा है।''[57] विशिष्ट साहित्यकार निर्मल वर्मा ने रेणु की 'समग्र मानवीय दृष्टि' का उल्लेख करते हुए अपने समकालीनों के बीच उन्हें 'सन्त' की तरह उपस्थित बताते हुए लिखते हैं-''बिहार के छोटे भूखंड की हथेली पर उन्होंने समूचे उत्तरी भारत के किसान की नियति-रेखा को उजागर किया।''[58]

रेणु की विचारधारा

'रेणु' के कथा-साहित्य में पूर्णिया जनपद के ग्रामांचल का आत्मीय चित्रण है। कुशलता और सहानुभूति से आँके गए परस्पर सम्बद्ध चित्रों का जो समूह है, उनके पीछे इस अंचल से रेणु का गहरा एवं सच्चा लगाव है। ग्रामांचल की प्रकृति, जनजीवन और लोक-संस्कृति से उनका लगाव सहज और स्वाभाविक है, किसी सिद्धान्त के आग्रह से उपजी बौद्धिक सहानुभूति के कारण नहीं, इसलिए इस लगाव में एक ऐसी दृढ़ता है जो कोरी बौद्धिक सहानुभूति में नहीं होती, और यहीं पर ताराशंकर एवं रेणु एक हो गए हैं। इसी कारण, ताराशंकर

की ही तरह, रेणु भी बदनाम किए गए, कटु और तीक्ष्ण आलोचनाओं के शिकार हुए। फिर भी उन्होंने अपनी रचना की वास्तविक ज़मीन नहीं छोड़ी। इसलिए अपना पहला कहानी संग्रह उस अंचल की जनता को समर्पित करते हुए उन्होंने लिखा है, "तेरे लिए मैंने लाखों के बोल सहे...।"[59] इस समर्पण में वेदना है और विश्वास भी।

रेणु निराधार-निराकार प्रतिनिधिकता के कथाकार नहीं हैं। वे अपने पात्रों के क्रियाकलाप, जीवनानुभव और सामाजिक स्थिति का चित्रण करते समय परिवेश और चेतना के सम्बन्ध पर बराबर दृष्टि रखते हैं। वे मुख्यत: मानवीय सम्बन्धों के कथाकार हैं। मानवीय सम्बन्ध हवा में पैदा नहीं होते, वे सामाजिक वास्तविकता की ज़मीन पर विशेष सांस्कृतिक चेतना की उपज होते हैं। रेणु मानवीय सम्बन्धों की कथा कहते समय मनुष्य विरोधी सामाजिक ढाँचे और शक्तियों पर भी नज़र रखते हैं। रेणु लोक-संस्कृति के प्रेमी हैं, इसीलिए वे लोक-संस्कृति के दुरुपयोग एवं व्यापार दोनों का विरोध करते हैं (उदाहरण, भित्तिचित्र की मयूरी)। लोक-संस्कृति से वही प्रेम कर सकता है जो लोकजीवन से प्रेम करता है, क्योंकि लोक-संस्कृति लोक-जीवन में बसती है। इस लोक-संस्कृति में 'रेणु की आस्था' इतनी गहरी है कि वे अमानवीय समाज को मानवीय बनाने के लिए 'पंचचक्र' के माध्यम से 'लोक-सांस्कृतिक समाज के गठन' की बात करते हैं। वे गाँव की संकीर्ण राजनीति, दलबन्दी, जाति-पाँति, छुआछूत, वैमनस्य, अन्धविश्वास, टूटन-अलगाव तथा परती पड़ी हुई मानसिकता को खत्म करने के लिए लोक-सांस्कृतिक जागरण के तहत पंचचक्र के दर्शन को प्रस्तुत करते हैं। (परती : परिकथा, पृ. 644) 'पंचचक्र' अर्थात् अन्नमय, प्राणमय, मनोमय, विज्ञानमय एवं आनन्दमय। रेणु लोक-जीवन को इस 'पंचचक्र' से पूरित करने का उपक्रम 'परिकथा' में करते हैं और इस पंचचक्र को नाट्य-रूप में लोक-कलामंच पर अवतरित कर सम्पूर्ण मनुष्य जाति को समरस भूमि पर उपस्थित करने की कोशिश करते हैं। यही वह मुक्ति का मार्ग है, जिस पर समाज को अग्रसर करना उनकी अभिप्रेत है। इसके लिए मनुष्य को सामाजिक और समाज को मानवीय बनाना होगा, यही रेणु का मूल दर्शन है। और यह तभी सम्भव होगा, जब 'पंचचक्र' को समझा जाएगा।[60] वैसे रेणु के ऊपर प्राय: यह आरोप लगाया जाता है कि उनके पास अपना कोई जीवन-दर्शन नहीं है।[61] उन्हें ख़ारिज करने के लिए तरह-तरह की कोशिशें भी होती रहती। अपने कई पत्रों में उन्होंने इन बातों को टीस के साथ व्यक्त किया है। पांडेय वेचन शर्मा 'उग्र' को एक बार एक पत्र में उन्होंने लिखा—"अविचल-आस्थावादी मुझको नैराश्यवादी, जीवन-विरोधी, प्रतिक्रियाशील, पलायनवादी आदि साबित करने के लिए शास्त्र मन्थन कर रहे हैं? मैं अविचल हूँ।

जीवन-दर्शन-शून्य तो कह ही रहे हैं।" फिर ऐसे लोगों पर व्यंग्य करते हुए कहते हैं—'बिना किसी जीवन-जिज्ञासा के जीवन-दर्शन जिन्हें लोकता है, वे महान् हैं? मैं लंडूरा ही भला...। क्यों देखूँ किसी के उपनेत्र से? कोई जबर्दस्ती है?"[62] रेणु का मानना है कि जिस रचनाकार के पास जीवन की कोई जिज्ञासा नहीं, वह कहीं से जीवन-दर्शन उधार भी ले ले, तो क्या बनता-बिगड़ता है। ऐसे जीवन-दर्शन की उपयोगिता क्या है?[63]

रेणु के उपन्यासों का मुख्य उद्देश्य है अमानवीय परिस्थितियों के बीच और उनके विरोध में खड़ी मानवीयता की तलाश। मानवीयता की तलाश की यह प्रक्रिया दोहरी है—मानवीय सम्बन्धों और भावनाओं के स्तर की तलाश और मनुष्य-विरोधी स्थितियों और शक्तियों की पहचान। मानवीयता को खतरा है, वर्ग, भेद, शोषण, ग़रीबी और फ़रेबी राजनीति से। रेणु ने ऐसी राजनीति का पर्दाफ़ाश करना चाहा है। रेणु जीवन में लगातार राजनीति से जुड़े रहे। वे असहयोग आन्दोलन में शामिल हुए और जेल भी गए। स्वतंत्रता के बाद भी जन-आन्दोलनों में वे गहरी दिलचस्पी लेते रहे। इस सन्दर्भ में यह उल्लेखनीय है कि उन्होंने अपना 'कितने चौराहे' उपन्यास शहीद ध्रुव कुंड को समर्पित किया। वे बिहार के तानाशाही विरोधी आन्दोलन में भी शामिल हुए थे। यद्यपि रेणु का राजनीतिक दृष्टिकोण सोशलिस्ट पार्टी और उनके नेताओं के सम्पर्क से बना था, परन्तु उससे भी उनका मोहभंग 'मैला आँचल' के रचनाकार (1952-53) तक हो चुका था।[64] भारतीय राजनीति में जो आदर्श था, आज़ादी के बाद उसका अस्तित्व भी छिन्न-भिन्न होने लगा। जो आदर्शवादी राजनीतिक संघर्ष के सेनानी-क्रान्तिकारी थे, आज़ादी के बाद किस तरह बदतर हालत में जीते रहे, वह उनके 1949 में लिखित कहानी 'धर्मक्षेत्रे कुरुक्षेत्रे' में साफ़ दिखलाई पड़ता है। रेणु अपने किशोरावस्था से ही गांधीवाद से प्रभावित थे। लेकिन परवर्तीकाल में 'मैला आँचल' उपन्यास में भी हम देखते हैं कि गांधीवादी आदर्शों के चित्रण में भी कहीं-कहीं विरोध का तीखा स्वर विद्यमान है। स्वर का यह तीखापन कहीं न कहीं मार्क्सवादी विचारधारा से प्रभावित है। यद्यपि डॉ. मैनेजर पांडेय के अनुसार रेणु कम्युनिस्ट विरोधी हैं, कम्युनिस्ट पार्टी की कार्यपद्धति और नेताओं के व्यवहार की गम्भीर आलोचना करने के बदले वे उनका मज़ाक उड़ाते हैं, उनकी नियति पर सन्देह करते हैं (उदाहरण—'आत्म-साक्षी' कहानी)।[65] परन्तु सच तो यह है कि रेणु में व्यावहारिकता का बाहुल्य था और इसीलिए वे यह मानकर चलते थे कि आज की व्यवस्था का संस्कार और परिष्कार केवल अहिंसा और मानवीयता से नहीं किया जा सकता।[66] इनके प्रतीक बालदेव और बावनदास इसीलिए निरर्थक मृत्यु को प्राप्त होते हैं, लेकिन कालीचरण और चलित्तर कर्मकार...?

वस्तुतः रेणु गांधीवादी आदर्शों और मार्क्सवादी वैचारिकता के बीच समन्वय स्थापित कर एक नए मानवीय आदर्श की प्रतिष्ठा करने के निमित्त संकल्पित थे। वे 'यूटोपिया' में रहने वाले लेखक नहीं थे। इसीलिए उनके 'मैला आँचल' के प्रमुख पात्र प्रशान्त में आरम्भ से अन्त तक एक व्यावहारिक आदर्श का स्वरूप ही मुख्य रूप से मुखर होता है। और यही उनकी रचनाधर्मिता की सर्वोत्कृष्ट उपलब्धि है। डॉ. प्रशान्त को उन्होंने शहरी सुविधाओं का मानवीय प्रतीक बनाकर अपनी कृति में उपस्थित किया है। शहरों का जो महत्त्वपूर्ण है, प्राणदायक है, स्वस्थ है– वह सब उन अंचलों को भी मिलना चाहिए, जो उसके अभाव में अपनी कूपमण्डूकता, अपने दुर्भाग्य और प्राणलेवा अन्धविश्वासों और परम्पराओं से बाहर नहीं आ पा रहे हैं। यहाँ लोग सामान्य-सी दवाइयों के अभाव में कीड़ों की तरह मर रहे हैं और उन्हें इस बात का पता ही नहीं है कि विज्ञान के इस युग में कितनी जीवनसेवी औषधियों का आविष्कार हो चुका है। ऐसे में डॉ. प्रशान्त उस अंचल के कलुष से लड़ सकता है और साथ ही, वहाँ के अशिक्षित लोगों को प्रेरणा दे सकता है, उन्हें वैज्ञानिक सुविधाओं से परिचित करा सकता है। मानवीय संवेदना के व्यक्तिगत स्तर पर भी 'मैला आँचल' में एक महत्त्वपूर्ण बात की गई है, और वह है डॉ. प्रशान्त द्वारा कमली का पाणिग्रहण और उससे उत्पन्न शिशु का स्वीकार, जो व्यावहारिक स्तर पर व्यक्तिगत रूप में उदात्त मानवीयता के भाव की प्रतिष्ठा करता है।

वस्तुतः रेणु स्वतंत्रता के बाद के प्रतिष्ठित साहित्यकारों में सम्भवतः एक ऐसे अकेले साहित्यकार हैं जिन्होंने साहित्य के किसी वाद से जुड़े बिना अपना स्वतंत्र और सम्मानपूर्ण स्थान बनाया है।[67] ऐसा इसीलिए हो सकता है क्योंकि उन्होंने मानवीय संवेदना को सर्वाधिक महत्त्व दिया है। अपने सभी उपन्यासों में समाजगत एवं व्यक्तिगत दोनों स्तरों पर उन्होंने इसी उदात्त आदर्श की स्थापना की है और सफलता के साथ की है। अपने समय की विभिन्न और परस्पर विपरीत वादात्मक भूल-भूलैया में पड़ी रचनाधर्मिता का उन्होंने अपनी रचनात्मक, स्वस्थ और लोक-हितोन्मुखी दृष्टि से संस्कार किया है और अन्याय, शोषण, अभाव तथा क्रूरता के बीच कठिनता से साँस लेते हुए लोक-जीवन के हित एक ऐसा जीवनादर्श प्रस्तुत किया है जिससे जीवन में सन्तुलन और संगति आ सके। कथ्य की दृष्टि से रेणु की यही मानवीयता, जो उनके कथा-साहित्य के पृष्ठ-पृष्ठ पर रेखांकित हुई चलती है, उनकी रचनाओं का सत्य है–ऐसा सत्य है जो समाज में समतावादी आदर्श की व्यावहारिक प्रतिष्ठा होने तक धूमिल नहीं हो सकता।[68]

अन्ततः रेणु के सन्दर्भ में श्री विश्वनाथ प्रसाद तिवारी का यह कथन अत्यन्त सार्थक है कि–"रेणु के पास जाना है तो यह दुराग्रह लेकर न जाओ कि वह किस

दल का सदस्य है, किस विचारधारा का है, किस झण्डे के नीचे खड़ा है। यदि जीवित मनुष्य को देखना हो, मनुष्य के भीतर राग, रंग, गन्ध को महसूस करना हो, उस अंचल की सम्पूर्ण धड़कन को सुनना हो तो जाओ रेणु के पास, तुम्हें नर के भीतर नारायण की व्यथा मिलेगी।''[69]

सन्दर्भ

1. श्रीवास्तव डॉ. परमानन्द : उपन्यास का यथार्थ और रचनात्मक भाषा, पृ. 58-59
2. डॉ. स्वर्णलता : स्वातन्त्र्योत्तर हिन्दी उपन्यास साहित्य की समाजशास्त्रीय पृष्ठभूमि, पृ. 30
3. पांडेय डॉ. मैनेजर : 'मानवीयता की तलाश का कलात्मक प्रयास'; 'विपक्ष', 'रेणु' अंक, पृ. 144
4. तिवारी विश्वनाथ प्रसाद : 'नर के भीतर नारायण की व्यथा'; 'विपक्ष', 'रेणु' अंक, पृ. 158-59
5. रेणु फणीश्वरनाथ : 'मैला आँचल', प्रथम संस्करण की भूमिका, रेणु रचनावली, द्वितीय खंड, पृ. 22
6. वही
7. रेणु रचनावली, द्वितीय खंड, पृ. 8
8. मैला आँचल, वही, पृ. 180
9. सिंह डॉ. जवाहर : हिन्दी के आंचलिक उपन्यासों की शिल्प-विधि, पृ. 94
10. वही, पृ. 60
11. परती : परिकथा, पृ.
12. मैला आँचल, पृ. 98
13. वही, पृ. 60
14. परती : परिकथा, पृ. 439
15. मैला आँचल, पृ. 166
16. मैला आँचल, पृ. 273
17. वही, पृ. 175-76
18. वही, पृ. 177
19. वही, पृ. 177
20. वही, पृ. 299
21. वही, पृ. 183
22. वही, पृ. 35
23. वही, पृ. 189
24. वही, पृ. 35-36

25. दीर्घतपा, पृ. 275
26. जुलूस, पृ. 315
27. मैला आँचल, पृ. 134
28. वही, पृ. 198
29. डॉ. राधाकृष्णन, : धर्म और समाज, पृ. 7
30. कुमार सुवास : 'परती : परिकथा', गाँव की आत्मा की टूटती पपड़ियाँ; विपक्ष, रेणु अंक, पृ. 206
31. वही, पृ. 207
32. रेणु, परती : परिकथा, पृ. 454–55
33. रेणु, मैला आँचल, पृ. 68
34. वही, पृ. 85
35. वही, पृ. 26–27
36. वही, पृ. 25–26
37. वही, पृ. 246–47
38. वही, पृ. 58
39. वही, पृ. 131–32
40. वही, पृ. 144
41. वही, पृ. 153
42. वही, पृ. 131–32
43. वही, पृ. 152
44. वही, पृ. 308
45. वही, पृ. 59
46. रेणु, परती : परिकथा, पृ. 313, 434
47. वही, पृ. 380
48. वही, पृ. 392
49. वही, पृ. 525
50. वही, पृ. 523
51. वही, पृ. 472
52. वही, पृ. 524
53. वही, पृ. 471
54. यायावर भारत : सम्पादकीय, रेणु रचनावली, खंड–1, पृ. 17
55. उद्धृत – रेणु, वही, पृ. 17
56. यायावर भारत : सम्पादकीय, रेणु रचनावली, खंड–2, पृ. 10–11
57. वही, पृ. 16
58. वही, पृ. 16–17

59. रेणु रचनावली, खंड–1, पृ. 16
60. रेणु रचनावली, खंड–3, पृ. 10
61. रेणु रचनावली, खंड–5, पृ. 11
62. वही, पृ. 11
63. वही, पृ. 12
64. रेणु रचनावती, खंड–1, पृ. 16
65. पांडेय मैनेजर : मानवीयता की तलाश का कलात्मक प्रयोग; विपक्ष, रेणु अंक, पृ. 147
66. ठाकुर देवेश : मैला आँचल की रचना–प्रक्रिया, पृ. 126
67. वही, पृ. 128
68. वही, पृ. 141
69. तिवारी विश्वनाथ प्रसाद : 'नर के भीतर नारायण की व्यथा'; विपक्ष, रेणु अंक, पृ. 159

पंचम अध्याय

ताराशंकर एवं रेणु के शिल्प एवं विश्वदृष्टि का तुलनात्मक विश्लेषण

शिल्प-विधि के लिए अंग्रेज़ी में 'टेकनीक' शब्द का प्रयोग होता है। इसकी परिभाषा शब्दकोश में कुछ इस प्रकार से दी गई है–"The manner in which a creative (as a writer or painter) uses the technical elements of his art to express himelf."[1] दूसरे शब्दों में शिल्प-विधि से तात्पर्य किसी कृति के निर्माण की उन सारी प्रक्रियाओं तथा रचना-पद्धतियों से है जिनके माध्यम से शिल्पकार या रचनाकार अपनी अमूर्त जीवनानुभूतियों, मनःप्रभावों तथा विचारों और भावों को मूर्त रूप देकर अधिकाधिक संवेद्य और सौन्दर्यमूलक बनाता है।

जब भाव और अनुभूति मनुष्य के मन और मस्तिष्क में घनीभूत होती है, तब वह उसकी अभिव्यक्ति में संलग्न होता है। अभिव्यक्ति के लिए कभी वह वाणी का सहारा लेता है, कभी आकृति का, लेकिन वह अपने भाव-प्रकाशन में अधिक-से-अधिक रोचकता, आकर्षण और प्रभविष्णुता लाने के लिए अन्यान्य रूप-विधानों की योजना करता है। यही रूप-विधान-योजना की प्रवृत्ति कहानी को जन्म देती है और उसके विभिन्न रूप कहानी की शिल्प-विधि के प्रेरक होते हैं।[2]

डॉ. त्रिभुवन के अनुसार, शिल्प अथवा रचना-विधि का सम्बन्ध उस परिणति से है, जो कृति को सभी रचना-विधायक तत्त्वों के सहयोग से कृतिकार की प्रतिभा द्वारा प्राप्त होती है।[3] उसी प्रकार राजेन्द्र यादव के शब्दों में कह सकते हैं कि 'जिन संवेदना-चित्रों से लेखक अनुभवों-अनुभूतियों को पाता है, उन्हें आर्थिक समृद्ध, सम्पादित और सार्थक करके, अधिक युक्तिपूर्ण ढंग से अनुशासित करके, इस प्रकार सम्प्रेषित करता है कि वे दूसरों के लिए भी संवेदनीय बन जाएँ, उन संवेदना-चित्रों को अधिकाधिक सम्प्रेषणीय बनाने के लिए लेखक को शिल्प का सहारा लेना पड़ता है।'[4]

औपन्यासिक शिल्प को परिभाषित करना अन्य ललित कलाओं की शिल्प-विधि की अपेक्षा अधिक जटिल है। उपन्यास के साथ यह एक विडम्बना है कि यह

मनोरंजन के रूप में पढ़ा जाता है और शिल्प के रूप में आलोचित होता है। फिर भी विभिन्न समीक्षकों तथा स्वयं उपन्यास लेखकों ने औपन्यासिक शिल्प-विधि को परिभाषित करने की चेष्टा की है।

शिल्प-विधि के संगठनात्मक सूत्र की व्याख्या करते हुए शिक्षाशास्त्री एडवर्ड एम. एन्थोनी ने कहा है कि ''शिल्प-विधि विषय-वस्तु के प्रति अपनाये गए दृष्टिकोण के सामंजस्य से अभिव्यक्ति के विविध मार्गों की तलाश की एक पद्धति है।''[5] यहाँ दृष्टिकोण से तात्पर्य उस परस्पर सम्बद्ध वैयक्तिक मान्यताओं के पुंज से है, जो उपन्यास, रचना तथा इसके पठन की मूलभूत प्रकृति से सम्बद्ध होता है।

लेखक की अनुभूति विषय-वस्तु के रूप में ढलकर किन साधनों द्वारा उपन्यास का आकार ग्रहण कर लेती है, इस सम्बन्ध में मार्क स्कोलर का विचार बहुत स्पष्ट है। वे शिल्प-विधि को ही वह साधन मानते हैं, जो लेखक को अपने अनुभव का, जो वास्तव में विषयवस्तु है, प्रयोग करने के लिए बाध्य करता है, क्योंकि शिल्प-विधि ही एकमात्र वह साधन है जिसके माध्यम से वह अपने विषय की खोज कर सकता है—इसकी जाँच-पड़ताल और विस्तार कर सकता है और केवल इतना ही नहीं, वरन् विषय-वस्तु में अन्तर्निहित अर्थ को अभिव्यक्त कर उसका मूल्यांकन भी कर सकता है।[6]

पर मोहन राकेश का मत है कि ''कहानी या उपन्यास की शिल्प-विधि का विकास लेखक की प्रयोग बुद्धि पर इतना निर्भर नहीं करता, जितना उसके मैटर की आन्तरिक अपेक्षा पर।''[7] ई.एम. फॉर्स्टर किसी-न-किसी प्रकार के रूपाकार को आवश्यक तो मानते हैं पर उससे रचना की आन्तरिक सन्तुलन-व्यवस्था की ऊपरी परत या नियोजन का बाह्य साक्ष्य ही मानते हैं। शिल्प-विधि की विवेचना करते समय उसे रचना-विधि मान लेने से भी कभी-कभी भ्रम उत्पन्न हो जाता है।[8] जैनेन्द्र ने दोनों का पार्थक्य बतलाते हुए कहा है, ''टैकनीक उस ढाँचे के नियमों का नाम है। पर ढाँचे की उपयोगिता इसी में है कि वह सजीव मनुष्य के काम में आए। वैसे ही 'टैकनीक' साहित्य सृजन में योग देने के लिए है।''[9] स्काट जेम्स भी विषय-वस्तु तथा शिल्प-विधि को अलग-अलग मानते हैं। उनका कहना है कि ''रूपाकार (फॉर्म) विषय-वस्तु पर सृजनशील मस्तिष्क द्वारा आरोपित बाह्य आकार है।''[10]

लेकिन उपन्यास की विषय-वस्तु और लेखक द्वारा इसके प्रस्तुतीकरण में अपनाए गए अवलोकन-बिन्दु को अधिक महत्त्व देने वाले समीक्षकों ने शिल्प-विधि को न केवल अभिव्यक्त का एक साधन माना है बल्कि यह भी माना है कि रचना के उद्देश्य या आशय के परिप्रेक्ष्य में ही इसकी महत्ता भी निर्धारित की जानी चाहिए। पर्सी लब्बक इस सन्दर्भ में कहते हैं कि, "The form of the book depends on it (the intention of the novelists) and untill it is known there is nothing to be said of form."[11] जे.डब्ल्यू. बीच महोदय भी इसी स्वर में अपना स्वर मिलाते हुए कहते हैं, "...Technique is the means by which he does realize them (intentions)."[12] डॉ. नामवर सिंह भी साहित्य के रूप को केवल रूप नहीं मानते, बल्कि जीवन को समझने के भिन्न-भिन्न माध्यम मानते हैं।[13]

इस प्रकार शिल्प-विधि (टेकनीक) के सम्बन्ध में पूर्व-पृष्ठों में विभिन्न विद्वानों के द्वारा प्रस्तुत की गई भिन्न-भिन्न परिभाषाओं में व्यंजित दृष्टिकोण के अध्ययन के पश्चात् हम जिस निष्कर्ष पर पहुँचते हैं, उसमें शिल्प-विधि की कोई अपनी अलग परिभाषा दे पाना सम्भवत: कठिन कार्य ही होगा। वस्तुत: शिल्प-विधि दो स्तरों पर क्रियाशील प्रक्रिया के रूप में ही देखी जा सकती है–आन्तरिक प्रक्रिया और बाह्य प्रक्रिया। आन्तरिक प्रक्रिया का सम्बन्ध रचना व कलाकार के भीतर वैचारिक स्तर पर उसके अवलोकन-बिन्दु या दृष्टिकोण से उत्प्रेरित सम्पूर्ण कृति के आकल्पन या रूपाकार से है। बाह्य प्रक्रिया के अन्तर्गत अभिव्यक्ति के वे समस्त साधन या माध्यम आ जाते हैं जिनके द्वारा वह कलाकार अपनी आन्तरिक प्रक्रिया में कल्पित वस्तु को सुनियोजित-सुगठित रूप देता है। परन्तु यह भी एक महत्त्वपूर्ण तथ्य है कि शिल्प-विधि की बाह्य प्रक्रिया की सार्थकता इसी बात पर निर्भर करती है कि वह कहाँ तक आन्तरिक प्रक्रिया से समायोजन और सामंजस्य स्थापित करने में सफल हो पाती है।[14]

अत: निष्कर्ष यही निकलता है कि विषयवस्तु (अनुभूति, उद्देश्य, संवेदना या दृष्टिकोण आदि) को कला-रूप में ढालने की प्रक्रिया को रचना की शिल्प-विधि कहा जा सकता है।

किसी साहित्यिक कृति के निर्माण में यही वह विशिष्ट स्थिति होती है, जिसमें उसके सर्जक तत्त्वों और उसके शिल्प-विधान का अन्योन्याश्रित, अनिवार्य और अविच्छिन्न सम्बन्ध परिलक्षित होता है। इस परिप्रेक्ष्य में यदि हम औपन्यासिक शिल्प की विवेचना करें, तो हमारे सामने शिल्प के ये तत्त्व आते हैं–

(क) कथानक-संघटना,
(ख) चरित्र-निर्माण,
(ग) देश-काल संयोजन,
(घ) अभिव्यक्ति की भंगिमाएँ या भाषा-शैली,
(ङ) उद्देश्य-कथन

वास्तव में उपन्यास के सर्जक तत्त्व–कथानक, चरित्र, वातावरण और भाषा-शैली आदि का ही शिल्प की दृष्टि से यह नया नामकरण है। उपन्यास के ये सर्जक तत्त्व उपन्यासकार की विधायिनी कल्पना द्वारा शिल्पित होकर ही किसी औपन्यासिक कृति को पूर्णता प्रदान करते हैं और कलात्मक सौन्दर्य की सृष्टि करते हैं।

आंचलिकता औपन्यासिक विधा के रूप में उपन्यास-साहित्य को एक नए मोड़ पर ले जाती है और देखने की सम्पूर्ण प्रक्रिया में अन्तर पैदा करती है। मैं प्रथम अध्याय में ही उल्लेख कर चुकी हूँ कि आंचलिक उपन्यास का लक्ष्य किसी क्षेत्र-विशेष की भौगोलिक संस्कृति का उसकी ऐतिहासिक अविच्छिन्नता में अध्ययन बन जाता है, अतएव इसे एक नव्य विधा के रूप में स्वीकार किया गया है और इसीलिए, आंचलिक उपन्यास का उद्देश्य औपन्यासिक तत्त्वों के रूप में भी परिवर्तन करता है। यद्यपि इसके सर्जक तत्त्व सामान्य उपन्यास के तत्त्व ही रहते हैं।

आंचलिक अथवा ग्राम-केन्द्रित उपन्यासों की सम्पूर्ण संरचना तथा सृजन-प्रक्रिया पर ध्यान देने से यह बात स्पष्ट हो जाती है कि इनकी शिल्प विधि अर्थात technique, अन्य उपन्यासों की शिल्प-विधि से भिन्न होती है। अंचल के जटिल जीवन-चित्र को अंकित करने के लिए उपन्यासकार अपने पर्वों, उत्सवों, परम्पराओं, विश्वासों, संघर्षों, गीतों, प्रकृति के रंगों, पुराने नए जीवन-मूल्यों, विभिन्न जातियों के संस्कारों आदि से रँगा हुआ अंचल या ग्रामीण क्षेत्र का जीवन, अभिव्यक्ति के एक नए माध्यम के द्वारा प्रस्तुत करते हैं और यही माध्यम ग्राम-केन्द्रित उपन्यास या आंचलिक उपन्यास का विशिष्ट शिल्प कहलाता है। इस शिल्प की कुछ विशेषताएँ होती हैं, जिन्हें कथा-निर्माण, चरित्र-निर्माण, वातावरण की दृष्टि से लेकर उपन्यास की भाषा-शैली और उद्देश्य तक में पाया जाता है। इन्हें आंचलिकता के शिल्पगत विधायक तत्त्व भी कह सकते हैं। इन विधायक तत्त्वों को क्रमिक-रूप से निम्न प्रकार रख सकते हैं:–

(क) कथानक में बिखराव एवं शिथिलता।
(ख) नायक का अभाव एवं बहुपात्रता।
(ग) वातावरण-निर्माण की नयी योजना।
(घ) आंचलिक भाषा-शैली एवं सामूहिक संवाद शिल्प।

इन्हीं विधायक तत्त्वों-वस्तुगत एवं शिल्पगत के विश्लेषण के द्वारा आंचलिक उपन्यासों के व्यक्तित्वों को आसानी से रेखांकित किया जा सकता है।

अब आंचलिकता या ग्रामकेन्द्रिकता के इन्हीं निकषों पर सिद्ध उतरनेवाले ताराशंकर एवं रेणु के महत्त्वपूर्ण ग्रामकेन्द्रित उपन्यासों को दृष्टिगत रखते हुए लेखकद्वय की शिल्पपक्षीय विशेषताओं का मूल्यांकन करने की चेष्टा कर रही हूँ।

वस्तु-शिल्प

उपन्यास की 'वस्तु' से तात्पर्य उसकी विषयवस्तु से है जो कहानी के रूप में रूपायित होती है। आंचलिक उपन्यासों में वस्तु-संगठन का आधार कथा, पात्र या कोई आदर्श विशेष न होकर किसी सीमित स्थान, क्षेत्र या अंचल विशेष का समग्र

जीवन अथवा किसी जाति विशेष की जीवनगत समस्याएँ होती हैं। उदाहरणार्थ, 'मैला आँचल' का मेरीगंज, 'परती : परिकथा' का कोसी अंचल, 'गणदेवता' का शिव-कालीपुर गाँव तथा 'हाँसुली बाँकेर उपकथा' में चित्रित बाँसवादी गाँव अपनी कई विशिष्टताओं के कारण बिहार एवं बंगाल के अन्य गाँवों से सर्वथा भिन्न दिखाई देते हैं। इन उपन्यासों की कथावस्तु उपरोक्त अंचलों या गाँवों में बसने वाली विशिष्ट ढंग की जीवन-प्रणाली और विचित्र-सी लगने वाली सामाजिक-धार्मिक-नैतिक मान्यताओं वाली जातियों, जन-जातियों या वर्ग के लोगों के जीवन पर निर्मित है।

अतः ग्रामकेन्द्रित उपन्यासों के कथानक अंचल-केन्द्रित होते हैं। दूसरा महत्त्वपूर्ण तथ्य यह है कि ऐसे उपन्यासों में एक अंचल-विशेष के सीमित जीवन की समग्रता पर उपन्यासकार की दृष्टि केन्द्रित रहती है। ग्रामकेन्द्रित या आंचलिक उपन्यास के शिल्पगत नव्यता के पीछे यही रहस्य है। इसकी विशिष्ट प्रकृति और उपन्यासकार के अवलोकन-बिन्दु के इस परिसीमन के फलस्वरूप ही इसकी कथा-वस्तु के संयोजन शिल्प में अन्तर आ गया है।

आंचलिक उपन्यासों की कथा-वस्तु के उपादानों की विशिष्टताओं तथा इनके नियोजन में शिल्पगत नवीनताओं के परिणामस्वरूप ही इसमें कथागत बिखराव, कथानक की मन्थर गतिशीलता तथा एकसूत्रता का अभाव आदि शैल्पिक-वैशिष्ट्य उत्पन्न होते हैं। ये सब अंचल-केन्द्रित कथा की स्वाभाविक परिणति है।[15] चूँकि किसी रचना का शिल्प विषय-विषयी सापेक्ष होता है, इसलिए आंचलिक उपन्यास की कथावस्तु इस तरह की शिल्प-विधि स्वीकारने के लिए नियतिबद्ध है। कथावस्तु की इस विशिष्टता के दो पहलू हैं—कथावस्तु उपादानों की विशिष्टता एवं कथावस्तु उपादानों की संगठनात्मक विशिष्टता अर्थात् वस्तु संयोजन-शिल्पगत वैशिष्ट्य।

ताराशंकर एवं रेणु के ग्रामकेन्द्रित कथासाहित्य के कथावस्तुओं के अध्ययन के पश्चात् एक बात स्पष्ट हो जाती है कि यद्यपि इनके उपन्यासों के विषयवस्तु में अन्तर है, परन्तु इनकी संरचनात्मक विशिष्टता अर्थात्, वस्तु संयोजन तथा शिल्पगत वैशिष्ट्य, ग्रामीण जीवनधारा की विशेषताओं के चित्रण में कई सादृश्य-सूत्र मिलते हैं, जो निम्नांकित हैं—

(1) किसी विशेष अंचल या गाँव के भौगोलिक परिवेश का वर्णन।
(2) वहाँ के आंचलिक एवं प्राकृतिक विशेषताओं का वर्णन।
(3) वहाँ की विभिन्न जातियों, जनजातियों एवं कबीलों के लोगों की जीवनचर्या।
(4) वहाँ की आर्थिक, सामाजिक एवं धार्मिक परिस्थितियों का विवरण एवं उनसे सम्बन्धित समस्याएँ।

(5) लोक-संस्कृति के विविध उपादानों का रंगारंग चित्र तथा जनजातियों के जीवन में उनका महत्त्व।

(6) ग्रामीण जीवन पर युगीन-प्रभावों का फल।

(7) ग्रामीण जनजीवन में किसी 'प्रतिष्ठान' का महत्त्व।

ताराशंकर के उपन्यासों में इन सूत्रों को खोजने से यह स्पष्ट हो जाता है कि रेणु के उपन्यासों के साथ ताराशंकर की रचनाओं का सादृश्य मूलतः भारतीय परम्परा और संस्कृति का ही एक पहलू है।

हम जानते हैं कि आंचलिक उपन्यास या ग्रामकेन्द्रित उपन्यासों की कथावस्तु की सर्वप्रथम विशेषता, उसका विशिष्ट अंचल या ग्रामकेन्द्रित होना है। वह साधारण उपन्यासों की तरह व्यापक या सामान्य जीवन की कहानी नहीं है, बल्कि एक सीमित क्षेत्र की कहानी कहते हैं। यहाँ किसी अंचल विशेष या सीमित क्षेत्र का तात्पर्य उसकी भौगोलिक परिसीमा से नहीं है, बल्कि उसकी उस विशिष्ट संस्कृति, जीवन-प्रणाली और प्राकृतिक परिवेश से है, जिस विशिष्टता के कारण वह क्षेत्र अन्य क्षेत्रों से भिन्न और अलग दिखाई देता है। एक आंचलिक उपन्यासकार को, एक पूरे अंचल (जिसमें कई गाँव आ सकते हैं) को उसकी सम्पूर्ण भौगोलिक, प्राकृतिक, सामाजिक और सांस्कृतिक विशिष्टताओं के साथ अपने पाठकों के सामने चित्र के समान फैलाकर रखना पड़ता है, कहीं तो वे उस अंचल के नदी, पहाड़, जंगल तथा लहलहाते खेतों या फिर बन्ध्या परती-धरती का चित्र बनाते हैं तो कहीं लोकोत्सव, खेल-तमाशे या वहाँ के गली-मुहल्लों का।

ताराशंकर के 'कवि', 'हाँसुली बाँकेर उपकथा' अथवा 'नागिनी कन्यार काहिनी' आदि उपन्यासों का आधार और पृष्ठभूमि भी एक विशेष भौगोलिक अंचल 'राढ़ अंचल' है जो कि बंगाल के दूसरे प्रदेश या क्षेत्र से बिलकुल भिन्न है, अपनी विशिष्टता लिए हुए दिखाई देती है। इस 'राढ़ अंचल' के नृतात्विक महत्त्व (anthropological aspect) के विषय में पहले ही उल्लेख कर चुकी हूँ। इन उपन्यासों में वैसे तो 'बाँशवादी गाँव' एवं 'हिजल बिल' के किनारे बसे सपेरों के गाँव तथा वहाँ के भौगोलिक परिवेश को ही कथा का आधार बनाया गया है, पर वास्तव में ये गाँव एक विशेष अंचल का प्रतिनिधित्व करते हैं और वह है समग्र राढ़-अंचल (वीरभूम)। अतः अपने विस्तार में सीमित होकर भी गुणात्मक विस्तार में ये सीमित नहीं है। 'नागिनी कन्यार काहिनी' में 'हिजल बिल' के किनारे बसी जिस कथा-क्षेत्र का वर्णन मिलता है, उसकी भौगोलिक पृष्ठभूमि कुछ इस प्रकार से चित्रित की गई है:-

"माँ भागीरथी के किनारे-किनारे चौंरभूमि में, झाऊ और घास के जंगल और उन्हीं जंगलों में देवदारु के बड़े-बड़े पेड़। सरपत, काशफूल और भंग के पौधों की घनी झुरमुटें। आदमी के क़द से भी ऊँची। उसी में गंगा की धारा से अलग 'हिजल

बिल' विभिन्न आकार धारण करते हुए, टेढ़ा-मेढ़ा होकर निकल गया है। (नागिनी कन्यार काहिनी, पृ. 5)

इस प्रकार हम देखते हैं कि अंचल को अंचल बनाने में सबसे महत्त्वपूर्ण हाथ भौगोलिक पृष्ठभूमि का होता है। भौगोलिक पृष्ठभूमि से तात्पर्य भौगोलिक वातावरण का निर्माण है, जिसे भौगोलिक परिवेश भी कहा जाता है। इस वातावरण का निर्माण प्रकृति के उपादानों से होता है। एक और उदाहरण 'हाँसुली बाँकेर उपकथा' से द्रष्टव्य है किस प्रकार 'हाँसुली बाँक' के किनारे बसे गाँव 'बाँसवादी' के भौगोलिक परिवेश, अंचल विशेष के जीवन को रूपायित करते हैं:-

"कोपाई नदी के बीचोबीच जिस विख्यात 'बाँक' यानी मोड़ का नाम हाँसुली बाँक है अर्थात् जिस बाँक के नज़दीक बहुत थोड़ी-सी जगह में नदी मुड़ गई है, वहाँ नदी की बनावट कुछ हँसुली की तरह हो गई है। बरसात में, हरी-भरी ज़मीन को घेर कर बहने वाली पहाड़ी नदी कोपाई के लाल मिट्टी मिली जल को देखकर लगता है जैसे किसी श्यामल कन्या के गले में सोने की हँसुली है। कार्तिक-अगहन के महीने में जब पानी कुछ साफ़ हो जाता है तो तब लगता है जैसे चाँदी की हँसुली है। इसीलिए इस मोड़ का नाम हँसुली बाँक (मोड़) है। नदी के इस मोड़ पर घने बाँस के जंगलों से घिरे क़रीब ढाई सौ बीघा ज़मीन को लेकर बनी है—बाँसवादी मौजा। (पृ. 171)

रेणु के 'मैला आँचल' एवं 'परती : परिकथा' उपन्यासों में भी यद्यपि 'मेरीगंज' एवं 'परानपुर' नामक दो गाँवों को कथा-क्षेत्र बनाया गया है, परन्तु ये दोनों गाँव समग्र पूर्णिया अंचल का प्रतिनिधित्व करते हुए दिखाई देते हैं। इस प्रकार इन उपन्यासों में सबसे अधिक महत्ता दी गई है 'अंचल' को। रेणु ने 'मैला आँचल' में वर्णित कथा-क्षेत्र के भौगोलिक परिवेश को प्रारम्भ में ही इस प्रकार चित्रित किया है:—

"बूढ़ी कोसी के किनारे बहुत दूर तक ताड़ और खजूर के पेड़ों से भरा हुआ जंगल...ताड़बन्ना के बाद ही एक बड़ा मैदान...लाखों एकड़ ज़मीन, बन्ध्या धरती का विशाल अंचल, इसमें दूब भी नहीं पनपती है। बीच-बीच में बालूचर और कहीं-कहीं बेर की झाड़ियाँ...कोस भर मैदान पार करने के बाद पूरब की ओर का जंगल दिखाई पड़ता है। वही है मेरीगंज कोठी।" (मैला आँचल, पृ. 26) इसी तरह 'परती : परिकथा' में परानपुर गाँव के भौगोलिक स्थिति का वर्णन करते हुए कहा है—"परानपुर जो कि एक बहुत पुराना गाँव है, सन् 1880 में मि. बुकानन ने इसके बारे में अपनी 'पूर्णिया रिपोर्ट' में लिखा है—पुरातन ग्राम परानपुर (पृ. 319)"। इसके पश्चात् परानपुर के भौगोलिक परिवेश का वर्णन वे इस प्रकार करते हैं, "यह ग्राम पूर्णिया जिले के नक़्शे के उत्तरकोण में नेपाल की सीमा पर है। उक्त कछुआपीठा भूमि, जिसका वर्णन इस उपन्यास में कई बार किया गया है, परानपुर

गाँव के पूरब-उत्तर में है-धूसर वीरान, अन्तहीन प्रान्तर। पतिता भूमि बालूचरों की शृंखला।...अर्द्ध वृत्ताकार होकर चली गई है ईस्टर्न रेलवे की एक ब्रांच लाइन। परानपुर स्टेशन (पृ. 317-318)।"

इस प्रकार हम देखते हैं कि इन उपन्यासों में वर्णित अंचल को विशिष्टता प्रदान करने में यहाँ के भौगोलिक पृष्ठभूमि का बहुत महत्त्व है। भौगोलिक पृष्ठभूमि का सम्बन्ध उन प्राकृतिक परिस्थितियों से होता है, जिनमें कोई समाज निवास करता है। मनुष्य अपनी आवश्यकताओं के लिए प्रकृति पर आश्रित है। इसलिए प्राकृतिक परिस्थितियों का उस समाज पर गम्भीर प्रभाव पड़ता है। इसी के परिणामस्वरूप विभिन्न भौगोलिक परिवेश में रहने वाले मनुष्यों के क्रियाकलाप और जीवन-पद्धति में गहरा अन्तर होता है। फलतः समुद्र एवं नदी के तटवर्ती लोगों पर जल का व्यापक प्रभाव पड़ता है। इसी प्रकार जंगल में निवास करने वाली जातियों पर जंगल छाया रहता है।

डॉ. मृत्युंजय उपाध्याय के अनुसार सभ्यता एवं संस्कृति के विकास में भौगोलिक परिस्थितियों का गहरा योगदान रहता है। प्रकृति यदि उदार है, तो सांस्कृतिक विकास का द्वार उन्मुक्त है। यही कारण है कि प्राचीन काल में सभ्यता और संस्कृति का विकास विशिष्ट भू-भागों में स्वतंत्र रूप से हुआ। यह जनजीवन को प्रभावित करता है, अंचल विशेष को भी, जो आंचलिक उपन्यासों की पीठिका तैयार करती है।[16]

जिन अंचलों की कथा ताराशंकर एवं रेणु ने अपने उपन्यासों में कही है उनकी भौगोलिक विशेषताओं के साथ-साथ प्राकृतिक विशेषताएँ भी विशेष रूप से दृष्टिगोचर होती हैं। ताराशंकर की रचनाओं में राढ़ भूमि के निवासियों के साथ-साथ वीरभूम के प्राकृतिक वैचित्र्य भी चित्रवत् साकार हो उठे हैं। ताराशंकर के लिए यह कथन अत्यन्त सही है कि राढ़भूमि के मिट्टी के गन्ध व स्वाद का तथा उसके बारह महीने के परिवर्तनशील प्राकृतिक वैचित्र्य को, उनकी साहित्यिक दृष्टि ने अपने शरीर एवं मन से आस्वादन किया।[17] इस दृष्टि से 'नागिनी कन्यार काहिनी' एवं 'हाँसुली बाँकेर उपकथा' महत्त्वपूर्ण उदाहरण हैं। इसी प्रकार, रेणु के उपन्यासों में भी प्राकृतिक परिवेश के उपकरण बहुत विस्तार से आए हैं तथा वे मात्र पृष्ठभूमि के रूप में नहीं हैं, वरन् स्वयं जीवन्त व्यक्तित्व लिए हुए हैं। प्रायः देखा जाता है कि ग्रामीण या अंचल केन्द्रित उपन्यासों में 'नदी' का एक विशेष महत्त्व रहता है। नदी-तटवर्ती लोगों पर इसका अत्यधिक प्रभाव पड़ता है। ताराशंकर के उपन्यासों में 'मयूराक्षी' और 'कोपाई' नदी का उल्लेख कई बार आया है। नदी के किनारे सरस, सजीव प्रकृति का वर्णन, साथ ही वीरान लाल, धूल-धुसरित अन्तहीन प्रान्तर का चित्रण विशेष रूप से, वीरभूम के आदि-निवासियों के जीवन के आवश्यक अंग

बनने के साथ-साथ उनके सामाजिक मान्यताओं एवं विश्वासों पर भी छा जाता है। कोपाई नदी की 'हाँसुली बाँक' से सम्बन्धित कई लोक-कथाओं का अत्यन्त सुन्दर वर्णन मिलता है 'हाँसुली बाँकेर उपकथा' में। यह उपन्यास कोपाई नदी के बीचोबीच बनी बाँक (नदी का एक मोड़) जिसका नाम 'हँसुली' अर्थात् हाँसुली है, उसके किनारे बसे 'बाँसवादी' गाँव में रहने वाले कहारों के परिवार व उनके जीवन में आनेवाले उतार-चढ़ाव, सुख-दुख का जीवन्त आख्यान है। ताराशंकर ने प्रकृति को देखा है-"Naturered in tooth and claws" के रूप में।[18] प्रकृति जिस प्रकार ममतामयी माँ की तरह इन सीधे-सादे ग्रामीण लोगों को अपनी गोद में आश्रय देती है उसी प्रकार कभी-कभार बड़ी निर्मम तथा क्रूर भी बन जाती है और तब जीवित रहने के लिए कठोर-कठिन प्रकृति के साथ मनुष्य को अनवरत संघर्ष करना पड़ता है। इस लड़ाई में कभी प्रकृति की जीत होती है तो कभी मनुष्य की। कभी सूखा तो कभी बाढ़ से लड़ते-लड़ते ये दरिद्र ग्रामीण जनजाति के लोग क्रमशः कठोर, परिश्रमी एवं साहसी बन जाते हैं। 'चैताली घूर्णी', 'मन्वन्तर' जैसे उपन्यास इसके श्रेष्ठ उदाहरण हैं।

ठीक इसी प्रकार रेणु के उपन्यासों में भी कमला, कोसी, दुलारीदाय आदि नदियों का प्रसंग बार-बार आता है। रेणु ने 'परती : परिकथा' के माध्यम से कोसी अंचल के 'परानपुर' नामक गाँव के व्यापक जीवन-कथा को उपस्थित किया है। यहाँ की दुलारीदाय नदी के आँचल में फैले धूसर-अन्तहीन बन्ध्या धरती की क़रीब एक हज़ार एकड़ ज़मीन को मुक्ति देने के लिए कोसी नदी के ऊपर बाँध तैयार कर उसकी मुख्य धारा को दुलारीदाय नदी में प्रवाहित कर इस पतित ज़मीन अर्थात् 'परती' को शस्य-श्यामल बनाने की योजना से ही इस उपन्यास का सूत्रपात हुआ है। इसी के साथ जुड़ी हुई वहाँ के लोगों की आशा-आकांक्षा, सुख-दुःख की कहानी है 'परती : परिकथा'। प्रकृति ने शुष्क-कठिन-कठोर रूप के साथ उसके शस्य-श्यामल मोहक रूप का भी चित्रण हुआ है। 'मैला आँचल', 'परतीः परिकथा' एवं 'जुलूस' में इसके कई उदाहरण मिलते हैं। एक उदाहरण द्रष्टव्य है-
"चारों ओर धान और पाट के खेत हरे-भरे! लछमी खेतों में सजी-धजी खड़ी है धानी रंग की साड़ी पहनकर। मन्द-मन्द हासिनी!" (जुलूस, पृ. 212)

नृतत्व (anthropology) की दृष्टि से भी ताराशंकर एवं रेणु के उपन्यास अत्यन्त महत्त्वपूर्ण हैं। गाँव में अनेक जातियाँ, जनजातियाँ, कबीले आदि होते हैं। छोटी-से-छोटी जाति भी अलग होती है, उनकी अपनी अलग विशेषताएँ होती हैं। क्षेत्र इतिहास में जाति के आधार पर दलबन्दी बनी रहती है।

ताराशंकर के उपन्यासों में विशेषतः 'नागिनी कन्यार काहिनी', 'राईकमल', 'हाँसुली बाँकेर उपकथा', 'गणदेवता' एवं 'कवि' में राढ़ अंचल की जनजातियों

का विविध रूपों में वर्णन मिलता है। उनके विषय में कहा जाता है कि उनका पर्यवेक्षण इतना तीव्र, आन्तरिक और गहरा था कि लगता है उन्होंने राढ़ क्षेत्र और वहाँ के जीवन को पूरी तरह से आत्मसात कर लिया है और वे वहाँ की मिट्टी की धड़कन को सुन रहे हैं।[19] 'राईकमल' में वैष्णव जीवन, 'गणदेवता' में लुहार, बढ़ई, किसान, कुम्हारों की जीवनधारा, 'नागिनी कन्यार काहिनी' में सपेरा और बनजारों की जीवनगाथा, 'हाँसुली बाँकेर उपकथा' में कहार समुदाय का जनजीवन, 'कवि' में डोम, बाग्दी, बाउरी जैसी निम्न कही जाने वाली जातियों की जीवनधारा एवं उनकी ज्वलन्त समस्याएँ स्पष्ट रूप से विद्यमान हैं। सिर्फ़ यही नहीं, अपितु उनकी सामाजिक व सांस्कृतिक छवियाँ भी इन उपन्यासों में चित्रवत् साकार हो उठी हैं। जैसा कि मैंने पूर्व अध्याय में भी उल्लेख किया है कि इतनी जातियों का इस प्रकार विस्तृत और सार्थक वर्णन सम्भवतः इसीलिए हो पाया है क्योंकि ताराशंकर स्वयं एक ऐसे गाँव में रहते थे जहाँ का परिवेश ही ऐसा था। राढ़भूमि के अन्तर्गत 'वीरभूम' नृतत्व की दृष्टि से एक अद्‌भुत मिलन-क्षेत्र है। 'वीर' शब्द का अर्थ 'मुण्डारी' अर्थात् सन्थाली भाषा में 'अरण्य' या जंगल होता है। वन से घिरे हुए इस प्राचीन भूखंड में अनार्य आदिवासी कई युगों से निवास करते आए हैं। इसके पश्चात् आर्यों के साथ धीरे-धीरे, कई युगों तक सांस्कृतिक लेन-देन एवं जैविक मिलन के फलस्वरूप हिन्दू समाज की वर्णाश्रम व्यवस्था द्वारा परिभाषित तथाकथित 'निम्न जाति' के लोग इस अंचल में स्थित हुए हैं। उनके धार्मिक और सामाजिक आचरण में अनार्य रीति और पद्धति तथा आर्य विचारधाराओं से प्रभावित हिन्दू धर्म के रीति-रिवाज़ों का मिश्रण हुआ। यहाँ के आदिवासियों में जैसे संथाल जाति के लोग हैं, वैसे ही यहाँ-वहाँ भटकने वाले बनजारों की टोली भी है। इस प्रकार के मिश्रित वर्णों के समुदायों की संख्या भी अनेक हैं। बाग्दी, डोम, बाउरी, हाड़ी, सद्‌गोप जैसे जीविकाओं के द्वारा चिह्नित समुदाय भी इन्हीं में गिने जाते हैं। जुलाहा, मोची, चमार, सफ़ाईवाला, लुहार, कहार, बाज़ीगर, पटुआ (मूर्तिकार) आदि भी बड़ी संख्या में मिलते हैं। हिन्दू व मुसलमान दोनों समुदाय के लोग मन्दिर एवं मस्जिद दोनों जगह जाते हैं। 'सत्यपीर' एवं 'सत्यनारायण' दोनों देवता एक ही माने जाते हैं। सभी को ग्रामदेवता का भक्त बनना पड़ता है।[20] इस प्रकार उपर्युक्त वर्णित सभी जातियों के रहन-सहन व संस्कृति का प्रभाव एवं वर्णन ताराशंकर की रचनाओं में पर्याप्त रूप में मिलता है।

रेणु के उपन्यासों में भी जातियों एवं कबीलों का बहुत यथार्थ-चित्रण मिलता है। उदाहरणस्वरूप, 'मैला आँचल' उपन्यास में चित्रित 'मेरीगंज' गाँव में विभिन्न प्रकार की जातियाँ हैं, जिनको विभिन्न टोलियों का नाम दिया गया है। मालिक टोला, कायस्थ टोला, यादव टोला, राजपूत टोला, सिपाहिया टोला, धनुकधारी

टोला, दुसाध और कोयरी टोला आदि। गाँव के सभी बड़े-बड़े किसानों का अपना मज़दूर टोला है। संथाल टोली पर किसी का विशेष अधिकार नहीं है। इस प्रकार रेणु की रचनाओं में विभिन्न जातियों के विभिन्न लोगों की जीवनधारा एवं जीविका तथा उसमें परिवर्तन की कहानी ही कही गई है।

ताराशंकर एवं रेणु दोनों की रचनाओं में कृषि-निर्भर ग्रामीण समाज के गोष्ठीजीवन का प्रभूत चित्रण मिलता है। इस प्रकार ताराशंकर एवं रेणु दोनों ही अपने उपन्यासों में वर्णित अंचल विशेष का 'ऐन्थ्रोपोलोजिकल सर्वे' प्रस्तुत करने में सक्षम हैं, जो इन उपन्यासों की एक महत्त्वपूर्ण विशेषता है।

ताराशंकर एवं रेणु के उपन्यासों की कथावस्तु की चौथी विशेषता है जनजातियों की स्थिति तथा समस्याओं का प्रभावशाली ढंग से वर्णन। इन विशिष्ट अंचलों तथा इन अंचलों में निवास करने वालों की राजनीतिक, आर्थिक एवं धार्मिक, नैतिक आदि समस्याओं को व्यक्त करने के लिए लेखकद्वय ने अंचल के यथार्थ जीवन को ही आधार बनाया है, जिससे वे पाठकों के समक्ष सजीव हो उठती हैं।

ताराशंकर के उपन्यासों में, उनके समकालीन प्रायः सत्तर वर्षों की राजनीतिक, सामाजिक, धार्मिक, आर्थिक परिस्थितियों की प्रतिच्छाया तथा उस युग के निष्पक्ष चित्र हम देख सकते हैं।[21] इनके युग का प्रारम्भ और स्वाधीनता के प्रति राष्ट्रीय-राजनीतिक चेतना का विकास बंग-भंग के समय से ही परिलक्षित होता है और रवीन्द्रनाथ ठाकुर द्वारा 'रक्षा-बन्धन' उत्सव से इस चेतना का जनमानस में बीजारोपण भी हो जाता है, फिर भी इसकी राष्ट्रवादी लहर महात्मा गांधी के नेतृत्व में होने वाले अहिंसात्मक असहयोग के आन्दोलन की आँधी से ही परिपुष्ट होती है। इसी बीच क्रान्तिकारियों का संघर्ष 'वन्देमातरम्' के उद्घोष को लेकर बंग-भंग तथा जलियाँवाला बाग की सामूहिक हत्या के शासकीय अत्याचार के विरोधस्वरूप आग उगलने लग जाता है। उसके बाद किसान मज़दूर आन्दोलन, विदेशी बॉयकाट, सत्याग्रह व सन् 1942 के 'भारत छोड़ो' आह्वान अथवा सुभाष चन्द्र बोस की 'आज़ाद हिन्द फ़ौज' और 'इनक्लाब जिन्दाबाद' की घोषणा, समस्त देश को आज़ादी के संग्राम में झोंक देती है। इन सबका परिणाम यह होता है कि सारे देश में स्वतंत्रता के प्रति व्यापक राष्ट्रीय-राजनीतिक चेतना की लहर उमड़ पड़ती है। इस लहर ने ताराशंकर को कितना प्रभावित किया था यह मैं ताराशंकर की 'जीवनी' में उल्लेख कर चुकी हूँ। इसी का प्रभाव था कि उनके उपन्यासों में स्वतंत्रता के पूर्व भारतीय जनता में परतंत्रता का विरोध, पूँजीवाद व सामन्तवाद की निन्दा, साम्प्रदायिक मनोवृत्ति के प्रति कटाक्ष तथा स्वतंत्रता की छटपटाहट का व्यापक चित्रण हुआ है। राष्ट्र की स्वतंत्रता के इस संघर्ष-काल में व्यक्ति व समाज में त्याग, तप, सेवा, सत्य, अहिंसा आदि का महत्त्व था। 'गणदेवता' के 'देबू' नामक पात्र में

ये सभी गुण विद्यमान हैं। सामन्त वर्ग द्वारा सत्ता बनाए रखने के हथकण्डे तथा ज़मींदारी टूटने के बावजूद ये सत्ताधारी किस प्रकार अपनी धाक एवं झूठे दम्भ को बनाए रखना चाहते थे, इसका चित्रण उपन्यास में छिरुपाल जो बाद में अपना नाम बदलकर श्रीहरी घोष रख लेता है, के रूप में देखा जा सकता है। सिर्फ़ इतना ही नहीं, किसानों को अनाज देने के बदले कोरे काग़ज़ पर अँगूठा लगा लेना और बहुत अधिक सूद वसूल करना, नैतिक-अनैतिक प्रपंचों का रचा जाना, बस्ती में आग लगाया जाना, अवैध सम्बन्ध स्थापित करना, क्रान्तिकारी का गाँव में शरण लेना, गाँववालों का छिरुपाल का विरोध करना तथा इन सबके प्रति साधारण गाँववालों की जागरूक प्रतिक्रियाओं का चित्रण आदि उपन्यासकार ने यथार्थ की पृष्ठभूमि पर ही किया है। वस्तुतः ताराशंकर का 'गणदेवता' एक तरह से सम्पूर्ण आंचलिक समस्याओं से ग्रस्त वीरभूम के राढ़-अंचल का 'शिवकालीपुर' गाँव इस अंचल का प्रतीक है। अन्धविश्वासों एवं रूढ़ियों से सम्बन्धित समस्याओं का भी बड़ा ही यथार्थपूर्ण चित्रण इस उपन्यास में देखा जा सकता है। इनके अतिरिक्त 'गणदेवता-पंचग्राम' उपन्यासों में प्राचीन ग्रामीण आर्थिक व्यवस्था में गिरावट के इतिहास को भी लिपिबद्ध किया गया है। ऐसा करते हुए विभिन्न पेशेवर लोगों उदाहणार्थ, अनिरुद्ध लुहार, पातू मोची आदि पर ज़मींदार-महाजन द्वारा किए गए अत्याचारों का भी यथार्थ वर्णन किया गया है। साथ ही ताराशंकर ने इसके माध्यम से यह भी प्रमाणित करना चाहा है कि इस अत्याचार में प्रशासन भी ज़मींदार एवं महाजन को सहायता ही करती है। उसकी कोई दूसरी भूमिका नहीं होती है। उदाहरण के लिए, ज़मीन 'सेटलमेंट' के मामले में प्रशासन ने भी एक शोषक का कर्तव्य ही पालन किया है। ताराशंकर ने इसके माध्यम से भूमि की समस्या को भी उठाया है। लैण्ड सर्वे एवं सेटलमेन्ट कानून के तहत 'चकबन्दी' कानून का उल्लेख करते हुए उन्होंने कहा है-

"...सेटलमेंट की खानापूरी? खेतों में अभी तक पके धान हैं, उसी के ऊपर से ज़ंजीर खीचकर, बूटों से तैयार फ़सल रौंदकर खानापूरी?" (गणदेवता, पृ. 95)

किस प्रकार स्वातन्त्र्योत्तर काल में प्रत्येक गाँववाला ग्रामीण राजनीति की चक्की में न चाहते हुए भी पिस जाता है और आपसी भेद-भाव के कारण किस प्रकार गाँव की अर्थव्यवस्था नष्ट होने लगती है, इसका यथार्थ चित्र ताराशंकर ने 'गणदेवता' में प्रस्तुत किया है। केवल यही नहीं किस तरह ग्रामीण जीवन के सामन्त टूटकर भी व्यवहार में टूटना नहीं चाहते और सदियों से ग़रीब किसान एवं श्रमिक का शोषण करते रहते हैं, ताराशंकर ने इसे भी बड़ी कुशलता से दिखाया है।

ताराशंकर ने जागरण काल में ही अनेक समस्याओं से जूझ रहे किसानों एवं सम्पूर्ण गाँवों को देखा था। इसी के फलस्वरूप अपने 'चैताली घूर्णी' उपन्यास में

किसान की व्यथा-कथा का वर्णन किया है। इनकी ज़िन्दगी में जो अभावों के ढेर हैं, यातनाओं के संकट हैं उनकी अनुभूति की एवं संवेदनाओं के स्तर पर उन्हें अभिव्यक्ति दी है। 'चैताली घूर्णी' का नायक 'गोष्ठ' यहाँ शोषित कृषक समाज का प्रतिनिधित्व करता है। अपनी अज्ञानता और अशिक्षा के कारण, ज़मींदार और महाजन के द्वारा किए गए सारे अत्याचारों को सहते हुए वह बहुत दिनों तक ख़ामोश रहा, परन्तु अन्त में अपनी पीड़ाओं से परेशान होकर, सहनशीलता की सीमा का अतिक्रमण कर वह ज़मींदार के कारिन्दे की हत्या कर देता है और रात के अँधेरे में शहर की ओर भाग जाता है। वहाँ एक मिल में मज़दूर बन जाता है, परन्तु वहाँ भी मिल मालिक के ज़ुल्मों के विरोध में आवाज़ उठाने के कारण मालिक के लठैतों के हाथों उसकी मृत्यु हो जाती है। अस्पताल में अन्तिम साँसें गिनते हुए वह बड़बड़ाता है–"जान देगा, लेकिन मिल में नहीं जाएगा।"[22] 'गोष्ठ' बांग्ला उपन्यासों में पहला प्रतिवादी चरित्र अर्थात् अन्याय के विरोध में आवाज़ उठाने वाले चरित्र के रूप में चित्रित हुआ है। इस दृष्टि से वह एक अविस्मरणीय चरित्र है। इस प्रसंग में, हिन्दी साहित्य के अमर कथाकार प्रेमचन्द की 'पूस की रात' कहानी का उल्लेख करना आवश्यक हो जाता है। यहाँ भी हल्कू किसान वर्ग का प्रतिनिधि पात्र है। अनपढ़ एवं अशिक्षित होने के कारण ज़मींदार और महाजन के सभी ज़ुल्मों को सहते हुए, वह अन्त तक ख़ामोश रहता है और फिर 'मजूरी' करने का निर्णय लेता है।

इस प्रकार गाँव के ज़मींदार और छोटे-छोटे सूदखोर महाजन देहातों में अनेक रूपों में किसानों का शोषण करते थे। धर्म को भी उन्होंने शोषण का अस्त्र बना रखा था। 'पाषाणपूरी' उपन्यास में ताराशंकर ने 'काली कर्मकार' को इस प्रकार के शोषण का शिकार होते हुए दिखाया है। 'काली' जाति में लुहार था। वह एक 'बाग्दी' लड़की 'वासिनी' से प्रेम करता था, परन्तु गाँव के उच्चवर्ग का प्रतिनिधित्व करने वाले धनी व्यक्ति राखाल मजुमदार ने इसका ज़बरदस्त विरोध किया और सज़ा के तौर पर काली के घर में आग लगा दी। आक्रोशवश काली भी राखाल के घर आग लगा देता है। गाँव के लोग काली के पीछे पड़ जाते हैं। काली गाँव से भाग तो जाता है परन्तु पकड़े जाने के डर से ग़लतफ़हमी का शिकार होकर अपने ही दोस्त भूपति की हत्या कर देता है और अन्त में पुलिस के हाथों पकड़ा जाता है। काली की कहानी समाज के उच्चवर्ग द्वारा धर्म के नाम पर निम्नवर्ग के लोगों पर अत्याचार की कहानी है। हमारे देश की शासन व्यवस्था भी इस अत्याचार को स्वीकार कर लेती है। यही कारण है कि जब काली इस अन्याय का प्रतिशोध लेने की कोशिश करता है तो समाज की आँखों में वह एक अपराधी बन जाता है। किन परिस्थितियों ने उसकी सीधी-सादी ज़िन्दगी को तबाह कर उसे एक

अपराधी बनने पर मजबूर कर दिया, उसी का विश्लेषण लेखक ने इस उपन्यास में बड़ी ही दक्षता के साथ किया है।

अपने 'धात्रीदेवता' उपन्यास में भी ताराशंकर ने ज़मींदारों की शोषक प्रकृति के साथ-साथ कृषक और मज़दूर वर्ग के असहाय शोषित रूप का यथार्थ चित्रण किया है। एक तो ज़मींदारों का अन्तहीन शोषण, दूसरा सूखा, बाढ़ और महामारी जैसी प्राकृतिक आपदाओं से यह वर्ग किस तरह जूझ रहा है, इसका ताराशंकर ने बड़ी ईमानदारी से लेखा-जोखा प्रस्तुत किया है। 'कालिन्दी' उपन्यास में भी उन्होंने सामन्तवादी एवं पूँजीवादी शक्ति से किसान एवं सर्वहारा वर्ग की शक्ति के संघर्ष को वाणी दी है। ताराशंकर का युग संघर्ष का काल था।...साम्राज्यवाद से राष्ट्रवाद का, सामन्ती सभ्यता से महाजनी सभ्यता का, पूँजीवादी और सामन्तवादी दोनों सभ्यताओं से कृषक और मज़दूर वर्ग की शक्तियों का। इस प्रकार ताराशंकर के पास अपनी औपन्यासिक 'वस्तु' को चित्रित करने के लिए जितना विशाल फ़लक था, उतना ही बड़ा क्षेत्र वस्तु के चयन के लिए भी था।

रेणु के उपन्यासों में भी विभिन्न परिस्थितियों एवं समस्याओं का चित्रण अत्यन्त प्रभावशाली ढंग से यथार्थ रूप में हुआ है। अपने 'मैला आँचल' उपन्यास में रेणु ने बिहार के पूर्णिया जिले के मेरीगंज गाँव के जीवन में जिस सामाजिक उथल-पुथल को चित्रित किया है वह परतंत्रता और स्वतंत्रता के सन्धि युग की वास्तविकता थी। इस काल में जहाँ एक ओर राजनीति में हेर-फेर हो रहा था वहीं रूढ़िगत समाज की "दरार पड़ी दीवार यह गिरेगी। इसे गिरने दो। यह समाज कब तक टिका रहेगा।" यह विश्वास भी समाज को जागृति प्रदान कर रहा था। आर्थिक दृष्टि से यह काल और भी विद्रूपता लिए हुए था। मैला आँचल में ज़मींदार किसानों को अनाज देने के बदले एक कोरे काग़ज़ पर अँगूठे के निशान लेते हैं और फिर डेढ़ गुना, दुगुना, तिगुना तक वसूल लेते हैं। 'मैला आँचल' में जाति-पाँति की समस्याओं के चित्र भी सुलभ हैं। मेरीगंज में जाति-पाँति का भयंकर विष फैला हुआ है। गाँव के नाम के बाद ही पहले जाति पूछी जाती है। यहाँ समाज के संचालन एवं नियमन में वर्ग तथ जाति की अहम भूमिका है। जाति के सम्बन्ध में व्यक्ति की स्थिति अपरिवर्तनीय है। न कोई अपनी जाति से बाहर जा सकता है और न बाहर से कोई व्यक्ति उसमें प्रवेश कर सकता है।

रेणु का 'मैला आँचल' ताराशंकर के 'गणदेवता' की ही तरह सम्पूर्ण आंचलिक समस्याओं का जीता-जागता चिड़ियाघर है। इस उपन्यास के कथानक-निर्माण में अंचलीय राजनीतिक, आर्थिक, सामाजिक तथा प्राकृतिक समस्याओं की ऐसी-ऐसी सघन और संश्लिष्ट बुनावट है कि इसके एक-एक रेशे को अलग करना आसान काम नहीं है। इस प्रसंग में डॉ. ज्ञानचन्द गुप्त का यह कथन बहुत ही संगत

है–"वस्तु संरचना की इस रीति में विभिन्न प्रसंग, विभिन्न घटनावलियाँ परस्पर मिलकर नए–नए चित्र बनाती हैं और ये सभी चित्र ग्राम–जीवन के समग्र रूप को उजागर करते हैं।"[23]

रेणु की 'परती : परिकथा' की कथावस्तु का फ़लक 'मैला आँचल' से भी विस्तृत एवं समस्याग्रस्त है। इस उपन्यास में रेणु ने मुख्यतः भूमि की समस्या को उठाया है। 'परती : परिकथा' का कथावृत्त धूल–धूसरित, बन्ध्या वीरान परती धरती पर अधिकार के विभिन्न दावों, उपदावों, भूमि सम्बन्धी सरकारी सुधार नीतियों–लैण्ड सर्वे, चकबन्दी, ज़मींदारी प्रथा का उन्मूलन तथा इन समस्याओं से उत्पन्न अनेक समस्याओं से निर्मित है। भूमि के लिए संघर्ष में केवल किसान और ज़मींदार ही भाग नहीं ले रहे हैं अपितु एक ही परिवार के विभिन्न सदस्य एक ही ज़मीन के लिए स्वार्थ की नंगी लड़ाई में कूद पड़े हैं। परानपुर गाँव मुक़दमेबाज़ी, सामाजिक तनावों और सम्बन्ध परिवर्तनों के शिकंजों में बुरी तरह जकड़ गया है। "परिकथा स्वतंत्रता के पश्चात् ज़मींदारी उन्मूलन और भूमि के पुनर्विभाजन की पृष्ठभूमि पर ग्राम्य जीवन का चित्र है। अवश्य उसमें युगीन समस्याएँ हैं और इस युग के संस्कृत और विकृत दोनों चित्र उसमें चित्रित हैं। स्वतंत्रता के पश्चात् युग की प्रवृत्तियों के समाहार का सफल प्रयास परिकथा करती है।"[24]

हिन्दी साहित्य में देश–विभाजन की समस्या को लेकर (विशेषकर पश्चिमी पाकिस्तान पर) कई उपन्यास एवं कहानियाँ लिखी गई हैं परन्तु पूर्वी पाकिस्तान से आए हुए शरणार्थियों की समस्याओं को पृष्ठभूमि बनाकर लिखनेवाले सम्भवतः रेणु ही हिन्दी के अकेले कथाकार हैं। 1965 में प्रकाशित 'जुलूस' उपन्यास में उन शरणार्थियों की कथा कही गई है जो देश–विभाजन के परिणामस्वरूप विस्थापित पूर्णिया जिले के गोड़ियार गाँव में बसे हुए हैं। उन शरणार्थियों की विभिन्न समस्याएँ, पास–पड़ोस के गाँवों से उनका सम्बन्ध आदि को अत्यन्त स्वाभाविक रूप में उभारा गया है।

इस प्रकार ताराशंकर एवं रेणु दोनों कथाकारों के उपन्यासों में हमने देखा है कि अंचल के इन्सान इकाई नहीं, वर्ग बनकर आते हैं और अनेक खंड–चित्रों की तरह अंचल का एक सम्पूर्ण चित्र बनाने में सहायक होते हैं। इन उपन्यासों में मनुष्य के जीवन–वृत्त, भोगा हुआ यथार्थ अनुभव और संघर्षरत रखती हुई अनेक समस्याएँ सब मिलाकर अंचल का कथ्य बनाते हैं।

अध्येतव्य लेखकद्वय के ग्रामकेन्द्रित उपन्यासों में पाँचवीं और अत्यन्त महत्त्वपूर्ण विशेषता है लोक–संस्कृति के नियामक विविध उपादानों का सरस चित्रण। दोनों के ही साहित्य में यह स्पष्ट किया गया है कि किस प्रकार लोक–नृत्य, लोकवाद्य, पर्व एवं उत्सव आदि से सरल ग्रामीण जीवन में स्निग्धता एवं सरसता का

संचार होता है। इन उपादानों से एक ओर तो उनके सांस्कृतिक उत्थान को अवकाश और विकास के अवसर मिलते हैं, तो दूसरी ओर उनका आमोद-प्रमाद भी होता है।

ताराशंकर के 'कवि' उपन्यास के विषय में कहा जाता है कि, "उन्होंने 'कवि' के माध्यम से लोकसंस्कृति के इतिहास का नये सिरे से आविष्कार किया है।"[25] राढ़ अंचल की ग्रामीण संस्कृति, 'कविगान', 'पाँचालीगान', 'तरजा', 'झुमुर नाच', 'खेउड़' आदि लोकगीतों के माध्यम से न केवल जनता का मनोरंजन करते हुए दिखाते हैं बल्कि दैनिक समस्याओं के विषय में सीधे-सादे ग्रामीण लोगों की भावनाओं को भी व्यक्त करते हैं। "हाँसुली बाँकेर उपकथा' में भी 'घेटु-गीत' के उदाहरण यत्र-तत्र मिलते हैं। गाँव के लोग कभी ढोल बजाकर धर्मराज के गीत गाते हैं, तो कभी 'माँ मनसा' के विसर्जन का गीत, कभी भादों के महीने में 'भादू गीत' तो कभी आश्विन के महीने में माँ दशभुजा (दुर्गा) की पूजा के समय 'पाँचाली गीत' और फिर संक्रान्ति में 'गाजन' उत्सव के समय 'बोलान' का गीत।[26] ताराशंकर ग्रामीण लोक-संस्कृति के प्रति किता सचेतन थे इसका उदाहरण 'नागिनी कन्यार काहिनी' में भी द्रष्टव्य हैं, जैसे माँ मनसा के गीत, विषहरी पूजा के गीत आदि। इस तरह ताराशंकर के साहित्य में वार्षिक पर्वों एवं उत्सवों के वर्णन भी भरे पड़े हैं। उदाहरणस्वरूप, नागपंचमी का पर्व (नागिनी कन्यार काहिनी), माँ दशभुजा की पूजा, गाजन या उत्सव, कुमारी भूमि पूजा, वाण-गोसाईं की पूजा, ईंद (अर्थात् इन्द्र) पूजा, भाँजो-सुन्दरी पूजा, (हाँसुली बाँकेर उपकथा), इतू पूजा पर्व, झूलन-उत्सव, पूस लक्ष्मी पर्व, पृ. 130 (गणदेवता) आदि।

इसी प्रकार रेणु के उपन्यासों में भी होली के त्यौहार का चित्रण (मैला आँचल, पृ. 131), 'सतुआनी' का पर्व, (वही, पृ. 144), नाग पंचमी का पर्व, (वही, पृ. 150), श्यामा-चकेवापर्व, (परती : परिकथा, पृ. 472) काली पूजा का वर्णन (परती : परिकथा, पृ. 524) अद्‌भुत माधुरी से सराबोर है। इसी प्रकार लोकगीत, लोक-नाट्य के वर्णन भी आए हैं इनके साहित्य में। उदाहरणस्वरूप 'मैला आँचल' का फाग-गीत (पृ. 131-132), जाट-जट्टिन, विदापन नाच (वही, पृ. 132), बारहमासा, (वही, पृ. 84), 'लोरिक' या 'कुमर विज्जेभवन' की गीत कथा (वही, पृ. 85), भक्ति के गीत, सोलह संस्कारों के अवसर पर गाए जाने वाले गीत आदि। ये गीत जो ग्रामीण मनोविनोद के साधन हैं, उनकी लौकिक, सांस्कृतिक, धार्मिक एवं ऐतिहासिक परम्परा, विरासत को उजागर करते हैं। साथ ही उनका शुद्ध मनोरंजन भी करते हैं। 'परती : परिकथा' में तो रेणु ने लोकनाट्य के माध्यम से समसामयिक समस्याओं को भी चित्रित करना चाहा है। इस प्रसंग में डॉ. रामगोपाल सिंह की यह उक्ति सार्थक है-"जितेन्द्र के द्वारा आयोजित नाटक 'पंचचक्र' में कोसी के प्रकोप में डूबते हुए गाँव, बहती हुई लाशें, चीख-पुकार से लेकर बाँध

बाँधने के संघर्ष तथा परती की फ़सल के लहलहाने तक के दृश्यों में उपन्यास की समस्त कथा के मर्म को अपनी समस्त गहराई के साथ उभारकर भविष्य की कल्पना को साकार रूप प्रदान कर जनता में नई आशा का संचार किया गया है।''[27]

इनके अतिरिक्त दोनों लेखकों की कृतियों में मिथक, परिकथा, लोककथा आदि का भी विशेष रूप से प्रयोग हुआ है। ताराशंकर ने अपने उपन्यासों में चाँद-सौदागर, मनसा (नागदेवी) लखीन्दर, शिव-मनसा (मनसा शिवजी की ही बेटी मानी जाती है) आदि मिथक एवं लोककथाओं का खुलकर प्रयोग किया है। ये कथाएँ स्थानीय जीवन की मौज-मस्ती व विश्वासों को मुखरित करती हैं। इन कथाओं के साथ-साथ उन्होंने ऐसी कई अन्य कथाओं का भी प्रयोग किया है अपनी रचनाओं में, जिनसे वहाँ के लोक-जीवन की मान्यताओं और संस्कारों पर प्रकाश पड़ता है। जैसे 'हाँसुली बाँकेर उपकथा' में 'सुचाँद पिसी' (बुआ) की चर्चा में हाँसुली बाँक में साहब-मेमसाहब के डूबने की कथा और 'बाबा के थान' (स्थान) से 'कत्ताबाबा' (शिवजी का एक रूप) के आविर्भाव होने की कथा तथा 'नागिनी कन्यार काहिनी' में विषहरी माता की कथा आदि।

रेणु के उपन्यास तो लोक-कथाओं से भरे पड़े हैं। सारंगा-सदाबृज, सुन्नरि नैका, दुलारीदाय, बिज्जेभान की कथाएँ यहाँ विशेष महत्त्व रखती हैं। इन कथाओं के सहारे ग्रामण जनजातियों के समाज की एक स्वतंत्र परम्परा एवं संस्कृति की कहानी कही जा सकती है। मार्टिन-मेरी की कथा, मेरीगंज की कथा, पारवती की माँ के डाइन होने की कथा, कमला मैया की कथा, चेहरियापीथ और बिसहरी देवी (बिसहरी देवी को ही बंगाल में 'माँ मनसा' कहा जाता है) के किस्से-कहानियाँ आदि का वर्णन रेणु ने बहुत ही कुशलता से किया है। इन कथाओं के साथ-साथ रेणु ने अपने उपन्यासों में लोक-विश्वासों का भी विस्तृत विवरण प्रस्तुत किया है। उदाहरणार्थ, 'परती : परिकथा' में कोहबर राँड़ी, टिटहरी आदि से सम्बन्धित लोक-विश्वासों का वर्णन। रेणु एवं ताराशंकर की कथाओं में व्रत, उत्सव, पर्व, लोकगीत, लोकनृत्य, लोककथाओं, लोक-विश्वासों के साथ-साथ, जड़ी-बूटी, मन्त्र-तंत्र आदि के विषय में भी विस्तार से वर्णन मिलता है। ग्रामीण जनता इन्हीं लोक-विश्वासों पर ही जीवित रहती है, जिससे वे प्राणरस खींचकर युग-युग तक अपना अस्तित्व मिटने नहीं देती।

ताराशंकर एवं रेणु के उपन्यासों में बाह्य प्रभाव

ताराशंकर के 'गणदेवता' में एक ओर नैतिकता का शासन है तो दूसरी ओर यन्त्र सभ्यता का दबाव, एक ओर गाँव का आर्थिक संकट तो दूसरी ओर शहरों में अर्थोपार्जन की लालसा व प्रलोभन। एक ओर परम्परा से युक्त ग्रामीण मान्यताएँ तो

दूसरी ओर व्यक्ति की स्वतंत्र-सोच और जीवन दर्शन—इन दोनों के बीच दुविधाग्रस्त व्यक्ति का स्थान कहाँ है? इसी प्रश्न का उत्तर खोजते हुए व्यक्ति जीवन का परिवर्तन किस प्रकार जनमुखी हो उठता है, ताराशंकर ने उसी सत्य का धीरे-धीरे उद्घाटन किया है। रेणु के 'मैला आँचल' उपन्यास में, स्वाधीनता आन्दोलन एवं गांधीजी के अहिन्सा आन्दोलन ने किस प्रकार गाँव की साधारण जनता को उत्साहित किया तथा उनकी रोज़मर्रे की ज़िन्दगी को किस प्रकार प्रभावित किया, इस पर प्रकाश डाला गया है। भारत की स्वतंत्रता प्राप्ति के आस-पास भारत के गाँवों में, विशेष रूप से 'मेरींज' में राजनीतिक चेतना का विकास होता है, इसका प्रभावशाली चित्रण ही 'मैला आँचल' में हुआ है। लेखक ने देश की सभी प्रमुख विचारधाराओं और उनके दलों का चित्रण बड़े ही विस्तार के साथ किया है। स्वतंत्रता के पश्चात् देश की बागडोर स्वतंत्रता संग्राम में भाग लेने वाले नेताओं तथा बड़े-बड़े पूँजीपतियों के हाथ आ गई, जिनकी दृष्टि केवल सत्ता तथा कुर्सी पर केन्द्रित थी। पहले ज़मींदार के रूप में ये जनता को पीसते रहे अब राजनीति में आम नेता के रूप में जनता का खून चूसने लगे। इस प्रकार ग्रामीण जनता की स्थिति स्वतंत्रता के बाद और अधिक जटिल हो गई।

यद्यपि भारतवर्ष के स्वाधीनता संघर्ष के प्रत्यक्ष चित्र ताराशंकर ने नहीं खींचे परन्तु उनके पात्र गांधीवादी आदर्शों से अत्यधिक रूप से प्रभावित दिखाई देते हैं। उनके 'गणदेवता' उपन्यास के साथ रेणु के 'मैला आँचल' का मुख्य सादृश्य यह है कि यहाँ गाँव की पृष्ठभूमि में युगजीवन को चित्रित करने की कोशिश की गई है। यह जो युगजीवन को सम्पूर्ण रूप से प्रस्तुत करने की कोशिश ताराशंकर की रचनाओं में मिलती है, रेणु की रचनाओं में उसी का विस्तार हुआ है।

इसके अतिरिक्त शहरी जीवन का प्रभाव ताराशंकर एवं रेणु दोनों के उपन्यासों में, ग्रामजीवन के सन्दर्भ में विशेष रूप से चित्रित किया गया है। 'मैला आँचल' से एक उदाहरण द्रष्टव्य है—"कटिहार जूट मिल की चिमनी को फ़सलों से काफ़ी ऊपर आकाश में देखकर गाँव के लोग कहते हैं, चलो-चलो, दो रुपये मज़दूरी मिलती है, गाँव में अब रखा ही क्या है?"[28] और ठीक इसी तरह ताराशंकर के 'कालिन्दी' एवं 'चैताली घूर्णी' उपन्यासों में भी हम देखते हैं कि गाँव के भोले-भाले किसान किस प्रकार षड्यन्त्र का शिकार होकर, असहाय और भूमिहीन होकर शहर जाकर कारखानों में काम ढूँढ़कर नया जीवन शुरू करते हैं। 'गणदेवता' में अनिरुद्ध लुहार तो गाँव की प्राचीन व्यवस्था को मानने से अस्वीकार कर अपना परम्परागत पेशा त्यागकर शहर के मील में मिस्त्री (फिटर) का काम करने लगता है। 'हाँसुली बाँकेर उपकथा' में भी हम पाते हैं कि कहारों का मुखिया बनवारी के हज़ार कोशिशों के बावजूद, कहारों के मन में शहर और कारखाने जगह बना ही लेते हैं :-

"चन्ननपुर में रेल-लाइन बनी, जिससे बाबू लोगों के ज़मीन की क़ीमत और बढ़ गई। उनका व्यापार भी बढ़ा, परन्तु कहारों का तो सर्वनाश हो गया। एक साथ झुण्ड की झुण्ड औरतें काम करने बाहर चली गईं...और अब कराली के माध्यम से कहार पाड़ा (टोली) के अबोध लड़कों को भी लालच दिखाया जा रहा है।" (हाँसुली बाँक..., पृ. 325)

लेखकद्वय के उपन्यासों में एक और सादृश्य-सूत्र लक्षित होता है और वह है ग्रामीण जनता का अपना एक विशेष प्रतिष्ठान होता है। ताराशंकर के उपन्यासों में जैसे 'चण्डी-मण्डप' और 'शिव मन्दिर' की अलग महत्ता है, वैसे ही रेणु के उपन्यासों में भी 'ग्राम-पंचायत' एवं 'मन्दिर व मठ' की एक महत्त्वपूर्ण भूमिका रहती है। एक समय था जब गाँव के लोग सामूहिक रूप से यही 'चण्डी मण्डप' में बैठकर समस्याओं पर विचार करते, उन्हें सुलझाते। उनमें अभाव था, परन्तु आपस में एकता थी। धीरे-धीरे यह सामाजिकता और सामूहिकता दिन-प्रतिदिन टूटने लगी। कहीं संकीर्ण स्वार्थचालित राजनीति की तिकड़में इसे तोड़ रही थीं तो कहीं आर्थिक जीवन की मजबूरियाँ, लेकिन इसे तोड़नेवाली सबसे बड़ी शक्ति है- परिवर्तित समय की परिवर्तित परिस्थितियाँ, जिन्होंने इन सीधे-सादे ग्रामीण लोगों को बाहर और भीतर से आमूल-चूल बदल दिया था। मनुष्य और मनुष्य में स्वाभाविक और प्राकृतिक सम्बन्ध बिगड़ रहे थे, धूर्तता सरलता पर हावी हो रही थी और ईमानदार व्यक्ति परास्त हो रहा था तथा बेईमानी की जीत हो रही थी। ऐसे में 'चण्डी-मण्डप' को लोग भूलने लगे थे। 'गणदेवता' में देबू याद करता है कि तीस वर्ष पहले तक यही चण्डी-मण्डप गाँववालों का मिलन-स्थल हुआ करता था।[29] सब यहीं बैठकर 'मज़लिश' बनाते, अपनी-अपनी समस्याओं को सुलझाते, एक-दूसरे के उपकार में आने की बात सोचते। यहीं पर कभी गाँव की पाठशाला लगती। देबू भी कभी वहाँ बच्चों को पढ़ाता था। इसी चण्डी-मण्डप पर ब्याह, अन्नप्राशन, श्राद्ध, पूजा तथा अन्य उत्सव मनाए जाते। अन्याय, अत्याचार, पीड़न, व्यभिचार, अवैध रिश्ता आदि से सम्बन्धित घटनाओं की यहीं सुनवाई होती। यहीं पर पंचायत बैठती और न्याय किया जाता। जिसे जो सज़ा होनी चाहिए सज़ा दी जाती। इस प्रकार यह चण्डी-मण्डप कभी इस गाँव का प्राणकेन्द्र हुआ करता था, समग्र जीवनी-शक्ति का केन्द्रस्थल। चण्डी-मण्डप के क़रीब शिव एवं काली मन्दिर की स्थापना की गई थी, जहाँ साँझ-सवेरे लोग प्रणाम करते, परन्तु आज उस ओर कोई देखता भी नहीं था। यहाँ सामूहिक रूप में बैठकर बातें करते हुए लोगों को वर्षों बीत गए थे। यहाँ पंचायत की सभा अब भी होती है, परन्तु वहाँ छिरुपाल जैसे लोग न्याय करने बैठते हैं। घटनाओं के क्रम को देखने से एक बात स्पष्ट हो जाती है कि 'गणदेवता' का पहले खंड का नाम 'चण्डी-मण्डप' प्रतीकात्मक रूप में रखा गया

था। चण्डी-मण्डप यहाँ केवल एक 'स्थान' नहीं अपितु प्रतीक है। चण्डी-मण्डप के माध्यम से हम वर्तमान 'पंचायत' नामक संस्था के अतीत गौरव और वर्तमान संकट को क्रमश: मूर्त होते हुए देखते हैं एवं तभी यह प्रतीक के रूप में प्रतीत होता है। एक सामाजिक प्रतिष्ठान किस तरह एक गुमाश्ता श्रीहरी (छिरुपाल एक दिन इसी चण्डी-मण्डप में बैठकर अपने आपको उच्च वर्ग का प्रमाणित करने के लिए स्वयं को 'श्रीहरि घोष' नाम से घोषणा करता है।) घोष की व्यक्तिगत सम्पत्ति बन जाती है, यह रहस्य ताराशंकर की लेखनी से स्पष्ट हो जाता है।

रेणु के उपन्यासों में विशेषत: 'मैला आँचल' में भी इस समस्या पर बल दिया गया है। ज़मींदारी युग में जो भावना भूमि तथा सम्पत्ति पर अधिकार करने में जुड़ी थी वही प्रजातंत्र में तंत्र की निचली इकाई पर स्वार्थान्ध अधिकार-भावना में चली गई और उसके उद्देश्य, शिक्षा-दीक्षा, शून्य ग्रामांचल के दलदल में फँसकर व्यर्थ हो गये। इससे ग्रामीण समाज के भीतर अनेक भयानक दोष आ गए और पंचायतों में उलझते ही घुन लगने लगे। रेणु ने बड़ी कुशलता से ऐसे अवसरवादी चेहरों को बेनकाब किया है। पंचायत राज की स्थापना स्वातन्त्र्योत्तर राजनीति की प्रमुख देन है, लेकिन राजनीति के हाथों में आकर इस पंचायत राज के द्वारा न जाने कितने अमानवीय कृत्य किए गए हैं, इसका भी बहुत सुन्दर लेखा-जोखा रेणु ने अपने उपन्यासों में दिया है। रेणु का उपन्यास 'जुलूस' उन पारस्परिक वैमनस्यों, अनास्थाओं तथा नैतिकता-अनैतिकता की जीवन्त कथा है। ताराशंकर के 'गणदेवता' के 'चण्डी-मण्डप' के अनुरूप 'जुलूस' की पृष्ठभूमि भी 'ग्राम-पंचायत' ही है। रेणु के उपन्यास पंचायत राज की स्थापना एवं प्रतिष्ठा को स्पष्ट करते हुए ग्रामीण जीवन के परिवर्तित सन्दर्भों को उजागर करते हैं।

इस प्रकार लेखकद्वय के उपन्यासों की कथावस्तु की तुलना से मैंने पाया कि विषय चाहे कुछ भी हो, ग्रामकेन्द्रित उपन्यासों में संगठन का आधार चूँकि कथा, पात्र या कोई आदर्श न होकर, कोई गाँव या अंचल होता है, अत: सम्पूर्ण अंचल की चतुर्मुखी यात्रा कर ग्रामकेन्द्रिकता के सारे उपादानों—लोक-गीत, लोक-नृत्य, लोक-कथा, अन्धविश्वास, रूढ़ियों आदि को चुनकर अपने कथानक में गूँथा है। यही कारण है कि कथानक में कहीं-कहीं बिखराव अर्थात् एकसूत्रता का अभाव दिखाई देता है, जिससे इसके प्रवाह में शिथिलता आ गई है क्योंकि यह ज्ञात सत्य है कि आंचलिक वातावरण के बहुवर्णनों की स्थिरता तथा कथा की गत्यात्मक प्रकृति में विरोध है। वास्तव में, इन उपन्यासों में ग्रामीण उपादानों के नियोजन में एक प्रकार की अन्त:सूत्रता तो अवश्य होती है पर बाहर से ये बिखरे हुए दिखाई पड़ते हैं और यही उनके शिल्प की विशिष्टता है। साथ ही यही एक कारण भी है कि इन्होंने किसी एक व्यक्ति की कथा न कहकर सम्पूर्ण गाँव या अंचल के

निवासियों की अलग-अलग कथाओं को एकसूत्र में बाँधने का प्रयास किया है। लेखकद्वय में एक साम्य और है कि इन्होंने खंडात्मक और बिम्बात्मक चित्र-अंकन की प्रणाली को अपनाया है और इस प्रकार वातावरण निर्माण में एक नए शिल्प का आविष्कार किया है, जिससे अलग-अलग खंड-चित्र एक ही अंचल की सम्पूर्णता के पूरक हो जाते हैं अथवा छोटे-छोटे बिम्बों के द्वारा समग्रता संकेतित हो जाती है। इस प्रणाली का सर्वाधिक सफल प्रयोग ताराशंकर ने अपने 'गणदेवता', 'हाँसुली बाँकेर उपकथा', 'नागिनी कन्यार काहिनी' एवं रेणु ने 'मैला आँचल' एवं 'परती : परिकथा' में किया है। विविध चित्रों की अलग-अलग प्रकृति के अनुसार अलग-अलग परिणाम के चित्र-फलकों का प्रयोग भी लेखकद्वय ने किया है और ऐसा करते हुए कभी उन्होंने उस गाँव की नदी, तालाब, जंगल, नदी का मोड़, लहलहाते खेत, राढ़ के लाल धूल-धूसरित रास्तों या बन्ध्या परती धरती का चित्र खींचा है तो कभी वहाँ के नृत्य-गीत, खेल-तमाशों, गली-मुहल्लों, सामाजिक प्रतिष्ठानों का।

लेखकद्वय के उपन्यासों में चरित्र-निर्माण शिल्प की तुलना करने पर मैंने यह तथ्य पाया कि पात्रों की सृष्टि तथा चरित्र-निर्माण योजना के पीछे उनकी क्रियाशील लेखकीय कल्पना कई स्तरों पर परम्परागत उपन्यासों से भिन्नता लिए हुए है। इनकी पहली विशिष्टता है इनके उपन्यासों में पारम्परिक नायक के अस्तित्व का लोप। इस सन्दर्भ में डॉ. सत्यपाल चुघ का यह कथन अत्यन्त संगत है—"यहाँ अंचल स्वयं एक जीवन्त विशिष्ट पात्र, समूह पात्र है और शेष सभी पात्र उसकी सामूहिकता के अंग हैं—मानो असंख्य पात्र स्वयं नहीं हैं, किसी के लिए हैं। इन असंख्य पात्रों का प्रतिनिधि प्रमुख पात्र है—शास्त्रीय शब्दावली में नायक भी अंचल-रूपी महानायक के अधीन रहता है। इस तरह यह अंचल-पात्र सारे कथानक पर छाया रहता है और सभी पात्रों को संचालित करता रहता है।"[30] दोनों ही उपन्यासकारों के ग्रामकेन्द्रित उपन्यासों की और एक विशेषता है, पात्रों की बहुलता। इन असंख्य पात्रों के सम्बन्ध में डॉ. जवाहर सिंह का विचार है—"इस समूह पात्र की कल्पना के फलस्वरूप ही पात्रों का बाहुल्य और इनकी चरित्रगत विविधता आंचलिक उपन्यासों की दूसरी विशेषता बन जाती है।"[31] 'परती : परिकथा', 'मैला आँचल', 'हाँसुली बाँकेर उपकथा', 'गणदेवता' आदि उपन्यासों की विशाल पात्र-सेना तथा उनकी चरित्रगत विविधता इसी बात की गवाही देती है। पात्रों की अधिकता सोद्देश्यपूर्ण है। ग्रामीण जीवन को समग्रता में उभारने के लिए ही ऐसी योजना बनाई गई है। इसमें प्रत्येक चरित्र की सत्ता का महत्त्व है। रेणु एवं ताराशंकर ने अपने इन कालजयी उपन्यासों में साधारण लोगों की जो तस्वीरें बनाई हैं, वे सभी उनके बहुत जाने-पहचाने, परिचित, रक्त-मांस के बने हुए जीवन्त चरित्र लगते हैं। कल्पना करके, कोशिश करके इन चरित्रों को आँकने की

आवश्यकता नहीं पड़ी। आज भी बंगाल के वीरभूम एवं बिहार के पूर्णिया स्थित किसी भी गाँव में चले जाने से प्रशान्त, देबू पण्डित, प्रद्योत और जितेन्द्र जैसे आदर्शवादी पात्र भले ही न मिलें पर निताई, बसन्त, सुचाँद, कराली, भिम्मलमामा, मलारी, सुवंश, लुत्तो, महन्त, कमला जैसे रक्त-मांस के जीवन्त पात्र से भेंट हो ही जाएगी। इसका कारण सम्भवतः यह था कि दोनों ही यथार्थवादी लेखक थे, दोनों का ही पर्यवेक्षण तीक्ष्ण एवं आन्तरिक था और दोनों को ही इन सीधे-सादे ग्रामीण लोगों में 'गण-देवता' की छवि दिखी थी। ताराशंकर तो ज़मींदार-पुत्र होते हुए भी इन लोगों से इतना घुल-मिल गए थे कि उनके सहज-विश्वास को उन्होंने आसानी से पा लिया था। और इस प्रकार उनके बीच रहकर ही उनकी कथा कही। 'आमार साहित्य जीवन' में इस बात का उल्लेख करते हुए उन्होंने कहा है–

"ग्रामीण भद्र समाज में, किसानों के गाँव में, वैष्णवों के आश्रमों में रहते हुए मुझे उन लोगों को जानने का अवसर मिला। मेरे लिए यह और आसान हो गया था। रूप तो मेरा था ही नहीं, जितनी लावण्य या कोमलता बाकी थी चेहरे पर वह भी धूप में घूमने के कारण नष्ट हो चुकी थी ...अतः उन्हीं में से एक होकर उनके साथ समान रूप से मिलने का अवसर मुझे मिला था। उनकी बात-चीत, आचार-व्यवहार सब कुछ मुझे जानने को मिला।"[32]

यही कारण है कि ताराशंकर के उपन्यासों में वर्णित कई पात्र जैसे, नज़रबन्दी बाबू (क्रान्तिकारी यतीन) (गणदेवता), नसूबाला एवं कराली मण्डल (हाँसुली बाँकेर उपकथा), कवि ('कवि' का निताई), डॉ. सुकुमार चन्द्र ('शुकसारीर कथा' के डॉ. आशु सिंही) आदि जीते-जागते लोग थे।[33]

रेणु के लिए तो कहा ही जाता है कि वे 'साधारण जन की आत्मा के सजग मर्मशिल्पी' हैं।[34] अन्तर्विरोधों भरी जीवन स्थितियों, ग्रामीण अभावग्रस्तता से घिरे लोगों के बीच रेणु ने बार-बार पीछे लौटकर गाँव में छूटे अपने अच्छे आदमी को ढूँढ़ा है, जिसमें अब भी जीवन्तता, कर्मठता, उल्लास बचा है, जो अब भी न केवल आदमियों से बल्कि पशु-पक्षी से भी प्यार करता है। यही बात ताराशंकर के लिए भी अक्षरशः सत्य प्रतीत होती है। रेणु के उपन्यासों में चित्रित लुत्तो बाबू उर्फ श्री नारायण मण्डल, 'भित्ति चित्र मयूरी' वाले अनुपलाल, 'परती : परिकथा' के रौसन बिस्वाँ, सुचित लाल मड़र, 'मैला आँचल' के चलित्तर कर्मकार और तारिणी मण्डल यानी कालीचरण आदि पात्रों ने रेणु के अंचल से ही रेणु के रचना-संसार में प्रवेश किया।[35]

इस प्रकार इन दोनों उपन्यासकारों का सारा वाङ्मय और रचना-संसार आज भी अपनी वास्तविकता में जी रहा है। कहीं कोई कृत्रिमता नहीं है। साथ ही हम यह भी कह सकते हैं कि ये पात्र उपन्यास की कथा को उनकी विशिष्ट प्रकृति प्रदान करने में सहायक हुए हैं, वहीं जीवन को उसके वैविध्य में उद्घाटित करने का

माध्यम भी बने हैं। इस प्रकार जीवन को परिवेश के सन्दर्भ में रख वे जिस प्रणाली का चित्रण किए हैं वह कला और दर्शन का ऐसा समाजशास्त्रीय दस्तावेज़ बन गया है जिसकी मानव-जीवन और प्रकृति के वैविध्य के अध्ययन की दृष्टि से भी ऐतिहासिक महत्ता हो गई है। तो ऐसे विस्तृत उद्देश्य की पूर्ति करने वाला चरित्र विधान किन्हीं प्रक्रियाओं से ही गुजरा होगा। लेखकद्वय के सन्दर्भ में डॉ. आदर्श सक्सेना का यह कथन बिलकुल सटीक बैठता है–"यह प्रक्रिया सहज ही उसकी कला की अनुगामिनी बन जाती है क्योंकि जीवन को उसने (उपन्यासकार ने) जिस निकटता और गहनता से देखा और समझा होता है उसमें उसकी अनुभूति को खुलकर खेलने का अवसर प्राप्त हो जाता है। इस प्रकार आंचलिक उपन्यास...उस अनुप्रेरणा का परिणाम होते हैं जो परिचित चरित्र रूपों के मोहपाश में आबद्ध उपन्यासकार को प्रारम्भ से अन्त तक निर्देशित करती रहती है।"[36]

लेखकद्वय के उपन्यासों में ग्रामीण जीवन के स्वयं विशिष्ट होने के कारण पात्रों में भी विशिष्टता का समावेश हो गया है। यह वैशिष्ट्य सभी प्रकार के पात्रों में समान रूप से मुखर नहीं हुआ है, बल्कि अपने स्तर के अनुसार अर्थात् उच्च वर्ग के पात्रों में यह विशिष्टता न्यूनतम, मध्यमवर्ग के पात्रों में थोड़ी बहुत और निम्नवर्ग के पात्रों में सम्पूर्ण रूप में प्रकट हुई है। उच्चवर्ग के पात्र प्रभुता-सम्पन्न होने के कारण उनमें एक जैसी ही विशेषताएँ दिखाई देती हैं। इसके तीन स्तर परिलक्षित होते हैं। प्रथम कोटि में वे उच्च वर्गीय पात्र आते हैं जो ग्रामीण जीवन का ही अंग होते हैं और उसी के बीच जीते-मरते हैं। सम्पन्नता की दृष्टि से ये अंचलवासियों से सम्मान और श्रद्धा दोनों ही प्राप्त करते हैं। उदाहरणार्थ, ताराशंकर के 'हाँसुली बाँकेर उपकथा' में ज़मींदार 'चौधरी बाबू' एवं रेणु के 'मैला आँचल' में तहसीलदार विश्वनाथ, 'परती : परिकथा' के शिवेन्द्र और जितेन्द्र आदि। इनकी तुलना में दूसरे वर्ग में वे पात्र आते हैं जो या तो राजनीति अथवा धर्म का सहारा लेकर हठात् शक्तिशाली बन जाते हैं या फिर गाँव वालों से कटकर रहने तथा उन्हें आतंकित किए रहने में ही अपनी सार्थकता देखते हैं।

ग्रामीण दलबन्दी, अधकचरी राजनीति, धूर्तता और स्वार्थ की जैसी घिनौनी कालिख 'परती : परिकथा' के 'लुत्तो' और 'गणदेवता' के 'छिरुपाल' (श्री हरि घोष) के चेहरों पर पुती है, वह एक ही है। गाँव में अत्याचार और शोषण के ढंग और उनकी प्रवृत्तियों को दिखाने के लिए ही जैसे इन पात्रों की सृष्टि हुई है। इनके नाम भले ही अलग-अलग हों पर चेहरे एवं गुण एक समान हैं। रेणु के 'मैला आँचल' जोतखी जी, महन्त खलासी एवं ताराशंकर के 'नागिनी कन्यार काहिनी' तथा 'राधा' में शिरवेदे एवं महन्त, ग्रामीण जीवन में व्याप्त अन्धविश्वास जादू-टोना और धार्मिक पाखंड का उद्घाटन करते हैं। प्रभुता सम्पन्न पात्रों के तीसरे वर्ग में वे पात्र आते हैं जो शिक्षित एवं जाग्रत होते हैं, ग्रामीण विकास के लिए संघर्ष करते हैं

एवं प्रगतिशीलता का परिचय देते हैं। 'गणदेवता' का देबू पण्डित 'आरोग्य निकेतन' का प्रद्योत, 'मैला आँचल' का डॉ. प्रशान्त और कालीचरण ऐसे ही पात्र हैं। ये आदर्शवादी पात्र हैं और गाँव की उन्नति ही इनके लिए सर्वाधिक महत्त्वपूर्ण है।

मध्यवर्गीय और निम्नवर्गीय पात्रों की स्थिति इनसे बिलकुल भिन्न है। ग्रामीण जीवन से संयुक्त होकर चलने वाले मध्यवर्गीय पात्रों के दो रूप होते हैं–भले और बुरे। भले पात्रों में गणदेवता का विश्वनाथ, देबू की पत्नी बिलू, यतीन, स्वर्णमयी आदि ऐसे पात्र हैं जो किसी-न-किसी प्रकार से त्याग एवं तपस्यामय जीवन व्यतीत कर रहे हैं। 'मैला आँचल' का बालदेव एवं लक्ष्मीदासी तथा 'परती : परिकथा' की मलारी एवं ताजमनी भी ऐसे ही पात्र हैं।

बुरे पात्र सामान्यतः एक जैसे हैं। 'चैताली घूर्णी' में ज़मींदार का कारिन्दा, 'नागिनी कन्यार काहिनी' में 'शिरवेदे', 'परती : परिकथा' के गरुड़धुज झा 'मैला आँचल' का रामदास आदि भ्रष्टाचार, पाखंड और लोलुपता में एक जैसे हैं।

निम्नवर्गीय पात्रों के चित्रण में ही स्थानीयता का रंग सर्वाधिक गाढ़ा होता है। इस वर्ग के भी दो भाग किए जा सकते हैं। प्रथम जनजाति एवं द्वितीय जन सामान्य। प्रथम वर्ग के अन्तर्गत विविध जनजातियों के पात्रों का चित्रण मिलता है। ताराशंकर के उपन्यासों में, कहार (हाँसुली बाँकेर उपकथा) 'विषवेदे' अर्थात् सपेरे (नागिनी कन्यार काहिनी) डोम (कवि) आदि जातियों और जनजातियों का अत्यन्त प्रभावशाली चित्रण प्राप्त होता है। रेणु के उपन्यासों में तो टोलियों की भरमार है–कायस्थ, भूमिहार, यादव, राजपूत, सिपाहिया धनुकधारी, दुसाध, कोयरी आदि अनगिनत टोलियाँ। साथ ही संथालों का जीवन-चित्र भी 'मैला आँचल' एवं 'जुलूस' में कुछ-कुछ मिलता है।

जन सामान्य में हम कृषक सम्प्रदाय को रख सकते हैं जो अत्यन्त दरिद्र हैं, शोषित हैं जैसे, चैताली घूर्णी में 'गोष्ठ', 'पाषाणपुरी का काली कर्मकार' आदि। उसी प्रकार गाँव की दूसरी जातियाँ जैसे कुम्हार, लुहार, बढ़ई, मोची आदि निम्न-जातियों के अनिरुद्ध, पातु मोची, पद्म, दुर्गा आदि को भी लेखक ने अत्यन्त सहानुभूति के साथ चित्रित किया है।

ताराशंकर एवं रेणु दोनों के उपन्यासों में एक 'बुआ' पीसी अवश्य है। उदाहरणस्वरूप सामवत्ती पीसी (परती : परिकथा), सुचाँद पीसी (हाँसुली बाँकेर उपकथा) जो 'घर-धूमनी' के रूप में चित्रित की गई है।

इस प्रकार समग्र रूप में यदि देखा जाए तो पात्र उच्चवर्ग के हों या निम्नवर्ग के, उनके व्यक्तित्वों को कुछ इस तरह तराशा गया है कि वे उपन्यासों के विस्तृत ग्रामीण-परिवेश व वातावरण में फिट हो जाते हैं और ग्रामीण जीवन के उद्घाटन में अपनी विशिष्ट भूमिका का निर्वाह करते हैं।

लेखकद्वय के उपन्यासों में चरित्र निर्माण पद्धति पर विचार करने से यह स्पष्ट हो जाता है कि उन चरित्रों में महत्त्व तो सामान्य पात्रों का ही है जो बहुत बड़ी संख्या में अवतरित किए गए हैं, परन्तु असामान्य पात्र सामान्य पात्रों के हल्के रंगों में अपने गहरे रंगों से सुन्दर रूपाकृतियाँ निर्मित कर आंचलिक जीवन का परिपूर्ण चित्र सुन्दर एवं प्रभावशाली ढंग से उपस्थित करने में सक्षम हुए हैं। ये पात्र समग्र रूप में जिस जीवन को प्रस्तुत करते हैं, वह पराजय, असन्तोष एवं पीड़न के बीच भी आशा और उत्साह का दीप प्रज्वलित किए रहता है।

सर्जनात्मक लेखन अपने समय की मानवीय संवेदना से जितने सघन स्तर पर जुड़ा होता है, उतना ही वह अपने समय में प्रासंगिक होता है। साथ ही प्रासंगिकता की सचाई के आधार पर ही वह विशेष देश-काल से उठकर सार्वदेशिक और सार्वकालिक सार्थकता से जुड़ता है। अतः साहित्यकार का कार्य अपने समय के सत्य को पकड़ने, रचना के स्तर पर उससे जुड़ने और उसको सम्प्रेषणीय अभिव्यक्ति प्रदान करने का होता है। इसके लिए सबसे पहले रचनाकार को अपने परिवेश के प्रति सजग और संवेदनशील होना पड़ता है। ताराशंकर एवं रेणु ऐसे ही रचनाकार हैं जिन्होंने अपने उपन्यासों में हर क्षेत्र पर इस वैशिट्य का परिचय दिया है।

ताराशंकर एवं रेणु के उपन्यासों में देश-काल वातावरण

इनके उपन्यासों में परिवेश या वातावरण सम्बन्धी चित्रण को तीन प्रमुख वर्गों में रखा जा सकता है :

(क) भौगोलिक एवं प्राकृतिक परिवेश।

(ख) कालिक परिवेश।

(ग) सामाजिक एवं सांस्कृतिक परिवेश।

चूँकि प्राकृतिक एवं भौगोलिक परिवेश अंचल निवासियों के जीवन को अत्यधिक प्रभावित करते हैं, इसलिए अंचल विशेष का विशिष्ट प्राकृतिक वातावरण उनके जीवन को भी विशेष साँचे में ढालकर इतना विशिष्ट बना देता है कि दूसरे अंचल के निवासियों के जीवन से उनका स्पष्ट पार्थक्य दृष्टिगत हो जाता है। यही कारण है कि राढ़ अंचल की ऊँची-नीची लाल कंकरीली ज़मीन पर बसे शिव-कालीपुर गाँव या फिर हाँसुली बाँक के किनारे बसे 'बाँसवादी' गाँव के जन-जीवन और उनकी समस्याओं तथा उनकी सामाजिक और सांस्कृतिक विशिष्टताओं से समतल भूमि में बसे पूर्णिया जिले के मेरीगंज या कोसी अंचल के परानपुर गाँव के जनजीवन, उनकी समस्याओं तथा सामाजिक-सांस्कृतिक जीवन इसलिए इतना भिन्न और अलग दिखाई देता है, क्योंकि इनके भौगोलिक परिवेश एवं प्राकृतिक वातावरण में भिन्नता है।

ताराशंकर एवं रेणु, दोनों ने अंचल विशेष के भौगोलिक एवं प्राकृतिक परिवेश के चित्रण में अपनी सूक्ष्म निरीक्षण-शक्ति, संवेदनात्मक-रागात्मक प्रतिभा तथा वर्णन-चित्रण कुशलता का अच्छा परिचय दिया है।

'नागिनी कन्यार काहिनी' में 'हिजल बिल' की भौगोलिक स्थिति का वर्णन ताराशंकर इन शब्दों में करते हैं–

"माँ भागीरथी के किनारे-किनारे चौरभूमि में, झाऊ और घास के जंगल और उन्हीं जंगलों में देवदारु के बड़े-बड़े पेड़। सरपत, काशफूल और भंग के पौधों की घनी झुरमुटें। आदमी के क़द से भी ऊँचीं। उसी में गंगा की धारा से अलग 'हिजल-बिल' विभिन्न आकार धारण करते हुए, टेड़ा-मेड़ा होकर निकल गया है। कोसों लम्बा हिजल-बिल। (नागिनी, पृ. 5)

'हाँसुली बाँकिर उपकथा' उपन्यास का प्रारम्भ ही अंचल के भौगोलिक परिवेश के साथ होता है,

"कोपाई नदी के बीचोबीच जिस विख्यात 'बाँक' यानी मोड़ का नाम हाँसुली बाँक है–अर्थात् जिस बाँक के नज़दीक बहुत थोड़ी-सी जगह में नदी मुड़ गई है, वहाँ नदी की बनावट कुछ हँसुली की तरह हो गई है।...नदी के इस मोड़ पर घने बाँस के जंगलों से घिरा क़रीब ढाई सौ बीघा ज़मीन को लेकर बनी है–बाँसवादी मौजा। (हाँसुली, पृ. 172)

इन दोनों उपन्यासों में उल्लिखित अंचलों की भौगोलिक स्थिति, जलवायु, पशुपक्षी, खँडहरों, नदी-नालों आदि का इतना विस्तृत और सूक्ष्म वर्णन हुआ है कि लगता है 'हिजल बिल' और 'हाँसुली बाँक एवं बाँशवादी गाँव' के चित्र आँखों के सामने उभर आए हैं। यहाँ के प्राकृतिक सौन्दर्य का वर्णन भी अत्यन्त मनमोहक है।

उसी प्रकार रेणु का 'परती : परिकथा' उपन्यास जिस अंचल की कथा कहता है, उसका भौगोलिक-प्राकृतिक परिवेश है, 'धूसर, वीरान, अन्तहीन प्रान्तर पतिता भूमि, परती ज़मीन, बन्ध्या धरती। धरती नहीं, धरती की लाश, जिस पर कफ़न की तरह फैली हुई है–बालूचरों की पंक्तियाँ, उत्तर नेपाल से शुरू होकर दक्षिण गंगा तट तक...।' (पृ. 311)

एक दूसरा उदाहरण प्रस्तुत है। 'मैला आँचल' में मेरीगंज गाँव की भौगोलिक विशिष्टता का परिचय लेखक के शब्दों में, "रोतहट स्टेशन से सात कोस पूरब, बूढ़ी कोशी को पार करके जाना होता है। बूढ़ी कोशी के किनारे-किनारे बहुत दूर तक ताड़ और खजूर के पेड़ों से भरा हुआ जंगल है। इस अंचल के लोग इसे (नवाबी तड़बन्ना) कहते हैं।...तड़बन्ना के बाद ही एक बड़ मैदान है, जो नेपाल की तराई से शुरू होकर गंगाजी के किनारे ख़त्म हुआ है। लाखों एकड़ ज़मीन। बन्ध्या धरती का विशाल अंचल। इसमें दूब भी नहीं पनपती है...कोस-भर मैदान पार करने के

बाद पूरब की ओर काला जंगल दिखाई पड़ता है, वही है मेरीगंज कोठी।" (मैला आँचल, पृ. 26)

'परती : परिकथा' में 'धूसर, वीरान, अन्तहीन प्रान्तर' जो परती ज़मीन है, बन्ध्या धरती है और 'मैला आँचल' में 'दूब भी नहीं पनपती' वाली लाखों एकड़ ज़मीन है परन्तु वहाँ बूढ़ी कोशी और कमला है, बहुत दूर तक फैला हुआ 'नवाबी तड़बन्ना' है। पृष्ठभूमि एक होते हुए 'सेटिंग' में अन्तर है और यह अन्तर भौगोलिक स्थिति और प्राकृतिक वातावरण के कारण है। कहीं-कहीं तो रेणु ने परानपुर का अन्य अंचलों से वैशिष्ट्य दिखलाने के लिए वहाँ का पूरा पता तक दे दिया है– 'ग्राम : परानपुर, थाना : रानीगंज, परगना : हवेली' (पृ. 321)। ग्राम की प्राचीनता को दिखलाने के लिए उन्होंने परानपुर के विषय में इस प्रकार लिखा है–परानपुर जो कि एक बहुत पुराना गाँव है, सन् 1880 में मि. बुकानन ने इसके बारे में अपनी 'पूर्णिया रिपोर्ट' में लिखा है–पुरातन ग्राम परानपुर (पृ. 319)। इस प्रकार हम देखते हैं कि अध्येतव्य उपन्यासों में वर्णित अंचलों को विशिष्टता प्रदान करने में वहाँ के भौगोलिक परिवेश का बहुत महत्त्व है।

भौगोलिक परिवेश के साथ प्राकृतिक दृश्यों की योजना तथा उसके भीषण एवं मनोहारी रूपों का सूक्ष्म एवं विशद वर्णन भी लेखकद्वय के उपन्यासों की ख़ास विशेषता है। इसका कारण यह है कि इनके उपन्यासों में चित्रित अंचल प्रकृतिरूपी माँ की गोद में बसे हुए हैं और वहाँ के जीवन का प्रकृति से बड़ा गहरा और आत्मीय सम्बन्ध है।

ताराशंकर ने अपने उपन्यासों में प्राकृतिक वातावरण उपस्थित करने के लिए राढ़ अंचल की प्रकृति के विभिन्न रूपों और उपादानों–नदी, नदी के मोड़, बाँस के जंगल, खेत, ताल-तलैयों, विभिन्न ऋतुएँ, सुनहरा भोर, तपती दुपहरी, सिन्दूरी साँझ, चाँदनी रात आदि का चित्रण अत्यन्त मनमोहक ढंग से किया है। कभी तो सूखा और बाढ़ के रूप में उसका भीषण रूप दिखाना चाहा है तो कभी उसके शान्त और मनोरम रूप का चित्रण बड़ी सधी तूलिका से यथार्थ के फ़लक पर किया है।

'हाँसुली बाँकेर उपकथा' में कोपाई नदी के मनोरम और भीषण रूपों के अनेक चित्र मिलकर चौपाई नदी के 'हाँसुली बाँक' के किनारे बसे बाँशवादी गाँव के वातावरण को विशिष्ट ग्रामीण अर्थात् आंचलिक स्वरूप प्रदान करते हैं। लेखक कहते हैं, "नदीर धारे बास, भावना बारो मास" अर्थात् एक कहावत है–"नदी के किनारे निवास, चिन्ता बारह मास"। (हाँसुली पृ. 172)। 'हाँसुली बाँक' में निवास करने वाले कहारों के लिए कोपाई नदी 'बारह मास' न सही पर 'चार मास' के लिए चिन्ता और परेशानी का कारण बनती ही है। कोपाई जैसे गर्मी में यहाँ की ज़िन्दगी बन जाती है वैसे ही उसकी बाढ़ यहाँ की ज़िन्दगी को मिटाती भी है,

"लोग नदी की चिन्ता यहाँ चार महीने के लिए करते हैं। आषाढ़ से लेकर आश्विन तक। आषाढ़ से ही बिन माँ की छोटी-सी बच्ची (यहाँ कोपाई नदी) बड़ी होने लगती है। धीरे-धीरे वह एक युवती बन जाती है। फिर अचानक एक दिन 'डाकिनी' (राक्षसी) बन जाती है वह। कभी-कभी कहारों की कोई झगड़ालू लड़की जैसे अपनी माँ-पिता-भाई-भाभी से झगड़कर, पड़ोसियों को गाली-गलौज देते हुए घर छोड़कर गाँव के रास्ते पर निकल पड़ती है, उसके केश खुले हुए, तन की सुध नहीं, आँखों से अँगारे निकलते हैं...उसी तरह एक-एक दिन वह भरी हुई नदी, किनारे पर उठ आती है। और तब वह साक्षात् 'डाकिनी' बन जाती है! क्षमा नहीं, घृणा नहीं, दिगम्बरी की तरह चिल्लाती-चीखती शतमुख से कलकल-खलखल आवाज़ें करती, दिग्विदिक ज्ञानशून्य होकर दौड़ती जाती। गाँव, जनपद, खेत, श्मशान...जो भी सामने आए, तहस-नहस कर चली जाती है।" (हाँसुली, पृ. 173)

लेकिन नदी के इस भीषण प्रलयंकर रूप के साथ उसकी कल्याणकारिणी छवि को भी चित्रित किया गया है। राढ़ भूमि के निवासियों को नदी के अधिक इसकी रूखी लाल मिट्टी से लड़ाई लड़नी पड़ती है। 'सूखा' अर्थात् प्रचण्ड गर्मी के मौसम में जब चारों ओर की हरियाली सूखने लगती है तो यही नदी लोगों की ज़िन्दगी बन जाती है–

"खरा यानी प्रखर ग्रीष्म में...मिट्टी जब पत्थर-सी बन जाती है; घास सूख जाती है, तो ज़मीन आग में तपे हुए लोहे के सलाखों की तरह गर्म हो जाती है;...ताल, तलैया, पोखर, झील सब सूखकर, ज़मीन फट जाती है और तब नदी ही आदमी को बचाती है, पानी देती है।" (हाँसुली, पृ. 173)

कहीं-कहीं तो उपन्यासकार ने प्रकृति के मानवीकरण द्वारा उसे मानवीय रागों और संवेदना से संबद्ध कर जीव और कृति का अन्योन्याश्रित सम्बन्ध भी दिखाना चाहा है–

"कहारों की बेटियाँ जैसे गुस्सा ठंडा हो जाने पर चुपचाप गाँव के पास आकर बैठ जाती हैं, फिर एक पाँव-दो पाँव करके अपने घर के बरामदे में आकर सो जाती हैं और तब गुन-गुन स्वर में रोती हैं या गाती हैं ठीक पता नहीं चलता है, –वैसे ही कोपाई भी दो-दिन, अधिक-से-अधिक चार दिन बाद अपने किनारे से नीचे उतर जाती है, फिर किनारे से बहुत नीचे जाकर कुल-कुल आवाज़ से बहने लगती है।" (हाँसुली, पृ. 174)

इसी तरह विशिष्ट प्राकृतिक पृष्ठभूमि के वर्णन के कारण ताराशंकर की एक और विख्यात उपन्यास 'नागिनी कन्यार काहिनी' भी बांग्ला उपन्यास जगत् में अपना एक महत्त्वपूर्ण स्थान रखती है। उपन्यास की प्रारम्भिक पंक्तियाँ ही 'हिजल

बिल' और उसके किनारे घास-वन तथा झाऊ और देवदारु के जंगलों के शान्त और रहस्यमय रूप के वर्णन से शुरू होती है, जिसका उदाहरण मैं पूर्व पृष्ठों में दे चुकी हूँ, (नागिनी कन्यार काहिनी, पृ. 5)। इसी उपन्यास से दुग्ध-धवल चाँदनी रात में 'हिजल बन' का चित्र अत्यन्त मनमोहक है–

"समझ लीजिए चाँदनी रात है; हिजल बिल के माथे पर आसमान में चाँद और नीचे पानी की गहराई में चाँद। सफ़ेद फूलों से भरे हुए काशवन और सरपत के जंगल झलमला रहे हैं, झाऊ के पेड़ की चोटी और देवदारु के पत्ते झिकमिक कर रहे हैं। निशाचर बत्तखों की प्रतिध्वनि समवेत संगीत-सा आकाश में गूँज रही है, हवा फूलों की खुशबू से महक रही है...। (नागिनी कन्यार वाहिनी, पृ. 7)

प्रकृति के इस मोहक रूप का वर्णन ताराशंकर के उपन्यासों में यत्र-तत्र मिलते हैं।

रेणु के उपन्यासों में भी प्रकृति के विभिन्न उपादानों ने मिलकर कोशी अंचल के विशिष्ट प्राकृतिक वातावरण को बड़े सजीव रूप में उपस्थित किया है। 'परती : परिकथा' तथा 'मैला आँचल' में विशेष रूप से आंचलिक वातावरण के निर्माण में वहाँ की विशिष्ट प्रकृति का ही हाथ है, परन्तु रेणु के प्रकृति चित्रण की सबसे बड़ी विशेषता उसके भौतिक रूप की अपेक्षा मानवीय संवेदना के वाहक के रूप में चित्रित होने में है। यहाँ प्रकृति पूर्णतः मानव की सहचरी बनकर आयी है–"माघ मास कब गया, फागुन किस दिन आया, परानपुर गाँव को नहीं मालूम। कोयल की मधु लिपटी बोली सुनकर एक-एक प्राणी ने अपने मन के मधु-कोष में देखा टटके मधु का एक बूँद संचित हो गया है।" (परती : परिकथा, पृ. 643-644)

रेणु के उपन्यासों में 'बरसात की कमला', तालाबों में खिले कमल, ऋतुओं का बदलना आदि के बड़े ही सुरम्य चित्र उभरे हैं। 'मैला आँचल' में चित्रित मेरीगंज का प्राकृतिक परिवेश कुछ इस प्रकार उभर आया है, "गाँव के पूरब एक धार है जिसे कमला नदी कहते हैं। बरसात में कमला भर जाती है, बाकी मौसम में बड़े-बड़े गड्ढों में पानी जमा रहता है–मछलियों और कमल के फूलों से भरे हुए गड्ढे। (मैला आँचल, पृ. 28)

इतना ही नहीं, प्रकृति के मानवीकरण द्वारा रेणु उसे मानवीय रागों और संवेदनाओं से सम्बद्ध कर देते हैं। अनुर्वर परती धरती बन्ध्या नारी की तरह बतायी जाती है और अन्त में यही बन्ध्या नारी अर्थात् परती धरती 'आसन्नप्रसवा' हँसकर करवट लेती है और 'सेमलबनी में अबीर-गुलाल उड़ता है' (परती : परिकथा, पृ. 646)। वहाँ केवल धरती ही परती नहीं है, मानव का मन भी परती है, "मन की परती ज्यों-की-त्यों पड़ी हुई है। वीरान होती जा रही है।" (परती : परिकथा, पृ. 627)

इस प्रकार उपर्युक्त उदाहरण से यह स्पष्ट हो जाता है कि प्रकृति जब मानवीय संवेदना का वाहक बनकर सप्राण और गतिशील हो जाती है तो उसका रूप और अधिक भव्य एवं आकर्षक बन जाता है। इस प्रकार लेखकद्वय के उपन्यासों की कथावस्तु एवं पात्रों के लिए ये भौगोलिक एवं प्राकृतिक वातावरण उचित पृष्ठभूमि का निर्माण करने में सहायक होते हैं।

उपन्यास एक गतिशील दर्पण है जिसमें काल-धारा में प्रवाहमान गत्यात्मक जीवन प्रतिबिम्बित होता है। यह सर्वविदित है कि मानव-जीवन एवं मानव-समाज सतत गतिशील तथा परिवर्तनशील है। जीवन के इस अनन्त प्रवाह से जुड़ने और उसको मूर्त कर पाने का काम करने वाला उपन्यासकार सीमित देश-काल में स्थित होता है परन्तु वह अपनी लघु सीमा में ही उस प्रवाह की चेतना को पकड़ने की चेष्टा करता है। यही सृजनकर्म होता है। ताराशंकर एवं रेणु इसी सृजनकर्म में ज़िन्दगी भर व्यस्त रहे। वे जिस देश-काल में हुए, वहीं से उस अनन्त प्रवाह के साथ जुड़ने और अपने अनुभव को सम्प्रेषित करने का प्रयास किया। अर्थात् एक खंड (देश-काल का) को चुनकर उसी के सहारे असीम को अभिव्यक्त करना चाहा है क्योंकि उपन्यास की कथा में घटनाओं, पात्रों, उनकी स्थितियों एवं समस्याओं को जिस प्रकार देश या स्थान विशेष के सन्दर्भ में समझा जा सकता है, उसी प्रकार काल विशेष का सन्दर्भ भी उनकी यथार्थता की प्रामाणिकता के लिए अति आवश्यक होता है। यही कारण है कि इनके उपन्यासों में अंचल विशेष के जिस विशिष्ट वातावरण का प्रस्तुतीकरण हुआ है, वह विशिष्ट काल से सन्दर्भित है। मुख्यतः यह काल उनका समसामयिक काल है परन्तु रेणु के 'परती परिकथा' तथा 'मैला आँचल' में आसन्न वर्तमानकालिक वातावरण के कई सुन्दर उदाहरण मिलते हैं।

ताराशंकर के उपन्यासों में, उनके समसामयिक क़रीब सत्तर वर्षों के देश-काल का इतिहास पृष्ठभूमि के रूप में उपस्थित हुआ है। इसमें प्रमुखतः स्वतंत्रता प्राप्ति के पूर्व और स्वातन्त्र्योत्तर भारत के विशाल परिवेश को अभिव्यक्ति मिली है। इस काल के ऐसे अनेक मतवादों एवं घटनाओं का निरूपण ही नहीं अपितु तद्युगीन समाज में इनके प्रभाव का भी सफल आकलन ताराशंकर के उपन्यासों में हुआ है। ताराशंकर स्वयं आदर्शवादी थे। यद्यपि यह आदर्श कोरा आदर्श नहीं था। बचपन से ही राजनीतिक आन्दोलन में भाग लेने वाले कुछ एक सच्चे देशभक्त, सेनानी तथा महान लेखक एवं दार्शनिक से ताराशंकर अत्यन्त प्रभावित हुए थे। अपने किशोरस्मृति में उन्होंने कहा है–

"सन् 1911-12। उस समय बंगाल के किशोरों की कल्पना में, सार्थक-जीवन का अर्थ तीन स्वर्णसिंहासनों की प्राप्ति थी। विवेकानन्द, बंकिमचन्द्र एवं किशोर खुदीराम।"[37]

इनके आदर्शों को अपनाकर चल ही रहे थे कि गांधीजी का 'असहयोग आन्दोलन' का आह्वान सुनाई पड़ा। यहीं से ताराशंकर देशसेवा एवं स्वतंत्रता-संग्राम में सक्रिय रूप से भाग लेने लगे। गांधीजी का 'गाँव की ओर लौटो' नारा ने उन्हें बहुत अधिक प्रभावित किया। वे मन-प्राण से गाँव के संस्कार के कार्य में जुट गए। अत: ताराशंकर की राजनीतिक चेतना मूलत: 'देश-गढ़ने' की चेतना है। इस चेतना के पीछे उनके अतीत और वर्तमान (समसामयिक) अनुभव भी अनिवार्य रूप से कार्य कर रहे थे। फलस्वरूप 'गणदेवता-पंचग्राम' उपन्यासों में, समग्र ग्रामीण समाज के यथार्थ को चित्रित करने का प्रयास परिलक्षित होता है।

यही कारण है कि कई वर्षों से शोषित, पीड़ित जनजीवन में परिवर्तन की लहर को चित्रित करने की कोशिश की जाती है। यह चेतना दो स्तरों पर कार्य करती है। पहले स्तर पर यह अनिरुद्ध, गिरीश जैसे किसानों-श्रमिकों को जाग्रत करती है और उन्हें संघर्ष के लिए तैयार करती है। दूसरे स्तर पर यह प्रद्योत, शिवनाथ, विश्वनाथ एवं देबू पण्डित जैसे सच्चे समाजसेवियों एवं मानवीय संवेदना से आपूर्ण व्यक्तियों को लोकहित की दिशा में प्रशस्त करती है। ऐसे व्यक्ति या तो समय की गति के ज्ञाता होते हैं या उदात्त मानवीयता से सम्पृक्त व्यक्तित्व वाले महान मनीषी।

ताराशंकर के 'गणदेवता', 'आरोग्य निकेतन', 'चैताली घूर्णी' आदि उपन्यासों में इसी युग-चेतना के कई उदाहरण मिलते हैं। 'गणदेवता' को तो भारतीय नवजागरण काल का महाकाव्य माना गया है।[38] इसमें जीवन के सांस्कृतिक पक्ष की परम्परा और नये प्रभावों का केन्द्र है 'चण्डी मण्डप'—शिवजी एवं माँ काली की पूजास्थली। जीवन के राजनैतिक, आर्थिक एवं सामाजिक परिवर्तन, विघटन, पुनर्गठन की कथा का आधार है 'पंचग्राम'—मनु की व्यवस्था के अनुसार पाँच ग्रामों की इकाई, जो सामाजिक जीवन के सभी पक्षों और सभी आवश्यकताओं की पूर्ति के साधन उपलब्ध करती है। महाकाव्य की-सी भूमिका के अनुरूप ही 'गणदेवता' की कथा का उदय एवं विस्तार हुआ है, जिसमें पुरानी सामाजिक अर्थव्यवस्था का विघटन, नयी उद्योग-व्यवस्थाओं की स्थापना और इस उलटफेर में जीवन-मूल्यों की नई तुला पर असाधारण व्यक्तियों का साधारणीकरण, जो फिर भी अपने चरित्र की महत्ता में असाधारण रहते हैं। इसी पृष्ठभूमि में देश की स्वतंत्रता के लिए संघर्ष और बलिदान की कथा, अत्याचारों और अत्याचारियों से टक्कर लेने का दुर्दम साहस—बड़े विलक्षण और मार्मिक चरित्र अवतरित हैं सब।...उपन्यास का कथानक, इसके चरित्र, उनकी समस्या-भावनाएँ और उनके आवेग-संवेग नितान्त स्वाभाविकता के साथ इस मूलभूत वास्तविकता को रेखांकित करते हैं कि सर्जनात्मक साहित्यिक रचना, यों देश के किसी भी भाग से सम्बद्ध हो, वह

प्रतिबिम्बित समूचे देश को करती है। देश की अन्तरात्मा यथार्थतः अविभाज्य है, भले ही वह अभिव्यक्ति देश की अनेक भाषाओं में से किसी एक में ग्रहण करे।[39]

इस प्रकार उपर्युक्त पंक्तियों में, ताराशंकर के साहित्य का सही मूल्यांकन किया गया है।

ताराशंकर ने स्वयं ही 'गणदेवता' की भूमिका में कहा है, "गणदेवता का रचनाकाल 1941-42 है। इस समय भारतवर्ष परोक्ष में युद्धक्रान्त था और प्रत्यक्ष में विदेशी शासन की शृंखलाओं से मुक्ति के लिए संघर्षरत। यही वेदना उसके अन्तःकरण को क्षत-विक्षत किए थी। उसी उत्ताप और ज्वाला के कुछ चिह्न इस उपन्यास में भी आ गए हैं, ऐसा मैं सोचता हूँ।"[40] इसी प्रकार ताराशंकर के अन्य उपन्यासों में भी समसामयिक काल की राजनीतिक चेतना की झाँकी मिलती है।

रेणु के उपन्यासों में तो आसन्न वर्तमानकालिक वातावरण के सबसे सुन्दर उदाहरण मिलते हैं। 'मैला आँचल' में ऐसे वातावरण का निर्माण गाँव में डॉ. प्रशान्त के आने, मलेरिया केन्द्र, चर्खा केन्द्र के खुलने, महंथ की मृत्यु के पश्चात् नये महंथ के चुनाव सम्बन्धी विवाद के उत्पन्न होने तथा पन्द्रह अगस्त को देश की स्वतंत्रता मिलने से निर्मित हुआ है। इस उपन्यास में सामान्य वर्तमानकालिक वातावरण के भी कई उदाहरण देखे जा सकते हैं। ऐसे वातावरण का निर्माण देश की स्वतंत्रता के कुछ पूर्व तथा तुरन्त बाद वाली राजनीतिक, आर्थिक, सामाजिक रीति-नीति तथा परम्परागत स्थितियों एवं लोकतत्वों के द्वारा हुआ है।

रेणु के वातावरण-निर्माण के सम्बन्ध में डॉ. जवाहर सिंह का यह कथन अत्यन्त संगत प्रतीत होता है—"ऐसा लगता है कि लेखक अपने अंचलीय समाज के गतिशील जीवन की उसके सम्पूर्ण सामाजिक परिवेश के साथ फ़िल्म बनाने के लिए हमेशा अपने कैमरे का लेंस खोल और टेपरिकार्डर का स्विच ऑन किए उसके साथ-साथ चलता रहा। 'मैला आँचल' में सन् 1946 से 1948 ई. के अगस्त माह तक के काल-खंड में पूर्णिया जिले के उत्तरी भाग 'कोशी-अंचल' क्षेत्र के सम्पूर्ण वातावरण—आर्थिक, राजनीतिक, सामाजिक, नैतिक आदि को मेरीगंज की प्रतीकात्मकता के माध्यम से चित्रित किया गया है। इस छोटी कालावधि में देश के अन्दर बड़े-बड़े परिवर्तन हुए, बड़ी-बड़ी घटनाएँ घटीं—स्वतंत्रता की प्राप्ति, देश का विभाजन, गांधी जी की हत्या, भूमि सम्बन्धी कानूनों में परिवर्तन, नदी-घाटी योजनाएँ, ग्राम पंचायतों का निर्माण, मलेरिया उन्मूलन अभियान, राजनीतिक पार्टियों का पुनर्गठन तथा उनकी सक्रियता के नये पैंतरे, कपड़ों और अन्न की राशनिंग व्यवस्था, परमिट और कोटा व्यवस्था आदि। इन सारी तत्कालीन घटनाओं और परिवर्तनों का बड़े सूक्ष्म तथा विस्तार के साथ 'मैला आँचल' में चित्रण हुआ है। मेरीगंज में मलेरिया केन्द्र खुलने की प्रतिक्रिया ग्रामीण समाज में किस रूप में

होती है, इसी के चित्रण से उपन्यास का प्रारम्भ होता है तथा फिर धीरे-धीरे अंचल का सम्पूर्ण वातावरण अपने विविध रंगों, विविध पहलुओं तथा अलग-अलग स्थितियों के साथ सिनेमा की रील की तरह उभरता जाता है। जब रील समाप्त होती है तब पूरे अंचल का तत्कालीन वातावरण अपनी समग्रता और विविधता के साथ हमारी आँखों की राह गुजरकर मस्तिष्क पर चित्रित हो चुका होता है।"[41]

तत्कालीन कोटा-परमिट व्यवस्था की वजह से आम लोगों को खुले बाज़ार में न तो अन्न मिलता है और न वस्त्र। ग़रीबी, बेकारी और अभाव की विकट परिस्थिति थी। रेणु ने इस समसामयिक स्थिति को उपस्थित करने के लिए 'लोक-नृत्य' का सहारा लिया, जिसकी एक झाँकी हमें 'विदापत नाच' के प्रसंग में मिल जाती है। विदापत नाच का विकटा प्रारम्भ में सामाजिकों द्वारा सरस्वती वन्दना को अनावश्यक बतलाकर दूसरी वन्दना करता है—

"अरे दाल बन्दो, भात बन्दो, साग बन्दो बथुआ।
....
चूड़ा बन्दो, भूजा बन्दो, रोटी बन्दो मडुआ।
....
अरे गुलर बन्दो, डुमर बन्दो और बन्दो अल्हुआ।
....
सबसे बढ़िके तोहरे बन्दो मालिक-बाबूक जूतवा।"

(मैला आँचल, पृ. 88)

उस काल में महँगाई एवं अन्न के अभाव के कारण, आम जनता के लिए पेट भरने लायक खाद्य-सामग्रियों की वन्दना ही अधिक महत्त्वपूर्ण थी, सरस्वती वन्दना नहीं। 'विदापत नाच' के इस वन्दना से, उस अंचल के दारिद्र्य, साधारण जनता के खाद्य-सामग्रियों के बारे में भी पता चलता है। वे साग में बथुआ, रोटी में मडुआ की रोटी, फल में गुलर, डुमर और शकरकन्द, चूड़ा आदि खाकर ही अपना जीवन व्यतीत करते थे। महाजन-ज़मींदारों के द्वारा बात-बात पर ग़रीब लोगों को जो जूते लगाये जाते थे, उसका आतंक भी कम नहीं था।

अन्न के साथ-साथ वस्त्र का भी अभाव था। तभी विकटा कहता है, "हाँ, भैया, कोटा-कनटरोल का ज़माना है। कपड़ा नहीं मिलता है। ज़रा होशियारी से।" (मैला आँचल, पृ. 91)

ऐसे अनेक प्रसंग रेणु के दोनों उपन्यासों में भरे पड़े हैं, जिनमें समसामयिक या तत्कालीन वातावरण का यथार्थ चित्रण हुआ है।

यद्यपि रेणु का रचनाकाल सही अर्थों में सन् 1954 से प्रारम्भ होता है, परन्तु उन्होंने सन् 1924 से सन् 1977 तक के युग को अपने उपन्यासों की पृष्ठभूमि बनाया

है। अतः केवल 'परती : परिकथा' और 'मैला आँचल' में ही नहीं, 'जुलूस', 'दीर्घतपा', 'कितने चौराहे' तथा 'पल्टू बाबू रोड' आदि उपन्यासों में भी स्वतंत्रता-पूर्व तथा पश्चात् के भारत की सजीव झाँकी चित्रित है। दीर्घकालिक की विदेशी सत्ता से भारत को हिन्दुस्तान और पाकिस्तान के रूप में मिला बँटवारा, साम्प्रदायिक दंगे, मारकाट, हृदयविदारक घटनाओं के बीच स्वतंत्रता का प्राप्त होना, राष्ट्रपिता की नृशंस हत्या और फिर स्वतंत्रता-संग्राम के वीरों का एकाएक तिरोभाव हो जाना और देश का भविष्य अन्धकारमय हो जाना—आदि घटनाओं का यथार्थ दलील हैं रेणु के उपन्यास। यद्यपि, रेणु द्वारा चर्चित इन अंचलों की जनता स्वतंत्रता-आन्दोलन की भुक्तभोगी नहीं थी। रेणु ने स्वयं इस बात का स्पष्टीकरण किया है, 'यद्यपि 1942 के जन-आन्दोलन के समय इस गाँव में न तो फ़ौजियों का कोई उत्पात हुआ था और न आन्दोलन की लहर ही इस गाँव तक पहुँच पाई थी, किन्तु जिले भर की घटनाओं की ख़बर अफ़वाहों के रूप में यहाँ तक ज़रूर पहुँची थी। मोगल स्टेशन पर गोरा सिपाही एक मोदी लड़की को उठाकर ले गए। इसी को लेकर सिख और गोरे सिपाहियों में लड़ाई हो गई, गोली चलाई गई।'[142] इस प्रकार 'मैला आँचल' का मेरीगंज गाँव राजनीति में सक्रिय भाग न लेते हुए भी राजनीतिक चेतना सम्पन्न गाँव है। जितना राजनीति का प्रचार वहाँ है, उतनी ही वहाँ की समस्याएँ भी दृष्टिगोचर होती हैं। स्वतंत्रता के पश्चात् देश में राजनीति का रूप कुछ व्यापक एवं जटिल दिखाई देने लगा, जिसका समाज पर अनुकूल तथा प्रतिकूल दोनों प्रकार का असर दिखाई देता है। स्वतंत्रता के हाथों आ गई, जिनकी दृष्टि केवल सत्ता तथा कुर्सी पर केन्द्रित थी। अतः ये लोग स्वतंत्रता प्राप्ति के अपने वायदों को भूल गए। इस प्रकार जनता इन स्वार्थी एवं भ्रष्ट नेताओं के बीच पिसने लगी। जनता को इनके चंगुल से छुड़ाने के लिए तथा अपने अधिकार कायम रखने के लिए ज़मींदार तथा जागीरदार राजनीति की तरफ़ मुड़े। पहले ज़मींदार के रूप में ये जनता को पीसते रहे अब राजनीति में आम नेता के रूप में जनता का खून चूसने लगे। इस प्रकार ग्रामीण जनता की स्थिति स्वतंत्रता के बाद और अधिक जटिल हो गई। रेणु के प्रायः सभी उपन्यासों में इसी दिशाहीनता, स्वार्थपरकता का चित्रण बड़े ही विस्तार के साथ किया गया है। लेखक ने देश की सभी प्रमुख विचारधाराओं और उनके दलों का चित्रण बड़े ही विस्तार के साथ किया है। भारत की स्वतंत्रता-प्राप्ति के आस-पास भारत के गाँवों में, विशेष रूप से मेरीगंज में, राजनीतिक दल कैसे अपना प्रचार और प्रसार करते हैं और उसके फलस्वरूप लोगों में किस प्रकार की राजनीतिक चेतना का विकास होता है, इसका प्रभावशाली चित्रण 'मैला आँचल' में हुआ है।

इस प्रकार ताराशंकर एवं रेणु दोनों के उपन्यासों में अंचल के समसामयिक या कालिक वातावरण की बड़ी सफल अभिव्यंजना हुई है।

भौगोलिक परिवेश एवं प्राकृतिक वातावरण से जिस प्रकार किसी अंचल की बहिरंग विशिष्टताओं का पता चलता है उसी प्रकार सामाजिक-सांस्कृतिक वातावरण से उनके जीवन के आन्तरिक वैशिष्ट्य का पता चलता है।

ताराशंकर के उपन्यासों में राढ़-अंचल का सामाजिक-सांस्कृतिक वातावरण अपने सम्पूर्ण आन्तरिक और बाह्य पक्षों तथा पहलुओं के साथ भाषिक सर्जनात्मकता के नए आयामों के रूप में चित्रित तथा रूपायित हुआ है। वातावरण चित्रण के बिम्ब, ध्वनि और गति के बिम्ब, अमूर्त भावों के बिम्ब, अच्छी-बुरी स्थितियों के बिम्ब, सादृश्यमूलक बिम्ब, अनुभावमूलक बिम्ब आदि अनेक प्रकार के बिम्बों तथा ध्वन्यात्मकता, सांकेतिकता और प्रतीकात्मकता के द्वारा उनके समकालीन जीवन एवं उसके परिवेश का रूपायण जिस रूप में 'रेणु' के उपन्यासों में हुआ है, उस रूप में अन्य आंचलिक उपन्यासों में नहीं। 'चैताली घूर्णी', 'गणदेवता' के 'पंचग्राम', 'हाँसुली बाँकेर उपकथा', 'मन्वन्तर' एवं 'आरोग्य-निकेतन' आदि उपन्यासों में चित्रित अंचलों की राजनीतिक, धार्मिक, नैतिक, आर्थिक, सांस्कृतिक तथा सामाजिक परिस्थितियों का एवं उनके सम्पूर्ण वातावरण का चित्रण लेखक ने बड़ी ही तटस्थता के साथ किया है। इन अंचलों की वर्ग एवं जाति-व्यवस्था, रीति-रिवाज़, रूढ़ि-अन्धविश्वास, आचार-विचार, वेश-भूषा, खान-पान, पर्व-त्यौहार तथा इन अवसरों पर गाए जाने वाले विभिन्न प्रकार के लोग-गीत आदि भी सामाजिक वातावरण के विभिन्न पहलुओं के रूप में उकेरे गए हैं। इसीलिए ताराशंकर को बंगाल के ग्रामीण समाज का चित्रकार कहा गया है।

ताराशंकर ने जिस ग्रामीण समाज को चित्रित किया है, वह उनका अपना सहवर्ती समाज है—उनके अपने ज़माने की समस्याओं से ग्रस्त, अपने युग से प्रभावित और अपने युग का निर्माण करता हुआ, नयी लीकें डालता हुआ तथा पुरानी लीकों को पालने में टूटता हुआ।[43]

उनकी कृतियों में जीवन के अनेक आयाम अदले-बदले हैं। वह पहुँचे हैं समाज के अछूते अंचलों में, निम्न वर्गों में, सुख-दुःख के ठोस संघर्ष में, दानवी-मानवी और दैवी प्रकृति के आदिम लोक में, जो भी उन्होंने देखा, वाष्पाकुल नेत्रों से नहीं, कल्पना-भावनाओं के उद्दाम वेगों से बहते हुए नहीं, प्रकृतिस्थ होकर, यथार्थ को स्वीकृति देकर, परम्परा के श्रेय को मान देकर, नये प्रेम को अपनत्व देकर।

ताराशंकर ने स्वयं अपने गणदेवता के विषय में कहा है, ''गणदेवता बंगाल के ग्राम्यजीवन पर आधारित एक ग्रामभित्तिक उपन्यास है। कृषि पर निर्भरशील ग्राम्यजीवन की शताब्दियों की सामाजिक परम्परा किस प्रकार पाश्चात्य औद्योगिक क्रान्ति के फलस्वरूप यन्त्र-सभ्यता के संघात से धीरे-धीरे अस्त-व्यस्त होने लगी थी, यही इस उपन्यास में दिखाया गया है।''[44] 'गणदेवता' का रचनाकाल सन्

1941-42 था। अतः लेखक ने इस उपन्यास में आज़ादी से कुछ वर्ष पूर्व के ग्रामीण-जीवन और पाश्चात्य औद्योगिक प्रभावों के कारण ग्राम की सामाजिक चेतना में आए परिवर्तनों को उनके यथार्थ स्वरूप में प्रस्तुत किया है। चाहे 'शिवकालीपुर' हो या 'कंकना' गाँव, हर गाँव का सामाजिक वातावरण लगभग एक-सा है। वहाँ का ग्रामीण समाज दो प्रमुख वर्गों में विभाजित है–अमीर और ग़रीब। अमीर लोग ज़मीन वाले उच्च-वर्ण के लोग हैं या फिर ज़मींदार। गुमाश्ता छिरु मण्डल जैसे अमीर लोग भी हैं जो विभिन्न तिकड़मों और कानूनी दाँव-पेंच से बहुत सारी सम्पत्ति बना लेता है और ग़रीबों पर तरह-तरह के अत्याचार करता है, उनका शोषण करता है और एक दिन 'चण्डी-मण्डप' पर अपना अधिकार कायम कर छिरू मण्डल से छिरुपाल, और फिर छिरुपाल से श्रीहरि घोष बन बैठता है। ऐसे अमीर लोगों का स्वार्थी स्वभाव और अंग्रेज़ सरकार की ग़लत नीतियों के कारण गाँव का ग़रीब वर्ग जिनमें, लुहार अनिरुद्ध, बढ़ई गिरीश और पातु मोची जैसे पेशेवर लोग आते हैं, चारों ओर से बेसहारा और लाचार हो संघर्ष का रास्ता अपनाने के लिए विवश हो जाते हैं। तब वे गाँव से शहर की ओर जाने के लिए तैयार हो जाते हैं और अपना परम्परागत पेशा छोड़ देते हैं। ऐसे में अमीर वर्ग को बहुत सी असुविधाओं का सामना करना पड़ता है। तब छिरुपाल जैसे लोग 'चण्डी-मण्डप' में पंचायत बुलाते हैं। पंचायत में अनिरुद्ध, गिरीश जैसे प्रताड़ित लोग स्पष्ट मना कर देते हैं कि वे अब गाँव में काम नहीं करेंगे, क्योंकि अपने किए हुए श्रम का उन्हें सही मूल्य प्राप्त नहीं होता था। अनिरुद्ध के शब्दों में–

"जी! मुझे यानी लुहार को हल पीछे पाँच सोली, और बढ़ई को हल पीछे चार सोली धान मिलता है। हम इसी पर आज तक काम भी करते आए हैं, लेकिन आपसे बता दूँ, अपना पावना हम प्रायः पाते नहीं हैं।"

"नहीं पाते हो?"

"जी नहीं।"

गिरीश ने भी कहा, "जी नहीं। प्रायः सभी लोग कुछ-न-कुछ बाकी रख लेते हैं। कहते हैं–बाद में ले जाना, या फिर अगले वर्ष ले जाना। और वह बाकी हमें फिर कभी नहीं मिलता।"

छिरु साँप जैसा फुँफकार उठा–"नहीं मिलता? किसने नहीं दिया है तुम्हें, ज़रा सुनूँ तो? केवल कह देने भर से नहीं होगा। नाम बताना पड़ेगा। कहो किसके यहाँ बाकी है?" मारे गुस्से के बिजली की तेजी से गर्दन घुमा श्रीहरि की ओर ताककर अनिरुद्ध ने कहा, "किसके यहाँ? नाम बताना पड़ेगा? ठीक है, तुम्हारे यहाँ बाकी है।"

"मेरे यहाँ?"

"जी हाँ, तुम्हारे यहाँ। दो साल से दिया है तुमने धान?"

"अरे मैंने जो तुम्हें हैण्ड नोट पर रुपया दिया है! उसमें से कै रुपया चुकाया है तुमने, कहो तो? मैंने नहीं दिया है—भरी सभा में इतनी बड़ी बात कह दी!"

"लेकिन उसका कुछ हिसाब-किताब तो होगा आख़िर। धान की क़ीमत की उस पर वसूली तो लिखनी होगी कि नहीं? आप ही कहें चौधरीजी, मण्डलजी वग़ैरह भी तो हैं, कहिए।" (गणदेवता, पृ. 15)

उपर्युक्त उदाहरण से दो बातें स्पष्ट हो जाती हैं। एक तो यह कि असहाय निम्न वर्ग के कहलाने वाले लोगों में अब अत्याचार और अत्याचारियों से टक्कर लेने का दुर्दम साहस पैदा हो गया था। दूसरा, हैण्ड नोट पर अँगूठे का निशान लगवाकर, असल से अधिक पैसा वसूलने की प्रक्रिया पर गाँव वालों के द्वारा ही प्रश्नचिह्न लगाया जाना। ये बातें प्रमाणित करती हैं कि गाँव वालों की ज़िन्दगी में नवजागरण की लहर पैदा हो गई थी। तभी अनिरुद्ध पंचायत का फ़ैसला सुनने के पश्चात् छिरुपाल के हैण्डनोट में लिखे बाकी पैसे तो दे देता है, परन्तु पंचायत पर अपना अविश्वास भी प्रकट करता है—

"अनिरुद्ध ने पंचायत के सामने पचीस रुपये दस आने रख दिये।" कहा, "छिरुपाल, मेरा हैण्डनोट लादो।" और जब हैण्टनोट मिल गया तो कहा, "बाकी एक पैसा लौटाने की ज़रूरत नहीं। पान खा लेना उससे! आओ गिरीश भैया, चलें।"

हरीश ने कहा, "अरे, तुम लोग तो चल दिये! जिनके लिए पंचायत बुलायी गयी—"

अनिरुद्ध ने कहा, "जी! हम लोगों से अब काम न होगा। जवाब देता हूँ, और जो पंचायत छिरुपाल पर शासन नहीं कर सकती, उस पंचायत को हम नहीं मानते।" (गणदेवता, पृ. 18)

अनिरुद्ध के इस स्वाभिमान भरे उत्तर एवं छिरुपाल के विरुद्ध आवाज़ उठाने का दण्ड भी लेकिन उसे दूसरे ही दिन मिल जाता है—"दूसरे ही दिन सुबह ख़बर मिली, अनिरुद्ध के दो बीघे खेत का अधपका धान किसी ने या फिर किन्हीं लोगों ने काटकर गायब कर दिया है!" (गणदेवता, पृ. 19)

एक ओर गाँव में, जहाँ ऐसे अनास्था और अविश्वासपूर्ण सामाजिक वातावरण है वहीं लैण्ड सर्वे सेटलमेण्ट ने इसे और अधिक अशान्त बना दिया है—"सेटलमेण्ट कैम्प?"

"जी, धूमधाम की न पूछिए। तम्बू-क़नात सब मिलाकर बीच-पचीस गाड़ियाँ! सुना है, पूस के महीने की सातवीं तारीख़ से खानापूरी शुरू होगी। आज ही शाम को हो सकता है ढिंढोरा पिटेगा। मुझे खा-पीकर चल देना पड़ेगा।"

"सेटलमेण्ट की खानापूरी? खेतों में पके धान लगे हैं, उसी के ऊपर से जंजीर खींचकर, बूटों से फ़सल रौंदकर खानापूरी?"

भूपाल ने कहा, "धान की पिटाई इस बार खेत में ही होगी।"

देबू भौहें सिकोड़कर खड़ा हो गया–"यह अन्याय है, ज़ुल्म है।" (गणदेवता, पृ. 95)

ताराशंकर के अन्य दो उपन्यास 'हाँसुली बाँकेर उपकथा' एवं 'नागिनी कन्यार काहिनी' नृतत्व के विश्लेषण की दृष्टि से बहुत महत्त्वपूर्ण उपन्यास हैं। 'हाँसुली बाँकेर उपकथा' में कहार जनजाति एवं 'नागिनी कन्यार काहिनी' में विष-वेदे (अर्थात् सपेरे एवं बनजारे) का सामाजिक-सांस्कृतिक वातावरण चित्रित है। इन जनजातियों के लोगों के पहनावे, खान-पान, शिकार खेलने के तरीक़े, प्रेम एवं विवाह सम्बन्ध, रीति-रिवाज़ तथा उनके सांस्कृतिक पर्व-त्यौहारों के यथार्थवादी चित्रण द्वारा उनके सामाजिक जीवन की अति सुन्दर झाँकी प्रस्तुत की गई है। आंचलिक भाषा तथा लोक-गीतों के प्रयोग द्वारा इस वातावरण पर स्थानीयता का रंग और भी अधिक गहरा हो गया। 'नागिनी कन्यार काहिनी' में लोक-गीत (विष-छड़ानी गान) का एक उदाहरण प्रस्तुत है–

जय बिषहरि गो! विषहरि!
चाँदो बेने दंडो दिली विषहिर!
तोमार कृपाय तरि गो!
ओ-गो!
चम्पाई नगरेर धारे
सान्ताली पाहाड़ गो!
ओ-गो!
धनोन्तरि मन्ते बाँधा
सीमेना ताहार गो!
ओ-गो!
जय-जय विषहरी मैया! जय विषहरी!
दण्ड दिया चाँदो बनिया ने
तेरी किरपा से तर गई!
अरे ओ!
चम्पाई नगर किनारे
सन्ताली पहाड़ रे!
अरे ओ!
धन्वन्तरि मन्तर से खीचीं
सीमाएँ उसकी रे!
अरे ओ!

(नागिन कन्या की कहानी, पृ. 18)

आलोच्य दोनों उपन्यासों में, कथा-भूमि वीरभूम जिले का वह अंचल है जो नदियों की धाराओं से घिरा हुआ है और बाढ़-सूखा, आवागमन की असुविधाएँ तथा अन्य प्रकार की प्राकृतिक विपत्तियों, राजनीतिक उपेक्षाओं एवं आर्थिक विषमताओं के कारण अशिक्षा, अन्धविश्वास, कुसंस्कार एवं आर्थिक शोषण का शिकार बना हुआ है। लेकिन इन सबके बावजूद गाँव में माँ मनसा की पूजा होती है, घेटू गीत गाया जाता है, इतूलक्ष्मी, मूठलक्ष्मी, गाजन का पर्व मनाया जाता है। इन दोनों उपन्यासों का सर्वाधिक वैशिष्ट्य उनके सामाजिक-सांस्कृतिक वातावरण की जीवन्तता तथा यथार्थता के रूप में ही प्रकट हुआ है और इसके साधन हैं लोक-संस्कृति के विविध उपादान।

'गणदेवता' की कथाभूमि 'हाँसुली बाँकेर उपकथा' एवं 'नागिनी कन्यार काहिनी' से कुछ भिन्न है। इस भिन्नता के दो कारण हैं। प्रथम तो यह है कि गणदेवता में चित्रित शिव-कालीपुर और कंकना गाँव हर दृष्टि से सम्पन्न एवं उन्नत गाँव है; द्वितीय कारण है समय का अन्तराल। 'हाँसुली बाँकेर उपकथा' के सामाजिक जीवन का जो चित्र लेखक ने प्रस्तुत किया है वह अंग्रेज़ों के शासनकाल में ही किया है और 'नागिनी कन्यार काहिनी' में चित्रित 'सभ्यता' से कोसों दूर है, परन्तु 'गणदेवता' के सामाजिक, आर्थिक तथा राजनीतिक जीवन की जो छवि मिलती है वह स्वतंत्रता प्राप्ति के कुछ ही वर्ष पूर्व की है।

इसके अतिरिक्त ताराशंकर ने अपने उपन्यासों में जातिगत समस्याएँ एवं जाति से ऊपर उठने की बात, कृषि-आन्दोलन, सन्थाल-विद्रोह, पुरातन एवं नूतन के बीच द्वन्द्व तथा नये परिवार की रूपरेखा आदि पर भी प्रकाश डाला है।

इस प्रकार अध्येतव्य उपन्यासों में राढ़-अंचल के सम्पूर्ण सामाजिक एवं सांस्कृतिक वातावरण को लेखक ने जिस गहराई, सूक्ष्मता तथा विस्तार से चित्रित किया है, जिन संवेदनशील हाथों से यहाँ के दुखते रगों को उसने सहलाया है, और आवश्यकता पड़ने पर उसके सड़ते हुए सामाजिक घावों में तेज नश्तर लगाया है वह निःसन्देह महान लेखक की पहचान कराता है।

रेणु के ग्रामकेन्द्रित उपन्यासों में न केवल अंचल-विशेष की समग्र विशेषताओं, ग्राम जीवन के बदलते परिवेश, आक्रोश, असन्तोष, व्यापक यथार्थ, सामाजिक जर्जरता व व्यर्थता तथा सामाजिक परिवेश के द्वारा सार्थक जीवन-सन्दर्भों के अन्वेषण का सचेत प्रयास हुआ है अपितु समाज की सांस्कृतिक मर्यादा का अन्वेषण भी।

रेणु के समकालीन समाज में भारत के गाँवों की दशा बड़ी सोचनीय व दयनीय थी। एक ओर तो वे विदेशी शासन के शोषण से त्रस्त थे तो दूसरी ओर जड़ता, रूढ़िवादिता, अन्धविश्वास, अशिक्षा, कुसंस्कार, अज्ञानता एवं आर्थिक विषमता व दरिद्रता से ग्रस्त थे। परतंत्रता के दिनों में, गाँव में सामन्ती शोषण, धर्म के नाम पर

शोषण और आर्थिक आधार पर भी शोषण चलता ही रहता था। इस पर फिर सामाजिक विषमता, विभिन्न वर्गों में बँटा हुआ समाज, जातिगत विद्वेष, ऊँच-नीच की दरारें तथा परस्पर लड़ाई-झगड़े, गृहकलह, घृणा, पुश्तैनी बैर और कोर्ट-कचहरी व मुक़दमेबाजी आदि भी होती रहती थी। ऐसे में जाति बहुत बड़ी चीज़ थी। बिना उसके वहाँ पानी भी नहीं मिल सकता था। अतः स्पृश्यास्पृश्यता व असमानता की इकाई गहराती गयी। ग्रामीण जीवन कसमसाता और समाज चरमराता रहा।

"मेरीगंज एक बड़ा गाँव है, बारहों बरन के लोग रहते हैं।...राजपूतों और कायस्थों में पुश्तैनी मनमुटाव और झगड़े होते आए हैं। ब्राह्मणों की संख्या कम है, इसलिए वे हमेशा तीसरी शक्ति का कर्तव्य पूरा करते रहे हैं। अभी कुछ दिनों से यादवों के दल ने भी जोर पकड़ा है।" (मैला आँचल, पृ. 28)

"गाँव के अन्य जाति के लोग भी सुविधानुसार इन्हीं तीनों दलों में बँटे हुए हैं।" (वही, पृ. 28) यह चित्र है गाँव में उभरते हुए जातिवाद का जो मेरीगंज गाँव की सामाजिक ज़िन्दगी को घुन की तरह भीतर-ही-भीतर खा रहा है। मेरीगंज केवल जातिवाद का ही शिकार नहीं है। सारा गाँव अलग-अलग टोलियों में बँटा हुआ है-कायस्थ टोली, राजपूत टोली, यादव टोली, तन्त्रिमा छत्री टोली, यदुवंशी छत्री टोली, कुशवाहा छत्री टोली आदि। इन टोलियों के मुखिया भी अलग-अलग हैं तथा इनमें परस्पर वैर-भाव भी है। राजनीतिक पार्टियों के आधार पर भी गाँव में कई परस्पर विरोधी दल हैं, जो हर समय एक-दूसरे की टाँग खींचा करते हैं, बदनाम एवं विरोध करते रहते हैं। उदाहरणस्वरूप, बालदेव कांग्रेसी है, कालीचरण सोशलिस्ट है तथा सिपहिया टोले के लोग जनसंघी हैं। इनमें भी परस्पर वैर-भाव है।

गाँव में पर्याप्त शिक्षा के अभाव में यहाँ की जनता भूत-प्रेत सम्बन्धी कल्पनाओं एवं आधारहीन अन्धविश्वासों में फँसी हुई है। यही कारण है कि मलेरिया और कालाजार से ग्रस्त रहने पर भी गाँव में अस्पताल का खुलना, मलेरिया केन्द्र का खुलना, ऐसे ग्राम-कल्याणकारी कार्यों को भी विपत्तिमूलक मानते हैं। ब्राह्मण टोली के जोतखी जी तो इन कार्यों के विरोध में तरह-तरह के ग़लत प्रचार करते हैं और अफ़वाह फैलाते हैं।

गाँव की आर्थिक स्थिति ऐसी है कि दूध पीनेवाला सात माह का बच्चा भी बथुआ का साग खाकर जीता है। भूमिहीन बेकार लोग गाँव छोड़कर शहर की ओर भागते हैं। जिनके पास थोड़ी ज़मीन है और उसमें जो फ़सल होती है, गाँव के सम्पन्न किसानों के पास ब्याज चुकाने में चली जाती है और फिर अँगूठे का निशान देकर उसी के पास से अनाज लाकर साल भर खाना पड़ता है। इस तरह के सामाजिक-आर्थिक और शैक्षणिक वातावरण में नैतिक मूल्य का यदि विघटन हो जाए, तो वह

स्वाभाविक परिणति ही मानी जाएगी। यही कारण है कि वहाँ के समाज में चारित्रिक पतन, मूल्यहीनता और मर्यादाहीनता की स्थिति दिखाई पड़ती है।

लेकिन इतनी बुराइयों के बावजूद गाँव में नृत्य-गीत होते हैं, पर्व-उत्सव मनाए जाते हैं। लोक-गीतों के मधुर स्वर से मेरीगंज का वातावरण संगीतमय हो जाता है। 'मैला आँचल' की विशिष्टता इसके सामाजिक-सांस्कृतिक वातावरण की जीवन्तता के रूप में ही प्रकट हुई है। इसके विषय में राधेश्याम कौशिक का यह कथन सर्वथा उचित है कि "मेरीगंज की लोक-संस्कृति का चित्रण 'मैला आँचल' में इस व्यापकता के साथ हुआ है कि इसे वहाँ की संस्कृति के इतिहास का पृष्ठ कहा जा सकता है।"[45]

'परती : परिकथा' में चित्रित अंचल अर्थात् परानपुर गाँव का सामाजिक एवं सांस्कृतिक वातावरण मेरीगंज से थोड़ा भिन्न है। परानपुर मेरीगंज से अधिक उन्नत गाँव है, इसकी प्रतिष्ठा पूरे जिले में है। 'मैला आँचल' में देश की स्वतंत्रता-प्राप्ति के कुछ वर्ष पूर्व से आज़ादी के एक वर्ष बाद तक के समय का चित्र मिलता है। परन्तु 'परती : परिकथा' में आज़ादी के बाद वाले कई वर्षों के समय की छवि प्राप्त होती है। स्वतंत्रता-प्राप्ति के पश्चात् सरकार ने भूमि-सुधार सम्बन्धी कई नियम बनाए, कृषि पर अधिक बल दिया गया, जिसके कारण सदियों से उपेक्षित परती भूमि को आबाद किया जाने लगा तथा सिंचाई सुविधा एवं बाढ़-नियन्त्रण के लिए नदी-घाटी योजनाएँ बनाई गईं। इस नए परिवर्तन के अन्तर्गत बिहार के पूर्णिया जिले में 'लैंड-सर्वे सेटलमेण्ट' तथा कोसी नदी पर बाँध-निर्माण की योजना प्रारम्भ हुई। पूर्णिया जिले के परानपुर गाँव के सामाजिक-सांस्कृतिक जीवन इस योजनाओं के कारण किस प्रकार आन्दोलित होते हैं, राजनीतिक चेतना के विकास, भ्रष्टाचार, दलबन्दी, घूसखोरी और अन्य सामाजिक विकृतियों से यह कितना और किस प्रकार प्रभावित होती है, इन्हीं सबका विस्तृत लेखा-जोखा है 'परती : परिकथा'। इस प्रसंग में यह कथन बिलकुल सत्य है कि, "इस दूसरे उपन्यास में 'रेणु' जी 'मैला आँचल' से भी अधिक ग्राम-जीवन में गहरे उतरे हैं तथा उनकी प्रीति अपनी धरती के प्रति और प्रगाढ़ हुई है। ग्राम-ज़िन्दगी की छोटी-बड़ी सच्चाइयाँ, धरती की छुअन से बनी प्रतीत होती है। 'रेणु' ने गाँव को बड़ी निकटता से देखा ही नहीं, भोगा है।"[46]

'परती : परिकथा' में गाँव के सामाजिक पक्ष के साथ-साथ सांस्कृतिक पक्ष को उभारने की ओर भी लेखक ने बहुत ध्यान दिया है। भवेशनाथ एवं सुरपति राय जैसे दो पात्रों को उपन्यास में इसीलिए उपस्थित किया गया है कि इनके माध्यम से अंचल की सांस्कृतिक विरासत की खोज की जा सके। वस्तुत: 'परती : परिकथा' में रेणु ने इस अंचल के विशिष्ट सांस्कृतिक स्वरूप को जिस गहराई, विस्तार और

सूक्ष्मता से उद्‌घाटित किया है, वह हिन्दी उपन्यास जगत् में अन्यत्र दुर्लभ है। परानपुर गाँव की वर्ग-व्यवस्था, जातिगत विषमता, राजनीतिक-तिकड़मबाजियाँ, अन्धविश्वास, रूढ़ियाँ, नारी-सभ्यता, भूमि-समस्या तथा आर्थिक समस्याओं के यथार्थवादी चित्रण में जहाँ इस अंचल के सामाजिक वातावरण का चित्र उभारा गया है, वहीं लोक-गीतों, लोक-कथाओं, लोक-नृत्यों, पर्व-त्यौहारों तथा विभिन्न पात्रों की चारित्रिक विशिष्टताओं के चित्रण से यहाँ की संस्कृति को। इस उपन्यास में जितने लोक-उपादानों का प्रयोग हुआ है, यहाँ की लोक-संस्कृति को उद्‌घाटित करने के लिए, उतना हिन्दी के अन्य ग्रामकेन्द्रित उपन्यासों में नहीं।

इस प्रकार उपर्युक्त विश्लेषण से हम देखते हैं कि गाँव तथा अंचल को पूर्ण ईमानदारी के साथ, उसकी सभी अच्छाइयों तथा बुराइयों के साथ, वहाँ के सभी सामाजिक एवं सांस्कृतिक पक्षों को ताराशंकर एवं रेणु ने अपने उपन्यासों में अत्यन्त कलात्मक ढंग से अभिव्यक्ति दी है। लेखकद्वय की विशिष्टता इसी में है कि उन्होंने अनास्था, टूटन और घुटन से भरे हुए सामाजिक वातावरण के भीतर से ही विश्वास, आस्था, निर्माण और आशा का प्रकाश फूटते हुए दिखाया है। यह आस्था और विश्वास है आने वाले भविष्य के प्रति, देश में हो रहे नव-निर्माण और प्रगति के प्रति। अगर गाँव टूट रहे हैं तो नए गाँव बन भी रहे हैं; नए परिवार की रूपरेखा, नई पीढ़ी की बदली हुई मानसिकता के साथ उभर भी रहे हैं।

ताराशंकर एवं रेणु के उपन्यासों में शैली-शिल्प

साहित्य के क्षेत्र में कृति-विशेष के सम्यक् विवेचन-विश्लेषण के लिए जिस प्रकार उसके वस्तु-पक्ष का अध्ययन महत्त्वपूर्ण और अनिवार्य है, उसी प्रकार उसके भाषा-शैली पक्ष का भी। साहित्यिक कलाकृति के निर्माण में जिसका प्रयोग सर्वाधिक रूप में होता है उसका नाम है भाषा, किन्तु भाषा ही मूल सामग्री नहीं है। मूल सामग्री है भाषा की ध्वनि और इस ध्वनि को व्यक्त करने के लिए शब्दों का चयन, वांछित अर्थ के लिए पदों और वाक्यों की योजना। अभिव्यंजना के इस प्रकार को शैली कहते हैं।[47] उपन्यास में भाषा-शैली एक विशिष्ट तत्त्व है। चूँकि आंचलिक अथवा ग्रामकेन्द्रित उपन्यासों की आवश्यकताएँ कुछ अंशों में अन्य उपन्यासों से भिन्न होती है, अतः उनमें भाषा-शैली का प्रयोग भी भिन्न प्रकार से होता है।

ग्रामकेन्द्रित उपन्यासों की इस शैली में हिन्दी में रेणु एवं बांग्ला में ताराशंकर का नाम विशेष रूप से उल्लेख किया जाना चाहिए, क्योंकि लेखकद्वय के उपन्यासों ने हिन्दी एवं बांग्ला के उपन्यास विधा को एक नई भाषा, एक नई शैली प्रदान की है। दोनों उपन्यासकारों ने अपने-अपने अंचल की लोकचेतना को अभिव्यक्ति देने

के लिए वहाँ की जनभाषा को अपनाया है। उपन्यासों में साधारणतः लेखकीय अभिव्यक्ति दो रूपों में दिखाई देती है, बाह्य एवं आन्तरिक।

बाह्य रूप का सम्बन्ध वस्तु-संगठन से होता है, जिसके बारे में मैं पहले ही आलोचना कर चुकी हूँ, और आन्तरिक रूप का सम्बन्ध जो लेखक के व्यक्तित्व का वास्तविक पहचान कराता है, शैली से होती है। लेखकद्वय का अभीष्ट अपने-अपने अंचल के जीवन-यथार्थ को चित्रित करना था, अतः उनकी शैलियों में विवरणात्मकता, यथातथ्यता एवं इतिवृत्तात्मकता के गुण अनिवार्य रूप से आ जाते हैं। सम्पूर्ण अंचल को उसकी समग्रता के साथ प्रस्तुत करने के कारण एक ओर जहाँ उनकी कथावस्तु में बिखराव तथा चित्रात्मकता आ जाती है, वहीं दूसरी तरफ़ पात्रों का विशाल समूह भी आ जाता है, और इसके साथ-साथ ही प्राकृतिक तथा मानवीय वातावरण के अनेक छोटे-बड़े, गहरे-हल्के रंगों के चित्र और बिम्ब भी अनायास उपस्थित हो जाते हैं। अतः कथा एवं पात्रों के ऐसे विविध रूपों के चित्रण के लिए इन्होंने वर्णनात्मक शैली अर्थात् किस्सागोई शैली का प्रयोग करते हुए स्थानों और पात्रों का परिचय दिया है, परन्तु दूसरों से भिन्न अपनी एक निजी शैली में, जिस पर उनके व्यक्तित्व की मोहर लगी होती है। लेखकद्वय के उपन्यासों से दो उदाहरण द्रष्टव्य हैं–(यहाँ अध्ययन की सुविधा के लिए बांग्ला उद्धरण न देकर सीधे-सीधे उनके अनुवाद प्रस्तुत कर रही हूँ।)

(1) **स्थान का परिचय**

ताराशंकर के 'हाँसुली बाँकेर उपकथा' में 'हाँसुली बाँक' का वर्णन–"कोपाई नदी के बीचोबीच जिस विख्यात मोड़ को हाँसुली बाँक कहा जाता है, अर्थात् जिस मोड़ पर नदी की धारा बहुत क्षीण हो गई है, वहाँ नदी को देखने से लगता है, जैसे, हँसली का गहना हो।" (हाँसुली बाँकेर उपकथा, पृ. 171)

रेणु के 'मैला आँचल' में मेरीगंज गाँव का वर्णन–मेरीगंज एक बड़ा गाँव है, बारहो बरन के लोग रहते हैं। गाँव के बाहर एक धारा है जिसे कमला नदी कहते हैं। बरसात में कमला भर जाती है, बाकी मौसम में बड़े-बड़े गड्ढों में पानी जमा रहता है।" (मैला आँचल, पृ. 21)

(2) ***ताराशंकर के उपन्यास में पात्र का वर्णन–***विशालकाय शरीर है श्रीहरि का परन्तु मोटा नहीं। चर्बी के कारण शिथिलता ज़रा भी नहीं। बाँस जैसी मोटी हाथ-पाँव की हड्डियाँ और उस पर चढ़ी सख्त पेशियाँ। दो प्रकाण्ड पंजे, विशाल माथा, बड़ी-बड़ी आँखें, कान तक फैला हुआ मुँह, घुँघराले बाल। ऐसा विशाल शरीर होते हुए भी वह बिना आवाज़ के तेज़ चल सकता था। (गणदेवता, पृ. 20)

रेणु के उपन्यास में पात्र-परिचय–'मिम्मल मामा, सारे परानपुर के मामा!...परिवार के हर व्यक्ति के मामा। मामा ग्रामवासी योगी हैं।' (परती : परिकथा, पृ. 365)

'परानपुर इस्टेट के भैंगनमान हैं–बीरभद्दर बाबू।'

सबसे बड़े बलभद्दर। तब बीरभद्दर। सबसे छोटा शिवभद्दर। (वही, पृ. 337)

जीवन के यथार्थ का एक अन्य रूप हमें ध्वनियों को यथार्थ रूप में अंकित करने वाली शैली में दिखाई देता है। ताराशंकर एवं रेणु के उपन्यासों में शब्दचित्रों और ध्वनिचित्रों के द्वारा अंचल-विशेष को प्रकट करने का प्रयास इस शैली द्वारा किया गया है। स्वर समूहों और नाद समूहों का प्रयोग लेखकद्वय की शैली की अपनी विशेषता है। श्रुतिसंवेदनों को ग्रहण करने एवं उन्हें यथार्थ रूप मं अभिव्यक्त करेन की कला में ताराशंकर एवं रेणु दोनों अत्यन्त कुशल हैं। उदाहरणस्वरूप,

ताराशंकर के उपन्यासों में,

"बेरेरो पाल्की (अर्थात् दुल्हे की पाल्की)–प्लो-ही-प्लो-ही
पड़िलो पिछोने (अर्थात् रह गया पीछे)–प्लो-हीं-प्लों-हीं
आगे चलते लक्ष्मी–प्लो-हीं-प्लो-हीं
पीछे चलो 'लारायण' (नारायण)–प्लो-हीं-प्लो-हीं।" (हाँसुली बाँकेर उपकथा, पृ. 153)

रेणु के उपन्यास में,

'और एक सहस्र राकस धरती पर दाँत मारते हैं–खच्चाक
ढाक्...ढक्कर...ढाक्...ढक्कर
कौड़ भैर्रा-र्रा-आ-हे। कौड़-भैर्रा-र्रा-आ...हे।
भरी राती में खोदाय, पनिया छह-छह छहाय
नदिया दे वो वहाय...य...य...
हेय आँख मारे।" (परती : परिकथा, पृ. 433)

लेखकद्वय में एक और सादृश्य यह है कि वे दोनों ध्वनियों को केवल सुनते ही नहीं, इन ध्वनियों के माध्यम से व्यक्त होने वाले अर्थों को भी पहचानते हैं। पशु-पक्षियों की आवाज़ें, साड़ी की खसखसाहट, गहनों की खनक, यहाँ तक की मनुष्य के छींकने, तुतलाने, नाक बजाने आदि भी इनके वर्णन के द्वारा मूर्त हो उठते हैं।

कहीं-कहीं लेखकद्वय ने रिपोर्ताज में भी घटनाओं की गतिशीलता और क्रियाशीलता का वर्णन किया है। विशेषत: पाठकों के सामने सब कुछ प्रत्यक्ष देखने की-सी अनुभूति पैदा करने के लिए रिपोर्ताज शैली ही सर्वाधिक उपयुक्त प्रमाणित

हुई है। उदाहरणस्वरूप, ताराशंकर के 'सन्दीपन पाठशाला' में कृष्णकिशोर के द्वारा दिया गया 'रत्नहाटा' का विवरण-

"तो समझ लो, यहाँ सब-रजिस्ट्री ऑफ़िस है, पोस्ट ऑफ़िस है,यहाँ तक कि एक सर्कल डिप्टी ने भी अपना हेडक्वार्टर यहाँ खोला है (बनाया है)। स्कूल, बोर्डिंग, गर्ल्स-यू.पी. स्कूल भी है, लाइब्रेरी है, अमेचर थियेटर भी है, महिला समिति है, यहाँ तक की साहित्य सभा भी होती है है।' (सन्दीपन पाठशाला, पृ. 19)

रेणु के 'मैला आँचल' में मलेरिया और कालाजार सम्बन्धी प्रशान्त का यह रिपोर्ट एक अच्छा उदाहरण है–

"यहाँ के लोग सुबह को बासी भात खाकर पाट धोने के लिए गन्दे गड्ढों में घुसते हैं और क़रीब सात घण्टे तक पानी में रहते हैं...किन्तु, किसी ग्रुप में भी तरह-तरह के छोटे-छोटे सब-ग्रुप होते हैं जिनकी आदतों एवं प्रजनन ऋतु में विभिन्नता पायी जाती है।" (मैला आँचल, पृ. 110)

इस उपन्यास का पच्चीसवाँ परिच्छेद देखें तो स्वतंत्रता आन्दोलन का चित्र इसी रिपोर्ताज शैली में दिया गया मिलेगा। (वही, पृ. 78)

इसी प्रकार 'आरोग्य निकतन' (प्रद्योत का अपने पिता को लिखित पत्र) में ताराशंकर ने एवं रेणु ने 'मैला आँचल' (प्रशान्त द्वारा ममता को लिखे गए पत्र) तथा 'कितने चौराहे' में (मनमोहन द्वारा पिता को लिखे गए पत्र)—पत्रात्मक-शैली का अच्छा प्रयोग किया है। इन उपन्यासों में पत्र-शैली के इस प्रयोग ने उपन्यासों को अधिक विश्वसनीय बनाया है। इसके द्वारा पात्रों के मन में जो विचार हैं जो खुलेआम व्यक्त नहीं किया जा सकता, पत्रों के माध्यम से उजागर किया गया है।

लेखकद्वय के उपन्यासों में छाया-चित्रात्मक या फोटोग्राफी शैली का भी प्रयोग हुआ है। दोनों में यह एक अदभुत साम्य है कि इन्होंने यथार्थवादी शैली में ही छाया-चित्रात्मक शैली का समावेश कर जो शब्द-चित्र खींचा है, वे बोलती तस्वीरें हैं। उदाहरणस्वरूप, ताराशंकर के उपन्यास में–

"समझिए, बिल के माथे पर आसमान में चाँद, नीचे पानी की गहराई में चाँद। काशफूल और सरपत का जंगल सादे फूलों में झलमला रहा है, झाऊ के पेड़ की चोटी और देवदारु के पत्ते झिकमिक कर रहे हैं। निशाचर बत्तखों की प्रतिध्वनि समवेत संगीत-सी आकाश में गूँज रही है, हवा फूलों की खुशबू से महक रही है कि सब कुछ को चौंका कर एक आवाज़ उठी—फे-उ। सारा तन सिहर उठा।" (नागिनी कन्यार काहिनी, पृ. 7)

रेणु के उपन्यास में,

"पूर्णिया का चाँद हवेली के बागों के ऊपर तक उठ आया और धरती को ठिठककर देखता ही रह गया। बर्ज की मीनार पर जलता हुआ पैट्रोमैक्स

भुकभुकाकर बुझ गया, अचानक। नींद में विभोर सोये हैं गाँव के मर्द, थके-हारे, हारे-जीते, भरे-रीते।'' (परती : परिकथा, पृ. 490)

कभी-कभी तो प्राकृतिक सौन्दर्य और मानवीय सम्बन्धों के चित्रण के लिए, काव्यात्मक तथा भावात्मक शैली को अपनाया है लेखकद्वय ने।

ताराशंकर के 'नागिनी कन्यार काहिनी' से एक उदाहरण द्रष्टव्य है–

''शरद् की शुरुआत...मेघों की धुनी हुई रुई का रंग और शोभा। रात के दस घड़ी पार करके कृष्ण-पंचमी का चाँद उगा। आसमान में पूरब से पश्चिम क्षितिज तक चाँदनी फैली हुई है–श्वेत बादलों के पुंज आकाश में तैर रहे हैं। नीचे हिजल बिल में, कमल-पुरइन के फूल झिलमिला रहे हैं। हिजल के किनारे घासवन में काशफूल खिलने लगे हैं, अभी भी पूरी तरह खिल कर दूध जैसे सफ़ेद नहीं हो पाए थे। उस पर भी चाँदनी बिछी हुई थी।'' (नागिनी कन्यार काहिनी, पृ. 31)

ताराशंकर के 'कवि' उपन्यास में तो भावात्मक शैली का प्रयोग सम्भवतः हर एक पृष्ठ पर हुआ है। यहाँ वे स्वयं एक भावुक कवि बन गए है। उदाहरण के तौर पर–

''एई खेद आमार मोने-मोने।
भालोवेशे मिटलो ना आस–कुलालो ना एई जीवने।
हाय जीवन एतो छोटो केने
एई भुवने!'' (कवि, पृ. 67)
''यही दुख मेरे मन में
प्यार करके भी दिल नहीं भरा,
इच्छा पूरी न हुई इस जीवन में।
हाय, ज़िन्दगी इतनी छोटी क्यों हैं-
इस भुवन में!''
'कवि, पृ. 67)

इसी प्रकार रेणु के 'परती : परिकथा' में भावात्मक शैली के प्रयोग का एक उदाहरण ही उनके भाव-जगत् को स्पष्ट करने के लिए पर्याप्त है–

''गीतों के पंखों पर उड़ता हुआ गाँव। गीत गंगा में नहाती, औरतें...सुवंशलाल की आँखों में नींद अँगड़ाई लेती है। मलारी की सुरीली आवाज़ उसे एक घूँट-सा पिला जाती है...गाँवों के लोगों के सिरहाने सपने मँडराते हैं–दुलारीदाय की धारा में बाढ़ आयी है।'' (परती : परिकथा, पृ. 68)

रेणु के 'परती : परिकथा' का तो सम्पूर्ण कलेवर ही काव्यमय है। उपन्यास की घटनाएँ, पात्र तथा विवरण सभी भावात्मकता से परिपूर्ण हैं।

दोनों उपन्यासकारों ने स्थान-स्थान पर अपने उद्देश्य को स्पष्ट करने के लिए मनोविश्लेषणात्मक एवं स्मृत्यात्मक शैलियों को भी अपनाया है। ताराशंकर के 'गणदेवता' का एक उदाहरण प्रस्तुत है–

"देबू कुछ कहता नहीं। जगन बेशक झूठ नहीं बोल सकता, उसकी अधिकतर बात सच ही होती है, परन्तु प्रतिदिन सुबह जब वह पहली बार इन लोगों को देखता है तो उनके आँख-नाक, हाव-भाव में इन परिचयों की कोई झलक ही उसे नहीं दिखाई देती।...उस समय इनमें से हरेक आदमी मानो एक-एक कल्पनालोक का यात्री हो! काश, ये लोग सदा ऐसे ही आदमी रहते! लेकिन चण्डी-मण्डप से बाहर निकलकर अपने घर में पैर रखते ही हरेक आदमी फिर से अपना पहला वाला रूप धारण कर लेता है। कोई अपने दुःख-कष्ट के लिए भगवान को सौ मुँह से गालियाँ देता है, कोई घाट से किसी औरत का बरतन गायब कर देता है...इनसान सचमुच अजीब है, विचित्र है। लम्बी साँस लेकर देबू चण्डी-मण्डप से रास्ते पर उतर आया।" (गणदेवता, पृ. 108)

रेणु के 'मैला आँचल' से इसका एक उदाहरण द्रष्टव्य है–

"कोठारिन लक्ष्मी दासिन को नींद आ रही है, चित्त बड़ा चंचल है। रह-रहकर ऐसा लगता है जैसे कि शरीर पर कोई पतंगा घुरघुरा रहा है।...बीजक लेकर बैठ जाती है...बालदेवजी को क्या पता!...लक्ष्मी क्या करे?" (मैला आँचल, पृ. 188)

लेखकद्वय ने कई स्थानों पर व्यंग्य का सहारा लेकर भी पात्रों के प्रति अपनी प्रतिक्रिया व्यक्त की है। उदाहरणस्वरूप, 'गणदेवता' में गुमाश्ता छिरुपाल चण्डी-मण्डप में अपने आपको 'श्रीहरि घोष' के नाम से बुलाए जाने की घोषणा करता है तो देबू इस पर व्यंग्य करता है–

सतीश का देबू से वार्तालापः-

"गुमाता ने क्या कहा? पाल ने क्या कहा?"

"जी, घोष बाबू कहिए?"

"घोष बाबू?"

"जी हाँ! अब वे श्रीहरि घोष हैं। घोष कहने का हुकम हुआ है।" (गणदेवता, पृ. 101)

'मैला आँचल' के 'विदापत-नाच' का पूरा प्रसंग ही व्यंग्य शैली का सुन्दर उदाहरण है। (मैला आँचल, पृ. 87-93)

उल्लिखित शैलियों के अतिरिक्त लेखकद्वय के उपन्यासों में, पूर्वदीप्ति, स्वप्न-शैली, दैनन्दिन शैली आदि कई शैलियों का सफल प्रयोग मिलता है।

पूर्वदीप्ति शैली कुछ-कुछ स्मृत्यात्मक शैली से मिलती-जुलती है। लेखकद्वय के उपन्यासों में इस शैली के माध्यम से पात्रों के पूर्व जीवन पर प्रकाश डाला गया है।

'हाँसुली बाँकेर उपकथा' में बनवारी (पृ. 363), 'कवि' में कवि 'निताई मण्डल' (पृ. 82), 'दीर्घतपा' में बेलागुप्त (पृ. 328), 'जुलूस' में पवित्रता (पृ. 128-129) आदि के पूर्व जीवन पर इस शैली के माध्यम से प्रकाश डाला गया है।

स्वप्न शैली के कुछ सुन्दर उदाहरण दोनों उपन्यासकारों के उपन्यासों में विद्यमान हैं। ताराशंकर के 'हाँसुली बाँकेर उपकथा' में बनवारी स्वप्न देखता है कि कहारों के सुख के दिन फिर से वापस आ गए हैं। (पृ. 464)

रेणु के 'मैला आँचल' में महन्त सेवादास एक सपना देखता है और दूसरे दिन उसे गाँव के लोगों को सुनाता है। (पृ. 49) 'कितने चौराहे' उपन्यास में मनमोहन स्कूल में भरती होता है। अध्यापक उससे पूछते हैं–तुम्हें फुटबाल खेलना आता है? उसे वह खेल आता नहीं था। अतः उस दिन रात को नींद में वह एक सपना देखता है जिसमें वह फुटबाल खेल रहा होता है। (पृ. 240)

इस प्रकार उपर्युक्त सपनों द्वारा लेखकद्वय ने चरित्रों के अन्तर्मन के मनोभावों को उजागर करना चाहा है।

डायरी या दैनन्दिन शैली का प्रयोग ताराशंकर की तुलना में रेणु के उपन्यासों में अधिक हुआ है। 'परती : परिकथा' में 'परानपुर' का पूर्व इतिहास (पृ. 319) एवं शिवेन्द्र मिश्रा की कथा (पृ. 324) तथा जितेन्द्र की माँ गीता मिश्र की कथा (पृ. 485) आदि भी इसी शैली के माध्यम से साकार हो उठी हैं।

ताराशंकर एवं रेणु के उपन्यासों में एक ही साथ इतनी सारी शैलियों का समावेश हुआ है कि यह कहना कठिन है कि ये उपन्यास किस विशिष्ट शैली में लिखे गए हैं या इनमें अमुक शैली की प्रधानता है। कहीं-कहीं तो एक ही पृष्ठ में कई शैलियों का प्रयोग दिखाई देता है। लेखकद्वय ने परम्परागत भाषा को तोड़कर जिस शैली को अपनाया है उसमें भावों के सम्प्रेषण के लिए संश्लिष्ट बिम्बों, प्रतीकों एवं संकेतों तथा ध्वनि चित्रों का प्रयोग किया है।

बिम्ब साहित्यिक भाषा के प्राण है। गद्य एवं काव्य-बिम्ब दोनों ही रूप-सर्जना करते हुए अर्थ की व्यंजना करते हैं। ताराशंकर की ध्वन्यात्मक बिम्बात्मकता विभिन्न ध्वनियों से सम्बन्धित है, जैसे, पक्षियों की, पशुओं की, वाद्य-यन्त्रों की, वैज्ञानिक यन्त्रों की, प्रकृति की एवं मानवीय क्रियाओं की।

उदाहरणार्थ–

(क) पक्षियों की बोली को साकार रूप देने में ताराशंकर सिद्धहस्त हैं। झुण्ड-के-झुण्ड बत्तखों की एक साथ मिली-जुली आवाज़–कल-कल-कल-कल, कैंक-कैंक, क्याउ-क्याउ। (नागिनी कन्यार काहिनी, पृ. 6)

(ख) पशुओं से सम्बन्धित बिम्बात्मक शब्द भी अनेक मिलते हैं–
जंगली चीते की आवाज़–गर्र! गर्र! फें...स! फे...स! गों-गों-गो। आँक्...आँ...क (वही, पृ. 7)

(ग) वाद्य-यन्त्र की आवाज़–ढोलक (ढाक की आवाज़) डैडांग-डैडांग-डैंराडांग...(हाँसुली बाँकेर उपकथा, पृ. 10)

(घ) वैज्ञानिक यन्त्रों ट्रेन चलने की आवाज़–झम-झम-झम...(हाँसुली, पृ. 418)

(ङ) प्रकृति की आवाज़ (क्रियाओं से सम्बन्धित)–झाउ के पेड़ों के हिलने से सन्-सन्-सन् आवाज़ (नागिनी कन्यार काहिनी, पृ. 10)

रेणु के उपन्यासों में गद्य और काव्य दोनों प्रकार की बिम्बात्मक ध्वनियों का प्रयोग बहुत ही सूक्ष्मता एवं कुशलता से हुआ है। 'परती : परिकथा' में गाँववालों के विरोध के समय जितेन्द्र के चेहरे को सुरपति देखता है–"जित्तन का चेहरा सिन्दुरिया आम की तरह लाल हो गया। आरक्त मुखमण्डल। ललाट पर कई नई रेखाएँ खिंच आई हैं। वक्र होठों से मानो घृणा टप-टप चू रही है।" (पृ. 352) यहाँ घृणा का 'टप-टप' चुना मानवीय अभिव्यक्ति से सम्बन्धित है।

वैसे ही, रेणु के उपन्यासों में पशु-पक्षी, यन्त्र, वाद्य-यन्त्र आदि की विशिष्ट ध्वनियों के भी हू-ब-हू शाब्दिक रूपान्तर अति सुन्दर बन पड़े हैं।

उदाहरण–

(क) हंस-चकेवा की बोली–केंक-केंक-के...एं...एं...गो-आ-केक। (परती., पृ. 312)
पंडुकी की बोली– तूर तुत्तू-उ-उ-उ-तू-उ-तू (परती., पृ. 312)

(ख) कुत्ते का भौंकना–बांख-बांख (परती : परिकथा, पृ. 392)
घोड़े की हिनहिनाहट–ई-हिं-हिं-हिं-हिं। (वही, पृ. 497)

(ग) वाद्य-यन्त्रों की आवाज़ें–ढोलक-डिग-डिग डिडिग।
ढाक ढिन्ना, ढाक-ढिन्ना (वही, पृ. 480)

इस प्रकार की बिम्बात्मकता एवं चित्रात्मकता बांग्ला के ताराशंकर एवं हिन्दी के रेणु की अपनी विशेषता है जो कि अन्य उपन्यासकारों में बहुत कम ही मिलती है। इनके उपन्यासों में बिम्बात्कता एवं आंचलिकता दोनों का साथ-साथ सुन्दर निर्वाह हुआ है।

ताराशंकर एवं रेणु के उपन्यासों में प्रतीकों का प्रयोग भी अत्यन्त कुशलता से किया गया है। इन दोनों के उपन्यासों के शीर्षक को ही लीजिए। 'गणदेवता', 'हाँसुली बाँकेर उपकथा', 'चैताली घूर्णी', 'आरोग्य निकेतन', 'मैला आँचल', 'जुलूस', 'कितने चौराहे', 'दीर्घतपा' आदि सभी उपन्यासों के नाम किस-न-किसी वस्तु के प्रतीक हैं। उदाहरणस्वरूप : ताराशंकर का 'गणदेवता' गाँव के विशाल कैनवास पर जनजीवन के उत्थान-पतन एवं जागरण का प्रतीक है। 'चैताली घूर्णी' चैत में चलने वाली धूल को आधार बनाकर कृषक-जीवन की मार्मिक व्यथा-कथा, 'धात्रीदेवता' धरती को माता के रूप में अवतरित कर भारतीय कृषि-परम्परा की

आत्मा की अभिव्यक्ति, 'हाँसुली बाँकेर उपकथा' कोपाई नदी के एक मोड़ 'हाँसुली बाँक' की स्थानीय जनश्रुति के आधार पर वहाँ की जीवनधारा किस में प्रवहमान है, इसी का प्रतीक है। ठीक उसी प्रकार रेणु का 'मैला आँचल' धरती के धूल भरे मैले आँचल का प्रतीक है, (यह शीर्षक सुमित्रानन्द पन्त की 'ग्राम्या' कविता से लिया गया है), 'परती : परिकथा' परती धरती की कथा का, 'जुलूस' आज़ादी प्राप्ति के बाद निकले हुए एक जुलूस का, जिसमें शरणार्थियों को आज़ादी तो मिली है लेकिन व्यक्तिगत स्वातन्त्र्य किसी को नहीं और 'दीर्घतपया' ऐसे नारी जीवन का प्रतीक है जिसे जीवन में त्याग-ही-त्याग करना पड़ता है, जो समाज द्वारा शोषित और पीड़ित है। लेखकद्वय ने शीर्षकों के अतिरिक्त, पात्रों के नाम एवं वाक्यों में भी प्रतीकों का सहारा लेकर बहुत ही सुन्दर ढंग से अंचल-विशेष को स्पष्ट किया है।

इस प्रकार यह स्पष्ट है कि ताराशंकर एवं रेणु की भाषा-शैली में प्रयुक्त प्रतीकों का सर्जनात्मक भाषा की अर्थवत्ता बढ़ाने में काफ़ी सहयोग रहा है। अतः ये बहुत ही सुन्दर, सजीव तथा उद्देश्य को स्पष्ट करने वाले बन पड़े हैं।

ग्रामकेन्द्रित उपन्यासों में संवादों का स्वरूप एवं स्तर अन्य उपन्यासों के संवादों से भिन्न होता है। अतः उनका विशेष महत्त्व होता है। ऐसे उपन्यासों में पात्रों की संख्या अधिक होती है, जिनका उद्देश्य अपने अंचल-विशेष को अपनी विविधता के साथ चित्रित करना होता है। अतः ताराशंकर एवं रेणु ने अपने-अपने अंचल-विशेष को साकार करने के लिए, अपने उपन्यासों के संवादों में पात्रों और परिस्थितियों के अनुसार कई तरह की भाषा और कथन-कौशल का प्रयोग किया है—पात्रों की मानसिकता और परिस्थितियों के अनुसार कथन को सरल, वक्र, लघु, दीर्घ, व्यंग्यात्मक बनाया है। उदाहरणतः, 'गणदेवता' में श्रीहरि घोष अर्थात् 'छिरुपाल' के कुछ भी कहने का ढंग टेढ़ा होता है। इसके पीछे उसका क्रूर-कुटिल स्वभाव है। उसी तरह 'मैला आँचल' में ज्योतिषी अर्थात् 'जोतखी जी' भी बात को कभी सीधे नहीं कहते और जो भी कहते हैं उसमें सदा व्यंग्य छिपा रहता है। इस प्रकार ताराशंकर ने प्रद्योत, देबू-पण्डित, शिवनाथ, दुर्गा, बिलू, बनवारी आदि के एवं रेणु ने लक्ष्मी, डॉ. प्रशान्त, पवित्रा, बेला, जितेन्द्र, ताजमनी आदि के संवादों में प्रेम की या मानवता की एक सरल तरलता दिखाई है।

एक और साम्य जो इन दोनों लेखकों के संवाद-प्रस्तुतीकरण में परिलक्षित होता है, वह यह है कि इनके उपन्यासों में संवादों की विशिष्टता विशेष रूप से उनके सामूहिक संवादों में है। इनमें प्रायः अंचल-विशेष वार्तालाप करते हुए दिखाई देता है लेकिन कहीं पर भी किसी का नाम नहीं रहता। लगता है मानो अंचल-विशेष में स्थित सभी लोग एक के बाद एक बोल रहे हैं। अंचल स्वयं इन लोगों के माध्यम से अपने भाव व्यक्त कर रहा है।

वैसे तो रेणु के लिए ही यह कहा जाता है कि वे जैसा सोचते थे, वैसा बोलते थे और जैसा बोलते थे, वैसा ही लिखते थे और फिर जब उनकी पढ़ो तो लगता था कि रेणु बोल रहे हैं।[48] परन्तु यही उक्ति ताराशंकर के लिए अक्षरशः सत्य प्रतीत होती है।

प्रत्येक कृति की रचना के पीछे एक उद्देश्य होता है। यही लेखक का जीवन दर्शन भी होता है, जिसे वह अपनी रचनाओं में रूपायित करता है। यही ग्रामकेन्द्रिकता की वास्तविक आवश्यकता है। इस उद्देश्य की प्राप्ति के लिए उपन्यासकार अपने अनुभव और आत्मीयता के आधार पर किसी कथा-क्षेत्र का चयन करता है और उसमें अंचल की भौगोलिक संस्कृति के साक्षात् का प्रयत्न करता है। शेष विवरण उसके लिए गौण हो जाते हैं। इस अर्थ में यथार्थ चित्रण उसका मुख्य लक्ष्य है, किन्तु ऐसा करते हुए भी ये लेखक किसी विशिष्ट उद्देश्य को भी प्रस्तुत करते हैं। ताराशंकर एवं रेणु ऐसे ही सिद्धहस्त लेखक थे जिन्होंने ग्रामीण-जीवन के गाढ़े, चटक रंग के बावजूद उसके साथ जीवन के सार्वभौमिक उद्देश्य का सामंजस्य स्थापित किया है और अंचल के परिवेश को कविता के समान मुखर बनाया है। रेणु की 'परती : परिकथा' में कोसी अंचल की घटनाएँ, भाषा-बोलचाल आदि में सम्बद्ध होकर भी एक सांकेतिकता के द्वारा राष्ट्रीय-चेतना को भी ध्वनित कर सकती है।

यही बात ताराशंकर के 'गणदेवता' के लिए भी कही जा सकती है। इन दोनों कलाकारों के सन्दर्भ में यह कहा जा सकता है कि उनके उपन्यासों में स्थानीय आकर्षण के साथ-साथ गतिशील राष्ट्रीय-चेतना की सम्पूर्णता का भी आकर्षण है। दोनों ने गाँव की पृष्ठभूमि में युग-जीवन को चित्रित करने की कोशिश की है। दूसरे शब्दों में, युग-जीवन को सम्पूर्ण रूप में प्रस्तुत करने की जो कोशिश ताराशंकर के उपन्यासों में मिलती है, रेणु की रचनाओं में उसी का विस्तार हुआ है। ताराशंकर की सबसे बड़ी शक्ति उनका अपने विषय का प्रत्यक्ष ज्ञान था। गाँव का आर्थिक ढाँचा चरमराने लगा है। इस तरह का एकतरफ़ा विकास हानिकारक है और गाँवों को तेजी से दरिद्र बना रहा है। आज भी इस कृषि-प्रधान देश में ग्रामीण अर्थतंत्र की घोर उपेक्षा हो रही है, जो एक घातक भूल है। उनके उपन्यास दिखाते हैं कि किस प्रकार ग़रीब खेत-मज़दूरों को भूस्वामी और सूदखोर लगातार चूसते जा रहे हैं और वे रोजों की तलाश में गाँव छोड़ने पर विवश हो रहे हैं। बंगाल के ग्राम्य-जीवन का जो चित्र इस उपन्यास का आधार है वह केवल बंगाल का होने पर भी उसमें सम्पूर्ण भारत के ग्रामीण-जीवन का न्यूनाधिक प्रतिबिम्ब मिलेगा। बंगाल के गाँव का खेतिहर-महाजन श्रीहरि घोष, संघर्षरत आदर्शवादी युवक देबू घोष अथवा जीविकाहीन-भूमिहीन लुहार अनिरुद्ध केवल बंगाल के ही निवासी नहीं हैं, इनमें भारत के उत्तर, दक्षिण,

पूर्व, पश्चिम सभी दिशाओं के भिन्न-भिन्न राज्यों के ग्रामीण मनुष्यों का चेहरा खोजने पर प्रतिबिम्बित मिल जाएगा। बंगाल के श्रीहरि, देबू या अनिरुद्ध ने दूसरे प्रान्तों में जाकर सिर्फ़ नाम ही बदला है, पेशे और चरित्र में वे लोग भिन्न नहीं हैं। यह उक्ति स्वयं ताराशंकर की है।[49] ताराशंकर के 'गणदेवता' को नवजागरणकाल का महाकाव्य माना गया है। उपन्यास का कथानक, इसके पात्र, उनकी समस्या-भावनाएँ और उनके आवेग-संवेग नितान्त स्वाभाविकता के साथ इस मूलभूत वास्तविकता को रेखांकित करते हैं कि सर्जनात्मक साहित्यिक रचना, यों देश के किसी भी भाग से सम्बद्ध हो, वह प्रतिबिम्बित समूचे देश को करती है। देश की अन्तरात्मा यथार्थत: अविभाज्य है। इस सत्य का उद्घाटन करना ही ताराशंकर का उद्देश्य था।[50] साथ ही सामाजिक विषमता एवं राजनीतिक संघर्ष के उद्घाटन द्वारा सामाजिक चेतना पैदा करना, सामाजिक कुरीतियों पर चोट कर, ग्रामीण लोगों में आत्मगौरव का संचार तथा राजनीतिक जागृति को अंकित करना आदि उनका मुख्य ध्येय था। इस प्रकार उनके उपन्यासों का उद्देश्य मनबहलाव से बढ़कर मानव तथा मानव को गढ़नेवाली परिस्थितियों की पहचान कराना है। रेणु के उपन्यासों के लिए भी यह बात शत-प्रतिशत लागू होती है। उनके 'मैला आँचल' एवं 'परती : परिकथा' का उद्देश्य धरती-पुत्रों की व्यग्र-कथा प्रस्तुत करना ही नहीं, न सिर्फ़ भूमि-संघर्षों को उजागर करना है वरन् भारत की राष्ट्रीय समस्याओं, बदलते हुए राजनीतिक, सामाजिक मूल्यों को स्पष्ट करते हुए देश की वास्तविक छवि को प्रस्तुत करना है।[51]

लेखकद्वय के उपन्यास ग्रामीण सभ्यता के स्तम्भ हैं, सांस्कृतिक विकास और उपलब्धि के साहित्यिक प्रतीक हैं।

सन्दर्भ

1. New International Dictionary, Page 2348
2. लाल डॉ. लक्ष्मीनारायण : 'हिन्दी कहानियों की शिल्प-विधि का विकास', पृ. 4
3. सिंह डॉ. त्रिभुवन : 'हिन्दी उपन्यास : शिल्प और प्रयोग', पृ. 240
4. यादव राजेन्द्र : 'एक दुनिया : समानान्तर', भूमिका, पृ. 69
5. सिंह डॉ. जवाहर : 'हिन्दी के आंचलिक उपन्यासों की शिल्प-विधि', पृ. 5
6. Shcorer Mark : 'Technique as discovery', Perspectives on Fiction, Page 200
7. 'कहानी : नये सन्दर्भ की खोज'; नयी कहानी : सन्दर्भ और प्रकृति, पृ. 97
8. सिंह डॉ. जवाहर : 'हिन्दी के आंचलिक उपन्यासों की शिल्प-विधि', पृ. 6
9. जैनेन्द्र : 'साहित्य का श्रेय और प्रेय', पृ. 360
10. Scott, James, R.A. : 'The Making of Literature', Page 350
11. Lubbock, Percy : 'The Craft of Fiction', Page 12
12. Beach, J.W. : 'The Twentieth Century Novel', Page 2

13. 'नई कहानी : सफलता और सार्थकता'; नई कहानी : सन्दर्भ और प्रकृति, पृ. 63-64
14. सिंह डॉ. जवाहर : हिन्दी के आंचलिक उपन्यासों की शिल्प-विधि, पृ. 11
15. वही, पृ. 77
16. हिन्दी के आंचलिक उपन्यास, पृ. 59
17. चट्टोपाध्याय वंशीवदन : राढ़रे लोक-संस्कृति ओ आंचलिकतार आलोके ताराशंकर बन्द्योपाध्याय, पश्चिम बंग 'ताराशंकर अंक', पृ. 204
18. राय वाणी : 'भूमिका', ताराशंकर रचनावली, सप्तम खंड, पृ. 2
19. तिवारी हंसकुमार : 'कथाशिल्पी रेणु की भाषा', विपक्ष : रेणु अंक, पृ. 253-54
20. चक्रवर्ती सुमिता : ताराशंकर : शास्त्रधर्मे, मानवधर्मे; पश्चिम बंग 'ताराशंकर अंक', पृ. 76
21. मजुमदार डॉ. उज्ज्वलकुमार : 'ताराशंकर-देश, काल'; 'ताराशंकर : देश काल साहित्य', पृ. 246
22. चैताली घूर्णी, पृ. 65
23. गुप्त डॉ. ज्ञानचन्द : 'आंचलिक उपन्यास : संवेदना और शिल्प', पृ. 37
24. वर्मा डॉ. धनंजय : आलोचना, पूर्णांक 247, पृ. 80
25. घोष ज्योतिर्मय : 'जीवन एतो छोटो केने'; 'पश्चिम बंग' : ताराशंकर, संख्या, पृ. 182
26. 'हाँसुली बाँकिर उपकथा' : ताराशंकर रचनावली; सप्तम खंड, पृ. 256
27. उपाध्याय डॉ. मृत्युंजय : हिन्दी के आंचलिक उपन्यास, पृ. 122
28. मैला आँचल : 'रेणु रचनावली', द्वितीय खंड, पृ. 296
29. गणदेवता, पृ. 84
30. 'प्रेमचन्दोत्तर उपन्यासों की शिल्प-विधि', पृ. 557
31. 'हिन्दी के आंचलिक उपन्यासों की शिल्प-विधि', पृ. 130
32. ताराशंकर : आमार साहित्य-जीवन, पृ. 21
33. मुखोपाध्याय देवाशीश, 'वर्तमान रविवार', 26 जुलाई 1998, पृ. 11
34. तिवारी विश्वनाथ प्रसाद : नर के भीतर नारायण की व्यथा, विपक्ष : रेणु अंक, पृ. 155
35. जयशंकर एवं अग्रवाल राजकुमार : चलिए रेणु के 'देस'; 'विपक्ष', रेणु अंक, पृ. 30-34
36. सक्सेना डॉ. आदर्श : 'आंचलिक उपन्यासों में चरित्र-योजना'; हिन्दी के आंचलिक उपन्यास, पृ. 79
37. ताराशंकर : कैशोर स्मृति; संस्मरण, पृ. 284
38. जैन लक्ष्मीचन्द्र : 'प्रस्तुति', 'गणदेवता', पृ. 4
39. वही, पृ. 4-5
40. ताराशंकर : दो शब्द; गणदेवता, पृ. 6
41. हिन्दी के आंचलिक उपन्यासों की शिल्प-विधि, पृ. 191

42. रेणु : मैला आँचल; रेणु रचनावली, खंड–2, पृ. 23
43. जैन लक्ष्मीचन्द्र : 'प्रस्तुति', 'गणदेवता', पृ. 4
44. ताराशंकर : दो शब्द; गणदेवता, पृ. 6
45. हिन्दी के आंचलिक उपन्यास, पृ. 74
46. गुप्त डॉ. ज्ञानचन्द : 'आंचलिक उपन्यास : संवेदना और शिल्प', पृ. 65
47. कु. डॉ. जैन नगीना : आंचलिकता और हिन्दी उपन्यास, पृ. 46
48. राय धीमान : मानवीय संवेदना का उदाहरण – 'जुलूस', 'विपक्ष', रेणु अंक, पृ. 228
49. ताराशंकर : दो शब्द, गणदेवता, पृ. 7
50. जैन लक्ष्मीचन्द्र : 'प्रस्तुति', 'गणदेवता', पृ. 4
51. यायावर भारत : सम्पादकीय; रेणु रचनावली, खंड 2, पृ. 17

षष्ठ अध्याय

पूर्व आधुनिक मूल्यों के प्रति व्यक्त दृष्टिकोण

आचार्य हजारीप्रसाद द्विवेदी ने 'आधुनिकता' की परिभाषा देते हुए इसकी प्रक्रिया को सामाजिक विकास से जोड़कर देखा है। उनकी राय में आधुनिकता का जन्म समाज के आधुनिकीकरण से उत्पन्न चिन्तन और भावनाओं से होता है। यह समाज के विकास की विशेष अवस्था से निर्मित मानव चेतना की विशेषता है। परिवेश के प्रति जागरूकता, वस्तुनिष्ठ दृष्टि, बौद्धिकता, यथार्थवाद और सामूहिक मुक्ति की भावना ये आधुनिकता की विशेषताएँ हैं। जीवन के क्षेत्र में ऐतिहासिक दृष्टि की प्रतिष्ठा आधुनिकता की एक अन्य मुख्य विशेषता है।[1] यह निःसन्देह आधुनिकतम दृष्टिकोण का परिचायक है।

द्विवेदी जी के मत से यह स्पष्ट हो जाता है कि समाज और आधुनिकता का सम्बन्ध अविछिन्न है। समाज से हमारा तात्पर्य है सामाजिक सम्बन्धों एवं समूहों का ताना-बाना, जो देश और काल के सन्दर्भ में व्यक्ति और समूह के बीच तीन स्तरों पर अन्तःक्रिया द्वारा निर्मित होता है, ये तीन स्तर हैं—व्यक्ति-व्यक्ति के बीच, व्यक्ति-समूह के बीच समूह और समूह के बीच। अन्तःक्रिया के दो आयाम होते हैं, एक उक्त तीनों स्तरों पर संवाद की प्रतिक्रिया चलती रहती है अर्थात् भावों, विचारों, अनुभवों का प्रेषण-सम्प्रेषण होता है। दूसरा आयाम है—व्यक्ति समूह के बीच विभिन्न क्रियाएँ सहयोग या संघर्ष की प्रक्रियाओं द्वारा सम्पन्न होती हैं, जो समाज के स्वीकृत मूल्य प्रतिमान और उन पर आधारित संरचना द्वारा व्यक्ति या समूह के माध्यम से परिचालित होती हैं।

इस तरह जो समाज बनता है उसकी सभ्यता और संस्कृति की हम जब चर्चा करते हैं तो हम इन तत्त्वों को प्रायः पृथक् कारण के रूप में देखते हैं यद्यपि दोनों एक दूसरे को प्रभावित करती हैं। पारम्परिक भारतीय समाज में आधुनिकता के तत्त्वों एवं गुणों के समावेश, समायोजन एवं आत्मसात्करण की प्रक्रिया को तीव्र करने में 19वीं सदी से ही लेखकों, बुद्धिजीवियों की सक्रिय भूमिका की ऐसी परम्परा स्थापित हुई जो आज तक गतिशील है। विशेषकर लेखकों ने अपनी

रचनाओं में आधुनिक संस्कृति के कुछ मूल्यों, जैसे 19वीं सदी से प्रचलित राष्ट्रीयता और मानवीयता की नई अवधारणा, व्यक्तिगत स्वतंत्रता, सामाजिक वैज्ञानिक मानसिकता–इन मूल्यों को सकारात्मक रूप प्रदान किया है।[2] इस तरह नई उदारवादी समतावादी समाज और संस्कृति की रचना के निमित्त चलने वाले आन्दोलनों के अनुकूल मानसिकता और चेतना के प्रसार में भारतीय लेखक महत्त्वपूर्ण भूमिका अदा करते आए हैं।

यह नहीं कि इस नई संस्कृति के निर्माण के मार्ग में परम्परागत संस्कृति की ओर से विरोध खड़ा नहीं हुआ। विरोध खूब हुआ और आज भी हो रहा है।[3] लेकिन जहाँ तक लेखकों की बात है, सच तो यह है कि प्राय: सभी जाने–माने भारतीय लेखकों ने आधुनिकता एवं समतावादी संस्कृति की धारा के साथ ही अपने को जोड़ रखा है। फणीश्वरनाथ रेणु एवं ताराशंकर ने भी इसी परम्परा की श्रेष्ठ विरासतों को आत्मसात् करने के साथ–साथ समाज की जड़ में जाकर जीवन के सर्वांगीण किन्तु गहन अवलोकन का नया कीर्तिमान स्थापित किया। यह कार्य उन्होंने किस प्रकार सम्पन्न किया होगा?

युग विश्लेषण के सन्दर्भ में यह विवेचन किया गया है कि गत सौ वर्षों के सामाजिक, आर्थिक, सांस्कृतिक और राजनीतिक आन्दोलनों ने पारम्परिक भारतीय समाज की क़रीब हज़ार वर्षों की जड़ता को दूर कर क्रमश: आधुनिक समाज के विकास का मार्ग प्रशस्त किया है।[4] हमने यह भी उल्लेख किया है कि ताराशंकर एवं रेणु अपने लेखकीय जीवन के आरम्भ काल से ही स्वतंत्रता एवं समतावादी आन्दोलनों से सक्रिय रूप से जुड़े रहे, अपनी प्रतिबद्धताओं को कार्यरूप में परिणत करने के निमित्त इनमें सक्रिय हिस्सा लिया और इसी क्रम में उन्होंने जीवन का सर्वांगीण अवलोकन निकट से किया, अपनी रचना सामग्री का संग्रह किया जिनकी अभिव्यक्ति विशेष रूप से 'चैताली घूर्णी', 'गणदेवता', 'आरोग्य निकेतन', एवं 'हाँसुली बाँकेर उपकथा' से लेकर 'मैला आँचल' और 'परती : परिकथा' तक कुछ श्रेष्ठ उपन्यासों में हुई। इस तरह लेखकद्वय ने इस तथ्य को सिद्ध कर दिया कि सामाजिक आन्दोलन में भागीदारी से महान साहित्य की रचना होती है। लेखकद्वय के साहित्यालोचन में सबसे पहले उनकी इस विशिष्टता का उल्लेख आवश्यक हो जाता है।

उपन्यास विधा में आधुनिक क्रान्ति

दोनों के समक्ष आधुनिक उपन्यास विधा की उपलब्धियों तथा परिवर्तनों की पृष्ठभूमि भी थी। आधुनिकता के मूल्यों के अनुरूप सामाजिक सम्बन्धों और मानव चरित्रों में जो परिवर्तन हुए और हो रहे हैं उनकी अभिव्यक्ति आधुनिक उपन्यासों

की एक बड़ी विशेषता रही है। इस सन्दर्भ में आधुनिक कला की तरह उपन्यास विधा में भी सामाजिक और ज्ञान-विज्ञान के क्षेत्र में कुछ परिवर्तनों का पूरा प्रभाव पड़ा है।

आधुनिकता का एक दूसरा प्रभाव भी जो उनमें लक्षित है वह है लेखकों द्वारा विधा के पारम्परिक बन्धनों से मुक्त होकर मौलिक और बाह्य यथार्थ की सीमाओं का अतिक्रमण कर अन्तर की अधिक-से-अधिक गहराई में प्रवेश कर आन्तरिक जगत् के प्रकाश तथा सत्य का उद्घाटन और चरित्रों की बाह्य जगत् की सीमा पार कर उनके आन्तरिक निजी जगत् में प्रवेश की अभिव्यक्ति। इसका एक परिणाम यह हुआ है उपन्यास में नई-नई टेकनिक, फ़ार्म, शैलियों एवं संरचनाओं की उद्भावना, कुछ आधुनिक उपन्यासों का आसादृश्यमूलक होना अर्थात् इसके प्रतिबिम्बिक रूप का लोप और बदले में आन्तरिक जगत् में प्रवेश कर मानवीय चेतना का साक्षात्कार करना—इस नई टेकनिक का यह एक प्रमुख उद्देश्य बन गया। इस तरह उपन्यास की संरचना में जो आमूल परिवर्तन हुए उसके दो विरोधी परिणाम हुए : एक, नये उपन्यासों में पारम्परिक कथावस्तु और बाह्य जगत् से सीमित यथार्थता पर निर्भरता का अन्त और उच्चतर यथार्थता जो जीवन की अनुभूति का सत्य प्रतीत होता है—की खोज। दूसरा परिणाम यह हुआ कि कुछ उपन्यासकारों ने भौतिक यथार्थता को इसलिए छोड़ दिया कि ऐसी यथार्थता के खोखलेपन का ये उद्घाटन कर सकें और यह दिखा सकें कि (1) जो यथार्थ दीखता आया है वह यथार्थ नहीं। (2) कि कला की शक्ति, उपन्यास संरचना की शक्ति और लेखक की दृष्टि बिन्दु वास्तव में क्या है, कहाँ है? इसके साथ-साथ (3) उपन्यास विधा को प्लाट-चरित्र के कृत्रिम संयोजन कौशल से मुक्त कर उपन्यास विधा के नये-नये फार्म की तलाश को बल मिला।[5] उसके पीछे एक कारण यह भी था कि नये उपन्यासकारों ने वर्तमान विषम सामाजिक जीवन की बाहरी व्यवस्था और यथार्थता के मूल में निहित अव्यवस्था एवं अन्तर्विरोध को देखा और परखा। 'ताराशंकर और रेणु' ने विधा की इस बदलती परम्परा के अनुरूप बिलकुल ही एक नये फ़ार्म, नई टेकनिक और शैली की सृष्टि की। 'गणेदवता' और 'मैला आँचल' इसके दो श्रेष्ठतम उदाहरण हैं। शब्द, रूप, रस, गन्ध और स्पर्श—ऐन्द्रिय माध्यम ताराशंकर और रेणु के इस नये फार्म की एक बड़ी विशेषता है।

इन दोनों ने अपनी सामग्रियों को ऐन्द्रियानुभूति के रूप में ग्रहण किया है। उन्होंने शब्द, रूप और रस, गन्ध, स्पर्श से जुड़े इन्द्रियों के माध्यम से अपनी रचना सामग्रियों को प्राप्त किया है और अभिव्यक्ति के क्रम में भी इन्हीं माध्यमों का उपयोग किया है। दूसरे शब्दों में इन दोनों लेखकों ने ग्रामीण जगत् के 'मैला

आँचल', 'बन्ध्या धरती के अन्तहीन प्रान्तर' तथा 'हाँसुली बाँक' के बाहर-भीतर, तह-तह में जाकर 'गणदेवता' के सामुदायिक जीवन के सभी रूपों को साक्षात देखा है, उनकी सभी तरह की आवाज़ें सुनी हैं, उन लोगों का स्पर्श किया है, सान्निध्य का रिश्ता बनाया है, उनके जीवन के सभी रसों का आस्वादन किया है, और इस प्रकार सम्पूर्ण तादात्म्य स्थापित किया एवं ऐसे सम्पूर्ण तादात्म्य के बाद भी लेखकद्वय ने अपने-आपको तटस्थ और पृथक् रखकर पूर्ण निर्वैयक्तिकता के साथ अपनी रचनाओं का सृजन किया है।

आंचलिक : इस अवधारणा का कलात्मक प्रकार्य : क्षुद्र संसार से वृहत् संसार

यहाँ यह भी उल्लेखनीय है कि इन दोनों लेखकों ने उपर्युक्त सामग्रियों को एक विशेष ग्राम या विशिष्ट अंचल और काल की परिधि में ग्रहण किया। जिस प्रकार ताराशंकर ने वीरभूम के हाँसुली बाँक अंचल के धरातल पर घटने वाली घटनाएँ, जीवन-यात्रा, प्रेम-द्वेष, संघर्ष, आन्दोलन यानी अंचल की पूरी संस्कृति को 'हाँसुली बाँक की उपकथा' में अभिव्यक्त किया है ठीक उसी प्रकार रेणु ने कोशी अंचल की पूरी संस्कृति को 'परती-परिकथा' में अभिव्यक्ति दी है; इसलिए उन्होंने अपने उपन्यास में अभिव्यक्त रचना सामग्री को पाठकों के बीच प्रामाणिक सिद्ध करने के लिए उपन्यास को 'आंचलिक' कहा। इस प्रकार स्पष्ट है कि यहाँ 'आंचलिक' अवधारण वस्तुतः सामग्री की प्रामाणिकता स्थापित करने की एक कलात्मक पद्धति का द्योतक है।

लेकिन इस विश्लेषण का एक सामान्य अर्थ यह लगाया गया है कि अंचल विशेष की जीवन पद्धति, रीति-रिवाज़, लोकरीति और लोकरूढ़ि, बोलचाल अर्थात् अंचल की सम्पूर्ण संस्कृति की जो स्थानीय विशेषताएँ हैं, उन्हीं की अभिव्यक्ति पर आंचलिक उपन्यास आधारित है। परन्तु यह तो आंचलिक शब्द का एक सीमित अर्थ ही हुआ, क्योंकि सभी उपन्यासों में घटना और चरित्र और उनके कार्य-व्यापार का एक विशेष स्थान या क्षेत्र होता ही है चाहे वह गाँव, कस्बा, अंचल या शहर या प्रान्तीय क्षेत्र हो।

वस्तुतः अध्येतव्य लेखकद्वय ने इस विशेषण का प्रयोग दो उद्देश्यों से किया है। एक अपनी रचना-सामग्री की विश्वसनीयता का बोध कराने के लिए जिसका अभी-अभी उल्लेख किया गया है। दूसरा जो बड़ा उद्देश्य है, एक अंचल की सम्पूर्ण संस्कृति और सभ्यता की सघन प्रस्तुति अर्थात् लघु स्तर पर गहन (Micro level) अध्ययन के निष्कर्षों के आधार पर सम्पूर्ण भारतीय संस्कृति और सभ्यता यानी वृहत (Macro level) से जुड़े सवालों को उठाने के लिए।

ताराशंकर और रेणु ने अपने उपन्यासों में सामाजिक-सांस्कृतिक परिवर्तनों से जुड़े जिन सवालों को उठाया है, वे हैं स्त्री-पुरुष सम्बन्धों के नये आयाम, पारिवारिक सम्बन्धों के बदलते पैमाने, जाति संस्कार और बन्धनों में परिवर्तन, सेक्स और नैतिकता की अवधारणा के पारस्परिक सम्बन्ध, नये भूमि सम्बन्ध तथा सामाजिक-आर्थिक न्याय के लिए संघर्ष एवं नई राजनीति पर आधुनिक संस्थाओं का प्रभाव, जैसे; डॉक्टर-अस्पताल का प्रभाव, नये भूमि सम्बन्ध, कल-कारखानों का प्रभाव और इन सभी पहलुओं से जुड़ी व्यक्ति-व्यक्ति, व्यक्ति-समूह और समूह-समूह के बीच अन्त:क्रिया (Interaction) से उत्पन्न सहयोग, संघर्ष और अन्तर्द्वन्द्व की प्रक्रियाएँ—यही है 'मैला आँचल' तथा 'गणदेवता' की विषयवस्तु का विस्तार। सामान्यत: ये उपन्यास एक नये प्रकार के मुक्ति आन्दोलन से जुड़े हुए हैं जो एक ओर वैयक्तिक हैं तो दूसरी ओर सामाजिक। वैयक्तिक इसलिए कि वह पुराने नैतिक मूल्यों से मुक्त होकर खुले वातावरण में साँस लेना चाहता है और सामाजिक इसलिए कि आर्थिक दृष्टि से स्वतंत्र होने के लिए अभी भी ग्रामीण समाज को लम्बी मंज़िल तय करनी है। इसके साथ-साथ दोनों कथाकारों ने अपने उल्लेख किए गए उपन्यासों में यह दिखाया है कि पारम्परिक समन्वित ग्रामीण संस्कृति समानान्तर रूप से काम करती है। जाति, धर्म, परिवार, स्त्री-पुरुष सम्बन्ध—इससे सम्बन्धित भेद-मूलक जीवन और इन भेदों के ऊपर उठकर ग्रामीण सामुदायिक संस्कृति के जीवन्त अवशेष भी उल्लिखित हैं।

प्राय: देखा जाता है कि आंचलिक कथा-साहित्य तथा लोकगीतों, लोक-कथाओं और लोकोक्तियों में परम्परा का मोह बहुत अधिक होता है। समस्त अंचलों के साहित्य में भी पुरातनता का मोह है। वहाँ जनमानस को पुराने रीति-रिवाज़ों, प्राचीन विषयों के प्रति लगाव है। आधुनिकता का समावेश साहित्यिक धरातल पर आंचलिक साहित्य में बहुत कम है। तभी यह प्रश्न उठता है कि क्या जनपदीय साहित्य या आंचलिक साहित्य को आधुनिकता की ओर मोड़ा जाना चाहिए या मोड़ा जा सकता है? ताराशंकर एवं रेणु के उपन्यासों में इसका उत्तर मिल जाएगा। दरअसल उनके उपन्यासों में सांस्कृतिक विरासत की खोज ही विभिन्न लोक-उपादानों के माध्यम से किया गया है। इन उपन्यासों में गाँवों की वैज्ञानिक प्रगति तथा सांस्कृतिक प्रगति को समान महत्त्व दिया गया है, इसलिए गाँव के सामाजिक तथा सांस्कृतिक पक्षों को उभारने में लेखकों ने सबसे अधिक ध्यान दिया है। अत: डॉ. सत्यपाल चुघ का यह कथन कि 'परती : परिकथा' में रेणु ने अंचल चित्र को अनुसन्धान की सीमा तक पहुँचा दिया है[7], ताराशंकर के 'हाँसुली बाँकेर उपकथा' के लिए भी सही प्रतीत होता है।

रेणु के 'मैला आँचल' के अन्त में समाज और संस्कृति में परिवर्तन के आधुनिक कारणों और विचारधाराओं के साथ अपनी भारतीय धारा के कुछ प्रासंगिक तत्त्वों को समन्वित करने का प्रश्न भी उठाया गया है।[8] दूसरी महत्त्वपूर्ण बात यह है कि दोनों लेखकों ने हमें भारतवर्ष के दो विभिन्न प्रान्तों का सांस्कृतिक इतिहास दिया है और सुदूर अंचलों की सांस्कृतिक विशेषताओं का उद्घाटन कर देश के सांस्कृतिक सम्बन्धों को नई परिभाषा दी है। साथ ही अंचलों का समाजशास्त्रीय एवं नृशास्त्रीय ज्ञान भी दिया है।

ताराशंकर ने 'हाँसुली बाँकेर उपकथा', 'गणदेवता' एवं 'चैताली घूर्णी' आदि उपन्यासों में समसामयिक चेतना तथा आधुनिक बोध को गहराई से उभारा है। अंचल की प्राकृतिक (भौगोलिक) एवं सांस्कृतिक अखंडता बाहर के प्रभावों से खंडित हो रही है। फलतः वहाँ के जनजीवन पर समसामयिक जीवन-मूल्यों का प्रभाव स्वाभाविक ही है। गांधीवादी और मार्क्सवादी दर्शन ने जीवन को दूर तक प्रभावित किया है, परिणामस्वरूप अंचल के जीवन में व्यापक परिवर्तन आता है। ऐसे में ताराशंकर ने सामाजिक विषमता और राजनीतिक संघर्ष के उद्घाटन द्वारा सामाजिक चेतना पैदा करने की कोशिश की। अपने इन उपन्यासों में सामाजिक कुरीतियों पर चोट, आत्मगौरव का संचार तथा राजनीतिक जागरण को प्रमुखता दी। इस प्रकार ये उपन्यास मानव-जीवन की विशद व्याख्या एवं मूल्यांकन के परिचायक बन गए। ताराशंकर उपन्यास को मनबहलाव का साधन न मानकर मानव तथा मानव को गढ़ने वाली परिस्थितियों का परिचायक मानते हैं। इस प्रकार उनका दृष्टिकोण सर्वथा आधुनिक है। ताराशंकर ने 'चैताली घूर्णी', 'गणदेवता' एवं 'पंचग्राम' में तथा रेणु ने 'मैला आंचल' में अर्द्ध-सामन्ती तथा पूँजीवादी समाज में प्रामाणिक या सही मूल्यों (Authentic values) की खोज की कथा का भी बयान किया है। इस तरह के मूल्य यद्यपि उपन्यासों में प्रत्यक्ष रूप में मौजूद नहीं होते हैं, तथापि प्रच्छन्न रूप में महान उपन्यासों में कुछ विशिष्ट मूल्य निहित होते ही हैं जिनके आधार पर उपन्यास की संरचना संघटित होती है।

इस प्रसंग में यह उल्लेखनीय है कि आधुनिक हिन्दी तथा बांग्ला आंचलिक उपन्यासों में उच्चकुलीन सामन्ती उच्चवर्गीय चरित्र नायक से हटकर आमलोगों के जीवन को प्रधानता दी गई है। शायद यह स्वाभाविक था। जैसा कि हम जानते हैं, कि यहाँ उपन्यास विधा ही आधुनिक पाश्चात्य विचारधारा और संस्कृति से सम्पर्क के फलस्वरूप विकसित हुई, विशेष रूप से 19वीं सदी के उपन्यासकारों ने बुर्जुआ संस्कृति के विरोध और आलोचना को आमलोगों के चरित्र-चित्रण द्वारा प्रभावशाली ढंग से अभिव्यक्त किया।[9]

बहुत हद तक शोलोकोव के उपन्यास 'द साइलेन्ट दोन' की तरह रेणु एवं ताराशंकर दोनों के उपन्यासों में हम देखते हैं कि पिछड़े वर्ग तथा किसान समुदाय को बहुत ऊँची हैसियत प्रदान की गई है। ताराशंकर की 'चैताली घूर्णी' में मूलतः ज़मींदार द्वारा शोषित एवं निपीड़ित किसान-वर्ग की ही कहानी है। इस प्रसंग में यह कहना आवश्यक हो जाता है कि ताराशंकर ने, स्वयं पतनशील ज़मींदार परिवार के होते हुए भी सामन्ती व्यवस्था का सदैव घोर विरोध किया। इसी प्रकार रेणु के 'मैला आँचल' एवं 'परती परिकथा' में भी किसान समुदाय को सर्वाधिक महत्ता प्रदान की गई है। अतएव दोनों के ही उपन्यासों में इस समुदाय के दमन-शोषण प्रक्रिया के अतिरिक्त इनके 'स्व', इनके दर्प, तेज तथा इनकी जीवन-संस्कृति की, महिमा की जैसी प्रस्तुति मिलती है, ऐसी अन्य हिन्दी या बांग्ला उपन्यास में नहीं मिलती। 'गणदेवता' का 'अनिरुद्ध लुहार' तथा 'हाँसुली बाँकेर उपकथा' के 'कराली' एवं 'बनवारी' 'मैला आँचल' का 'कालीचरण' आदि के तेज और दर्प इसके ज्वलन्त उदाहरण हैं।

ग्रामीण जीवनधारा को आधुनिक नागरिक सभ्यता ने किस प्रकार प्रभावित किया इसका भी उदाहरण देखा जा सकता है लेखकद्वय के उपन्यासों में। इसी प्रकार ग्राम्य जीवन के सामने शहर किस तरह एक बड़े लाल झुनझुने जैसा है यह रेणु एवं ताराशंकर के उपन्यासों का एक महत्त्वपूर्ण वक्तव्य है। परती परिकथा में हम देखते हैं–"कटिहार जूट मील की चिमनी को फ़सलों से काफ़ी ऊपर आकाश में देखकर गाँव के लोग कहते हैं–चलो-चलो, दो रुपए मज़दूरी मिलती है, गाँव में अब रखा क्या है।"[10] और रेणु घटनाक्रम और संवाद को इस तरह सजाते हैं कि फिर गाँव की ओर लौटने की युक्ति तैयार होती है। बिल्कुल इसी तरह ताराशंकर के 'कालिन्दी' तथा 'गणदेवता' (पंचग्राम) उपन्यासों में भी गाँव के दरिद्र, असहाय किसान स्वार्थपूर्ण कुचक्र का शिकार बन अपनी सम्पत्ति व भूमि खो बैठते हैं और शहर में जाकर कल-कारखानों में नये जीवन की तलाश करने लगते हैं। 'हाँसुली बाँकेर उपकथा' में भी कहारों के समाज में नवीन और प्राचीन के बीच द्वन्द्व दिखाने की कोशिश की गई है। कहारों की पुरानी परम्परा धीरे-धीरे मिटती जाती है। मुखिया बनवारी के हज़ार कोशिशों के बावजूद कहार समुदाय विशेषकर 'कराली' और उसके साथी शहर के कारखानों में काम करने चले जाते हैं व शहरी ज़िन्दगी के आकर्षण से मुक्त नहीं हो पाते हैं। लेकिन 'पंचग्राम' में ताराशंकर ने भी घटनाओं को इस तरह से सजाया है कि लुहार अनिरुद्ध गाँव की ओर लौटने को बाध्य होता है।

इस प्रकार रेणु एवं ताराशंकर का यह सफल वक्तव्य–यहाँ कोई सिद्धान्त-नीति या कौशल जैसा नहीं बल्कि एक अवश्यम्भावी सत्य-सा प्रतिफलित होता है।

दोनों लेखकों के मानस में अपनी भूमि के लिए अपार प्रेम था। यद्यपि दोनों ने ही गाँव के युवा वर्ग के मन में शहर के प्रति अमोघ आकर्षण को स्वीकार किया है।

ठीक जिस प्रकार ताराशंकर के उपन्यासों में ज़मींदारी व सामन्ती परिवेश के होते हुए भी उनकी दृष्टि पिछड़ी जनजाति व असहाय किसानों पर है, उसी प्रकार रेणु के उपन्यासों में भी ऊपरी तौर पर सामन्ती और ज़मींदारी परिवेश दिखाई दे सकता है किन्तु रचनाकार की केन्द्रीय दृष्टि व्यापक जनजीवन के ज्वारों पर टिकी हुई है। कोसी अंचल का हज़ारों एकड़ परती वाला क्षेत्र अपने बन्ध्यापन की मुक्ति के लिए छटपटाता है। लम्बी राजनैतिक गुलामी, सामन्ती और ज़मींदारी शासन के दौर में यह क्षेत्र बुरी तरह उपेक्षित रहा है। आज़ादी और ज़मींदारी प्रथा के खात्मे ने इसके मानस में आशा की एक सुगबुगाहट पैदा की है। भूमिहीन कृषक मज़दूरों की ज़िन्दगी की समस्या ही परती की समस्या से एकाकार हो जाती है। शोषित, पीड़ित, उपेक्षित भारतीय जनसमूह की ज़िन्दगी मानो परानपुर की परती जैसी है, आज़ादी के साथ ही आशान्वित होकर करवट लेना चाहती है, उसके गीत, पर्व और त्यौहार खो गये-से लगते हैं, लेकिन जिन्हें उनकी चेतना जगकर प्राप्त करना चाहती है। 'परती परिकथा' में रेणु सामुदायिक जीवन की कहानी उसकी पूरी जटिलता और पूरे ब्योरे के साथ उठाते हैं और सबसे बड़ी बात यह है कि वे उसे नवीन वैज्ञानिक प्रगति से जोड़कर देखते हैं। हिन्दी ग्रामकेन्द्रित उपन्यासकारों में पहली बार रेणु ने ही वैज्ञानिक प्रगति के सकारात्मक पहलुओं की पहचान व्यापक राष्ट्रीय जीवन के सन्दर्भ में की है।[11] 'मैला आँचल' में भी डॉक्टर प्रशान्त के माध्यम से गाँव में विज्ञान की रोशनी पहुँचायी गई है। 'परती : परिकथा' में रेणु विज्ञान की उस रचनात्मक और महाशक्ति का स्तवन करते हैं जो विराट 'बन्ध्या परती' जैसी जनमानस की कायापलट करने की सामर्थ्य रखती है। परती की मिट्टी की जाँच, टैक्टर तथा बड़े यन्त्रों से उस मिट्टी का समतलीकरण, कोसी पर बाँध का निर्माण, कोसी की मुख्य धारा को दुलारीदाय में डालकर परती की सिंचाई का उपक्रम आदि अपने अलग प्रतिकार्य भी रखते हैं जो समन्वित रूप में सामान्य जन को नयी वैज्ञानिक चेतना के आलोक में ले जाने का विवेचनात्मक प्रयास है। 'परती : परिकथा' का कथा-समय आज़ादी के तुरन्त बाद पहले दशक का है जब देश नवनिर्माण की पंचवर्षीय योजनाओं का आशापूर्ण कार्यक्रम बना रहा था और नई सृजनशीलता के कम्पन से रचनाकार का मानस आन्दोलित हो रहा है। विदेशी शासन की गुलामी से नाम-भर को छुटकारा तो मिला था परन्तु आर्थिक, प्रशासनिक, न्यायिक तथा सैन्य ढाँचे ज्यों-के-त्यों रह गए थे। देश-प्रेम के नाम पर देश को हथियाने के स्वार्थपूर्ण कुचक्र में विभिन्न राजनैतिक दल जुटे हुए थे। रेणु के द्वारा वैज्ञानिक और यन्त्र-सभ्यता को जीवन की सामूहिक प्रगति के लिए

स्वीकार करने की भावना आधुनिकता नहीं है तो और क्या है? रेणु की आधुनिक विज्ञान व परम्परागत संस्कृति के प्रति सही और सन्तुलित दृष्टिकोण ही उन्हें हिन्दी के तमाम रचनाकारों से विशिष्ट बना देती है। इसी प्रकार ताराशंकर बन्द्योपाध्याय की रचनाओं का भी प्रमुख तत्त्व ज़मींदारी व सामन्ती परिवेश के साथ नवीन औद्योगिक प्रगति का, दैवनिर्भरता के साथ वैज्ञानिक विचारधारा का, शास्त्रशिक्षा के साथ नवीन शिक्षा व्यवस्था अर्थात् नये युग का संघर्ष है। 'गणदेवता' एक महान जनतान्त्रिक देश के द्वारा समाजवाद की दिशा में किए जाने वाले प्रयत्नों की, इस राह की बाधा और षड्यन्त्रों की, देश की जनता के संघर्ष, उसकी पराजय की और सबके बावजूद विजय में दृढ़ आस्था की महागाथा है। इस क्रम में ताराशंकर नयी वैज्ञानिक सभ्यता का अपनी महान ग्रामीण संस्कृति से सम्बन्ध स्थापित करके अद्‌भुत समन्यवादी दृष्टि का परिचय देते हैं। 'आरोग्य निकेतन' में डॉक्टर प्रद्योत ताराशंकर के वैज्ञानिक विचारधारा के प्रतीक चरित्र हैं। 'चैताली घूर्णी' में ज़मींदार के अत्याचार एवं शोषण के कारण दरिद्र किसान गोष्ठ शहर में आकर यन्त्र-सभ्यता में ही अपने सफल भविष्य के सपने देखता है। 'गणदेवता', 'पंचग्राम' उपन्यासों में ताराशंकर ने ग्रामीण समाज में, असहाय किसानों का पक्ष लेकर सामन्ती व्यवस्ता के प्रतीक छिरू घोष के विरुद्ध देबू घोष को कल्याणकारी शक्ति के प्रतीक के रूप में चित्रित किया है। इस प्रकार इतनी बाधाओं के बावजूद प्रगति की आशा से भरी नज़रों में विज्ञान और प्रशासन की ओर देखना साधारण बात नहीं है।

रेणु के 'मैला आँचल' में ग्रामोद्धार की परिकल्पना बनाता है डॉक्टर प्रशान्त और 'परती : परिकथा' में जितेन्द्र, ताराशंकर के उपन्यासों में भी यही कार्य कभी देबू करता है, तो कभी डॉक्टर प्रद्योत्। प्रशान्त और प्रद्योत्, जितेन्द्र और देबू एक ही मिट्टी से उत्पन्न हुए हैं और इनकी मानसिकता भी एक जैसी है। गाँव की ऊसर ज़मीन यहाँ बन्ध्या औरत से भी ज़्यादा उपेक्षित है। इन लेखकों ने उपर्युक्त चरित्रों के माध्यम से सुप्त समाजशक्ति को जगाने की कोशिश की है।

इन दोनों ने अपने उपन्यास-साहित्य में पिछड़े, उपेक्षित, प्रताड़ित जीवन और क्षेत्रों की कथा उठाई है तो क्या इससे इनकी दृष्टि पुरातनपन्थी सिद्ध होती है? वास्तव में इन्होंने नये भारत की खोज पिछड़े देहातों में किया है, जो सर्वथा उचित है। आज़ादी, औद्योगिकीरण, पूँजीवाद और नयी वैज्ञानिक सभ्यता ने इस पिछड़ेपन पर कैसा प्रभाव डाला और इसे क्या और कितना दिया, इसका वे ईमानदारी से लेखा-जोखा प्रस्तुत करते हैं। पुरातनपन्थी सदैव अतीत का रोना रोते हैं और इस तरह वे वर्तमान के संघर्ष से कटते हैं। उनका भविष्य में कोई विश्वास नहीं होता। ताराशंकर व रेणु सजगता से वर्तमान का और उसमें हो रहे संघर्ष का आकलन करते हैं। वे स्वप्नदर्शी हैं पर निष्क्रिय स्वप्नों के नहीं। उनके स्वप्न ठोस मिट्टी पर पाँव

रखकर भविष्य की ओर नज़रें गड़ाते हैं। इसी से उनके विश्वास को बल मिलता है। लोकसंस्कृति और विज्ञान से पुष्ट उनका मानवीय जीवन-दर्शन भारतीय ग्रामीण समाज के यथार्थ की अभिव्यक्ति में सहायक हुआ है। लेखकद्वय ने मानवीय संवेदना के साथ इस बात की ओर भी संकेत करना चाहा है कि इन उपेक्षित अंचलों को भी शहरी सुविधा, विकास सम्पन्नता में भाग मिलना ही चाहिए। शहरों का जो महत्त्वपूर्ण है, प्राणदायक है, स्वस्थ है—वह सब उन अंचलों को भी मिलना चाहिए जो उसके अभाव में अपनी कूपमण्डूकता, अपने दुर्भाग्य और प्राण लेने वाले अन्धविश्वास और परम्पराओं से बाहर नहीं आ पा रहे हैं। इन उपन्यासकारों के अमर पात्र प्रशान्त एवं देबू अंचल के उन लोगों को प्रेरणा दे सकते हैं जो अपने अंचल में व्याप्त भ्रष्टाचार और शोषण को नष्ट करने के लिए संकल्पबद्ध हैं।

वस्तुतः बांग्ला साहित्य में ताराशंकर एवं हिन्दी साहित्य में रेणु ही सम्भवतः स्वतंत्रता के बाद के उन कतिपय प्रतिष्ठित साहित्यकारों में से हैं जिन्होंने मानवीय संवेदना को सर्वाधिक महत्त्व दिया है। स्वतंत्रता प्राप्ति के बाद भारतीय ग्रामीण सामाजिक वर्णव्यवस्था के परम्परागत निम्नस्तरीय वर्णों में अन्य वर्गों की तुलना में हीनताबोध को दूर हटाकर आगे बढ़ने की चेतना (स्वयं को उच्च समझने एवं प्रदर्शित करने की चेतना) उत्पन्न हुई।[12] हिन्दी तथा बांग्ला के इन दो महान आंचलिक उपन्यासकारों ने निम्न वर्ग में अवतरित इस नवीन चेतना को अत्यन्त सहानुभूति के साथ अभिव्यक्ति प्रदान की। यह उनकी आधुनिक दृष्टिकोण का ही परिचय देती है। युग-युग से शोषित, प्रताड़ित, असहाय (तथाकथित) शूद्रों में जागरण एवं चेतना का उदय हुआ, रेणु के शूद्रों में उच्चता का भाव जागा, तो ताराशंकर के निम्नवर्गीय पात्रों में आर्थिक आत्म-निर्भरता एवं युगानुरूप प्रगति के पद पर क़दम-से-क़दम मिलाकर चलने का संकल्प जागा। उदाहरणस्वरूप—'गणदेवता' का 'अनिरुद्ध' एवं 'हाँसुली बाँकेर उपकथा' का 'कराली'। जातिगत पेशा छोड़कर अन्य पेशा अपनाने का भाव उनमें अनायास ही जाग उठा। इसी तरह रेणु के 'परती : परिकथा' में हरिजन 'मलारी' अध्यापिका बनकर परम्परागत ब्राह्मण का कार्य सँभालती है। इस प्रकार समसामयिक भारतीय ग्रामीण समाज में परम्परागत वर्ण-व्यवस्था के बन्धनों को टूटते हुए दिखाकर दोनों उपन्यासकार, आधुनिक मानसिकता का परिचय देते हैं। ऐसा करते हुए दोनों ही मानव धर्म की ऊँचाई को छू लेते हैं।

सिर्फ़ इतना ही नहीं प्रेम सम्बन्धों को देखने की दृष्टि में लक्षित यथार्थपरकता और उनके निःसंकोच आलेखन में प्रतीत होती निर्भयता भी लेखकद्वय के उपन्यासों को आधुनिक सिद्ध करती है। ताराशंकर के 'कवि' उपन्यास में 'ठाकुरझी' और 'निताई' की दुखान्त प्रेमकथा विशुद्ध आंचलिक प्रेम की निर्मलता का उत्कृष्ट

उदाहरण है। 'हाँसुली बाँकेर उपकथा' में 'वसन' (कहार जाति की लड़की) और चौधरी बाबू के बेटे का प्रेम-प्रसंग (पृ. 206) का रंग ही कुछ निराला है। वहीं 'गणदेवता' में छिरुपाल और दुर्गा के बीच केवल भोग की लिप्सा है। इसी तरह रेणु के 'परती : परिकथा' में हरिजन कन्या मलारी के प्रति सुवंशलाल का सच्चा प्रेम जाति-पाँति की दीवार तोड़ देने में भी समर्थ है। मैला आँचल में तो प्रेमकथा और प्रेम-प्रसंगों की भरमार है, पर तहसीलदार की बेटी कमला और डॉ. प्रशान्त के बीच स्वाभाविक आकर्षण और प्रगाढ़ता दिखाई देती है। वैसे ही 'अन्धे महन्त सेवादास' का 'लछ्मी' पर अधिकार विशुद्ध वासना का उदाहरण है। इस प्रकार प्रेम-प्रसंगों के वर्णन में भी लेखकद्वय ने नयी मानसिकता का परिचय दिया है।

ग्रामीण भारत का यथार्थपूर्ण चित्रण उन्हें प्रगतिशील कलात्मकता से जोड़ने के लिए पर्याप्त है। उपेक्षित ग्रामांचल और लघु मनुष्य की गरिमा देखने की दृष्टि में तो स्पष्टतया विधेयात्मक जीवनदृष्टि ही है। सच तो यह है कि निम्न वर्ग और वर्ण की जनता के जीवन संघर्ष के प्रति उनकी आत्मीयता ही उन्हें प्रगतिशील बनाती है। ताराशंकर जन्म से ब्राह्मण-सन्तान होने के बावजूद उनके सम्पूर्ण साहित्य में, अस्सी प्रतिशत से भी अधिक हिस्से में असहाय निम्न वर्ग एवं वर्ण के आदमी की कथा कही गई है। रेणु स्वयं क्षत्रिय थे, परन्तु उनके 'मैला आँचल' में क्षत्रिय कही जाने वाली जाति का थोड़ा-बहुत ही उल्लेख मिलता है। 'परती : परिकथा' में तो शिवेन्द्र मिश्र के अतिरिक्त सारे पात्र पिछड़ी जाति के हैं।

इस प्रकार उपरोक्त आलोचना से यह स्पष्ट हो जाता है कि अपने उपन्यासों के माध्यम से इन रचनाकारों ने विशिष्ट भूखंडों की ज्वलन्त समस्याएँ, उनके पारस्परिक अन्तर्विरोध, जीवन-संघर्ष, मानसिक बदलाव, नये सम्बन्ध-बोध, मूल्य-विघटन, सामाजिक बिखराव, राजनीतिक अवमूल्यन और सांस्कृतिक खोखलेपन आदि को प्रामाणिक सन्दर्भों में उद्‌घाटित करने का प्रयत्न कर प्रगतिशील कलात्मकता का परिचय दिया है। इन उपन्यासों में, स्वातन्त्र्योत्तर रंगीन सपनों से भरी आशाएँ और अनन्त सम्भावनाएँ हैं, भारतीय जनमानस में उद्‌भूत नवीन चेतना की लहरें हैं, देश की सुदीर्घ सांस्कृतिक विरासत की अस्मिता की तलाश और पुनरुद्धार के संकल्प हैं और है युग-युग से उपेक्षित, शोषित जनता के प्रति सुदृढ़ प्रतिबद्धता। इनके अतिरिक्त, प्रतिष्ठित नागरिक सभ्यता से अलगाव, बौद्धिक निर्णयों से अधिक भावावेग और जीवनेच्छा का वर्णन, क्षति, अकेलापन और निराशा की अनुभूति–ये सब आधुनिक लेखन के लक्षण भी प्रत्यक्ष या परोक्ष रूप से लेखकद्वय के उपन्यासों में उपस्थित हैं।

अन्ततः यह कहना आवश्यक हो जाता है कि ताराशंकर एवं रेणु के उपन्यासों में व्याप्त आधुनिकता को अलग-अलग करके नहीं समझा जा सकता। अन्तर्वस्तु,

रूप और विचारधारा को समग्रता में देखते हुए ही ताराशंकर एवं रेणु द्वारा आविष्कृत उस ख़ास युक्ति के मर्म को समझा जा सकता है, जिसके अन्तर्गत आंचलिकता और आधुनिकता का अन्तर्गठन, अवधारणात्मक न होकर जीवन-समृद्धि के रूप में अपनी पहचान बनाता है। यहाँ मानवीय लगाव, सभ्य समाज की जड़ीभूत वर्जना या निषेध की हँसी उड़ाना है जिसमें ताराशंकर एवं रेणु दोनों सक्षम हुए। कुछ कृतियाँ अपने समय का आईना होती हैं। 'आरोग्य निकेतन' एवं 'गणदेवता', 'मैला आँचल' एवं 'परती : परिकथा' उन्हीं में से हैं, महत्त्वपूर्ण एवं अद्वितीय। ये उपन्यास तत्कालीन भारत के तेजी से बदलते हुए परिवेश में इसके आर्थिक, सामाजिक और सांस्कृतिक परिवर्तनशीलता के व्यापक परिप्रेक्ष्य में देश की नयी मानसिकता तथा प्रगतिशील चेतना के उन्नायक-उद्घोषक बनकर आए हैं।

सन्दर्भ

1. उद्धृत : चतुर्वेदी डॉ. जगदीश्वर एवं पांडे डॉ. चन्द्रकला, आधुनिकतावाद और उत्तर आधुनिकतावादी, पृ. 15
2. प्रसाद गोपी कृष्ण, फणीश्वरनाथ रेणु : व्यक्तित्व, काल और कृतियाँ, पृ. 118
3. वही, पृ. 118
4. वही, पृ. 119
5. वही, पृ. 119-20
6. वही, पृ. 121
7. चुघ डॉ. सत्यपाल, प्रेमचन्दोत्तर उपन्यासों में शिल्पविधि, पृ. 578
8. रेणु, मैला आँचल, रेणु रचनावली, द्वितीय खंड, पृ. 302-07
9. घोषाल जयन्तकुमार, बांग्ला उपन्यासे समाज वास्तवता, पृ. 13-14
10. रेणु, मैला आँचल, रेणु रचनावली, द्वितीय खंड, पृ. 296
11. कुमार सुवास, गाँव की आत्मा की टूटती पपड़ियाँ, विपक्ष : रेणु अंक, पृ. 206
12. मजुमदार डॉ. उज्ज्वलकुमार, ताराशंकर : देश, काल, साहित्य, पृ. 250

सप्तम अध्याय

तारांशकर एवं रेणु के कथा-साहित्य की भाषिक संरचना का तुलनात्मक विश्लेषण

भाषा मूलतः और अन्ततः एक संस्था है। वह अपने चरम प्रयोजन की प्रासंगिकता में सामाजिकता का प्रतीक और प्रमाण होती है। रचनाकार जिस भाषा के द्वारा खुद को अभिव्यक्त करता है, वह उसे उत्तराधिकार स्वरूप समाज से मिलता है, साथ ही जिस विषयवस्तु या रचना के किसी पक्ष अथवा अंग के बारे में कोई कृति विधात्मक संरचना द्वारा भावों और विचारों को व्यक्त करती है उसमें भाषा परोक्ष अथवा प्रत्यक्ष रूप से विषय बनकर आती है। इस प्रकार औपन्यासिक कृतियों में भाषा समाजशास्त्रीय निरूपण का एक आधार सिद्ध होती है। वरिष्ठ समीक्षकों का यह अनुभव रहा है कि साहित्य की अन्य विधाओं की अपेक्षा कथा भाषा-प्रयोग और उसके संस्कार की सबसे उर्वर धरातल होती है, इसलिए कि उपन्यास व्यक्ति में सामाजिकता और समाज में वैयक्तिकता को उद्घाटित करने का सर्वाधिक सशक्त एवं संवेदनशील प्रयास है। समाज और भाषा के अन्तःसम्बन्धों को स्पष्ट करते हुए प्रमुख भाषाशास्त्रियों का यह कथन अत्यन्त संगत है–"A language is a system of arbitrary vocal symbols by means of which a social group co-operates."[1]

वस्तुतः भावों और विचारों की सफलतम और सूक्ष्मतम अभिव्यक्ति का सर्वाधिक सशक्त तथा व्यवहारिक माध्यम है भाषा। शब्द, भाषा-संरचना की प्रथम अनिवार्य इकाई है। शब्दों के संयोजन से ही पद और वाक्यों की रचना होती है, जो मानवीय भावों और विचारों का संवाहक बनकर भाषा का निर्माण करती हैं और हर प्रकार की भाषिक अभिव्यंजना के माध्यम बनते हैं। भाषा के द्वारा ही साहित्यकार अपने भावों एवं विचारों को पाठकों तक पहुँचाता है, मानव जीवन के विविध रूपों का दर्शन कराता है। मनुष्य का जीवन जितना विशिष्ट होता है, उपन्यास, सामान्य जीवन को अभिव्यक्त करता है। अतः जन-सामान्य की भाषा

से उसका काम चल जाता है, परन्तु आंचलिक उपन्यास विशिष्ट और अपेक्षाकृत अल्पगत जीवन की अभिव्यक्ति करता है, अतः यह स्वाभाविक ही है कि उसकी भाषा ही विशिष्ट हो।[2]

एक आंचलिक उपन्यासकार किसी अंचल-विशेष के जीवन और उसके परिवेश को जिस माध्यम से प्रस्तुत करता है, वह उस अंचल में बोली जाने वाली लोक-भाषा का होता है। उस अंचल की धड़कनों को पाठक तक जीवन्त रूप में पहुँचाने का काम उपन्यासकार वहाँ की बोली को अपनी भाषा में रचा-बसाकर ही सफलतापूर्वक कर पाता है। दूसरे शब्दों में किसी अंचल के सांस्कृतिक जीवन को साकार करने में उस अंचल की भाषा का प्रयोग होना अत्यन्त महत्त्वपूर्ण है। इस प्रकार आंचलिक उपन्यासकार उपन्यास के अन्य तत्त्वों की तरह उसके भाषिक रचाव के क्षेत्र में भी अपनी नवोन्मेषी प्रयोगधर्मिता का परिचय देता है।

आंचलिक भाषा के अभिनव सर्जनात्मक प्रयोग द्वारा सम्भावना के नए द्वार खोलकर, आंचलिक उपन्यासकारों ने अपनी मूल्यवान उपलब्धियों से न केवल साहित्य की समृद्धि की है, वरन् गद्यभाषा के क्षेत्र में नवीन प्रयोग का मार्ग भी प्रशस्त किया है। जिस प्रकार कथा के क्षेत्र में आंचलिक उपन्यासकारों ने नागरिक सम्भ्रान्तता एवं अभिजात्य श्रेष्ठता का मुखौटा उठाकर लघुमानव और उपेक्षित अंचल को प्रतिष्ठित किया, उसी प्रकार भाषा के क्षेत्र में जनभाषा और बोलियों को भी साहित्यिक गरिमा प्रदान की है। घिसी-पिटी, पुरानी और निष्प्राण पड़ती हुई साहित्यिक भाषा तथा परिवर्तित समय के साथ बदली हुई नई मानसिकता की अभिव्यक्ति में अक्षम होते हुए उस भाषा के शब्द, मुहावरे, प्रतीक एवं बिम्बों के स्थान पर धरती पुत्रों की बोलियों से ताजा, अकृत्रिम, जीवन-रस में पगे और धरती की सोंधी गन्ध से सुरभित शब्दों, मुहावरों और बिम्बों को लाकर आंचलिक उपन्यासों ने गद्य भाषा को नई प्राणवत्ता और अर्थवत्ता प्रदान की है।[3] आंचलिक उपन्यासों में लोक-भाषा या स्थानीय बोली के प्रयोग की अनिवार्यता के सन्दर्भ में आंचलिक उपन्यासकारों की सबसे बड़ी विवशता रही है, अनुभूतियों की निश्छल, अकृत्रिम, सच्ची और ईमानदार अभिव्यक्ति तथा भोगे हुए जीवन-यथार्थ को उसके यथार्थ प्राकृतिक परिवेश में चित्रित करने की प्रतिबद्धता।[4] वस्तुतः भाषा स्थान-विशेष के लोगों की अन्तश्चेतना, उनके संस्कार एवं उनकी अनुभूति से गहरे स्तर पर जुड़ी रहती है, अतः उस स्थान-विशेष की आन्तरिकता की पूरी पकड़ उसी के सहारे सम्भव होती है। स्थानीय जन भाषा के प्रयोग से स्थानीय मानसिकता ज़्यादा स्पष्ट हो उठती है।

अतः आंचलिक उपन्यासों में स्थानीय भाषा का अपना अलग ही सौन्दर्य है जो पात्रों को स्थान-विशेष के परिवेश में जीवन्तता ही प्रदान नहीं करता, अपितु वह सर्जना की अनिवार्य माँग भी बन जाता है। आंचलिक उपन्यास के भाषा सम्बन्धी वैशिष्ट्य का विश्लेषण करते हुए डॉ. आदर्श सक्सेना ने एक बहुत सटीक बात कही है। उन्होंने कहा है–"आंचलिक उपन्यास में उपन्यासकार की भाषा तथा (पात्रों के) वार्तालाप की भाषा का प्रमुख अन्तर मिट जाता है, जितना कम यह अन्तर होता हैं, भाषा उतनी ही अधिक आंचलिक उपन्यास के अनुकूल होती है।"[5] इस कथन के पीछे मूलतः यह भाव निहित है कि आंचलिक उपन्यासों की भाषा लोक-भाषा के निकट होती है और भाषा के प्रयोग में लेखक की क्षमता की कसौटी उस भाषा का सफल प्रयोग बन जाता है। आंचलिक उपन्यासकार द्रष्टा का कमेंटेटर की तरह किसी अंचल का कथा-वर्णन नहीं करता, बल्कि वह भी अपने आंचलिक पात्रों में से एक बनकर ही उन्हीं की तरह उस अंचल जीवन के सुख-दुःख को भोगता है, उन्हीं की भाषा-बोली में सुख-दुःख की उन भोगी हुई अनुभूतियों का वर्णन-विश्लेषण भी करता चलता है। उनकी मानसिकता भी उस अंचल-पात्रों की मानसिकता के समान बन जाती है। इस प्रकार यहाँ उपन्यासकार नहीं वरन् ऐसा प्रतीत होता है, मानो अंचल अपनी कथा कह रहा हो। इसलिए पात्रों की भाषा और उपन्यासकार की भाषा का अन्तर यहाँ प्रायः मिट-सा जाता है, जो आंचलिक उपन्यासकार अपने को अंचल के साथ आत्मसात् करने में जितना ही सफल होता है और जिस आंचलिक उपन्यास में पात्रों और लेखक की भाषा के बीच की दूरी जितनी ही कम होती है, वह उपन्यासकार और वह उपन्यास उतना ही श्रेष्ठ तथा सफल आंचलिक कहा जा सकता है। बांग्ला के ताराशंकर बन्द्योपाध्याय और हिन्दी के फणीश्वरनाथ रेणु के आंचलिक उपन्यासों की श्रेष्ठता और सफलता का यही रहस्य है। दोनों कथाकार अपने-अपने अंचलों के कण-कण में जिए हैं। अतः स्वाभाविक रूप से अपने उपन्यासों के पात्रों के लिए भी उन्होंने उसी भाषा का चयन किया है जो उस अंचल की भाषा है, अर्थात् जिन अंचलों में वे स्वयं जीते रहे। ताराशंकर की सबसे बड़ी सफलता है साहित्यिक बांग्ला को त्यागकर ठेठ प्रादेशिक ग्रामीण बोली तथा उसी के मुहावरों का खुलकर प्रयोग क्योंकि स्थानीय आंचलिकता को पुष्ट और दृढ़ बनाने का सबसे बड़ा उपकरण भाषा ही है। इस भाषा के सहज और प्रभावशाली ढंग से प्रयोग के क्षेत्र में आंचलिक प्रयोग ने बांग्ला उपन्यास को एक नई भाषा, नई तकनीक, नवीन शब्द-शिल्प, नई व्यंजना शक्ति प्रदान की है, जिससे उपन्यास विधा को एक नया अन्दाज़, नया आयाम व नई दिशा मिली है। उन्होंने अपनी इस भाषा

को अनूठी अभिव्यंजना की अदा तथा कलात्मकता से सँवारा है।[6] उसी प्रकार यद्यपि रेणु से पहले हिन्दी साहित्य जगत् में सुविख्यात कथाकार नागार्जुन जी ने 'रतिनाथ की चाची' एवं 'बलचनमा' के द्वारा आंचलिक उपन्यास की सुदृढ़ नींव रख दी थी, परन्तु आंचलिकता का सबसे महत्त्वपूर्ण तत्त्व 'लोक-भाषा' की शक्ति को सबसे पहले एवं सर्वाधिक रूप में सम्भवतः रेणु ने ही पहचाना था, क्योंकि ग्रामीण-जीवन से उनकी गहरी सम्बद्धता और उसे कथाबन्ध में बाँधने की लालसा ने ही उन्हें सबसे पहले वह भाषायी तलाश-यात्रा शुरू करने की प्रेरणा दी। इसलिए उन्हें ही लोकभाषा के उस अक्षय भण्डार की चाभी भी सर्वप्रथम मिली।[7] यही कारण है कि रेणु ने हिन्दी के प्रथम 'घोषित' आंचलिक उपन्यास 'मैला आँचल' में ही भाषिक संरचना का जो प्रतिमान स्थापित किया है वह एक प्रकार से आंचलिक उपन्यासों के भाषा-शिल्प के लिए मानक बन गया।

अध्येतव्य दोनों उपन्यासकारों की भाषा और शैली के नवीन प्रयोग ने ही उनके उपन्यासों को शेष सभी उपन्यासकारों के उपन्यासों से भिन्न कर दिया। जिस प्रकार कथा के क्षेत्र में उन्होंने नागरिक सम्भ्रान्तता एवं आभिजात्य बोध का मुखौटा उठाकर लघुमानव और उपेक्षित अंचल को प्रतिष्ठित किया, उसी प्रकार भाषा के क्षेत्र में भी जनभाषा एवं बोली-उपबोलियों को साहित्यिक गरिमा प्रदान की, परन्तु इसका अर्थ यह नहीं कि उन्होंने साहित्यिक भाषा का कहीं प्रयोग ही नहीं किया है। उनके कई उपन्यासों में प्रकृति चित्रण, अभिजातवर्गीय वक्तव्य, प्रेम-सौन्दर्य विषयक कथन अथवा सतरंगी कवि-कल्पना में रंग भरने के लिए, तत्सम प्रधान शब्दावली एवं काव्यमयी भाषा का ही प्रयोग किया है।

ताराशंकर एवं रेणु की रचनाओं ने सम्पूर्ण आंचलिक साहित्य के क्षेत्र में नए कीर्तिमान स्थापित किए हैं एवं आंचलिक भाषा शिल्प के क्षेत्र में तो इनकी प्रयोगगत उपलब्धियाँ विशेष रूप से चर्चा का विषय बनी हैं, क्योंकि इनकी भाषा अभिव्यक्ति की सम्पूर्णता एवं सामर्थ्य को तथा ध्वनि बिम्ब, प्रतीक, मिथक आदि के माध्यम से सम्प्रेषणीयता की सूक्ष्मता व सफलता को उजागर करती है। इस बात पर विशद आलोचना करने से पहले लेखकद्वय के भाषिक जगत् के सम्पूर्ण चित्र को प्रस्तुत करना आवश्यक है। अगले पृष्ठ पर बने भाषा-चित्र से यह बात कुछ स्पष्ट हो सकती है—

ताराशंकर द्वारा प्रयुक्त भाषा के प्रकार

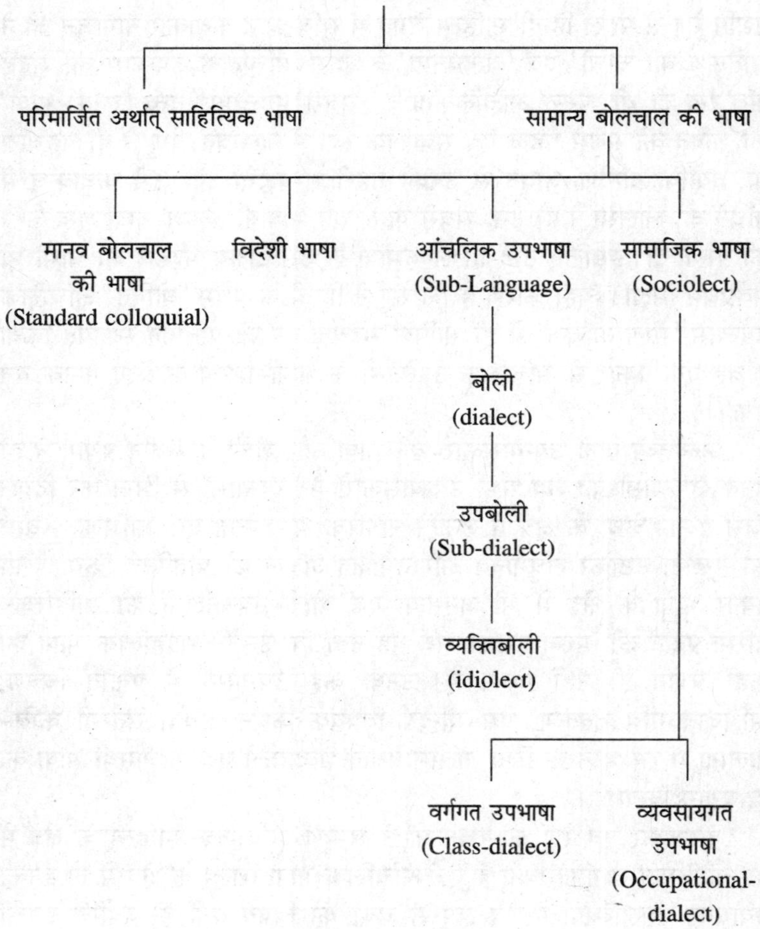

● व्यवसायगत उपभाषा को विशिष्ट बोली भी कहा जाता है।[8]

इस प्रकार ताराशंकर कथा की कलात्मकता तक पहुँचने के लिए भाषा के स्थानीय रूप की आवश्यकता को ही रूपायित करते हैं।[9] इसी का परिणाम है कि 'हाँसुली बाँकेर उपकथा' में बाँसवादी गाँव, 'कवि' में आलेपुर गाँव, 'नागिनी कन्यार काहिनी' में हिजल बिल के किनारे सन्थाली गाँव, गणदेवता के शिवकालीपुर एवं कंकना आदि अंचलों के रहनेवाले, वहाँ के परिवेश तथा वहाँ

के प्राकृतिक वातावरण इतने जीवन्त लगते हैं और वहाँ का कोना-कोना हमारे सामने एक रोशनदान की तरह खुल जाता है। भाषा-सृजन के क्षेत्र में जो सबसे बड़ी सफलता ताराशंकर को मिली वह यह है कि उन्होंने बड़ी कुशलतापूर्वक सामान्य बोलचाल की भाषा के साथ वीरभूम की आंचलिक उपभाषा एवं विभिन्न प्रकार की बोली एवं उपबोलियों का सम्मिश्रण किया है। उनके आंचलिक उपन्यासों में विभिन्न चरित्रों के मुँह से जो संवाद निकले हैं वे साधारणतः बंगाल के वीरभूम जिले के राढ़-अंचल की भाषा अर्थात् राढ़ी-उपभाषा ही है परन्तु उनके पाठक यह भी जानते हैं कि उनके द्वारा सृष्टि की गई चरित्रों में (मानक हो या आंचलिक) प्रायः कुछ ऐसे शब्द या शब्दावली उद्धृत चिह्न (inverted comma) द्वारा चिह्नित किए गए हैं, जिनके समय-समय पर अर्थ भी बता दिए गए हैं। सम्भवतः राढ़ी उपभाषा से वीरभूम की बोलियों को पृथक् रूप में दिखाने के लिए ही उन्होंने ऐसा किया है। एक उदाहरण 'हाँसुली बाँकेर उपकथा' से दिया जा सकता है:–

(यहाँ उद्धृत चिह्न लेखक के दिए हुए हैं और **स्थूलाक्षर** मेरे। स्थूलाक्षर उपभाषा के रूप में प्रयुक्त हुए हैं।)

यहाँ इसका हिन्दी में अनुवाद प्रस्तुत करने की चेष्टा कर रही हूँ–

"बनवारी को पाखी आज बहुत अच्छी लगी। बहुत अच्छी लड़की है पाखी। बसन की **कन्या** (बेटी), उसके 'अक्त' (अर्थात 'रक्त' यानी खून) में चौधरी बाबू लोगों का 'अक्त' मिला हुआ है न; कैसी अच्छी नहीं होगी! आनन्द और तृप्ति से उसका मन भर उठा है, **हिया** (हृदय) जैसे भर उठा, गरमी के दिनों में माँ-कोपाई की **शेतल** (शीतल) जल से भरे हुए 'आंगा' (अर्थात्, 'रांगा' यानी लाल) मिट्टी के कलश की तरह। मन-ही-मन में उसने **कत्ता ठाकुर** को प्रणाम करके कहा–**बाबा ठाकुर**, ये सब तुम्हारी दया से हुआ है। तुम्हीं ने मुझे **मातब्बर** (मुखिया) बनाया है, तुम्हीं ने दी है मुझे ऐसा मन, ऐसी मति। तुम्हीं 'अखे' (अर्थात् 'रखे' या रक्षा) करोगे कहारों के घर-द्वार की, आँधी-तूफ़ानों से।" (हाँसुली बाँकेर उपकथा, पृ. 286-87)

ताराशंकर के कथा-साहित्य में राढ़ी उपभाषा (जो वर्धमान-मिदनापुर-बाँकुड़ा आदि अंचलों में भी बोली जाती है, परन्तु बोलने की शैली एवं उच्चारण का ढंग हर अंचल में भिन्न-भिन्न है) के साथ-साथ इन प्रदेशों की विभिन्न बोलियाँ जैसे, मुण्डारी, माझी, बाग्दी आदि बोलियों तथा उप-बोलियों जैसे पश्चिमी एवं पूर्वी राढ़ी का प्रयोग अत्यधिक हुआ है। विशेषतः इनके उपन्यासों में वर्णित बनजारों की भाषा में तो पश्चिमी राढ़ी का स्पष्ट प्रभाव है। उदाहरणस्वरूप, 'अ' का 'उ' हो जाना–

जैसे,आपनि (अर्थात् आप) > आपुनि; (नागिनी., पृ. 46)

तोर (अर्थात् तेरा) > तुर; (वही, पृ. 116)

एखन (अर्थात् अभी) > एखुन; (हाँसुली. पृ. 116)

जननी > जनूनी; (नागिनी., पृ. 106)

उसी प्रकार 'ए' का 'ई' हो जाना:-

एबार (अर्थात् अब) > ईबार; (नागिनी. पृ. 77)

से (अर्थात् वह) > सी; (हाँसुली. पृ. 232)

फिर 'र' का 'अ' एवं 'अ' का 'र' उच्चारण :-

जैसे,रात > आत; (हाँसुली. पृ. 26)

राजा > आजा; (हाँसुली. पृ. 290)

उपकार > रोपकार; (हाँसुली. पृ. 297)

फिर ध्वनि-विपर्यय का उदाहरण भी दिया जा सकता है:-

जैसे 'न' का 'ल' हो जाना, तो कभी 'ल' का 'न' हो जाना।

उदाहरणस्वरूप : नतुन (अर्थात् नूतन या नया) > लतुन; (नागिनी. पृ. 45)

नागचक्र > लागचक्र; (नागिनी. पृ. 35)

लेखन (अर्थात् लेख या लेखन) > नेकन; (नागिनी. पृ. 41)

लागिनी > नागिनी अर्थात् नागिन; (नागिनी. पृ. 41)

वैसे ही 'ख' का 'ष' उच्चारण:

उदाहरणस्वरूप : चक्षु > चष्कु; (नागिनी. पृ. 133)

दु:ख > दुष्कु; (नागिनी. पृ. 31)

ऐसे उदाहरण असंख्य दिए जा सकते हैं। स्थानीय बोली का प्रयोग भी उन्होंने कई स्थानों पर किया है; जैसे, 'हाँसुली बाँकेर उपकथा' में बनवारी जब अपने मालिक से कुछ कहना चाहता है तो 'आज्ञे' अर्थात् जी हुजूर को 'आज्ञेन' (हाँसुली., पृ. 211) कहता है। वे लोग अर्थात् कहार जाति के लोग 'कोथाय' अर्थात् 'कहाँ' को 'कुथाके' (हाँसुली., पृ. 370), 'हेथाय' अर्थात् 'यहाँ' को 'हेथाके' (नागिनी. पृ. 123), 'केनो' अर्थात् 'क्यों' को 'केने' (हाँसुली., पृ. 273) आदि उच्चारण करते हैं।

इनके अतिरिक्त, अर्धतत्सम शब्दावली से भी भरे पड़े हैं उनके उपन्यास। जैसे, 'मित्तु' अर्थात् मृत्यु, (नागिनी., पृ. 40), 'छेआँ', 'छोयाँ' अर्थात् छूना (हाँसुली., पृ. 221) 'पेचार' अर्थात् प्रचार (हाँसुली. पृ. 254), 'पछिम' अर्थात् पश्चिम

(हाँसुली. पृ. 175), 'भेरम्' अर्थात् भ्रम (नागिनी. पृ. 62), 'पेनाम' अर्थात् प्रणाम (नागिनी., पृ. 40)

कभी-कभी मुण्डारी (संथालों की भाषा), बाग्दी, मेझेन (माझी भाषा) आदि बोलियों के अप्रचलित आंचलिक शब्दों के भी दर्शन हो जाते हैं जैसे, 'छामुने' अर्थात् सामने (हाँसुली., पृ. 218), 'लाच' अर्थात् नाच (नागिनी., पृ. 50), 'टुकुई' अर्थात् टोकरी (नागिनी., पृ. 72), 'भार-भरोटा' या 'चुंगी' अर्थात् आधार (नागिनी., पृ. 73) आदि।

ताराशंकर के पात्र समाज के विभिन्न स्तर के प्रतिनिधि हैं। राढ़ प्रदेश के ज़मींदार, किसान, मज़दूर, डोम, बाउरी, बाग्दी, मछुआरे, बाज़ीगर, बनजारे, जादूगर, वैष्णव भिखारी, कवियाल (झुमुर गीत गानेवाले), कुम्हार, लुहार, मालाकार (माला पिरानेवाले), पटुआ (मूर्ति बनानेवाले), सर्कस के खेल दिखानेवाले, माझी, सपेरा आदि में शायद ही कोई ऐसा चरित्र हो जिसे ताराशंकर ने अपनी लेखनी के द्वारा जीवन्त न बना दिया हो। इनमें जिस प्रकार वर्गगत वैषम्य (Class distinction) है वैसे ही पेशे भी उनके भिन्न-भिन्न हैं। यही कारण है कि उनके पात्रों के आपसी संवाद की भाषा भी उनके शिक्षा-स्तर, वर्ग, जाति एवं व्यवसाय के आधार पर बदलती रहती है। इसे 'विशिष्ट बोली' या 'Occupational dialect' भी कहा जा सकता है। उदाहरण के लिए, 'तारिणी माझी' कहानी में 'तारिणी' जिस भाषा में बात करता है मुसलमान सपेरा लँगड़ा शेख ('नारी और नागिन' में) अपनी बीवी जुबैदा से उस भाषा में बातें नहीं करता है। उसकी बोली अलग है। और फिर 'हाँसुली बाँकेर उपकथा' उपन्यास में वर्णित 'कहारों' की बोली 'नागिनी कन्यार काहिनी' के सपेरे एवं बनजारों की भाषा से सर्वथा भिन्न है। 'नागिनी कन्यार काहिनी' में वर्णित 'विष-बेदे' (अर्थात् विष-बनजारों) की भाषा (पृ. 18, एवं पृ. 26), 'गणदेवता' के न्यायरत्न की 'किस्सागोई' भाषा (पृ. 240) से बिलकुल भी मेल नहीं खाती। यहाँ तक कि दो परम्पराओं की दो महिलाओं की भाषा अथवा दो भिन्न-भिन्न सामाजिक वर्गों की नारियों की भाषा भी एक नहीं है। इसीलिए अनिरुद्ध लुहार की पत्नी 'पद्म' और 'पेतो' मोची की बहन 'दुर्गा' की भाषा एवं बोलने की शैली में बहुत अन्तर है (गणदेवता, पृ. 130-32)। उसी प्रकार ताराशंकर के शिक्षित एवं अभिजात वर्ग के पात्र शुद्ध परिनिष्ठित भाषा का प्रयोग करते हैं, कभी-कभी विदेशी भाषा विशेषत: अंग्रेज़ी भाषा का भी खुलकर प्रयोग करते हैं (गणदेवता, पृ. 17-18)। जबकि अशिक्षित या अर्धशिक्षित जनता यदि इनकी भाषा बोलती भी है तो अशुद्ध उच्चारण के साथ। अंग्रेज़ी शब्दों का प्रयोग तो वे इस तरह करते हैं, जैसे एमोनियम सल्फेट को 'सालपेट आलुमिनि', एलुमिनियम को 'एनोमिली' आदि

कहते हैं (पृ. 273)। बनवारी 'रेल' (हाँसुली., पृ. 211) को 'ऐल', ट्रेन को 'टेन' (हाँसुली., पृ. 194), केरोसिन को 'केराचिनी' (हाँसुली. पृ. 401), यूनियन बोर्ड को 'न्यूनाईन बोड' (हाँसुली., पृ. 407) बोलता है। वैसे ही 'हाँसुली बाँकेर उपकथा' का प्रमुख पुरुष पात्र 'कराली' जब चन्दनपुर जाता है तो वहाँ से हिन्दी सीखकर आता है लेकिन अशुद्ध हिन्दी। उदाहरणस्वरूप–''जे आयेंगा से आयेंगा, हाम केयार करता नहीं है (हाँसुली बाँकेर उपकथा, पृ. 213)।'' ताराशंकर के साहित्य में कुछ ऐसे पात्र भी हैं जो बंगाल के बाहर से आए हैं अर्थात् 'हिन्दी भाषी'। जैसे, 'गणदेवता' में राजपूत त्रिपुरा सिंह की बांग्ला मिश्रित हिन्दी बोली का उदाहरण दिया जा सकता है, (इसे idiolect भी कहा जा सकता है)–''यही गाँव में हामी तीन-तीन बार पुड़ाईयेसी, तब से ई बेटा हमाके आमोल दिलो'' (गणदेवता, पृ. 54)। एक दूसरा उदाहरण प्रस्तुत है–''दीवान बलराम को आदेश देता है–जाओ शिवशरण जाओ, आध घण्टा के बाद गलाय गामछा दिए ले आना।'' (सबोनाशी एलोकेशी, पृ. 46)। अतः उनके पात्र अपनी भाषा से ही अपना पूरा परिचय दे देते हैं।

इस प्रकार हमने पाया कि ताराशंकर की रचनाओं में Class dialect, socialect या idiolect आदि हर प्रकार की बोलियों में लोकभाषा (folk speech) को ही महत्ता दी गई है। 'लोकभाषा' शब्द का एक पारिभाषिक तात्पर्य है। आधुनिक लोकभाषा वैज्ञानिकों के मतानुसार 'लोक' शब्द का अर्थ है; एक विशेष जाति, धर्म, पेशा, अंचल को अपनाए हुए जनगोष्ठी जो अपनी परम्परा और संस्कृति की रक्षा करने के लिए सदैव तत्पर एवं सक्षम हों। Allan Dundeys 'folk' अथवा 'लोक' शब्द की व्याख्या इस प्रकार करते हैं–

"The term 'folk' can refer to any group of people whatsoever who share at least one common factor. It does not matter what the linking factor is–it could be a common occupation, language or religion–but what is important is that a group forms for whatever reason will have some traditions which it calls its own."[10]

लोक-साहित्य या लोकभाषा की अपनी कुछ प्रमुख उपादान या (folkregister) तत्त्व होती है। ताराशंकर की भाषा में चूँकि लोक साहित्य के कई उपादान, 'type' अथवा 'motif' के रूप में निहित है, अतः लोकभाषा के कई उपादान अर्थात् folkregister भी कई हैं। उपबोलियों की तरह इन शब्दों को भी लेखक ने पाठकों की सुविधा के लिए उद्धृतिचिह्न के बीच में रखा है। ये लोक-उपादान (folkregister) प्रमुखतः राढ़ अंचल के देव-देवी, धार्मिक उत्सव एवं आस्था, विशेष पेशा (occupation), खेतीबाड़ी से सम्बन्धित होते हैं। ये folkregister या लोक उपादान ही किसी भी लोक-संस्कृति की प्रमुख विशेषता हैं। उदाहरणस्वरूप–

(1) **व्रत या उत्सव सम्बन्धी उपादान**–'वेरतो' अर्थात् व्रत (हाँसुली., पृ. 291), 'पाँच आँकुड़ी' अर्थात् पचांकुर (हाँसुली., पृ. 260), 'आँजला' अर्थात् अंजलि (हाँसुली., पृ. 291), 'नाग पंचमी' (नागिनी., पृ. 32) आदि।

(2) **देवता विषयक**–'मूठ-लक्ष्मी' (गणदेवता, पृ. 133), चक्रचिह्न (नागिनी., पृ. 30), 'पौष-लक्ष्मी' अर्थात् पूस-लक्ष्मी (गण., पृ. 126), 'विषहरि' अर्थात् सर्पों की माता माँ मनसा (नागिनी कन्यार काहिनी, पृ. 30), 'पाँज' अर्थात् पदचिह्न (हाँसुली., पृ. 259), 'सात भाई तारा' अर्थात् सप्तर्षिमण्डल (नागिनी., पृ. 90), 'वाउड़' अर्थात् भूत (हाँसुली., पृ. 247) आदि।

ऐसे लोक-उपादान ताराशंकर के उपन्यासों में भरे पड़े हैं।

इन लोक-भाषाओं के अतिरिक्त उन्होंने अंग्रेज़ी, अरबी, फारसी एवं उर्दू शब्दों का भी प्रयोग बहुलता से किया है। उनके 'गन्नावेगम' उपन्यास जो सम्पूर्ण आंचलिक उपन्यास न होते हुए भी, जिसमें सन् 1956 के ऐतिहासिक पृष्ठभूमि में आगरा शहर के तत्कालीन परिवेश को यथार्थ रूप प्रदान करने के लिए मूलतः अरबी, फारसी और उर्दू शब्दों का ही प्रयोग किया गया है, से एक उदाहरण द्रष्टव्य है–

(प्रस्तुत बांग्ला पंक्तियों को देवनागरी लिपि में लिपिबद्ध करने से विदेशी शब्दों का प्रयोग-विधि और अधिक स्पष्ट होगा)

"तार जन्य तोमार **अफसोस**, केनो माँ? **लाखों-लाखों** ग़रीब घरेर लड़की **बाँदी** होए बिक्री होच्छे, **तवायफ़रा** किने निये तादेर **तफायफ़** कोरछे–तारा बाध्य होये **तवायफ़ेर** ज़िन्दगीते हाँसे-खेले, नाचे-गाए और **खोदाके** डाके। अनेके हयतो डाकेउ ना। तूमि तारई मध्ये **गज़ल** तैयार कोरेछो, मानुष तोमाके **ख़ातिर** कोरेछे, प्यार कोरेछे। **खोदातालार हुकुमे** ते **नसीब** तोमाके **तवायफ़वालीर** जीवन थेके **फ़रमान** दिये खोलसा दियेछे–घर दियेछे–आमार **आब्बाजानेर** मतो **बेहस्तेर** दूतेर हाथे तूले दियेछे। तोमार **शरम** किसेर **अम्माजान?** ऐमन **अम्मा** कार हय?" (**स्थूलाक्षर** में लिखे गए शब्द विदेशी हैं।) (गन्नावेगम, पृ. 126)

ताराशंकर के अनुरूप रेणु की 'भाषा' में विशेषतः संवाद शैली में भी साधारण बोलचाल की भाषा के साथ-साथ, बोली, उपबोली, स्थानीय बोली एवं विदेशी बोली का सुन्दर प्रयोग हुआ है। यही कारण है कि रेणु की भाषा इतनी जीवन्त है, जो नाना प्रकार के शब्द समूहों को स्वीकार कर अपनी प्रकृति के अनुरूप ढालकर परिमार्जित कर, अपना स्वरूप बनाती है। नीचे दिए गए भाषाचित्र से रेणु के भाषा-जगत् को स्पष्ट किया जा सकता है:-

रेणु द्वारा प्रयुक्त भाषा के प्रकार

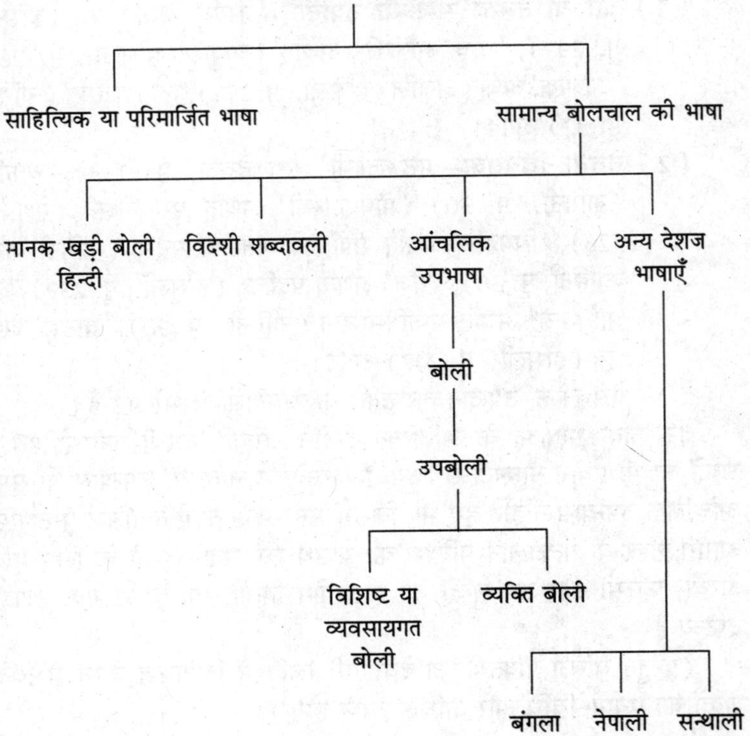

रेणु के उपन्यासों की भाषा खड़ी बोली हिन्दी एवं बिहारी हिन्दी का वह रूप है जो मैथिल अंचल के लोगों द्वारा कचराही बोली के रूप में पहचानी जाती है। आंचलिक या स्थानीय भाषा (बोली) के प्रयोग के सम्बन्ध में उन्होंने स्वयं कहा है:–

"यों जब साधारण जनता की बात कहनी हो, जब वे लोग बोलते हैं तब तो ज़ाहिर है कि अपनी गाँव की बोली में बोलते हैं–मुझे लिखना पड़ रहा है उसे हिन्दी में। तो अगर मैं उसको शुद्ध व्याकरण सम्मत और पण्डिताऊ भाषा में लिखता हूँ, तो खुद कान में कैसा लगेगा कि यह एक गाँव का आदमी किस तरह से बोलता है–इतना शुद्ध बोलता है और बिल्कुल वैसा या अशुद्ध लिखने से यह उपन्यास चल नहीं सकता है। तो बीच का कहीं एक रास्ता तैयार करना होगा। जो वे लोग बोलते हैं कचहरी-कचहरी में–'कचहरी बोली' कहते हैं उसे। कचहरी को खिचड़ी भाषा में बोले जाने से 'कचराही बोली'–मैंने इस्तेमाल किया है। कई जगह इसी कचराही

बोली का...तो मैंने व्याकरण की दृष्टि से उसको सही रखा या सही कर दिया।...फिर उसकी जो भाव की गति है, लय है बोलने की, उसको मैंने नहीं तोड़ा। है वह खड़ी बोली, लेकिन लय उसकी अपनी है।''[11] इस प्रकार, रेणु ने अपने उपन्यासों में आंचलिक उपभाषा, बिहारी हिन्दी के साथ-साथ मैथिली एवं भोजपुरी के अनेक शब्दों का (कहीं-कहीं वाक्यों का भी) अत्यन्त सूक्ष्मता एवं स्वाभाविकता से प्रयोग किया है।

वैसे भी यह एक बात तथ्य है कि स्थानीय बोली के प्रयोग से उस अंचल या जनपद विशेष की संस्कृति को समझने में सुविधा होती है। उदाहरणस्वरूप–गनी महात्मा, नीमक कानून, गमकौआ साबुन, किरान्ती दल, जिनिस, टिकस आदि। रेणु के उपन्यासों में केवल स्थानीय शब्दों का प्रयोग ही नहीं मिलता अपितु ताराशंकर के समान उन शब्दों में स्थानीय शब्दों के उच्चारण की विशिष्टता भी मिलती है।

भोजपुरी एवं मैथिली बोली होने के कारण उसमें तद्भवीकरण की प्रवृत्ति अधिक रहती है। उदाहरणस्वरूप, स्तुति > अस्तुत (मैला आँचल, पृ. 10), स्त्री > इसतिरी (वही, पृ. 272), मूर्ति > मूरती (वही, पृ. 100) आदि। इन दोनों बोलियों में प्राय: उष्मीकरण की प्रवृत्ति भी देखी जा सकती है, जैसे 'ष' का 'ख', 'श' का 'स' आदि होना एवं इसका प्रभाव रेणु के द्वारा सृष्ट पात्रों की भाषा पर भी पड़ा है। उदाहरणस्वरूप, बेहोश > बेहोस (मैला आँचल, पृ. 43), करिश्मा > कारजामाँ (वही, पृ. 246), शान्ति > सान्ती (वही, पृ. 238), शहर > सहर (वही, पृ. 62), दोष > दोख (वही, पृ. 211), भाषण > भाखन (वही, पृ. 42), जोतिषी > ज्योतिखीजी (वही, पृ. 42) इत्यादि। उसके अतिरिक्त वर्ण-विपर्यय के उदाहरण भी अनगिनत पाये जाते हैं। जैसे लखनऊ का नखलौ (मैला आँचल, पृ. 230) आदि। इसी प्रकार लोकोच्चारण के कारण 'ल' का 'र' हो जाना, 'न' का 'ल' आदि होना भोजपुरी की अपनी विशेषता है। उदाहरणार्थ–नोटिस > लोटिस (मैला आँचल, पृ. 104), रामनारायण > रामलरेन (वही, पृ. 70) आदि।

यही विशेषता बंगाल के पश्चिमी राढ़ी बोली में भी पायी जाती है, जिसका उल्लेख मैंने पहले ही किया है। भोजपुरी में हिन्दी शब्दों के ध्वनि-परिवर्तन के भी कई उदाहरण मिलते हैं, जिनका प्रयोग रेणु ने अपने उपन्यासों में अत्यन्त स्वाभाविकता से किया है। जैसे, मूँछ > मोंछ (मैला आँचल, पृ. 210), हुजुर > हजोर (वही, पृ. 269), आन्दोलन > आन्डोलन (वही, पृ. 34), इनक्लाब जिन्दाबाद > इनकिलाब जिन्दाबाद (वही, पृ. 204) आदि। इसी प्रकार शब्दों के आद्याक्षर के साथ समासध्वनि का उपसर्ग जोड़कर उसे शब्दों के आदि भाग में जोड़ने की एक प्रवृत्ति मैथिली भाषा की अपनी विशेषता है। उदाहरण प्रस्तुत है–

कर–कचहरी (कितने चौराहे, पृ. 234), दर–दरोगा (कितने चौराहे, पृ. 15), हर–हवलदार (कितने चौराहे, पृ. 45), मर–मुकादम (मैला आँचल, पृ. 79) आदि।

इस तरह भोजपुरी तथा मैथिली के अनेक शब्द रेणु के उपन्यासों में जहाँ-तहाँ मोती की तरह बिछे हुए दिखाई देते हैं। जैसे भोजपुरी के 'लागलगा' (मैला आँचल, पृ. 205), 'रहलबा' (वही, पृ. 254), 'चलब' (वही, पृ. 81), 'करब' (वही, पृ. 81) आदि एवं मैथिली के पंचलैट (मैला आँचल, पृ. 205), 'कनिया' अर्थात् दुल्हन (मैला आँचल, पृ. 19), 'हांजे' अर्थात् भैंसों का झुण्ड (मैला आँचल, पृ. 491), हँसेरी, बलवा (मैला आँचल, पृ. 195) आदि। कहीं-कहीं, ताराशंकर की ही तरह विवरण देकर भी शब्दों के अर्थ स्पष्ट किए गए हैं।''[12] यहाँ 'दाय' शब्द को लेखक ने पाठक-वर्ग की सुविधा के लिए उद्धृति चिह्न के बीच रखा है। यही विशेषता हम ताराशंकर की भाषा में भी देख चुके हैं। रेणु के उपन्यासों की भाषा में, कुछ एक मैथिली शब्द ऐसे भी हैं जिनका अर्थ प्रायः प्रसंग से ही स्पष्ट हो जाता है। जैसे–''वह चाहती है मलारी की 'चँहकबाज़ी' छुड़ा दे कोई।''[13]

इनके अतिरिक्त अंग्रेज़ी शब्दों के तत्सम-तद्भव दोनों रूप मिलते हैं रेणु के उपन्यासों में। जैसे 'कैण्टिन' (परती., पृ. 514), 'रेड-रोज, व्हाइट रोज' (वही, पृ. 520), कालिंग बेल (वही, पृ. 519), इसपिताल (मैला आँचल, पृ. 58), डागहर (मैला आँचल, पृ. 58), अलमुनियाँ (मैला आँचल, पृ. 288) आदि। फिर निरक्षर अथवा कम पढ़े-लिखे लोग विदेशी शब्दों का प्रयोग तो करते हैं पर उच्चारण सौकार्य एवं अज्ञानता के कारण इन्हें विकृत कर देते हैं। इसे हम व्यक्ति बोली भी कह सकते हैं। उदाहरणस्वरूप, मेजोरिटी > मेजरौटी (परती., पृ. 322), पॉलिटिक्स > पौलटीस (परती., पृ. 324) आदि। रेणु पात्रानुकूल भाषा के प्रयोग में भी सिद्धहस्त थे। ''तुरन्त मैण्ड चकराने लगता है।'' (परती., पृ. 449), ''मैंने मार्क करके देखा है, बीस बार...उसने वाटरमेक किया है, उस पेड़ के पास बैठकर।''[14] (वक्ता भिम्मल मामा) जैसे वाक्य इस बात को प्रमाणित कर देते हैं। रेणु के उपन्यासों के अधिकांश पात्र अनपढ़ हैं, लेकिन समाज में बदलते रूप के साथ वे भी अपनी भाषा में अंग्रेज़ी शब्दों का प्रयोग करना चाहते हैं, फिर उन शब्दों के अर्थ से वे परिचित हो अथवा न हों।

अंग्रेज़ी के साथ-साथ उर्दू, अरबी-फारसी के शुद्ध रूप तथा विकृत रूपों का भी अत्यन्त स्वाभाविक प्रयोग मिलता है, रेणु के उपन्यासों में, क्योंकि सामान्य जनमानस की भाषा में उर्दू, फारसी शब्द ऐसे घुल-मिल गए हैं उसे स्थानीय भाषा से अलग करना असम्भव ही हो जाता है। उदाहरणस्वरूप–आफताब (जुलूस, पृ. 155), इन्तकाल (मैला आँचल, पृ. 66), फहरिस्त (वही, पृ. 143), मजलूनों

(वही, पृ. 177), कानून (मैला आँचल, पृ. 50), वाजिब (मैला आँचल, पृ. 84), तालीम (मैला आँचल, पृ. 238), तामील (जुलूस, पृ. 116) आदि।

नेपाली, सन्थाली तथा बांग्ला भाषा एवं शब्दों का प्रयोग भी रेणु ने अपने उपन्यासों में, रोज़मर्रे की भाषा में, धड़ल्ले से किया है। नेपाल तो रेणु की 'सानोआमा' अर्थात् 'छोटी माँ' रही है। अतः स्वाभाविक रूप से ही उनके उपन्यासों में नेपाली शब्दों का प्रयोग मिलता है। 'परती : परिकथा' का 'दिलबहादुर' नेपाली भाषा बोलने वाला पहाड़ी पात्र है। अतः उसके द्वारा प्रयुक्त वाक्यों को, पाठकों की सुविधा के लिए सम्भवतः, कहीं-कहीं हिन्दी अनुवाद या अर्थ के साथ दिया गया है। उदाहरणस्वरूप, "दाज्यू! अस्नो नगर न मेरो दाज्यू।...मने को कुस सुनऽ-ऽ! ऐसा मत करो। बात सुनो, दाज्यू। भाई!"[15] यही विशेषता ताराशंकर की रचनाओं में भी देखी जा सकती है। ऐसे वाक्य बहुत ही स्वाभाविक लगते हैं तथा पात्र के चरित्र को जीवन्त बनाने में सहायक सिद्ध होते हैं।

नेपाली भाषा के अतिरिक्त 'मैला आँचल' उपन्यास में एक जगह 'धाँगड़ बस्ती' का उल्लेख आया है जहाँ पर रेणु ने बहुत सहज ढंग से सन्थाली शब्दों का प्रयोग किया है। जैसे, 'दिक्कू' अर्थात् ग़ैर धाँगड़ (मैला आँचल, पृ. 194), 'पँचाय' अर्थात् भात की शराब (मैला आँचल, पृ. 194) आदि। रेणु की भाषा तथा आंचलिकता पर विचार करने के क्रम में यह भी ध्यान रखना होगा कि उन पर बंगाली मानसिकता का भी प्रभाव है। पूर्णिया में वैसे भी बंगाली संस्कृति, रहन-सहन आदि का प्रभाव देखा जाता है। फिर सतीनाथ भादुड़ी, जो पूर्णिया के ही थे, को आंचलिक कथाकार के रूप में बांग्ला के शेष आंचलिक या ग्रामकेन्द्रित कथाकारों से अलग करके देखने की आवश्यकता है, वैसे ही रेणु को भी हिन्दी के अन्य आंचलिक उपन्यासकारों से अलग करके देखने की ज़रूरत है। रेणु के लेखक का जो एक बंगाली मिजाज है, वह हिन्दी के शायद ही किसी अन्य कथाकार का है। इसका एक और कारण लतिका जी भी हैं। इसीलिए सम्भवतः रेणु के उपन्यासों में बंगाली पात्रों का एक विशिष्ट अनुपात है। यह एक उल्लेखनीय तथ्य है। पूर्णिया का ठेठ देहाती जीवन और बंगाली मानसिकता दोनों का तालमेल केवल रेणु जी के जीवन की ही विशेषता नहीं है, अपितु कुछ अंश तक पूर्णिया की भी विशेषता है। अतः उनके उपन्यासों में पात्रों की मानसिकता के अनुरूप, सीधे-सीधे बांग्ला भाषा का प्रयोग उन्होंने अनेक स्थान पर में किया है। उनके लिए बांग्ला सहज स्वाभाविक है किन्तु उनके हर पाठक के लिए वह उतना सहज सरल नहीं भी हो सकता है, इसीलिए पाठक वर्ग की सुविधा हेतु उन्होंने कहीं-कहीं बांग्ला शब्दों के अर्थ भी दे दिए हैं तो कहीं उसका हू-ब-हू वैसे ही प्रयोग किया है। उदाहरणार्थ, "कोनो भय नेई। डरने की कोई बात नहीं।"

(जुलूस, पृ. 129) कहीं-कहीं पूरे बंगाली वाक्य भी आए हैं, परन्तु प्रसंगानुकूल उनका अर्थ समझा जा सकता है, जैसे–

'कासिम दादा, क्या बक रहे हो?'
'तुमी आमार चाँद!'
'...चाँद सदा आकाश में रहता है।'
'आमि धोरबो।' (जुलूस, पृ. 159)

अथवा, 'कोथाय...कोथाय से? साला बूड़ार बिटी कोथाय!...आमार चाँद!' (वही, पृ. 159)

इस प्रकार हम देखते हैं कि परिमार्जित अर्थात् साहित्यिक भाषा के साथ-साथ सामान्य बोलचाल की भाषा एवं विभिन्न बोलियों के प्रयोग में ताराशंकर एवं रेणु दोनों ही अत्यन्त कुशल थे। उन दोनों के मध्य एक सादृश्य यह भी है कि ताराशंकर के समान रेणु के उपन्यास की भाषा अर्थात् लोकभाषा में भी लोकसाहित्य के लोक-उपादान या तत्त्व प्रचुर मात्रा में मिलते हैं। कुछ आलोचकों ने तो 'मैला आँचल' एवं 'परती : परिकथा' को लोकसंस्कृति का महाकाव्य तक कह डाला है।[16] मैंने पहले ही उल्लेख किया है कि स्थानीयता का यह पुट पिछड़ी जनजातियों के जन-जीवन में व्याप्त शब्द ज्ञान व उसके प्रयोग को अपने सन्दर्भ या प्रसंग में अर्थबोध की वास्तविकता को स्पष्ट करता है। साथ ही ऐसी रचनाएँ पाठकों के लिए भी अत्यन्त रोचक बन जाती हैं। इनमें कुछ-कुछ शब्द क्लिष्ट हैं तो कुछ एक सरल एवं स्वाभाविक भी।

उदाहरण के तौर पर:-

(1) **धर्म-दर्शन सम्बन्धी :–**विषहरी माई (मैला आँचल, पृ. 115), साधु सुभाव (वही, पृ. 35), सतगुरु आज्ञा (वही, पृ. 37), कण्ठी दासी, नेमटेम (वही, पृ. 237), खाँड़ा (परती : परिकथा, पृ. 380), श्रीचक्र, गोमुखी रुद्राक्ष का दाना (वही, पृ. 389), कारन (माँ काली को उत्सर्ग की हुई शराब), (वही, पृ. 521) आदि।

(2) **वेश-भूषा सम्बन्धी :–**कनफूल, बुलाक (मैला आँचल, पृ. 83), सन्तीपुरी साड़ी (वही, पृ. 178), रेशमी पटोर, सोने के गहनवा (परती., पृ. 314) आदि।

एक और सादृश्य जो ताराशंकर एवं रेणु की कृतियों में सहज ही दृष्टिगत होती है, वह है मानक भाषा के साथ सामान्य बोलचाल की भाषा एवं बोलियों का सम्मिश्रण अर्थात् Code-mixing। उदाहरणस्वरूप ताराशंकर के 'हाँसुली बाँकेर उपकथा' उपन्यास में:-

"बनवारी ने गर्दन हिलाकर निराशा प्रकट करते हुए कहा–तब फिर 'मिजाप' क्यों खराब हुआ?...सारी 'आत' चिन्ता के मारे नींद नहीं आई। भोर 'आत' में थोड़ी

सी आँख लगी ही थी कि–वह कहते हैं तुरन्त 'सपन' बन गया।" (हाँसुली बाँकेर उपकथा, पृ. 26–27)

यहाँ (उद्धृत चिह्न लेखक द्वारा दिए गए हैं) पश्चिमी राढ़ी बोली का प्रयोग किया गया है। 'मिजाज़' को 'मिजाप' कहा गया है। उपन्यास में वर्णित अंचल के लोग 'र' अक्षर से किसी शब्द के आरम्भ होने पर 'अ' बना देते हैं। फलस्वरूप, रात यहाँ 'आत' बन गई है। 'सपन' अर्थात् स्वप्न भी राढ़ी शब्द ही है।

रेणु के उपन्यासों में भी जगह-जगह पर सामान्य बोलचाल की भाषा एवं लोकभाषा तथा स्थानीय बोली का मिश्रण (code-mixing) अनायास हो गया है, जिसके फलस्वरूप अनेक स्थलों वर व्यंग्य को बड़ी सफलता के साथ उभारा गया है, जिससे संवाद अत्यन्त प्रभावशाली बन गए हैं। इस सन्दर्भ में 'मैला आँचल' का यह संवाद द्रष्टव्य है:-

"बाबू साहेब मुँह खराब क्यों करते हैं? आप विदमान है और हम ज़ाहिल। हमसे जो क़सूर हुआ है कहिए।" (पृ. 33) अथवा, साधारण वर्णन शैली में भी यह परिलक्षित होती है, जैसे, "सहर पुरैनिया। यही है सहर पुरैनिया–पक्की सड़क, हवा गाड़ी, घोड़ा गाड़ी पक्का मकान।...एक रत्ती चिनगी चिनग जाय, सहर पुरैनिया लूटल जाये?...कलेजा धक-धक करता है। जिसके हाथ में गन्ही महात्मा का झण्डा रहता है, उसे गाट-बाबू, चिकिहर बाबू टिकट नहीं माँगता है।...सचमुच में रेलगाड़ी, 'जै-जै काली छै-छै पैसा' करते हुए दौड़ती है।" (मैला आँचल, पृ. 62) इसे पढ़ने से ऐसा लगता है जैसे कि पूर्णिया शहर का यह परिचय कोई ग्रामीण पात्र ही दे रहा है, परन्तु यह स्वयं उपन्यासकार द्वारा ही दिया गया है। ऐसे उदाहरण असंख्य हैं। इस प्रकार उपन्यासकार ताराशंकर एवं रेणु अपने को उपन्यास का एक पात्र ही समझते हैं, जिससे वे इस अंचल के प्रतिनिधि बन जाते हैं। फलतः उनके माध्यम से स्वयं वह अंचल ही बोलता है।

इसी प्रकार लेखकद्वय के भाषिक प्रयोग में एक साम्य यह भी है कि आवश्यकता पड़ने पर वे अनायास परिमार्जित या साहित्यिक भाषा से मानक या बोलचाल की भाषा से चले जाते हैं और इसके लिए वे code switchig कर लेते हैं। code switching का अर्थ है साहित्यिक भाषा का हठात् बोलचाल की भाषा में रूपान्तरित हो जाना या फिर इसी का विपरीत हो जाना। विख्यात भाषा वैज्ञानिक जॉन लियॉन्स ने 'code switching' को कुछ इस प्रकार व्याख्यायित किया है–

"The ability of members of such language communities to pass from one dialect or variety of the language to another according to the situation of ulterance may be referred to as code-switching."[17] इस प्रकार एक भाषा से दूसरी भाषा या बोली में रूपान्तरित करते समय ताराशंकर या रेणु के लेखन-शैली में कहीं कोई अस्वाभाविकता दृष्टिगत नहीं होती।

ताराशंकर के गद्य में यह रूपान्तरण कैसे हुआ है, निम्नलिखित उदाहरण द्वारा यह स्पष्ट किया जा सकता है :

(1) अधिवाचन या 'discourse' के क्षेत्र में :

"रास्ते के सम्मुख (सामने) ही वह शिउली का पेड़ है। अकेले बैठकर गत रात्रि की ही बात याद आ रही है बार-बार। छि:-छि:-छि: पद्म तुने यह क्या किया? किसी भी प्रकार से उसके मन में पद्म के प्रति बिन्दुमात्र करुणा नहीं उपजी।" (गणदेवता, पृ. 488)

(1) वाक्य के क्षेत्र में :

"चौधरी ने खाँसकर गला साफ़ करते हुए बोला–श्रीहरी ने तुम्हें इस तरह से पीटा–उसने बड़ा अन्याय किया है, अपराध किया है, हज़ार बार, लाखों बार, यह बिल्कुल सत्य है।" (गण, पृ. 24)

अब रेणु के उपन्यासों में इसका उदाहरण निम्नलिखित पंक्तियों से दिया जा सकता है :

(1) अधिवाचन या 'discourse' के क्षेत्र में :

"माघ की सन्ध्या ठिठुरते हुए गाँव को धीरे-धीरे आँचल में छिपा रही है। अर्थात् पशु की आँखों की तरह किसी-किसी घर में ढिबरी भुकभुका रही है।...घूर के पास आज कौन बैठेगा। सभी अपने-अपने घर के कोने में छुपे हुए हैं।" (मैला आँचल, पृ. 279) एक दूसरा उदाहरण : "अँधेरे में एक महाप्रकाश।...आँखें चौधियाँ जाती हैं कमली की! महात्मा जी खिलखिलाकर हँस पड़ते हैं–रोती क्यों है माँ! माँ! रोती क्यों है?" (मैला आँचल, पृ. 264)

(1) वाक्य के क्षेत्र में :

"बेतार के ख़बर में क्या बोला? गांधी जी का हत्यारा पकड़ा जा चुका है?...अरे! कैसे नहीं पकड़ायेगा भाई! हाय रे पापी। साला...ज़रूर जंगली देश का आदमी होगा। हत्यारा! मराठा? यह कौन जात है भाई! मारा ढा! अरे बाभन कभी ऐसा काम नहीं कर सकता, ज़रूर यह साला चंडाल होगा।" (मैला आँचल, पृ. 282-283)

ऐसे अनगिनत उदाहरणों से लेखकद्वय के उपन्यास भरे पड़े हैं।

यह ज्ञात तथ्य है कि पात्रोचित भाषा आंचलिक उपन्यास को अन्य विधाओं की भाषा से पृथक् करती है। पूर्वोक्त आलोचना से यह स्पष्ट हो जाता है कि रेणु एवं ताराशंकर के कथा-साहित्य में इसका पालन चरम रूप में हुआ है। इनके पात्रों का

वैयक्तिक, बौद्धिक एवं सामाजिक स्तर सब एक साथ उनकी भाषा में रूपायित है। एक बात यहाँ विशेष रूप से उल्लेखनीय है, वह यह कि ताराशंकर एवं रेणु दोनों को ध्वनि पकड़ने की अद्भुत शक्ति थी। इसी शक्ति के परिणामस्वरूप उन्होंने अपने पात्रों के मुख से उच्चरित भाषा, विशेषकर शब्दोच्चारण को हू-ब-हू पकड़ लिया। न केवल यही बल्कि पात्रों के अनुसार वे दोनों हँसने, रोने, तुतलाने, नाक बजाने यहाँ तक कि छींकने तक की क्रियाओं से भाषा-संकेतों का काम लेते हैं। उदाहरणस्वरूप ताराशंकर के 'हाँसुली बाँकेर उपकथा' में कहार लोग पालकी ले जाते वक़्त किस प्रकार 'प्लो...हि...प्लो...हि' की आवाज़ मुख से निकालते हैं उसका बड़ा ही स्वाभाविक एवं रोचक वर्णन किया है उन्होंने। उसी प्रकार रेणु के 'परती : परिकथा' उपन्यास में "सुचितलाल मडर जापानी पोंपी की तरह बोलता है—आंपने तांजमनी कां नंथियाँ उतारां थां-आं-आं?" (परती : परिकथा, पृ. 116) नाक से बोलने का बड़ा ही मज़ेदार उदाहरण है।

लेखकद्वय की भाषा में एक सादृश्य यह भी है कि इनकी भाषा निर्देशात्मक है। वह काव्य भाषा के सदृश्य अपनी ओर पाठक का ध्यान आकृष्ट नहीं करती अपितु दृश्यों, कार्यों एवं चरित्रों की ओर करती है। ये दोनों कथाकार जिस दृश्य का, जिस कार्य या घटना का वर्णन करते हैं उसी के अनुरूप भाषा गढ़ते हैं और चरित्र को तो मूर्त्त ही कर देते हैं।

भाषा प्रयोग वातावरण का निर्माण करना ताराशंकर एवं रेणु की एक दुर्लभ विशेषता है। जिस प्रकार काव्यभाषा बिम्बात्मक होती है, इनकी भाषा भी उसी प्रकार बिम्बात्मक है। इन दोनों कथाकारों को उपन्यासकार की वर्णन क्षमता एवं एक कवि की भाषा शक्ति दोनों प्राप्त थी। रेणु की 'परती : परिकथा' में इसके कई उदाहरण मिलते हैं। ताराशंकर का 'कवि' उपन्यास भी इसका एक उत्कृष्ट उदाहरण है।

उदाहरणस्वरूप, 'परती : परिकथा' की निम्न पंक्तियों में भाषा का मधुवेष्टित काव्यात्मक स्वरूप गद्य से अधिक काव्य के निकट है:-

"अमलतास के पीले फूल नववधू की पीली ओढ़नी की याद दिला रहे थे। योजनगन्धा शाम की हवा में पागलपन बिखेर रही थी। शिरीष की फूलों की पंखुड़ियाँ मंगल अशीष की तरह झड़ रही थीं।" (मैला आँचल, पृ. 154-155)

अथवा

"स्थिर निबद्ध, तीव्र दृष्टि।
विनिद्र सुरपति ने शरद पूर्णिमा के चाँद को देखा,
हवेली के पोखरे में।
सहस्र कमल दल पर शशि कला।
सुरपति की आँखों में स्नेह सिंचित लावनी की झलक"

(परती : परिकथा, पृ. 484)

उसी प्रकार 'नागिनी कन्यार काहिनी' की इन पंक्तियों में भाषा केवल काव्यमयी ही नहीं, सतरंगी कवि-कल्पनाएँ भी शब्दों में रंग भरकर चित्र बनाने में लग जाती हैं:-

''उस समय हिजल बिल के पानी का रंग काजल काला हो जाता है, उस पर नीला आकाश स्थिर हो जाता है, मानो सो रहा है। चारों ओर घासवन में उस समय सफ़ेद फूल खिल उठते हैं। सफ़ेद पखनों जैसे काशफूल और सरपत के फूल, ढेर सारे, बेशुमार! दूर से लगता है मानो, शरद के श्वेत मेघों का समूह 'हिजल बिल' के किनारे उतर आया है। उसके उस घने काले रंग को, बरसात में जो घुल-घुलकर, पिघल-पिघलकर, झरकर वहाँ जमा हो गया है, उसे ही फिर से लौटा ले जाने के लिए बिल के किनारे बैठा-बैठा प्रतीक्षा कर रहा है।'' (नागिनी कन्यार काहिनी, पृ. 5)

एक और विशेषता जो इन दोनों उपन्यासकारों के उपन्यासों में, वर्णन तथा विश्लेषण की भाषा में एवं चरित्रों के पारस्परिक वार्तालाप में सर्वत्र द्रष्टव्य है, वह है आंचलिक भाषा के विभिन्न उपादानों–लोकगीत, लोक-मुहावरे, लोक-शब्द, लोकोक्तियों तथा लोक-उपमाओं एवं बिम्बों के माध्यम से लोक-जीवन की आन्तरिकता को उभारने की चेष्टा। इन उपादानों को लेखकद्वय ने प्राय: अपने सभी ग्रामकेन्द्रित उपन्यासों में प्रचुरता से उपयोग किया है।

ताराशंकर के उपन्यासों में प्रयुक्त कुछ लोक मुहावरे, एवं लोकोक्तियाँ इस प्रकार हैं–

'लरे-लागे (नरे-नागे) बास हय ना' अर्थात् नर और नाग एक साथ निवास नहीं कर सकते। (नागिनी., पृ. 73), 'शियाल डाकिली परे बेदेर ना लिबे धरे' अर्थात् एक बार सियार के चिल्लाने के बाद (यानी शाम हो जाने के बाद) बनजारे फिर बाहर गई हुई कुँवारी कन्या को वापस घर नहीं रखते। (नागिनी., पृ. 53) 'यमराजार दखिन दुआर' अर्थात्, यमराज का दक्षिण द्वार (नागिनी., पृ. 17); 'हय चाल छाड़ ना हय आमाके छाड़' अर्थात या तो चालाकी छोड़ या फिर मुझे छोड़। (नागिनी., पृ. 213); 'जतो विष ततो मधु' अर्थात् जितना विष उतनी ही मिठास (नागिनी., पृ. 38), 'नियतिर लेखन' अर्थात् 'भाग्य का लिखा हुआ' (नागिनी., पृ. 41), 'खेले डोमना, डाक बामना' अर्थात् 'जहरीले नाग के डसने से ओझा न बुलाकर ब्राह्मण को बुलाओ' (नागिनी., पृ. 101), 'नदीर धारे बास, भावना बारो मास' अर्थात् नदी किनारे निवास, चिन्ता बारह मास (हाँसुली., पृ. 171), 'कत्तार कोध' अर्थात् शिवजी का क्रोध (हाँसुली., पृ. 198) आदि।

रेणु के उपन्यासों में तो ऐसे मुहावरे एवं लोकोक्ति भरे पड़े हैं; जैसे–'अन्धों में काना राजा' (जुलूस., पृ. 159), 'हाथी के आगे पिद्दी होना' (जुलूस, पृ. 110),

'माटी का महादेव' (जुलूस, पृ. 172), 'वे नागनाथ तो ये साँपनाथ' (जुलूस, पृ. 99), 'कूप का बैंग' अर्थात् कुएँ का मेंढक होना (मैला आँचल, पृ. 183), 'चूड़ा की गवाही दही से देना' (जुलूस, पृ. 162) आदि। इनके उपन्यासों में कहावतों का भी प्रयोग प्रचुर मात्रा में हुआ है। कुछ कहावतें इस प्रकार हैं—'चालनी कहे सूई से तेरी पेंदी में छेद' (जुलूस, पृ. 63), 'सब धान बाईस पसेरी' (वही, पृ. 102), 'बाप काटे घोड़ार घास, बेटा का नाम दुर्गादास' (मैला आँचल, पृ. 154), 'तुम कौआ तो हम कैथ' (मैला आँचल, पृ. 202), 'सत्तर चूहे खाकर बिल्ली हज को चली' (जुलूस, पृ. 223) आदि। इनके अतिरिक्त रेणु एवं ताराशंकर के उपन्यासों में कई खूबसूरत उक्तियाँ एवं तुकबन्दियाँ भी इधर-उधर मोती की लड़ियों की तरह बिखरी पड़ी हुई मिलती हैं। रेणु के 'जुलूस' में से ये उदाहरण दिए जा सकते हैं—

'दस मिलकर करो काज
हारो जितो क्या है लाज।' (जुलूस, पृ. 103)

अथवा

'चरखा हमार भतारपूत; चरखा हमार नाती,
चरखा के बदौलत, मोर दुआर झूले हाथी।' (जुलूस, पृ. 102)

उसी प्रकार ताराशंकर के 'हाँसुली बाँकेर उपकथा' में—

आमार लिये जेमन तेमन
दादार लिये आँयबेशे (रालबेशे)
आय ढोकाढोक मद थेसे।

अर्थात्, *"मेरी शादी जैसे-तैसे*
दादा (बड़े भैया) की शादी राज वेश में
आ ढका-ढक (गटागट) शराब पियें।" (पृ. 251)

दूसरा उदाहरण— *भाई रे। अन्धकारेर भावना केने हाय रे!*
अंधकारेई पोरान-पाखी सेई देशेते जाय रे!

अर्थात्, *"भाई रे! अन्धकार की चिन्ता काहे हाय रे!*
अन्धकार में प्राण-पखेरु उसी देश में उड़ जाये रे!" (वही, पृ. 381)

इन दोनों महान स्रष्टाओं की ग्रामकथाओं में एक और महत्त्वपूर्ण साम्य है, उनकी कृतियों में लोकगीतों का समावेश। ताराशंकर की 'नागिनी कन्यार काहिनी', 'हाँसुली बाँकेर उपकथा' एवं 'कवि' एवं रेणु के 'जुलूस' एवं 'परती : परिकथा' इसके श्रेष्ठ उदाहरण हैं। इन उपन्यासों में परिनिष्ठित काव्य भाषा में, लोक-भाषा के गीत की पंक्तियों को कुशल मालाकार की भाँति पिरोकर अपने आंचलिक पात्रों के हृदय में छिपे प्रेम-परिणय, आशा-निराशा और सुख-दुःख की निगूढ़ अनुभूतियों को वाणी देने की कला में ताराशंकर एवं रेणु बेजोड़ हैं।

'कवि' उपन्यास में, निताई कवियाल गाता है–

एई खेद मोर मोने
भालोबेशे मिटलो ना शाध,
कुलालो ना ए जीबने
हाय जीबन ऐतो छोटी कैनो
ए भूलोने। (कवि, पृ. 97)

अर्थात्, *'यही दुख मेरे मन में,*
प्रेम करके भी दिल नहीं भरा, इच्छा पूरी न हुई इस जीवन में,
हाय, ज़िन्दगी इतनी छोटी क्यों है
इस भुवन में।'

वीरभूम के 'घेंटू' लोकगीत का एक उदाहरण प्रस्तुत है–

ताई घुनाघुन–बाजे नागेरी–
ननदिनीर शाशनेर–
चोरोनेर नुपुर थामिते चाय ना।
घीरे थाकिते मोन चाय ना।
ओ–ताई–ताई–घुना–घुन।

अर्थात्, *'इसीलिए बजती है नागरी (यहाँ पाजेब या नूपुर)*
घुनाघुन, घुनाघुन
ननद के शासन का डोर–
चरणों के नुपुर फिर भी न रुके
घर में मन ही न लगे
ओ–इसीलिए...इसीलिए बजती है नागरी
–घुनाघुन, घुनाघुन।' (हाँसुली बाँकेर उपकथा, पृ. 262)

अंग्रेज़ों का इस देश में शासकों के रूप में आने का प्रभाव अशिक्षित गाँववालों पर भी पड़ता है। वे इस पर भी एक 'घेंटू' गीत की रचना करते हैं–

लाल मुखी शायेब एलो कटा कटा चोख,
देश बिदेश थेके एलो, दले दले लोक
ओ शायेब 'आस्ता' बाँधाले
हाय कोलिकाले।

अर्थात्, *''अरे, लाल–मुँह साहब आया, भूरी–भूरी आँखें*
देश–विदेश से आये देखो कितने ही लोग
ओ साहब रास्ता बनाएगा
हाय कलिकाल में... ।'' (हाँसुली, बाँकेर उपकथा, पृ. 323–24)

एक दूसरा उदाहरण,

जब बनवारी की प्रेमिका 'कालोशशी', 'हाँसुली बाँकेर उपकथा' का गीत सुनाती है तो उपन्यास का आंचलिक स्वरूप सचमुच निखर आता है–

आमार मोनेर अंगेर छटा
तोमाय छिटे दिले ना–
पद्दो पाताय कांदिलाम हे–
से जल पाता निले ना– (हाँसुली बाँकेर उपकथा, पृ. 350)

अर्थात्, *''मेरे मन में लगी 'अंग' (रंग) की छटा*
तुम्हें रंग न पायी
कमल-पत्तों पर आँसू बहाया
वह जल (आँसू), पत्ता ले न पायी।''

(हाँसुली बाँकेर उपकथा, पृ. 350)

ताराशंकर के ही अनुरूप रेणु के उपन्यासों में भी लोकगीतों का प्रभृत प्रयोग दर्शनीय है।

'मैला आँचल' में, गाय और बैलों के साथ घर लौटते हुए चरवाहे सावित्री-नाच का गीत गा रहे थे–

''आहे सखी चलू फुलवारी देखऽहे
देखबो सुन्दर रूप
नाना रसना फूल अनूप, चलू फुरवारी देखऽहे।'' (पृ. 154-155)

इसी प्रकार 'परती : परिकथा' में गीत-कथा-गायक कोसी मैया की कथा सुना रहा है:-

''रेशमी पटोर मैया फाड़ि फेंकाउली-ई-ई,
सोने के गहनवों मैया गाँव में बँटाउली ई-ई,
आँ-आँ-रे-ए-ए, रु-उ-पा के जो सोरह मन के चु-उ-उर,
रगड़ि कैलक धू-उ-र जी-ई-ई!'' (परती : परिकथा, पृ. 314)

फिर 'सुन्दरी नैका' की गीत कथा–

'करिके सोलहो सिंगार
गले मोतियन के हार
केशिया धरती लोटाय
चुनरी मोती बरसाय
चुन्नी-पन्नाँ बिखराय-य छम्म-छम्माँ नाचे सुन्दरी नैका!
–आँख मारे! रे मैर्रा-आ-ह- दाँत मा रो-ओ।''

(परती : परिकथा, पृ. 434)

'मैला आँचल' से भी लोक-गीतों के कई उदाहरण दिए जा सकते हैं। सन्थाल टोली में मादल के साथ गीत गाए जाने का वर्णन है–

सोनो रो रूप, रूपे रो रूप
सोनो रो रूप लेका गातेञ मेलाय
गातेञ दिसाय रे सोना मुन्दोम
गातेञ उईहय जीवोदो लोकतिय। (मैला आँचल, पृ. 179)

'जुलूस' में तो 'बांग्ला कीर्तन' का भी प्रयोग मिलता है–

''बाप भाई कूल परिवारे–ए-ए-ए...
सब छाड़ि कृष्णा एलूँ जमुना किनारे–ए-ए...
...गैर निताई की जोड़ी...कोथाय काला क्रिश्न आमार–
...मोहिनी मूरतवाला...
सखी गो...ओ...ओ...ओ।'' (जुलूस, पृ. 195)

साथ 'कारे' और 'रबिआ' द्वारा गाया गया यह 'बेहुला' नाच का गीत रेणु के बांग्ला लोक-गीत सम्बन्धी ज्ञान को उजागर करता है–

''ओ रे की दूख लिखिओ आमार कपाले हो भगवान
की दूख लिखिलो आमार कपाले...ए...ए...ए,
ओ रे सूख भोगिलाँ एहि संसारे हो भगवान
की सूख भोगिलाँ एहि सँसारे...ए...ए...ए...ए...।।''

(जुलूस, पृ. 204)

इसी प्रकार अंग्रेज़ी को लेकर भी गीतों की रचना की गई। 'परती : परिकथा' में हरिजन दीवाना ऐसा ही एक गीत 'चमरौधे' का गीत लिखता है–

''जिसकी जाति बेंच आयी अँगरेजिन ग्वालिन बेटी!
जिसके घर में आयी पहले, फूली-फूली पाँवरोटी–
...रण्डी के पीछे छोड़ा सारा समाज को-ओ-ओ,
दुनिया जहान को!'' (पृ. 583)

अंग्रेज़ों की 'अचरज' भरी कहानियाँ सुनकर हैरान दिलबहादुर लफ्टनबाजे का सिखाया हुआ गीत गाता है–

''धन-धन अँगरेज ऽ स - र - कार
पानी मा जहाज चलाये को
धन-धन देवता सरकार...
आकाश मा जहाज उड़ाये को!'' (पृ. 359)

दिलबहादुर के इस गीत एवं ताराशंकर के 'घेंटू गीत' में, यह एक अद्‌भुत साम्य परिलक्षित होता है।

ताराशंकर एवं रेणु के ग्रामकेन्द्रित कथा-साहित्य में बोलचाल की भाषा व बोलियों के प्रयोग होने के कारण वहाँ की स्थानीय बोली में प्रचलित गालियों का आना भी स्वाभाविक ही है। ग्रामीण लोगों के वार्तालाप करते समय उनके मुख से गालियाँ अनजाने में ही निकलती रहती हैं। ताराशंकर एवं रेणु ने अपने उपन्यासों में, पात्रों के वार्तालाप में आंचलिक भाषा के शब्दों, मुहावरों तथा लोकोक्तियों का प्रयोग, साथ ही गालियों का भी प्रयोग इनकी पूरी सांकेतिकता और व्यंजनात्मकता के साथ किस रूप में किया है, इसका एक-दो उदाहरण पर्याप्त होगा। 'हाँसुली बाँकेर उपकथा' में 'सुचाँद बुआ' 'कराली' को जिस तरह से गालियाँ दे रही है; साथ ही श्राप भी दे रही है, वह अत्यन्त स्वाभाविक बन पड़ा है। गाँव में प्राय: ऐसा ही होता है–

"जिस 'अक्त' (अर्थात् रक्त) के 'तैज' (अर्थात् तेज या दर्प) पर तुझे इतना घमण्ड है, वह 'अक्त' तेरा पानी बन जाएगा।...तुझे 'ओग' (अर्थात् रोग) लगे, 'छेरओग़ी' (अर्थात् चिर-रोगी) बनकर बिस्तर पर पड़ा रहे तू। वह तेरा पत्थर जैसा छाती, पंजर बन जाएगा, हड्डी-पसली टूटकर बिखर जाएगा,...जिस हाथ से तुने मुझ पर मेंढक छोड़ा है, वह हाथ तेरे बदन से अलग हो जाएगा, डण्ठल की तरह सूख जाएगा। वह जो तेरी बड़ी-बड़ी आँखें हैं, तू उसे खो दे। दिन 'आत' (रात) तेरे आँखों से पानी बह-बहकर तेरी आँखों पर पर्दा पड़ जाए। तू अन्धा हो, अन्धा हो, अन्धा हो। तेरी ये आँखें 'आँगा' (अर्थात् रांगा यानी लाल), 'अक्त' (रक्त) की डली बनकर, गर्त से बाहर आ जाए और 'विभीषकार' (अर्थात् वीभत्स) बन जाए।" (पृ. 233)

इस छोटे से संवाद में लोक-भाषा की जीवन्तता प्रमाणित हो जाती है।

इसी प्रकार दो ग्रामीण स्त्रियों (फुलिया की माँ और रामजू की स्त्री) के बीच के पारस्परिक झगड़े को रेणु ने कितने सहज ढंग से प्रस्तुत किया है–

"अरे, हाँ-हाँ, बेटा-बेटा केकरो, घी ढारी करे मंगरो। चलनी कहे सूई से कि तेरी पेन्दी में छेद। हाथ में कंगना तो चमका रही हो, खलासी को एक पुरिया सिन्दूर नहीं जुटता है।"

"मुँह सम्भालकर बात कर नेंगड़ी। बात बिगड़ जाएगी। खलासी हमारा बहन बेटा है। बहन-बेटा लगाकर गाली देती हो? गाली हमारी देह में नहीं लगेगी। तेरे देह में लगी हुई है। अपने ख़ास भतीजा तेतरा के साथ भागी तू और गाली देती है हमको? सरम नहीं आती है तुझको। बेसरमी, बेलज्जी।...तू बात करेगी हमसे?"

"रे सिंघवा की रखेली! सिंघवा के बगान का बम्बै आम का स्वाद भूल गई? तरबन्ना में रात-रात भर लुकाचोरी नहीं खेलती थी रे!" (मैला आँचल, पृ. 63-64)

उपर्युक्त संवाद में स्थानीय बोली के शब्द, मुहावरे, लोकोक्तियाँ तथा गालियाँ सभी कुछ आ गयी हैं। भावाभिव्यक्ति में यह भाषा कितनी सशक्त एवं प्रभावशाली है, कहने की आवश्यकता नहीं है।

ताराशंकर एवं रेणु दोनों कथाकारों की भाषा में चित्रात्मकता एवं ध्वन्यात्मकता बहुत स्पष्ट परिलक्षित होती है। लोकगीतों में तो यह है ही, उदाहरणस्वरूप–'हाँसुली बाँकेर उपकथा' में पालकी ढोने वाले कहारों का यह गीत–

''–बेरेरो पाल्की, प्लो-हिं-प्लो हीं
–पोड़िलो पिछने
–प्लो-हीं, प्लो-हीं।
–आगे चले लक्ष्मी–
–प्लो-हीं-प्लो-हीं।
–पीछे एसो लारायण (अर्थात् नारायण)
–हेंईयो हूशियार
–प्लो-हीं-प्लो-हीं
–पास करो पाल्की–
–प्लो-हीं-प्लो-हीं।
–कर्तार हुकुमत
–प्लो-हीं-प्लो-हीं।
–गिन्नीर पाल्की पिछने पड़िलो–
–प्लो-हीं-प्लो-हीं–'' *(पृ. 343)*

एवं 'परती : परिकथा' में 'दन्ता-राकस' लोक-कथा का यह गीत–

''और एक सहस्र राकस धरती पर दाँत मारते हैं–
खच्चाक ढाक्...ढक्कर...ढाक्...ढक्कर
कौंड़ भैर्या...र्रा आ ह, फोड़ भैर्रा...आ...ह।
भरी रातों में खोदाय, पनिया छह-छह छहाय
नदिया देबो बहाय - य - य...!
हेय आँख मारे?
होय दाँत मारे...रे...ए...ए...खच्चाक्।
खट्टक्...! ढाक्...ढक्कर, ढाक्...ढक्कर'' (पृ. 433)

उपर्युक्त दो उद्धरणों से स्पष्ट हो जाता है कि चन्द पंक्तियों में ही ताराशंकर एवं रेणु की भाषा की सारी रूपायण शक्ति प्रकट हो सकती है। ये चित्र ध्वनि, गति, प्रक्रिया एवं समय व्यतीत के भाव को भी प्रकट कर पूरे प्रभाव को रूपायित कर देते हैं। केवल लोकगीत से ही नहीं, अपितु निरर्थक-सी लगने वाली वाद्य-ध्वनियों

और पशु-पक्षियों की बोलियों से भी गहरे अर्थ-संकेत ग्रहण करने की क्षमता लेखकद्वय में है। ताराशंकर एवं रेणु के उपन्यासों में ध्वन्यात्मक शब्दों के प्रयोग के कुछ उदाहरण द्रष्टव्य हैं–

(क) वाद्ययन्त्रों से उत्पन्न ध्वनि :-

ताराशंकर के उपन्यासों में–डैंग-डैंग-डैंग-डैडांग-डैंग
एर्-र्-र्-र्-डैंग डैंग (ढाक की आवाज़)
(हाँसुली., पृ. 215)
–काँई-काँई-काँई (काँसी)
–कुरुर-कुरु-ताक–ताक (ढोल)
–कैं-को-कै-को (भोंपू, बाजा)
–झनात्-झन-झनात् झन (चिमटे की आवाज़)
रेणु के उपन्यासों में–टन-टनाक-टन-टनाक (सजाई हुई मोकनी हथिनी जा रही है) (मैला आँचल, पृ. 227)
–ढनाढन ढनांग–ढनांग (कीर्तनियों की घड़ी) (वही, पृ. 285)
–धुतुतुतु तुऽऽ धुतुतु ऽऽ (तुरही)
–चटधा-गिरधा-चटधा-गिरधा
धागि-ड़ागि-धागि-ड़ागि
ढिन्ना-ढिन्ना-ढिन्ना-ढिन्ना (ढोलक की आवाज़) (वही, पृ. 79)

(ख) पशु-पक्षियों की बोलियाँ:–

ताराशंकर के उपन्यासों में–टकटक (तक्षक)
–कैच कैच (उल्लू)
–हुमहुम (रात की चिड़िया)
–गैंगौर गैंग (मेंढक)
–ऐ-ओ (पेड़ पर रहने वाले मेंढक की आवाज़)
–पैंक-पैंक-क्याऊँ-क्याऊँ-कल-कल-कल (जंगली हंस)
रेणु के उपन्यासों में–टर-टर-टर-टर (मेंढक की आवाज़), पृ. 188
–झि-झि-चि-किर-किर्र (कीट-पतंगों की आवाज़), पृ. 188
–केंक-केंक! क्रें-एँ-क्रेंक (श्यामा-चकेवा की बोली) (परती., पृ. 472)

(ग) गहनों एवं साड़ियों की आवाज़ें :-

ताराशंकर के उपन्यासों में–झुम-झुम-झुम-ठिन-ठिन (गहनों की आवाज़ें) (हाँसुली., पृ. 264)
–खस-खस (बनारसी साड़ी) (हाँसुली., पृ. 264)
रेणु के उपन्यासों में–छम्म-छम् (गहनों की आवाज़) (मैला आँचल, पृ. 230)

—झुनुक-झुनुक (झँझनी-कड़ा) (वही, पृ. 230)
—टुन-टुन-टुन (चूर) (वही, पृ. 230)

(घ) क्रियावाचक ध्वनि:-
ताराशंकर के उपन्यासों में—झुपझाप—खसखस (गन्ने का पेड़ काटने की आवाज़) (हाँसुली., पृ. 264)
—ओ-होई...(दूर से पुकारना)
—दुम-दुम-दुम (बन्दूक चलने की आवाज़)
—बनबन-बनबन ('चड़क' का घुमना)
—झमझम-झमझम (ट्रेन चलने की आवाज़) 'हाँसुली., पृ. 252)
रेणु के उपन्यासों में—फरर-2-2-2 (पंछी का पाँव फड़फड़ाना) (मैला आँचल, पृ. 96)
—खटाक्-खटाक् (खड़ाऊँ से पीटने की आवाज़) (मैला आँचल, पृ. 101)
—किन्न-किन्न-किन्न (खंजड़ी में लगी हुई झुनकी की आवाज़) (वही, पृ. 291)
—कड़कड़-कड़क् (मुरगी की टाँग चबाने की आवाज़) (वही, पृ. 293)
—हो...य...य... ख़बरदार (दूर से पुकारने की आवाज़) (वही, पृ. 297)
—भट्-भट्-भट्-ट्-ट् (ट्रैक्टर चलने की आवाज़) (परती., पृ. 393)

(ङ) ताराशंकर के उपन्यासों में 'शब्दहीन' शब्द का एक उदाहरण:—
—'कुम कलसी' (कलश गिरने की आवाज़)

(च) ताराशंकर के उपन्यासों में पालकी उठाने वाले कहारों की ध्वनि:-
—प्लो-हीं-प्लो-हीं
रेणु के उपन्यास 'मैला आँचल' में रेलगाड़ी की आवाज़:-
"जै-जै-काली छै-छै पैसा" (मैला आँचल, पृ. 97)
'परती : परिकथा' में सायकिल की घण्टी बजने की आवाज़:-
"टिड़िंग-टिड़िंग...टिड़िंग-टिड़िंग" (परती., पृ. 448)
फिर, "मैथिलों की ख़ास पहचान! मैथिलाम ठहाका"
—ई-पी-ही-ही-ही! (परती., पृ. 463)

उपर्युक्त उद्धृतियों में प्रयुक्त भाषा में ध्वन्यात्मक और चित्रात्मक सौन्दर्य ही नहीं, नाटकीयता, वक्रता और सांकेतिकता भी है। ताराशंकर एवं रेणु दोनों के भीतर एक ऐसा सृजनशील कलाकार है जो इतना अधिक संवेदनशील है कि ध्वनियों का पूरा प्रक्रियात्मक चित्र देकर ही सन्तुष्ट होते हैं, इसीलिए ढोलक, काँसी, भोंपू, घड़ी-घण्टा, ट्रेन, पशु-पक्षियों की आवाज़ें, ट्रैक्टर, जीप, साइकिल की घण्टी, साड़ी की खसखसाहट आदि अपनी यथार्थ ध्वनि-चित्रों के साथ लेखकद्वय की

कृतियों में उपस्थित है। वे शब्द से ध्वनि सृष्टि करते हैं और ध्वनि से फिर बिम्बों का निर्माण कर अंचल के जीवन से जुड़े यथार्थ को रूपायित करते हैं। इस प्रसंग में 'रेणु' के सम्बन्ध में डॉ. लक्ष्मीसागर वार्ष्णेय का यह कथन ध्यातव्य है–''रेणु के पास तो ध्वनि-यन्त्र हैं, जिनके माध्यम से उन्होंने इस अंचल को गायों की आवाज़, पेड़-पत्तों के हिलने की आवाज़, नाक-सिकोड़ने और छींकने की आवाज़ें, हँसुलियों और झाँझनों के बजने, कंगनों की खनक तक मूर्त कर दी।''[18] यही उक्ति ताराशंकर के लिए भी सर्वथा उचित लगती है।

एक और विशेषता, जो इन दोनों महान उपन्यासकारों के भाषिक प्रयोग सम्बन्धी विशेषताओं में से अत्यन्त महत्त्वपूर्ण समझा जाता है, वह है लौकिक परम्परा का मौखिक आख्यान। उदाहरणस्वरूप, 'हाँसुली बाँकेर उपकथा' में 'सुचाँद पिसी' द्वारा वर्णित हाँसुल बाँक की जनश्रुति पर आधारित 'उपकथा' (पृ. 178-179) जिसके श्रोता न केवल कहार टोली है बल्कि समग्र पाठक वर्ग भी हैं। उसी प्रकार बेहुला-लखीन्दर (नागिनी., पृ. 51-52), शिव-मनसा (नागिनी., पृ. 50-51), चाँद-सौदागर की कथा (नागिनी., पृ. 18-19), 'बेने-बहू' की साँप पालने की कथा (नागिनी., पृ. 71-72) आदि कथाएँ ताराशंकर के उपन्यासों में स्थानीय जीवन की मौज-मस्ती व विश्वासों को मुखरित करती है। इसी तरह रेणु के उपन्यास विशेषतः 'परती : परिकथा' में दुलारीदाय की कथा, कौसी-मैया की कथा जो बूढ़े भैसवार के माध्यम से सुनायी जाती है, फिर सुन्नरी नैका की कथा, दन्ताराकस की कथा का जो वर्णन मिलता है, सभी आंचलिक भाषा में ही किया गया है।

इस प्रकार भाषा-संरचना के इतने विविध आयाम लोक-कथाओं, लोकगीतों, मुहावरों एवं लोकोक्तियों का प्रचुर मात्रा में प्रयोग, भाषा के रूप-परिवर्तन, ध्वनि परिवर्तन, भिन्न-भिन्न ध्वनियों का विशाल स्वर संव्यूहन और विभिन्न प्रकृति के शब्दों का इतना विराट् संसार रचकर भी ताराशंकर एवं रेणु ने अपनी भाषिक संरचना को कहीं भी बोझिल, अस्वाभाविक, कृत्रिम एवं क्लिष्ट नहीं होने दिया। इन दोनों ने अपनी भाषा को लेकर कई प्रकार के प्रयोग एवं परीक्षण किए। इस प्रकार दोनों में ही भाषायी रचाव एवं शिल्प के प्रति जो एक प्रकार का प्रायोगिक आग्रह तथा प्रयत्नशीलता मिलती है, प्रायः लेखकों में इसका अभाव रहता है। इनकी भाषा एवं उपन्यासों के विषय वस्तु भिन्न होते हुए भी इन दोनों की भाषिक प्रवृत्ति एवं दिशा लगभग एक समान ही है। सम्भवतः इसका प्रमुख कारण यह है कि ताराशंकर एवं रेणु ने जिस जीवन का वर्णन किया है, वह उनका भोगा हुआ है। इसके वे अंग थे। वह न केवल उनके पर्यवेक्षण का, बल्कि अनुभूति का भी विषय बन गया था। आलोचकों ने इन दोनों उपन्यासकारों के भाषा की प्रशंसा भी की है और प्रश्नचिह्न

भी लगाया है। रेणु की भाषा पर तो अरोचकता, असम्प्रेषणीयता, दुरूहता, ऊब एवं भाषागत अनगढ़पन की भरमार रही है। पर क्या यह सच नहीं है कि उनके उपन्यास मात्र अंचल विशेष में ही नहीं अपितु उसके बाहर भी यहाँ तक की विदेशों में भी काफ़ी लोकप्रियता अर्जित कर चुके हैं? उनकी यह लोकप्रियता ही इस बात को प्रमाणित करती है कि ये सर्वसाधारण को, समस्त देश के जनमानस को ग्राह्य हुए हैं, सर्वत्र उनकी सराहना एवं स्वागत हुआ है।[19] यहाँ तक कि जो हिन्दीभाषी नहीं हैं उन्हें भी कहीं कोई असुविधा नहीं होती है क्योंकि इनकी भाषा अंचल की समग्रता का द्योतक है। यही बात ताराशंकर के लिए भी कही जा सकती है। उनकी वीरभूम की लोकभाषा यदि इतनी ही दुरूह एवं उबाऊ होती तो बंगाल के अन्य प्रान्तों के लोग उनके उपन्यासों को रस लेकर नहीं पढ़ते एवं उनका साहित्य बांग्ला साहित्य की अमूल्य निधि नहीं बनती। वास्तव में लेखकद्वय का भाषा-वैशिष्ट्य, धीरे-धीरे जब आंचलिकता के आनन्द की अनुभूति कराने लगता है, अंचल विशेष के रहस्यों का उद्घाटन करने लगता है तब तल्लीनता तथा तादात्म्य अपने आप उभरने लगते हैं और दुरूहता, ऊब आदि की स्थिति काफूर होने लगती है। वैसे भी आंचलिक यथार्थ की सही अभिव्यक्ति आंचलिक भाषा के द्वारा ही सर्वाधिक रूप में सम्भव है। एक आकर्षक नवीनता के लिए भी इस भाषा का प्रयोग ठीक है। इसमें दो राय नहीं हो सकती। औचित्य पर तर्क-वितर्क अलग प्रश्न है।

इस प्रकार इन उपन्यासकारों ने अपने-अपने क्षेत्र में जो विशेषताएँ जोड़ी हैं वह अन्यत्र दुर्लभ है। यह उनकी भाषा ही है जिसके माध्यम से अंचल की अपनी विशिष्टता एवं जनजीवन साकार होकर पाठकों के सामने आए हैं।

सन्दर्भ

1. Prof. Bloch. B. एवं Trager G.L. : Outlines of Linguistic Analysis, Page 5
2. उद्धृत : जतकर पुष्पा : रचनाकार रेणु, पृ. 178
3. सिंह डॉ. जवाहर : हिन्दी के आंचलिक उपन्यासों की शिल्प-विधि, पृ. 215-16
4. सिंह डॉ. जवाहर : वही, पृ. 216
5. सक्सेना डॉ. आदर्श : हिन्दी के आंचलिक उपन्यास और उनकी शिल्प-विधि, पृ. 261
6. चक्रवर्ती डॉ. विप्लव : ताराशंकर और भारतीय कथासाहित्य, पृ. 115
7. सिंह डॉ. जवाहर : हिन्दी के आंचलिक उपन्यासों की शिल्प-विधि, पृ. 220
8. द्विवेदी डॉ. कपिलदेव : भाषा-विज्ञान एवं भाषा शास्त्र, द्वितीय संस्करण, पृ. 37
9. भट्टाचार्य डॉ. अरूप कुमार : आंचलिकता : बांग्ला उपन्यास, पृ. 22
10. Dundeys Allan : Essays in Folkloristics, Page 7
11. 'रेणु' फणीश्वरनाथ : 'नया प्रतीक', जून, 1977, पृ. 10
12. 'रेणु' : परती : परिकथा, पृ. 195

13. वही, पृ. 433
14. वही, पृ. 449
15. वही, पृ. 352
16. Lyans Dr. John : Semantics, Vol. 2, Page 580
17. कौशिक राधेश्याम : हिन्दी के आंचलिक उपन्यास : उपन्यास और लोक जीवन, पृ. 74
18. उद्धृति : सोफ्ट कुसुम : फणीश्वरनाथ रेणु की उपन्यास कला, प्रकाशन : वसुमती, इलाहाबाद, 1968
19. देव पूर्ण : रेणु का आंचलिक कथा साहित्य, पृ. 23–26

अष्टम अध्याय

ताराशंकर एवं रेणु के परवर्ती सृजनात्मक साहित्य पर प्रभाव

आंचलिक या ग्रामकेन्द्रित उपन्यास जनपदीय संस्कृति के अध्ययन के स्रोत हैं। स्पष्ट है कि हिन्दी साहित्य में आंचलिकता और आंचलिक उपन्यासों के विकास एवं उसे एक निश्चित नाम देने में रेणु का स्थान सर्वोपरि है। यथार्थवाद के अन्वेषण, आख्यान की दिशा में 'मैला आँचल' एक स्तुत्य प्रयास है। सबसे महत्त्वपूर्ण बात यह है कि इस उपन्यास ने परवर्ती आंचलिक उपन्यासों का भी दिशा-निर्देश किया है। उसी प्रकार, यद्यपि ताराशंकर ग्रामीण समाज को लेकर लिखने वाले पहले उपन्यासकार नहीं थे, परन्तु फिर भी उन्हें ही शरतचन्द्रोत्तर युग का श्रेष्ठ कथाकार माना गया है।[1] डॉ. असित कुमार बन्द्योपाध्याय के अनुसार, "ताराशंकर ही शरतचन्द्र के सच्चे उत्तराधिकारी थे। शरतचन्द्र के पश्चात् ताराशंकर ने ही बांग्ला उपन्यास का कालान्तरण एवं रूपान्तरण किया।"[2] बांग्ला उपन्यासों में आधुनिक आंचलिकता के प्रवर्तक शैलजानन्द मुखोपाध्याय ने भी उनके सम्बन्ध में कहा है– "बांग्ला साहित्य में एक मोड़ आया, जब ताराशंकर आए।"[3] इस प्रकार उन्होंने भी ताराशंकर की प्रतिभा को स्वीकार कर लिया था। यही कारण था कि न केवल उनके समकालीन कथाकार उनसे प्रभावित थे अपितु परवर्ती काल के उपन्यासकार भी उनसे अत्यन्त प्रभावित हुए। उनके अकृत्रिम कथ्य एवं शिल्प तथा भाषा के ऐश्वर्य के कारण समकालीन भारतीय कथाकारों में मुल्कराज आनन्द, प्रभाकर माचवे, कालिन्दीचरण पाणिग्रही, फणीश्वरनाथ रेणु आदि उन्हें अत्यन्त श्रद्धा की दृष्टि से देखते थे। ओडिसी कथाकार कालिन्दीचरण पाणिग्रही अपनी एक स्मृतिकथा में लिखते हैं–

"भारत के सभी प्रान्तों के साधारण मानव के हृदय के अन्त:स्थल में जो स्पन्दन समान रूप से स्पन्दित होता है, जो शब्द एक ही ताल में बज उठते हैं, उसी का एक वास्तविक चित्रण है ताराशंकर और उनका साहित्य। .उत्तर-दक्षिण-पूर्व-पश्चिम

सभी अंचलों की भाषा एवं साहित्य पर जिस महान भारतीय साहित्य का इतना व्यापक प्रभाव विद्यमान है, उसी महान परम्परा के अधिकारी एवं श्रेष्ठ प्रतिनिधि कथाकार थे ताराशंकर।''[4]

इस प्रकार उपरोक्त उद्धृति से यह स्पष्ट हो जाता है कि न केवल बांग्ला साहित्य अपितु समग्र भारतीय साहित्य ही ताराशंकर के साहित्य से प्रभावित था। ताराशंकर की लोकप्रियता के प्रसंग में डॉ. नरेश गुहा अपने 'इन प्रेइज़ ऑफ टू बेंगाली नावेल्स' निबन्ध में लिखते हैं–''शरतचन्द्र चट्टोपाध्याय जो कि भारतीय अनुवादकों के सर्वाधिक प्रिय कथाकार थे, वे भी ग्रामीण लोक-जीवन सम्बन्धी धारणाओं और अनुभवों के इतने धनी नहीं थे, जितने कि ताराशंकर थे, हर एक दृष्टिकोण से।''[5] ताराशंकर की रचनाओं का कई भारतीय भाषाओं में एवं विश्व के विभिन्न भाषाओं में बड़ी संख्या में अनुवाद हुआ है। प्रभाकर माचवे ने तो यहाँ तक कह दिया कि मराठी आंचलिक कथाकार मामा वाड़ेरकर के 'सात लाखाटिल एक' उपन्यास में ताराशंकर की लेखन-शैली का प्रभाव परिलक्षित होता है।[6] फणीश्वरनाथ रेणु ने भी इस बात को स्वीकार किया है कि उन्हें ताराशंकर के साहित्य ने बहुत प्रभावित किया है।

इसी प्रकार रेणु की रचनाओं ने भी उनके समसामयिक लेखकों को यथेष्ट प्रभावित किया।[7] यद्यपि प्रारम्भ में उन पर तरह-तरह के आरोप लगाए गए।[8] 'मैला आँचल' को तो बहुत सी कटु आलोचनाओं का सामना करना पड़ा। परन्तु 'परती : परिकथा' के प्रकाशन के उपरान्त हिन्दी के विशिष्ट साहित्यकारों ने इस उपन्यास की हृदय से प्रशंसा की। ऐसे प्रशंसकों में शिवदानसिंह चौहान थे, जिन्होंने 'परती : परिकथा' को 'तब तक का श्रेष्ठ उपन्यास' बताया।[9] बालकृष्ण शर्मा 'नवीन', नलिनविलोचन शर्मा, दिनकर, यशपाल, श्रीपत राय आदि ने भी बेहद प्रशंसा की।[10] यह ज्ञात सत्य है कि, प्रेमचन्द के बाद रेणु को ही एक बड़ा पाठक वर्ग मिला। ताराशंकर के बारे में भी यह बात लागू होती है। शरतचन्द्र के बाद ताराशंकर की पाठकों की संख्या सर्वाधिक थी।[11]

ताराशंकर एवं रेणु के उपन्यासों में वर्णित जनपदों की जीवन-पद्धति, उनकी संस्कृति, उनका परिवेश, उनका विकास-पिछड़ापन भी, अनुभूति एवं संवेदनाएँ पाठक को उस जनपद या अंचल के समीप ले गईं। ग्रामकेन्द्रित उपन्यास भारतीय ग्रामीण सभ्यता के स्तम्भ हैं। लेखकद्वय ने हमें विभिन्न अंचलों का सांस्कृतिक इतिहास दिया है और सुदूर अंचलों की सांस्कृतिक विशेषताओं का उद्‌घाटन कर देश के सांस्कृतिक सम्बन्धों को नई परिभाषा दी है, साथ ही अंचलों का समाज-शास्त्रीय एवं नृ-शास्त्रीय ज्ञान दिया है। अतः स्वाभाविक है कि इनके समान महान लेखकों से प्रभावित हुए बिना कोई भी सचेतन लेखक भला कैसे रह सकता है?

अतः लेखकद्वय के युग से लेकर वर्तमान युग तक के लेखकों पर इनका प्रभाव प्रत्यक्ष एवं परोक्ष दोनों रूपों में पड़ा है।

ताराशंकर के 'गणदेवता' जैसे किसी उपन्यास की सृष्टि फिर से भले ही न हो सकी, परन्तु उनके 'हाँसुली बाँकेर उपकथा', 'कवि', 'अरण्य-बह्नि', 'नागिनी कन्यार काहिनी' जैसे उपन्यासों का प्रभाव परवर्ती कई उपन्यासकारों की रचनाओं में परिलक्षित होता है। ताराशंकर के जीवन-दर्शन का प्रत्यक्ष प्रभाव समरेश बसु के उपन्यासों और छोटी कहानियों में दिखाई देता है।[12] उनके और ताराशंकर के नारी-विषयक मान्यताओं में कई सादृश्य दृष्टिगत होते हैं। नारायण गंगोपाध्याय की रचनाओं में भी ताराशंकर के शिल्प-शैली का प्रभाव मिलता है।[13] उनके 'नदी, माटी और मानुष' उपन्यास की कथावस्तु से 'हाँसुली बाँकेर उपकथा' की कथावस्तु का सादृश्य उल्लेख योग्य है। बांग्ला साहित्य के और एक ख्यातिलब्ध उपन्यासकार महाश्वेता देवी के 'कवि बन्द्योघटि ग्याँईर जीवन ओ मृत्यु' नामक उपन्यास का पाठ करने के पश्चात् तारशंकर के 'कवि' की याद आ जाती है। इन दोनों उपन्यासों में कई सादृश्य हैं। दोनों उपन्यासों के प्रमुख पात्र निम्न जाति के हैं और 'कवि' हैं। दोनों में तीक्ष्ण पर्यवेक्षण शक्ति और प्रतिभा है। दूसरा प्रमुख सादृश्य भाषागत प्रयोग में है। इन उपन्यासकारों के अतिरिक्त जिन उपन्यासकारों की रचनाओं में तारशंकर के भाषिक प्रयोग और शिल्पगत प्रयोग के प्रभाव परिलक्षित होते हैं, वे रचनाएँ हैं मनीश घटक की 'पटल डांगार पाँचाली', अब्दुल जब्बार की 'इलिश मारीर चर', आबू इशहाक की 'सूर्य दीघल बाड़ी', महीतोष विश्वास की 'माटी एक माया जाने' आदि। उड़िया के विख्यात साहित्यकार शची राउतराय भी तारशंकर के साहित्य में व्यक्त दृष्टिकोण से गम्भीर रूप से प्रभावित हुए थे।[14]

आज भी तारशंकर अपनी सशक्त लेखनी एवं स्वच्छ विचारधारा से कई नव्य लेखकों को प्रेरित कर रहे हैं। उनकी लोकप्रियता में कहीं कोई कमी नहीं आई है। वे युगद्रष्टा लेखक थे, इसीलिए आज भी पाठक-वर्ग उनके साहित्य में अवगाहन करने के लिए तैयार हैं एवं आज भी उनकी रचनाएँ शोध-गवेषणा का विषय बनी हुई हैं एवं भविष्य में भी बनी रहेंगी।

तारशंकर के अनुरूप रेणु का कृतियों ने भी विशेषतः 'मैला आँचल' ने अनेक युवा कथाकारों को आंचलिक जीवन की ओर उन्मुख होने की प्रेरणा दी। रेणु के परवर्ती लेखकों के उपन्यासों में भी उनके प्रभाव लक्षित होते हैं यद्यपि कोई इसे स्वीकार करे या न करे। विशेषतः रेणु के द्वारा प्रयुक्त नवीन शिल्प शैली का कई उपन्यासकारों ने अपने उपन्यासों में प्रयोग किया है। डॉ. जवाहर सिंह के अनुसार रेणु द्वारा प्रयुक्त छाया-चित्रात्मक शैली अर्थात् फ़ोटोग्राफिक शैली, आंचलिक उपन्यासों के बहुआयामी यथार्थवादी स्वरूप को उभारने में इतनी सफल हुई कि

परवर्तीकाल में अन्य कई आंचलिक उपन्यासकारों ने भी इसे अपनाया। आंचलिक भाषा-शिल्प की दृष्टि से रामदरश मिश्र 'रेणु' के सर्वाधिक निकट हैं।[15] इनके अतिरिक्त अन्य युवा-कथाकार जैसे शालिग्राम ('पाही आदमी' के लेखक), महाप्रकाश, गिरीशरंजन रेणु के अनन्य प्रशंसक थे।[16]

इस प्रकार लेखकद्वय से प्रेरणा लेकर अनेक-कथाकारों ने ग्रामीण समाज को अपना विषयवस्तु बनाया। सामाजिक तथा राष्ट्रीय स्तर पर अब तक उपेक्षित अंचलों के विकास के सन्दर्भ में जो कार्य प्रशासन ने करना आरम्भ किया था, वही कार्य साहित्यिक रचनाधर्मिता के स्तर पर लेखकों ने आरम्भ किया। एक प्रकार से ये लेखक सामाजिक प्रतिबद्धता के आदर्श से भी जुड़े और दूसरी ओर अपनी अभिव्यक्ति के लिए उन्हें एक प्रकार से नवीन और लगभग अछूता क्षेत्र भी प्राप्त हुआ। हमारा देश बहुत विशाल है। पूर्व से पश्चिम और उत्तर से दक्षिण तक अनेक अंचल ऐसे हैं जो अब तक उपेक्षित रहे हैं। लेकिन सांस्कृतिक और लोक-व्यवहार की विभिन्नता और विविधता इतनी अधिक है कि उनको रेखांकित करने का अपना एक अलग प्रकार का आनन्द होता है और इस आनन्द के आविष्कृति का सेहरा यदि हम ताराशंकर एवं रेणु के सिर पर बाँधें तो इसका कोई विरोध नहीं होना चाहिए।

आज मानव चक्रवर्ती, हिमांशु जोशी, तपन बन्द्योपाध्याय एवं अन्य कई ग्रामकेन्दित कथाकारों की रचनाओं को पढ़ते हुए यह विश्वास होने लगता है कि और नए उपन्यासकार ग्रामकेन्द्रित उपन्यास के माध्यम से देश के बदलते हुए सामाजिक परिवेश को पहचान कर, वास्तविक अर्थ में भारतीय जीवन से सम्बद्ध साहित्य-रचना की ओर प्रवृत्त होंगे; जिसमें पुनः भारतीय लोक-संस्कृति, जीवन्त और प्राणवान तत्त्वों एवं अर्थों के साथ प्रतिष्ठित होगी।

सन्दर्भ

1. Devi Mahasveta, Tarashankar Bandyopadhyaya : Sahitya Academi, September 1975, Page 53
2. बन्द्योपाध्याय डॉ. असित कुमार, ताराशंकर, विशालता ओ उत्तरकाल : 'कालि ओ कलम' पत्रिका, अग्रहायण 1378, पृ. 757
3. उद्धृत, राय डॉ. गौर मोहन, ताराशंकर साहित्य समीक्षा, पृ. 38
4. पाणिग्रही कालिन्दीचरण, 'स्मृतिर मणिकोठाय' : 'कालि ओर कलम' पत्रिका, अग्रहायण 1378, पृ. 561-62
5. Guha Dr. Naresh, 'In praise of two Bengali Novels' : Comparative literature Journal Vol. 10, 1972, Jadavpur University, Page 113
6. माचवे प्रभाकर, 'ताराशंकर बन्द्योपाध्याय', : 'पश्चिमबंग पत्रिका', ताराशंकर संख्या, जुलाई 1997, पृ. 26

7. रेणु फणीश्वरनाथ, 'वह एक कहानी' : रेणु रचनावली, पंचम खंड, पृ. 272
8. यायावर भारत, सम्पादकीय : रेणु रचनावली, खंड-2, पृ. 17
9. वही, पृ. 16
10. वही, पृ. 16-17
11. Devi Mahasveta, Tarashankar Bandyopadhyay : Sahitya Academi, September 1975, Page 54
12. राय डॉ. गौर मोहन, ताराशंकर साहित्य समीक्षा, पृ. 68
13. वही, पृ. 46, 210
14. वही, पृ. 46-47
15. सिंह डॉ. जवाहर, हिन्दी के आंचलिक उपन्यासों की शिल्प-विधि, पृ. 228
16. 'विपक्ष', रेणु अंक, पृ. 78, 98, 84

उपसंहार

ताराशंकर बन्द्योपाध्याय एवं फणीश्वरनाथ रेणु के ग्रामकेन्द्रित कृतियों का विशद अध्ययन करने के पश्चात् यह स्पष्ट हो जाता है कि ग्रामकेन्द्रित उपन्यासों की परम्परा में इन दो यशस्वी उपन्यासकारों ने अत्यन्त महत्त्वपूर्ण योगदान दिया है। उनकी कृतियाँ समग्र भारतीय साहित्य का अक्षय-भण्डार हैं तथा भारतीय साहित्य जगत् में उपन्यास विधा की समृद्धि का सूचक हैं।

लेखकद्वय के उपन्यासों का प्राण लोक-संस्कृति है। जिन नवीन जीवन-बोधों का आग्रह इनके ग्रामकेन्द्रित उपन्यास करते हैं, उन्हें रुकना नहीं है, आगे बढ़ना है, अपनी विशिष्टता और सम्पूर्ण व्यक्तित्व के साथ। यह भविष्य आग्रह इसलिए है कि उनमें अनदेखे, अनजाने क्षितिज उभरे और वहाँ की संस्कृति, जीवन, मान्यता, विश्वास, रहन-सहन, वेशभूषा, जनभाषा का चित्रण हुआ और इन सबके आधार पर इनके ये उपन्यास अपने पूर्ववर्ती उपन्यासों से आगे बढ़ गए। अध्येतव्य लेखकद्वय के उपन्यासों ने ह्रासोन्मुखी जीवन-मूल्यों के स्थान पर नए सिद्धान्त, आदर्श और आस्था को प्रकट किया। स्थानीयता के स्पर्श से इनमें जनजीवन तो मुखरित हुआ ही, प्रकृति की सुषमा भी निखर उठी। लोक-जीवन और लोक-भाषा की समृद्धि का आख्यान करते हैं इनके उपन्यास।

इस प्रकार लेखकद्वय के उपन्यास जनपदीय संस्कृति के अध्ययन के महत्त्वपूर्ण स्रोत हैं। इनके समान वर्तमान युग के उपन्यासकार भी ग्रामकेन्द्रित उपन्यास के माध्यम से जनपदीय सम्पदा को सामान्य जन के लिए अनुभवगम्य बना सकते हैं और देश के अनेक पिछड़े क्षेत्रों को लोकमानस के साक्षात का विषय बना सकते हैं। ऐसा करके वह राष्ट्रीय संस्कृति की एकता की अनेक खोई हुई कड़ियों को ढूँढ़कर जोड़ सकता है। यह वर्तमान परिस्थितियों में, जब हम अपनी ही संस्कृति और परम्परा को तेजी से भूलते जा रहे हैं, एक अत्यन्त महत्त्वपूर्ण कार्य होगा। इससे बड़ी राष्ट्र-सेवा और क्या होगी? राष्ट्रीय गौरव का उत्थान व्यक्ति का गौरव है, और इसी कार्य को ताराशंकर एवं रेणु ने निःस्वार्थ भाव से किया।

अन्ततः यह कहकर समाप्त करना चाहूँगी कि ताराशंकर बन्द्योपाध्याय एवं फणीश्वरनाथ रेणु ने भारतवर्ष के दो भिन्न प्रान्तों में रहते हुए भी जिन ग्रामीण लोगों की कहानी लिखी है, शोषक और शोषित की भूमिका, व्यक्ति की पतनशीलता और जागरण को जिस प्रकार एक यथार्थ धरातल पर लिपिबद्ध किया है, वह एक प्रकार से महान उपन्यास के ही लक्षण हैं, इसीलिए इनका साहित्य विश्व-साहित्य का अंग है। सर्वोपरि दलित, पिछड़े और असहाय मानव जाति को जो सम्मान इन्होंने प्रदान किया है, भारतीय साहित्य में वह अतुलनीय है। अतः इनके कथा-साहित्य के माध्यम से सदा जीवित रहेगा, युगों से अभिजात वर्ग द्वारा निम्न वर्ग के रूप में स्वीकृत लोगों के प्रति स्वार्थहीन स्नेह और लेखकद्वय के प्रति जीवित रहेगी समग्र पाठक वर्ग की अन्तहीन श्रद्धा।

ग्रन्थ सूची

(I) सन्दर्भ ग्रन्थ

(क) हिन्दी :

1. अवस्थी डॉ. देवीशंकर (सम्पादक) : 'नयी कहानी : सन्दर्भ और प्रकृति', अक्षर प्रकाशन, दिल्ली, 1966।
2. अज्ञेय : शेखर एक जीवनी (भूमिका), सरस्वती प्रकाशन, वाराणसी, 1940।
3. उपाध्याय डॉ. देवराज : 'आधुनिक हिन्दी कथा साहित्य और मनोविज्ञान', साहित्य भवन, इलाहाबाद, 1956।
4. उपाध्याय डॉ. मृत्युंजय : हिन्दी के आंचलिक उपन्यास, प्रथम संस्करण, अक्षर प्रकाशन, दिल्ली, 1989।
5. कुमार जैनेन्द्र : 'साहित्य का श्रेय और प्रेय', पूर्वोदय प्रकाशन, दिल्ली, 1961।
6. कौशिक राधेश्याम : हिन्दी के आंचलिक उपन्यास, मंगल प्रकाशन, जयपुर, 1976।
7. गुप्त डॉ. ज्ञानचन्द : 'आंचलिक उपन्यास : संवेदना और शिल्प', अभिनव प्रकाशन, दिल्ली, 1975।
8. चुघ डॉ. सत्यपाल : प्रेमचन्दोत्तर उपन्यासों की शिल्प-विधि, लोकभारती, इलाहाबाद, 1968।
9. चतुर्वेदी डॉ. जगदीश्वर एवं पांडेय डॉ. चन्द्रा : आधुनिकतावाद और उत्तर आधुनिकतावाद, प्रथम संस्करण, संस्कृति प्रकाशन, कलकत्ता, 1994।
10. जैन डॉ. नगीना : आंचलिकता और हिन्दी उपन्यास, प्रथम संस्करण, अक्षर प्रकाशन प्रा. लि., दरियागंज, नई दिल्ली, 1976।

11. जतकर पुष्पा : रचनाकार रेणु, प्रथम संस्करण, वाणी प्रकाशन, दरियागंज, नई दिल्ली, 1992।

12. अवस्थी डॉ. देवीशंकर (संपा.): नई कहानी : सन्दर्भ और प्रकृति, अक्षर प्रकाशन, दिल्ली, 1998।

13. ठाकुर देवेश : मैला आँचल की रचना प्रक्रिया, प्रथम संस्करण, संकल्प प्रकाशन, मुलुंड, मुम्बई, 1992।

14. द्विवेदी डॉ. कपिलदेव : भाषा विज्ञान एवं भाषा शास्त्र, द्वितीय संस्करण, 1986।

15. देव डॉ. पूर्ण : रेणु का आंचलिक कथा साहित्य, आशा प्रकाशन गृह, नई दिल्ली, 1973।

16. द्विवेदी डॉ. हजारीप्रसाद : 'विचार और वितर्क', साहित्य भवन, इलाहाबाद, 1961।

17. प्रसाद गोपीकृष्ण : फणीश्वरनाथ रेणु : व्यक्तित्व, काल और कृतियाँ, प्रथम संस्करण, राधाकृष्ण प्रकाशन प्रा. लि., दरियागंज, नई दिल्ली, 1993।

18. प्रेमचन्द : 'कुछ विचार', सरस्वती प्रेस, इलाहाबाद, 1961।

19. मिश्रा डॉ. रामदरश एवं : हिन्दी के आंचलिक उपन्यास, प्रथम गुप्त डॉ. ज्ञानचन्द (सम्पादक) संस्करण, वाणी प्रकाशन, कमला नगर, दिल्ली, 1984।

20. मिश्रा डॉ. रामदरश : 'हिन्दी उपन्यास : एक अन्तर्यात्रा', राजकमल प्रकाशन, दिल्ली, 1962।

21. यादव राजेन्द्र : एक दुनिया समानान्तर (भूमिका)।

22. डॉ. राधाकृष्णन : धर्म और समाज, राजपाल एण्ड सन्स दिल्ली, 1961।

23. लाल डॉ. लक्ष्मीनारायण : 'हिन्दी कहानियों की शिल्प-विधि का विकास', साहित्य भवन, प्रयाग, 1953।

24. सक्सेना डॉ. आदर्श : 'हिन्दी के आंचलिक उपन्यास और उनकी शिल्प-विधि', सूर्य प्रकाशन मन्दिर, बीकानेर, 1971।

25. सोफ्ट कुसुम : 'फणीश्वरनाथ 'रेणु' की उपन्यास कला', वसुमती, इलाहाबाद, 1968।

26. सिंह डॉ. जवाहर : हिन्दी के आंचलिक उपन्यासों की शिल्प-विधि, प्रथम संस्करण, 1986, नेशनल पब्लिशिंग हाउस, दरियागंज, नई दिल्ली।

27. सिंह डॉ. त्रिभुवन : हिन्दी उपन्यास और यथार्थवाद, हिन्दी प्रचार पुस्तकालय, वाराणसी, 1965।
'हिन्दी उपन्यास : शिल्प और प्रयोग', हिन्दी प्रचारक संस्थान, वाराणसी, 1973।

28. सिंह डॉ. नामवर : 'कहानी : नयी कहानी', लोक भारती, इलाहाबाद, 1966।

29. डॉ. स्वर्णलता : हिन्दी उपन्यास की समाजशास्त्रीय पृष्ठभूमि, स्वातन्त्र्योत्तर हिन्दी उपन्यास साहित्य की समाजशास्त्रीय पृष्ठभूमि, विवेक पब्लिशिंग हाउस, जयपुर, 1975।

30. सिन्हा डॉ. सुरेश : हिन्दी उपन्यास, अभिनव प्रकाशन, दिल्ली, 1979।

(ख) बांग्ला :

1. घोषाल डॉ. जयन्तकुमार : बांग्ला उपन्यासे समाज वास्तवता, प्रथम संस्करण, 1992, पुस्तक विपणी, कलकत्ता।

2. चक्रवर्ती डॉ. विप्लव : ताराशंकर ओ भारतीय कथा साहित्य, प्रथम संस्करण, पुस्तक विपणी, कलकत्ता, अप्रैल, 1999।

3. चट्टोपाध्याय डॉ. गायत्री : ताराशंकरेर उपन्यासे श्रमजीवी मानुष, प्रथम संस्करण, आशावरी पब्लिकेशन, कलकत्ता, अक्टूबर, 1997।

4. दाश डॉ. अमरेश : ताराशंकरेर उपन्यास, प्रथम संस्करण, वामा पुस्तकालय, कलकत्ता, मार्च, 1998।

5. बन्द्योपाध्याय डॉ. असित कुमार : बांग्ला साहित्येर सम्पूण इतिवृत्त, सप्तम संस्करण, मॉडर्न बुक एजेन्सी प्रा.लि., कलकत्ता, 1985।

6. बन्द्योपाध्याय डॉ. श्रीकुमार : बंग साहित्ये उपन्यासेर धारा, षष्ठ संस्करण, वि.सं. 1380।

7. भट्टाचार्य अरूपकुमार : आंचलिकता : बांग्ला उपन्यास, प्रथम संस्करण, अमर्त प्रकाशन, कलकत्ता, मई, 1987।

8. भट्टाचार्य देवीपद (सम्पादक) : रेवरेण्ड लालबिहारी दे ओ चन्द्रमुखीर उपख्यान, प्रथम संस्करण, 1968।

9. भट्टाचार्य डॉ. मालिनी : निर्माणेर सामाजिकता ओ आधुनिकता बांग्ला उपन्यास, प्रथम संस्करण, देंज पब्लिशिंग, कलकत्ता, नवम्बर, 1996।

10. मजुमदार उज्ज्वल कुमार : ताराशंकर : देशकाल साहित्य, प्रथम संस्करण, सितम्बर, 1998।

11. मजुमदार मानस : लोकसाहित्य पाठ, प्रथम संस्करण, नवम्बर, 1999, देंज पब्लिशिंग कलकत्ता।

12. मिश्र सतीश चन्द्र : यशोहर खुलनार–इतिहास, द्वितीय संस्करण, 1969।

13. राय डॉ. गौरमोहन : ताराशंकर साहित्य समीक्षा, प्रथम संस्करण, नवम्बर, 1994, साहित्य श्री, कलकत्ता।

14. राय सत्येन्द्रनाथ : बांग्ला उपन्यासे आधुनिकता, प्रथम संस्करण, 22 श्रावण, वि.सं. 1399।

15. विश्वास डॉ. महीतोष : बांग्ला उपन्यास–प्रसंग : आंचलिकता, प्रथम संस्करण, अन्नपूर्णा पुस्तक मन्दिर, कलकत्ता, 1984।

16. सेन सुकुमार : बांग्ला साहित्येर इतिहास, खंड–2, सप्तम संस्करण, वि.सं. 1386।
बांग्ला साहित्येर इतिहास, खंड–4, 1976। चतुर्थ संस्करण ईस्टर्न पब्लिशर्स, कलकत्ता–9।

(ग) अंग्रेज़ी :

1. Allen, Walter : Reading a Novel, Phoenix House Ltd., London, 1956.

2. Bernstein B. : Language and Social Context, 1st Edition, edited by P.P. Giglioli, Penguin, 1977.

3. Beach, J.W. : '20th Century Novel', Appleton, Century Craft, New York, 1956.

4. Block Prof. B and Trager G.L : Outlines of Linguistics Analysis, 1972.

5. Dundes Alan : 'The Problem of Defining Myth'– Scared Narrative Readings in Theory of Myth, Berkeley, 1984.
Essays in Folkloristics, Berkeley, 1978.

6. D. Crystal : Dictionary of Linguistics and Phonetics, Basil Backwell, Oxford, 1985.

7. Devi Mahasveta : Tarasankar Bandhopadhyay, First Published, September, 1975, Sahitya Akademi, New Delhi.

8. Forster E.M. : 'Aspects of the Novel', Edward Arnold & Co., London, 1947.

9. Fox ralph : The Novel and the People, Foreign Languages Publishing House, Moscow, 1958.

10. Hudson W.H. : 'An Introduction to the Study of Literature' 3rd Indian Edition, George. C. Harper and Company Ltd. London, 1960.

11. Lyons John : Semantics, Vol. 2, London, 1977

12. Lubbock, Percy : The Craft of Fiction, Jonathan Cape, London, 1955.

13. Pattananak D.P. and Claus Peter. J. (Editors) : Indian Folklore, Mysore, 1981.

14. Smith James, Henry : The Art of Fiction, 1st Edition, London, 1948

15. Scott, James R.A. : 'The Making of Literature', Seeker and Warburgh, London, 1956.

16. Schorer, Mark (Ed.) : Modern British Fiction, London, 1961.

17. Wolf Virginia : The Common Reader, English University Press, London, 1951. Modern Fiction, London, 1919.

(II) आधार ग्रन्थ

(क) हिन्दी :

1. अवस्थी राजेन्द्र 'तृषित' : जंगल के फूल, प्रथम संस्करण, अक्षर प्रकाशन, दिल्ली, 1969, सूरज किरण की छाँव, प्रथम संस्करण, विद्या प्रकाशन भवन, दिल्ली, 1959।

2. गुप्त भैरवप्रसाद : सती मैया का चौरा, प्रथम संस्करण, राजकमल प्रकाशन प्रा.लि., दिल्ली, 1959, गंगा मैया, प्रथम संस्करण, राजकमल प्रकाशन प्रा.लि., दिल्ली, 1960, हिरन साँवरी, प्रथम संस्करण, लोक चेतना प्रकाशन, इलाहाबाद, 1962।

3. जैन आनन्द प्रकाश : आठवीं भाँवर, प्रथम संस्करण, राजपाल प्रकाशन, दिल्ली, 1969।

4. ठाकुर बलभद्र : मुक्तावली, प्रथम संस्करण, राधाकृष्ण प्रकाशन, दिल्ली, 1955, आदित्यनाथ, प्रथम संस्करण, राधाकृष्ण प्रकाशन, दिल्ली, 1958, नेपाल की वो बेटी, प्रथम संस्करण, 1959।

5. नागार्जुन : रतिनाथ की चाची, प्रथम संस्करण, किताब महल, इलाहाबाद 1967, बलचनमा, द्वितीय संस्करण, किताब महल, इलाहाबाद 1956, बाबा बटेसरनाथ, प्रथम संस्करण, राजकमल प्रकाशन प्रा.लि., दिल्ली, 1954, दुःखमोचन, प्रथम संस्करण, राजकमल प्रकाशन प्रा.लि., दिल्ली, 1966, वरुण के बेटे, प्रथम संस्करण, राजपाल एण्ड सन्स, दिल्ली, 1971, नई पौध, प्रथम संस्करण, किताब महल, इलाहाबाद, 1953, उग्रतारा, प्रथम संस्करण, राजपाल एण्ड सन्स, कश्मीरी गेट, दिल्ली, 1963।

6. नागर अमृतलाल : बूँद और समुद्र, प्रथम संस्करण, किताब महल, इलाहाबाद, 1956।

7. पांडे जगदीश चन्द्र : गगास के तट पर, प्रथम संस्करण, अक्षर प्रकाशन, दिल्ली, 1968।

8. परमार श्याम : मोरझाल, प्रथम संस्करण, 1963।

9. भट्ट उदयशंकर : सागर लहरें और मनुष्य, प्रथम संस्करण, 1964, शेष-अशेष, नया संस्करण, एस. चाँद एण्ड सन्स प्रा.लि., दिल्ली।

10. भारती जयप्रकाश : कोहरे में खोये चाँदी के पहाड़, प्रथम संस्करण, राधाकृष्ण प्रकाशन, दिल्ली, 1968।

11. भ्रमर रामकुमार : कच्ची-पक्की दीवारें, नेशनल पब्लिशिंग हाउस, दिल्ली, 1970।

12. मिश्र केशवप्रसाद : कोहबर की शर्त, प्रथम संस्करण, भारती भण्डार, इलाहाबाद, 1965।

13. मिश्र मायानन्द : माटी के लोग सोने की नैया, प्रथम संस्करण, राजपाल एण्ड सन्स, दिल्ली, 1966।

14. मिश्र डॉ. रामदरश : पानी के प्राचीर, प्रथम संस्करण, वाणी प्रकाशन, दिल्ली, 1961, जल टूटता हुआ, प्रथम संस्करण, हिन्दी प्रचारक संस्थान, वाराणसी, 1969, सूखता हुआ तालाब, द्वितीय संस्करण, नेशनल पब्लिशिंग हाउस, दिल्ली, 1972।

15. मटियानी शैलेश : हौलदार, प्रथम संस्करण, परिमल प्रकाशन, इलाहाबाद, 1961, चौथी मुट्ठी, प्रथम संस्करण, परिमल प्रकाशन, इलाहाबाद, 1962, चिट्ठी रसैन, प्रथम संस्करण, भारतीय साहित्य सदन, दिल्ली 1961।

16. यायावर भारत (सम्पादक) : रेणु रचनावली (पाँचों खंड), प्रथम संस्करण, 1995, राजकमल प्रकाशन प्रा.लि., नई दिल्ली।

17. रज़ा राही मासूम : आधा गाँव, तृतीय संस्करण, राजकमल प्रकाशन प्रा.लि., दिल्ली, 1975।

18. राघव रांगेय : कब तक पुकारूँ, प्रथम संस्करण, राजपाल एण्ड सन्स, दिल्ली, 1958, काका, प्रथम संस्करण, 1953।

19. 'रुद्र' शिवप्रसाद मिश्र : बहती गंगा, प्रथम संस्करण, राजकमल पब्लिकेशन्स लि., बम्बई, 1952।

20. वर्मा भगवतीचरण : भूले-बिसरे चित्र, राजकमल प्रकाशन, दिल्ली, 1961।

21. श्रीवास्तव हिमांशु : नदी फिर बह चली, प्रथम संस्करण, भारती साहित्य सदन, दिल्ली, 1961, लोहे के पंख, प्रथम संस्करण, भारती साहित्य सदन, दिल्ली, 1971।

22. शानी : काला जल, प्रथम प्रकाशन, विद्या प्रकाशन मन्दिर, दिल्ली, 1974।

23. सहाय शिवपूजन : देहाती दुनिया, प्रथम संस्करण, 1926।

24. सिंह शिवप्रसाद : अलग-अलग वैतरणी, लोकभारती प्रकाशन, इलाहाबाद, प्रथम संस्करण, 1967।

25. सत्यार्थी देवेन्द्र : ब्रह्मपुत्र, प्रथम संस्करण, एशिया प्रकाशन, मुख्य वितरक : राजकमल प्रकाशन, दिल्ली, 1956, रथ के पहिये, प्रथम संस्करण, एशिया प्रकाशन, मुख्य वितरक : राजकमल प्रकाशन, दिल्ली, 1953, दूध-गाछ, प्रथम संस्करण, राजकमल प्रकाशन प्रा.लि., दिल्ली, 1958।

26. शुक्ल श्रीलाल : राग दरबारी, तृतीय संस्करण, राजकमल प्रकाशन प्रा.लि., दिल्ली, 1973।

(ख) बांग्ला :

1. गुप्त जगदीश रचनावली : ग्रन्थालय प्रकाशित, प्रथम संस्करण, 1971।

2. गंगोपाध्याय नारायण : उपनिवेश, प्रथम संस्करण, वाक् साहित्य प्रा.लि., कलकत्ता, वि.सं. 1378।

3. घोष शंख एवं आचार्य निर्माल्य (सं.) : सतीनाथ ग्रन्थावली, द्वितीय खंड, मित्र ओ घोष पब्लिशर्स, कलकत्ता, 1979।

4. बन्द्योपाध्याय अतीन : नीलकण्ठ पाखीर खोजे, प्रथम संस्करण, आनन्द पब्लिशर्स, कलकत्ता, 1970।

5. बन्द्योपाध्याय ताराशंकर : नागिनी कन्यार काहिनी, पंचम संस्करण, वाक् साहित्य प्रा.लि., कलकत्ता, जुलाई, 1993।

6. बन्द्योपाध्याय ताराशंकर : गणदेवता (हिन्दी), द्वितीय संस्करण, भारतीय ज्ञानपीठ प्रकाशन, दिल्ली, 1968।

7. बन्द्योपाध्याय ताराशंकर : आमार साहित्य जीवन, आमार कालेर कथा एवं कैशोर स्मृति (संस्मरण), प्रथम अकादमी संस्करण, पश्चिम बंग बांग्ला अकादमी, कलकत्ता, जुलाई 1997।

8. बन्द्योपाध्याय माणिक : पद्मानदीर माँझी, 18वाँ संस्करण, मित्र ओ घोष पब्लिशर्स, कलकत्ता, 1968।

9. बन्द्योपाध्याय विभूतिभूषण : इच्छामती, सप्तम संस्करण, मित्र ओ घोष पब्लिशर्स, कलकत्ता, फाल्गुन, वि.सं. 1393।

10. बद्योपाध्याय सनतकुमार, मित्र गजेन्द्रकुमार एवं घोष सुमथनाथ (सम्पादक) : ताराशंकर रचनावली समग्र (24 खंड), प्रथम संस्कण मित्र ओ घोष पब्लिशर्स प्रा.लि., कलकत्ता, चैत्र वि.सं., 1380।

11. मल्लबर्मण अद्वैत : तितास एकटी नदीर नाम, द्वितीय संस्करण, वाक् संस्करण, कलकत्ता, वि.सं. 1384।

12. मित्र प्रेमेन्द्र : प्रेमेन्द्र रचनावली, विशेष संस्करण, ग्रन्थालय प्रा.लि., कलकत्ता, जनवरी 1983।

13. माइती मृत्युंजय : नदी, माटी, मानुष, प्रथम संस्करण, अशोक प्रकाशन, कॉलेज स्ट्रीट, कलकत्ता, वैशाख वि.सं. 1377।

14. राय प्रफुल्ल : केयापातार नौका, देश पत्रिका, वि.सं. 1408।

15. राय चौधरी सरोज कुमार : मयूराक्षी, पंचम संस्करण, मित्र ओ घोष पब्लिशर्स, कलकत्ता, 1965।

16. विशी प्रमथनाथ : जोड़ादिघीर चौधरी परिवार, तृतीय संस्करण, वाक् साहित्य प्रा.लि., कलकत्ता, वि.सं. 1374।

17. विश्वास महितोष : माटी एक माया जाने, प्रथम ग्रन्थतीर्थ संस्करण, ग्रन्थतीर्थ प्रकाशन, कलकत्ता, 1997।

18. वसु समरेश : गंगा, चतुर्थ संस्करण, आनन्द पब्लिशर्स, कलकत्ता 1980।

(III) पत्र-पत्रिकाएँ

(क) हिन्दी :

1. आलोचना : अक्टूबर, 1957
2. आलोचना : जनवरी, 1966
3. कल्पना : जुलाई, 1966
4. धर्मयुग : 23 मार्च, 1975
5. विपक्ष : रेणु विशेषांक, जुलाई 1991
6. सारिका (कहानी-मासिक) : अक्टूबर, 1961; मार्च, 1977
   अप्रैल, 1979 (रेणु स्मृति अंक)
7. साहित्य सन्देश : जनवरी-फरवरी, 1958

(ख) बांग्ला :

1. कालि ओ कलम : अग्रहायण, वि.सं., 1378
2. पश्चिम बंग (ताराशंकर संख्या) : जुलाई, 1997
3. साहित्येर ख़बर : वैशाख, वि.सं., 1367
4. शनिबारेर चिठी : आषाढ़, वि.सं., 1371

(ग) अंग्रेज़ी :

1. Comparative Literature Journal Vol. 10 : Jadavpur University Publication, 1972.
2. Hindi Review Magazine : May, 1956

(IV) कोशादि

(क) हिन्दी :

1. मानविकी पारिभाषिक कोश (साहित्य खंड), सं. डॉ. नगेन्द्र, 1964।
2. साहित्य कोश, भाग-1, भाग-2, ज्ञानमण्डल, वाराणसी, 1973।

(ख) अंग्रेज़ी :

1. Britanica Encyclopaedia, Part 16, 1971
2. Dictionary of World Literary Terms–Edited by J.T. Shipley
3. Oxford English Dictionary
4. The Encyclopaedia Americana, Vol. XVII

□□□